復刻にあたって

湯川　嘉津美

『関西連合保育会雑誌』は、京阪神連合保育会の機関誌『京阪神連合保育会雑誌』の後継誌であり、一九二七（昭和二）年一一月に会名が関西連合保育会に改称されたことに伴い、一九二八年八月発刊の第五一号より『関西連合保育会雑誌』の名称が用いられた。

京阪神連合保育会は、一八九七（明治三〇）年一一月に京都、大阪、神戸の三市の保育会によって結成された保育団体であり、一九〇二（明治三五）年の「京阪神連合保育会規約」には、毎年一回連合保育会を開いて「保育上ノ事ヲ研究」することや、本会の目的を達成するために、毎年六月と一二月の二回『京阪神連合保育会雑誌』を発刊することなどが規定されていた。その後、一九二一（大正一〇）年一〇月に岡山市吉備保育会と名古屋市保育会が加入して五市の連合保育会となり、一九二七（昭和二）年一一月には会名を関西連合保育会と改称、「幼稚園教育ニ関スル各般ノ事項ヲ研究シ幼稚園教育ノ普及進展ヲ期スルヲ以テ目的トス」る団体となった。そして、本会の目的を達成するために毎年一回『関西連合保育会雑誌』を発行するとしたのである。

『京阪神連合保育会雑誌』と『関西連合保育会雑誌』は、戦前・戦後の日本の保育界の動向を詳しく知ることができる貴重な資料であり、日本の幼児教育史研究者にとって必読の文献であるといえる。『京阪神連合保育会雑誌』は、一九八三年に臨川書店より復刻版が刊行され、一八九八（明治三一）年七月の第一号から一九二七（昭和二）年七月の第五〇号までを読むことができるが、『関西連合保育会雑誌』については、残存状況が悪く、全国の図書館にも所蔵されていないため、実際に手に取ることが難しい状況にあった。今回、大阪市立愛珠幼稚園および大阪市教育センターの協力により、一九二八（昭和三）年八月の『関西連合保育会雑誌』第五一号から一九三八（昭和一三）年八月の第五五号までの復刻が実現し、『京阪神連合保育会雑誌』と『関西連合保育会雑誌』を通読することができるようになったことは、誠に喜ばしいことである。

今回の復刻では、一九四七（昭和二二）年一〇月に開催された関西連合保育会の記録である『第四十九回関西連合保育会誌』や一九五一（昭和二六）年一〇月開催の『第五十五回関西連合保育大会協議会誌』も収録されている。これにより限定的ではあるが、戦後の関西連合保育会の活動実態を知ることが可能になった。

また、一九三三（昭和八年）年一一月に神戸市で開催された第四〇回関西連合保育会の関連資料として、大阪市保育会による研究発表資料「幼稚園に於ける郷土教育」や、遊戯交換に提出された京都、吉備、神戸の保育会による「関西連合保育会提出遊戯」も収録されている。さらに、一九三五（昭和一〇）年三月の第四一回関西連合保育会は第六回全国幼稚園関係者大会と合同で行われたが、その際の大阪市保育会の意見をまとめた「第六回全国幼稚園関係者大会提出問題意見発表」も併せて収録されている。

『関西連合保育会雑誌』とこれらの関連資料を一読すれば、関西連合保育会を中心とした戦前・戦後の日本の保育会の活動とその動向および日本の幼児教育の進展に果たした保育会の役割について知ることができる。

今日、幼小の連携や幼児教育の質の向上、保育者の養成と資格・待遇の改善などが大きな課題となっているが、『関西連合保育会雑誌』をみれば、それらは戦前より問題として認識され、改善に向けて協議が積み重ねられてきた課題であることがわかる。今回の『関西連合保育会雑誌』の復刊が、そうした今日の幼児教育をめぐる問題を歴史的に検証するための基礎資料としても活用されることを期待したい。

（ゆかわ　かつみ・上智大学教授）

凡例

一、『関西連合保育会雑誌』全2巻は、日本の保育者たちが教育の現場で子どもたちに向き合うなかで直面し、克服していった数々の貴重な試み、その豊かな遺産を可能な限り後世に残すべく、「幼児教育資料アーカイブ」の一環として刊行するものである。
一、本資料は関西連合保育会が昭和期に発行した『関西連合保育会雑誌』を、現時点で入手し得るものを中心に、関連する関西の保育会による報告書等とともに全2巻として集成、復刻した。
一、収録内容については別紙「収録一覧」に記載し、「目次項目一覧」を第1巻冒頭に収録した。
一、『関西連合保育会雑誌』復刻の意義を詳解した湯川嘉津美による解説（附「関西連合保育会の開催と議事一覧」）を、第2巻に収録した。
一、収録は原資料扉（表紙）から奥付（広告頁含む）までとした。欠落部分はその旨を本文に記した。
一、原資料を忠実に復刻することに努め、紙幅の関係上、適宜拡大・縮小した。折込は本文に見開きとして収録した。また、印刷不鮮明な箇所、伏字等も原則としてそのままとした。
一、今日の視点から人権上、不適切な表現がある場合も、歴史的資料としての性格上、底本通りとした。
一、本復刻にあたっては、大阪市立愛珠幼稚園、大阪市教育センター、堀田浩之氏にご協力いただきました。記して感謝申し上げます。

『関西連合保育会雑誌』全2巻

収録一覧

第1巻

資料名（号数）	発行年月	発行元
『関西連合保育会雑誌』第五一号*	一九二八（昭和三）年八月	関西連合保育会
『関西連合保育会雑誌』第五二号*	一九二九（昭和四）年九月	
『関西連合保育会雑誌』第五三号*	一九三〇（昭和五）年一〇月	
『関西連合保育会雑誌』第五四号*	一九三二（昭和七）年七月	

『関西連合保育会雑誌』全2巻

収録一覧

第2巻

資料名（号数）	発行年月	発行元
『関西連合保育会雑誌』第五五号*	一九三八（昭和一三）年八月	関西連合保育会
『第四十九回　関西連合保育会誌』	一九四八（昭和二三）年一〇月	
『第五十五回　関西連合保育大会協議会誌』	一九五二（昭和二七）年四月	岡山県保育会
「幼稚園に於ける郷土教育」*	一九三三（昭和八）年一一月	大阪市保育会
「第四十回　関西連合保育会提出遊戯」*		京都市保育会
「関西連合保育会提出遊戯」*		神戸市保育会
「関西連合保育大会提出遊戯」*		吉備保育会
『第六回全国幼稚園関係者大会　提出問題意見発表』*	一九三五（昭和一〇）年三月	大阪市保育会

＊は大阪市立愛珠幼稚園所蔵資料。

『関西連合保育会雑誌』第1巻

目次

目次項目一覧

・以下は収録資料の目次項目である。目次が附されていない場合は、資料名のみ記した。末尾には、本復刻における新頁数を附した。
・仮名遣いは原文のままとし、旧漢字、異体字はそれぞれ新漢字、正字に改めた。明かな誤植、脱字以外は原文のままとした。また、標題は原資料目次に従った。

第1巻

『関西連合保育会雑誌』第五二号　一九二九（昭和四）年九月

『関西連合保育会雑誌』第五三号　一九三〇（昭和五）年一〇月

『関西連合保育会雑誌』第五四号　一九三二（昭和七）年七月

第2巻

『関西連合保育会雑誌』第五五号　一九三八（昭和一三）年八月

『第四十九回　関西連合保育会誌』一九四八（昭和二三）年一〇月

『第五十五回　関西連合保育大会協議会誌』一九五二（昭和二七）年四月

関西連合保育会雑誌　第五一号

◎御來店ハ市電天滿橋北詰デ下車

◎電話ハ北ノ二《フ》九《ク》一《ト》九《ク》番

◎御送金ハ振替大阪三三一八六番

◎御書狀ハ大阪市北區金屋町一丁目

◎特ニ所主宛ノ御狀ハ
戸部千代松ト願ヒマス

昭和三年八月

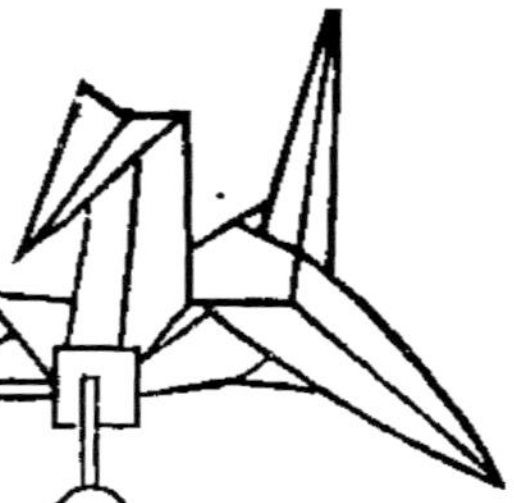

關西聯合保育會雜誌

第五十一號

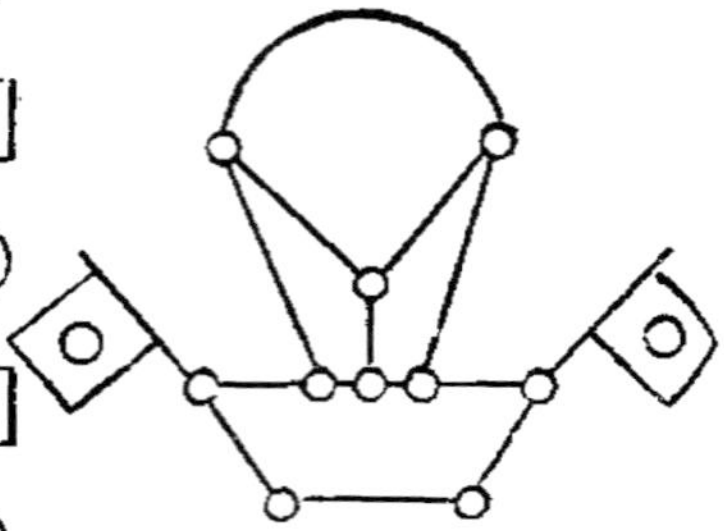

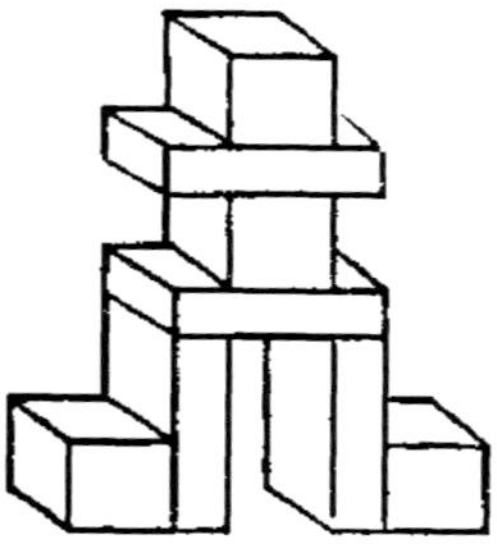

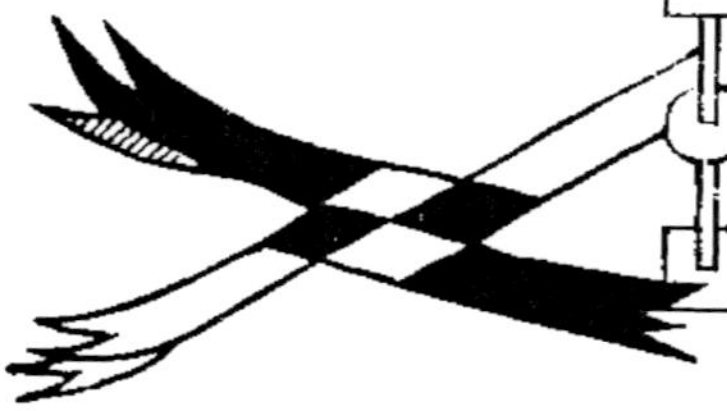

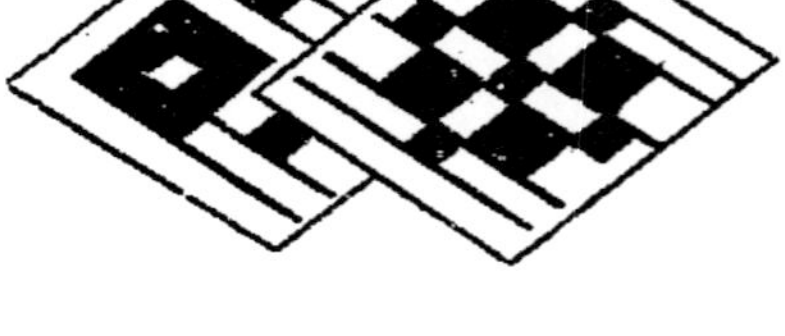

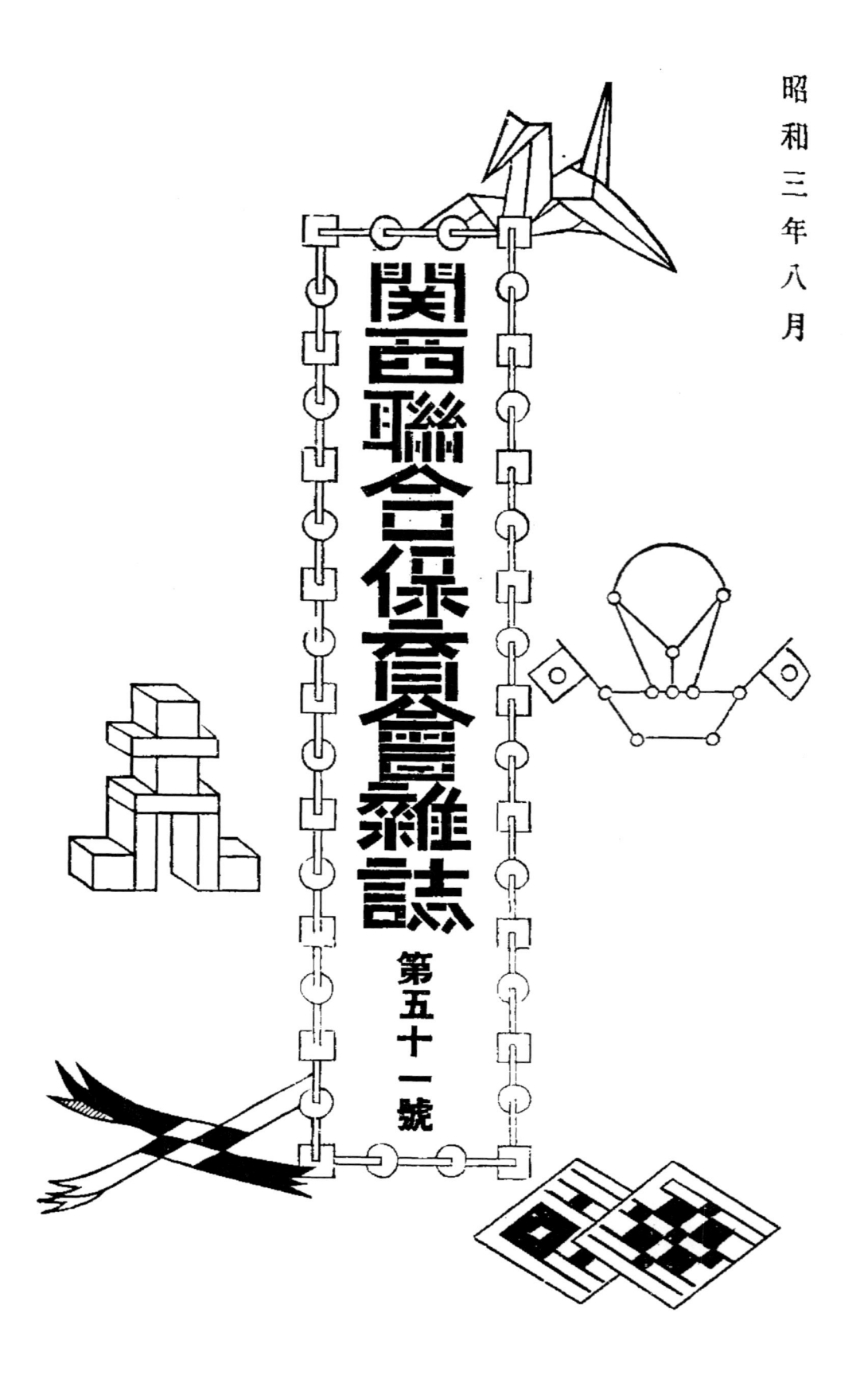

關西聯合保育會雜誌第五十一號目次

第三十四回京阪神聯合保育會提出遊戯

ケーブルカー（前奏）のところ　　京都市保育會

獨遊び『お花にそつと言ひました』のところ　　神戸市保育會

白 熊 の 時 計　　　　　吉 備 保 育 會

トンボ　大きな黒い『かねとんぼ』のところ　　　大阪市保育會

關西聯合保育會雜誌　第五十一號

學藝論說

保育雜感

大阪市立日吉幼稚園長　川原喜作

アメリカで見て來た二三の幼稚園を書くつもりで筆をとつたが、どうも氣のりがしないので、こゝに保育に對する雜感を三つ四つ並べて見よう。

私の近所に鷄を飼つて居る家が多い。よく雌鷄が十五六匹の雛を保育して居るのを見る。親鳥のクッ／＼といふ聲によつて雛は中心を離れて思ひ／＼に餌をあさりに行く、クックの一聲によつて、それが又親鳥の脚もとに近づいて來る。翅を擴げて脊のびをすると、雛は申し合せたやうに、親鳥の翅の下へ這入る。クックといつて歩み出すと、その後へピーピーとついて行く。其の自然なこと。幼稚園の自由遊の時間、保姆と幼兒との間に、こんな狀態は、も少しあつて欲しい。愛すべき子供は誰でも愛する。愛することの出來ない子供を愛するのは、眞の母より外にない。この母性愛のうるはしい空氣を園の内外に滿たして初めて保育が出來ると思ふ。

私は毎朝、園兒を道で見る。美しくとかれた櫛の跡、磨いた林檎の樣なきれいな顔、そしてよく整頓されたカバン、泥をよく落された靴、頭の上から足の先まできちんとした心地よさ、それに保姆といふ智識のある假りの母に保育せられ、「さあ、きれいにしませう、きちんとしませう、歌ひませう、踊りませう、遊びませう」と。二、三時間たつて門を出て來る子供の姿を見ると、顔は汚れて鼻汁は出て居る。前かけのホックが外れて、ボタンは落ちて居る。鞄の口は開いて、物は落ちさうだ。靴の紐は解けて泥水の中をひきづつて居る。汚れた黑い手で汗ばんだ顔を撫でて居る。自分の子ならば、こんな姿で道を歩かしたくはない。

アメリカの幼稚園では何處の保育室を見ても草花の鉢が十二三個も置かれて、おまけに二つ三つの花瓶にバラの花が惜しげなく盛られてある。どの鉢植の草花も生き／＼として赤黄、白、紫の花はみづ／＼しい新緑のもとに開いて居る。その花を前にして自然のバックが窓からよく見える。壁間に掲げてある母性愛を表現した油繪の色彩といひ、窓掛けの模樣から壁紙に至るまで置かれた草花とよく調和がとれて、子供までも生き／＼して居るやうに思はれた。これに比べると日

本の幼稚園の保育室は、いかにも殺風景で草花の取り入れは少ない。おまけに、俗惡な色チョークで彩られた板畫、色彩の惡い色紙細工、その切れ片が床の上に散亂し、野蠻色のモールや紙製の細工物が天井から吊され、其の上に生命のない造花が瓶に挿されてある。此の潤ひのない室で、眼の中にはいるやうな小さな繪を書かせたり、細かい折紙に切紙、子供の疲れるのも無理はない。雨あがりの新綠、かうした生氣のある氣もちのよい保育室にしたいものである。

紐育の郊外地の或幼稚園で、いかにも自然らしい保育を見た。一人の先生が、廊下の角に腰をかけて居る。十五六人の子供はその先生を取り巻いて御話を聞いて居る。庭にある松の木の生ひ立ちから、親自然の子供に對する愛情を說き、松樹に實る、まつかさを搖籃に例へ其の松かさに眠る我が子を起すといふ、慈愛のこもつた歌を子供と共に歌つて居つた。園庭には大きな榎がある。その下は青芝であつて其處に二十何人の幼兒は、一人の保姆を圍んで尻を下ろして居る。太陽は綠葉の隙間から、幼兒の赤い顔を照らして居る。こゝではバッタのお話、バッタは太陽は好き、私らも太陽は好き、バッタは夏は好き、草色づくしの夏仕度、バッタは兩脚を揃へて飛ぶ、私らも揃へて跳ぶ、一二三〱と草叢を跳び廻つて居つた。それから保育室へ入ると、四つの四角い大机、五六人の幼兒は、圍んで好きな遊に餘念がない。積木に耽つて居る組、草花に糸を挿して居る組、セルロイドの人形を並べて居る組、周圍の塗板に鳥や人の顔を畫いて居るもの、草花の數を一つ二つと數へて居るもの、先生と一しよに繪本を見て御話を聞いて居るもの、その樣子はいかにも自然で少しも無理がなかつた。併しながら、日本の幼稚園で見るやうな、技巧の進んだ手技はなかつた。日本の幼兒のやうな、うまい上手な表情遊戯も見あたらなかつた。又纖細な切紙や、きれいな繪などもなかつた。日本幼兒の作つた繪や、折紙の成績品を與へるとアメリカの保姆さんは驚異の眼を光らせて居られた。この點は慥かに日本の方は進步して居る。この進んで居る所に一つの大きな缺陷はあると思ふ。保育の時間外に殘つた日本の保姆は夕ぐれまで、三時間も四時間も何をして居る。子供の作つた切紙や折紙の整理に、繪本の訂正に、それから遊戯や唱歌の練習に忙がしい。かやうな技能の修練をするのも惡いことではない併し、そんな時間があるならば、もつと〱長い時間直接に幼兒に接觸して、慈愛のこもつた表現によつて强い〱母性愛から溢れて來る自然の活動に時間を費す方が保育の眞髓であるまいか。

小學校の教育から眺めて、幼稚園保育の長所も多いが缺點も少くない。その害の最も多いのは、圖畫の教育である。幼稚園から出て來た子供の畫は、美の發達して居ない人からは美しいと見られるが、生氣がなくて個性が現はれて居ない。

概念的に畫く癖がついて、さつぱり伸びない。箱庭式であり造花式である作り人形式の保育は兒童の發達を阻害する。

水打つ岩の上に鳴くカジカの聲、籠中に囀るメジロの音は下手なピヤノや三弦の曲よりも可愛味がある。雜草の緣に、咲く花の紅、淡く濃く、地球の表面を飾る色彩は人工のそれよりも勝れて居る。

ハワイ、ヒロ市の椰子島の幼稚園ではクリスマスの用意と見えて、教室の周圍には色々の手技を貼りつけてある。幼兒は紙片や糸屑でいろ〳〵のものを作つて居つた。三十分後に又その室へ行つて見たが、紙片も糸屑も床の上に落ちて居ない。不思議に思つて各室を見ると塵も何もない。あまり美しいので聞いて見ると「汚れたならば、その都度保姆と幼兒との手によつて掃除もし整頓もする。放課後に掃除をさすやうな、使丁も置いて居ない」と。淸潔整頓は訓練の入門であつて最終である。保姆は幼兒の前で、その都度掃除してこそ教育になる。保姆の持つ箒と雜巾、使丁の持つそれと變りはないが、母性愛から出て來た自然の手の動き方に相違がある以上、その結果に何らかの差異がなくてはならぬ。

第三十四回京阪神聯合保育會記事

第三十四回京阪神聯合保育會は昭和二年十一月二十三日(新嘗祭)大阪市保育會主催の下に大阪市東區久寶尋常小學校に於て左記の通り開催、京都市、大阪市、神戸市、名古屋市、吉備の各保育會々員其の他各關係者並に傍聴者等約八百五十名の出席者ありて意外の盛況を極めた。

(會の進行順序)

一、一同着席
一、唱歌(君が代)
一、開會ノ辭　大阪市保育會長
一、祝辭　大阪府知事　大阪市長
一、會務報告
一、議事

●協議題

1.左記事項ヲ其ノ筋ニ建議スルノ件

一、恩給法第九十九條第二項ヲ削除セラレ度キ事
二、市町村立幼稚園保姆年功加俸ノ制ヲ新ニ設ケラレ度キ事
三、幼稚園令施行規則第十六條但書ヲ左ノ通リ改メラレ度キ事

「但シ月俸額ニ付テハ園長及保姆ハ本科正教員ニ準ス」

京阪神聯合保育會役員會提出

2. 宗教ノ色彩ナキ幼稚園ニ於テ幼兒ノ宗教心ノ萠芽ヲ如何ニ培フヘキカ

3. 幼兒ノ好奇心ヲソヽル路傍ノ有害ナル賣物ニ對シ適當ナル取締方ヲ其ノ筋ニ建議スルノ件

名古屋市保育會提出

●研究題

1. 觀察科ニ就テノ實況ヲ承リタシ

（說明）研究方法、取扱法、施設設備等ノ實際狀況ヲ承リ保育ノ參考資料トナサントス

京都市保育會提出

2. 幼兒ノ年齢別ニ依ラサル編制法ノ得失ニ就テ

大阪市保育會提出

●談話題

1. 幼稚園ト小學校トノ連絡ニ就テ實施セラルヽ事項及程度ヲ承リタシ

名古屋市保育會提出

2. 幼兒教育上改良ヲ要スヘキ點如何

吉備保育會提出

3. 新幼稚園令制定カ保育事業ノ普及發達ノ上ニ如何ナル影響アリタルヤヲ承リタシ

4. 各幼稚園ニ於テ御用ヒニナル玩具（恩物ヲ含ム）ヲ十種及運動具數種ヲ幼兒ノ好ムモノヨリ順々ニ承リタシ（オシタヽメノ上大會當日御持參ヲ乞フ）　神戸市保育會提出

一、研究發表

1. 塗方ニ就テ　吉備保育會提出
2. 幼兒ノ抽出檢査　京都市保育會提出
3. ゴッダード木型板作業ノ時間的分析　神戸市保育會提出
4. 園藝保育ト田植遊ニ就テ
5. 夏休ミノ心得繪本ニ就テ　大阪市保育會提出

一、遊戯交換

1. お菓子の汽車
2. 白熊の時計　吉備保育會提出
3. もうかへらう
4. ケーブルカー
5. 夕の雀　京都市保育會提出
6. 菊遊び
7. フクロー　神戸市保育會提出
8. とんぼ
9. 七夕　大阪市保育會提出

一、閉會ノ辭　大阪市保育會長

（會の狀況左の如し）

出席者一同の君が代合唱を終つて大阪市保育會副會長小畑富記氏の

開會の辭あり次いで大阪府知事、大阪市長より左の祝辭があつた。

祝辭

大阪府知事　田邊治通氏

京阪神聯合保育會ノ開催ニ際シ一言所懷ヲ述フルハ欣幸トスル所ナリ。

惟フニ本會ハ回ヲ重ヌルコト茲ニ三十四其ノ間幼兒保育ノ實際ニ關シ攻究ヲ進メ研鑽ヲ重ネ斯教育ノ進展ニ寄與シタルコト尠カラス就中曩ニ發令セラレタル幼稚園令ノ制定ニ際シテハ之カ輿論ヲ高メ以テ法令制定ノ機運ヲ招致シタル效績顯著ナリト謂フヘシ。

今ヤ幼兒保育ノ體制成リ內容ノ充實ヲ圖ルヘキ秋ニ際シ本會合開催サレ兒童保育ノ事ニ關シ經驗ヲ語リ抱負ヲ述ヘ斯道ノ興隆ニ資セントスルハ洵ニ爲邦家慶賀ニ堪ヘサルナリ。

茲ニ本會ノ開催ニ際シ聊カ蕪言ヲ述ヘテ祝辭トナス。

祝辭

大阪市長　關一氏

本日茲ニ京阪神三市聯合保育會ヲ開催セラルヽニ當リ一言所懷ヲ述フルハ予ノ最モ欣幸トスル所ナリ。

顧ミルニ本會ハ今ヤ回ヲ重ヌルコト三十有四其ノ間保育事業ノ改善ト振興トニ力ヲ致シ其ノ貢獻セル功績頗ル顯著ナルモノアルハ洵ニ感謝ニ堪ヘサル所ナリ。

凡ソ幼稚園ハ幼兒ノ心身ヲ健全ニ發達セシメ善良ナル性情ヲ涵養シ家庭教育ヲ補フヲ以テ其ノ本旨トナスヲ以テ一般教育ノ根底ヲナスモノト謂フヘク個人ノ福利ハ固ヨリ國家社會ノ發達ニ影響スル所大ナルモノアルハ固ヨリ言ヲ俟タス而シテ我國ニ於ケル幼稚園教育ハ時勢ノ進運ニ伴ヒ漸次進歩發達ヲ見ツヽアリト雖モ之ヲ學校教育ノ施設ニ比スルトキハ未タ甚シキ遜色アルハ一般ノ頗ル遺憾トスル所ナリ。

近時幼兒保護教養ノ問題ハ漸ク世人ノ注意ヲ喚起シ特ニ都市生活ヲ爲ス者ニ對シ一層重要ナル意義ヲ認メラルヽニ至レリ此ノ趨向ニ對シ文政當局曩ニ幼稚園令ヲ制定シテ時勢ニ順應セル施設ノ普及ヲ策セラレタルハ寔ニ時宜ヲ得タルモノト謂フヘク斯道關係者ノ任務亦一段ノ重キヲ加フルニ至レルモノト謂フヘシ。

此ノ時ニ當リ茲ニ本會ヲ開催シテ多年ノ研鑽ニ基ク蘊蓄ヲ傾ケテ攻究討議ヲ行ハルヽハ相互相裨補スル所アルヘキハ固ヨリ惹イテ一般世人ノ斯道振興ニ對スル熱誠ヲ喚起スルニ大ナル功果アルヘキヲ信ス冀クハ各位ノ熱心ト協力トニ依リテ本會カ最善ノ成果ヲ收メラレ以テ所期ノ目的ヲ達成セラレムコトヲ一言ヲ述ヘ以テ祝辭トス。

●會務報告

大阪市保育會理事　鈴木治太郎氏

會務報告は最近發行の京阪神聯合保育會雜誌に掲載されてゐますから報告な省略致します。

右終つて大阪市保育會副會長小畑富記氏議長席に著かれ直に議事の進行に移つた。

●協議題

一、左記事項ヲ其ノ筋ニ建議スルノ件

1. 恩給法第九十九條第二項ヲ削除セラレ度キ事
2. 市町村立幼稚園保姆年功加俸ノ制ヲ新ニ設ケラレ度キ事

3. 幼稚園令施行規則第十六條但書ヲ左ノ通リ改メラレ度キ事
「但シ月俸額ニ付テハ園長及保姆ハ本科正教員ニ準ス」

（京阪神聯合保育會役員會提出）

大阪市保育會　村　田　次　郎　氏

（說明）

本建議案は三つの問題から成つた案であります。即ち(一)恩給法中改正の問題(二)年功加俸の問題(三)俸給令中改正の問題であります何れも本會としてのみならず全國幼稚園關係者大會に於ても一再ならず建議した問題でありますが遺憾ながら今なほ實施に至らない爲に重ねて建議をすることに致しました次第であります。年功加俸の如きは小學校に於ても敎員養成所に於ても其の敎員は已に業に其の恩典に浴して居るのであります。のみならず公立幼稚園即ち師範學校附屬幼稚園の職員は公立學校職員として既に年功加俸を受けつゝあるのに獨り市町村立幼稚園に至つては此の選に洩れて居る。どう考へても不合理であると思ふ。次に俸給令中改正の問題は幼稚園保姆の俸給は小學校專科正敎員と列を合じうするのを遺憾とするものであります。其の資格に於て改正幼稚園令は明かに尋常小學校本科正敎員と同等以上を要求して居る。然るに給與に於ては本科敎員と同一に遇する事なく專科正敎員と均しくすると言ふのは徒らに求める事多くして遇する事の及ばざる憾があると思ひます。次に恩給の問題は既に幾回か說明致しましたから重ねて述べるの繁を避ける事に致しますが要は此の三案は現下幼稚園敎育にある者の均しく要望しつゝある所、茲に京阪神三市聯合して本案を提出した所以でありますす。御賛成を希望致します。

（滿場一致可決）

議長　本問題に就ては過去に於て再三建議を重ね來つたものでありますが未だ其の實施を見るに至らないことは一般敎育系統の上からも幼稚園敎育の振興上からも洵に遺憾であります。是等關係法令が制定又は改正せられまして實施するに至るには相當の日子を要する事と思はれますが建議の勢を當市がお引受しまして適當の方法により極力文部當局に運動を試みることに致します。諸君の御協力を希望致します。

二、宗敎ノ色彩ナキ幼稚園ニ於テ幼兒ノ宗敎心ノ萠芽ヲ如何ニ培フベキカ

（名古屋市保育會提出）

名古屋市保育會　石　田　馥　氏

（說明）

今日は生憎出題者が欠席致して居りますので一向理由がわかりませぬが是非一言代つて說明せよとの御勸めでありますから止むを得ずこゝに立たせて頂きました。

人間が生活致します上に於て心身生活の關係の深い事は今更申すまでも無いことですが身體の事は別として心的生活の事に至つては尙更述べる必要の無いことであります。正しい精神生活は單に道德敎育によるといふ事をよく聞きますが此の道德だけでは根のない花の様で、すぐ枯れて仕舞ふ樣に思はれます。然らば枯れぬ根は何であるかと申せば即ち宗敎であります。宗敎に依つて眞の正しい生活が出來るのであります。宗敎敎育は大人に成つてからでは、もはや遲く幼兒時代から必ず必要であると云ふので諸所に種々の宗敎を基として宗敎保育をして居ります。

茲に於て此の敎に依らざる公私の幼稚園に於て若し幼兒が宗敎心の

萌芽を現はした場合は如何に取扱つてよろしいやと御協議せられたものと思ひます。

「宗教とは」「萌芽とは」に就いて御質問がありましたからお答いたします。

宗教とは自己の心の内を見るといふ即ち自己内省といふことで、生きて行くのに正しい道を見出すべく神により佛により完全なすがた完全なはたらきを我心に求めようとする努力のすがたで要は神人の關係であります。

萌芽とは幼兒の心に起る不思議(神秘)おどろき(驚異)の類であります。

京都市保育會　待賢幼稚園

本問題に就きまして私は次の樣な意見を持つて居ります

一、本問題ニ對スル根本的態度

1. 極メテ重要視シ用意修養細心ノ注意ヲ要スルコト
2. 輕々ニ取扱フ事、有意的ニ方法手段ヲ講ズルコトハ當ヲ得タルモノナラザルコト

二、教育者ニ對スル要求

1. 純心ニシテ信ト愛ト感謝ノ生活ヲ體現セント努ムルコト
2. 宗教一般ニ對シテ公正ナル理解ヲ有スルコト
3. 幼兒ノ精神生活ニ細心ノ注意ヲ拂フコト
4. 萬事オシツケガマシキ事ヲ愼ム事

三、幼兒ノ宗教生活ノ形式ニ就キ了解スベキ點

1. 美的ナルコト
2. 自然崇拜的ナルコト
3. 神話的段階ニアルコト
4. 樂天的現世的ナルコト
5. 母トイフ神カラ出發シテ今ヤ大自然ノ不可思議ニ向ヒツ、アリ更ニ人格的感化ニ依リ宗教生活ヲ營ムベキ過程ニアルコト

四、幼兒ノ性情中注意シテ取扱フベキモノ

1. 好奇心―不可思議―生命ノ本質―宗教
2. 美的本能―純心、宗教ト藝術
3. 想像力―生活ヲ幽玄ニ理想化スル力
4. 恐怖心―宗教ノ門戸、迷信カラ正信ヘ轉向

五、日常保育中ニ於ケル取扱上ノ注意

1. 自然物ニ對シテ―天體ニ對スル崇高感ヲ。生物ノ撫育培養ト愛ノ發現。生命尊重。
2. 唱歌遊戯、圖畫手工―美的ニ純心率直ニ。作品等ヲ生キ物トシテ
3. 神話又ハ童話―幽玄ニ、高尚ニ、無邪氣ニ
4. 皇室神佛等ニ對シ―敬虔ニ感謝ノ念ヲ持ツ樣ニ
5. 祖先師長等ニ對シ―信頼ト敬愛ヲ

六、家庭調査事項中注意スベキ點

1. 家庭ハ子供ノ生活ヲ重視シテキルカ
2. 母ノ狀況
3. 家庭ノ宗旨
4. 信心ニ凝ル老母等アリヤ

七、園兒ノ「家庭ニ於ケル宗教的取扱狀況」調査

神戸市保育會　内匠ちゑ氏

宗教と教育とは德川時代の初めから分離して行はれて居りましたが

明治維新以後に至つて殊更自覺的に之を分離する樣になりました。而して是は世界の趨勢でありまして國民思想統一の必要上から明治政府が教育宗教分離主義の教育政策を樹立せしめたので御座います其處で實際上に於ては單なる分離に止まらず更に一歩を進めて教育上全然宗教を無視すると共に之を敵視し教育上有害なる迷信なりとして徹底的に之を排斥する樣になつたのでございます。かゝる結果が人心に非常なる缺陷が出來、思想の動搖を來たして參りました。其處で之を憂ふる我が教育界に於ては最近宗教教育と云ふ事が大いに問題化されて參りましたが之が解決に向つては將に其の第一步を踏み出さんとして猶未だ躊躇しつゝあると云ふのが其の實狀で御座います。

此の秋に當りまして我が幼兒教育界より此の重大なる問題が提出されました事は誠に痛快なる事で此の好機會に大いに研究致したいと存じます。然しながらかゝる重大なる問題は此の短時日には到底解決はむづかしいと思ひますので、もつと長い時日を頂きまして充分なる調査研究を致したいとも考へますが今日は發表する役目を仰せつかつた責任上、誠に貧弱なる研究でありますが少しばかり具體方案を申上げまして皆樣の御批正を仰ぎたいと存じます。

一、保姆ノ宗教ニ對スル理解ヲ一層增進シテ其ノ宗教的信念ノ確立ヲ圖ルコト。

1. 諸種ノ保姆養成施設ニ於テハ宗教的陶冶ニ力ヲ注グコト
2. 保姆ハ常ニ社會ニ於ケル宗教的事象ニ對スル研究ニ力ムルコト
3. 講習會ヲ開催シテ保姆ノ宗教的修養ヲ一層深クスルコト

二、常ニ幼兒ノ自發活動中ニ發現スル宗教的要求ニ留意シ之ヲ善導スルコト。

例へば或子供が動物等を虐待する場合に他の子供が之に憐れみの情を起す者もあれば、又之に興ずる者もあります。かゝる場合には之を放任することなく適當なる宗教的指導をなすべきものであります。

三、幼兒ノ生活中機會アル每ニ其ノ宗教的信念ノ啓培ニ力ムルコト

1. 儀式、招魂祭、神社參拜、墓參、弔問等ノ年中行事ニヨリ敬虔ノ念ヲ養フコト
2. 宗教的材料ニ富メル談話ヲ適當ニ課スルコト
3. 各種ノ材料ニツキ宗教的感情ヲ養成スルコト

四、右取扱上特ニ注意スベキ點。

1. 宗派的教育トナラヌコト
2. 迷信ニ流レヌ樣ニスルコト

要するに保育に從事する者は須らく確固たる宗教的信念を持ち堅固なる信仰の持主となりまして幼兒教養の上に機會を逸する事なく、之を活用する事は最も肝要で御座います。而して彼等の將來に圓滿なる人格の完成を期すべきもので御座います。

吉備保育會　折井彌留枝氏

靜に現今の世相を顧みました時、思想界は混亂の狀を呈し世を擧げて輕佻浮薄の風漲り質實剛健とか禮儀作法とかいふ古來の美風良俗は漸次薄らぎ甚だしい利己的な傾向を帶びて來てゐます。

此の難局に處して國家を泰山の安きに置くには、第一に國民に確固不拔なる信念の必要なる事を痛感致すものであります。少くとも國

民に宗教的意識の必要を感ずるもので御座います。

此の意味に於て第二國民たるべき幼兒が有する宗教心の萌芽を如何に培ふべきかといふことは蓋し極めて重要なる問題であると思ひます。此の重要なる問題が此の機會に於きまして私の幼稚園に於て此の點に關する施設を申し上げて御批評を戴くまでの研究を致して居りません事を甚だ遺憾と致します。就きましては此の問題に關する個人としての感想を述べて皆さんの御批判を仰ぎたいと思ひます。

凡そ幼兒の有する本能を適當の時期に其の助長を怠る時は遂にそれを枯死せしむるものである事を恐れて常に之が培養助長には一層の努力を惜しまないでゐる譯であります。

宗教心は學者の研究に依りますれば青年期に其の發現を見るものとされてゐまして幼兒時代に於てはその萌芽を見るのみであるといふ事でありますから、私は常に敬神崇祖の念を養ふことに努め、神は共に在はすものなること、神は總べてをみそなはすものであるといふ精神を知らず識らずの内に自然的に持たす樣にしてゐます。又保育の任に當る保姆そのものゝ宗教的信念の如何は幼兒の宗教意識の萌芽助長に甚大の關係をもたらすものと思ひます。故に保姆は假令從來既成宗教の信者たらずとも漸次宗教的信仰の持主たることを必要とすると思ひます。

而して此の宗教的信念を以て眞心から保育する時は知らず識らずの内に幼兒はいつか其の感化を受けて各兒の具有する宗教的核心に觸れて萌芽し更に或衝動に依つて適當なる發展を遂げるものであることを確信致します。所謂三ツ子の魂百まで、との諺の通り終始一貫生涯に渡り信念の確固たる人格の持主たることを得るのであると思ひます。

以上誠につまらぬ事でありますが私が平素抱懷致してゐます所見の一端であります。何卒御批正を戴きたいと思ひます。

大阪市保育會　市　原　旬　氏

本題は「宗教の色彩なき」とありますが要するに各宗教團體の經營する私立幼稚園以外の一般の幼稚園と解して私の意見を述べさせていたゞきます。

本題の如く近時宗教心乃至宗教的信念の基礎啓培に就きましては教育界の上下を通じて當局又は各種教育團體が提唱して眞摯な研究を爲す樣になつて來ました事は誠に時代思潮上慶賀すべき事であると思ひます。文部省は曩に中等學校の青年男女に、又帝國教育會は小學校に於ける諸會合に各其の字句こそ異つて居りましても皆同一問題の考究に就て其の聲を高うし輿論の歸向に留意する樣になつて來ました事は誠に當を得た慶すべき事であります。

茲に又名古屋市より此の御提案がありましたが是は教育の各種對象を通じて當然湧出する案件であると思ひます。此の問題に就きまして聊か私の卑見を述べて御參考に供したいと思います。

一、保姆自身ノ宗教ニ對スル理解ヲ一層深クシ、且ツ保姆ノ宗教的信念ノ確立ヲ期シテ其ノ教養ニ資スルコト。

（方法）　イ、師範教育幷ニ保姆養成教育ニ於テ宗教ニ關スル陶冶ニ力ヲ注グコト

ロ、講演又ハ講習ニ際シ信念及ビ信仰上ノ指導啓發ヲ受クル機會ヲ多カラシムルコト

ハ、近時宗教ニ關スル各種刊行物ノ增發ニヨリ成立又

ハ實在ノ宗教ノ研究ヲ爲シ宗教的信念ノ啓培ニ努ムルコト

ニ、常ニ社會ニ於ケル宗教的教化ノ諸施設及ビ內容ヲ探究シテ保育ノ資ニ供スルコト

二、幼兒ノ日常生活ヲシテ保姆の眞摯敬虔ナル態度ヲ模倣セシメ不識ノ間ニ幼兒ノ內面生活ニ潛在スル宗教的萌芽ヲ長養スルコトニ努ムルコト。

（方法）イ、幼兒ハ其ノ家庭ニ於テ敬神崇佛ノ雰圍氣ニアレバ幼稚園ハ之ヲ毀損セザランコト

ロ、模倣ヲ善用シテ敎師ノ敬虔ナル態度ニ畏敬セシムルコト

三、幼稚園生活ノ全般ニ亘リ機會アル毎ニ幼兒ノ宗教的信念ノ啓培ニ努ムルコト。

（方法）イ、談話ノ材料ニ正眞ナル神話又ハ宗教的材料ヲ取リ入ルヽコト

ロ、家庭ニ於ケル宗教的儀式ノ內容ヲ斟酌シ儀式、追悼、氏神祭、墓參弔慰等敬虔ノ念ヲ涵養スルニ努ムルコト

四、宗教心ノ萌芽培養ニ就キ左ノ諸點ニ留意ヲ要ス。

イ、成立宗教ニ偏スル敎育ニ陷ラザル樣努ムルコト

ロ、信仰ノ自由ナルヲ理解セシムルト共ニ他人ノ信仰ニ對スル批評ノ愼ムベキヲ知ラシムルコト

ハ、正信ト迷信トノ見解ヲ保持シテ誤ナカラシムル樣努ムルコト

議長 本問題は重要のものでありますから今後大いに研究する必要があると思ひます。

三、幼兒ノ好奇心ヲソヽル路傍ノ有害ナル賣物ニ對シ適當ナル取締方ヲ其ノ筋ニ建議スルノ件（名古屋市保育會提出）

名古屋市保育會　石田馥氏

（說明）

此の問題の說明と致しまして印刷したもの（左記）を皆樣にお配り致しましたから御覽を願ひます。尙此の問題の出題者が生憎本日缺席致して居りますから論議することは見合せまして唯建議することの可否を承りたいと思ひます。

（以下出席者に配布した印刷物）

一、有害ト認メラルヽモノヲ分類スレバ

（一）材料ノ不潔不良ト認メラルヽモノ

例　アイスクリーム、カツレツ、駄菓子、肉桂水、ゴム風船ニ入レシ味付水、等

（二）製法及行商人ノ取扱ノ不潔ニ過グルモノ

例　しんこ細工、あめ細工、おこのみ燒、おでん、ところてん、等

（三）怪我ヲ招キ易キモノ

例　粗製ノブリキ細工及硝子製ノモノ、等

（四）顏料ノ有毒ナルモノ

（五）爆發ノ危險アルモノ

例　かんしゃく玉類似ノ花火、ピストル類、等

(六)射倖心ヲソヽルモノ

例　玉ころがし類似ノ方法ニテ菓子ヲ與フルモノ

一錢出シテ籤ヲ引キ等級ニ應ジテ物品ヲ貰フモノ、等

二、愛知縣ニ於ケル取締現狀

一文行商人ハ定職業ニ非サル爲屆出モ認可モナク任意行商故ニ其筋トシテハ特ニ危險ナリト認メ特ニ不正行爲ト認メヌ限リ默認シ居レリ、一旦中毒患者出ヅルカ或ハ風俗ヲ害スル等ノ場合ノ外ハ保安課モ衛生課モ警察モ取締法ナキトノコトナリ。

三、提　案　理　由

右ニ述ベシ如キ現狀ナレバ幼稚園ニテ家庭ヲ指導シ各自婦人ニ理解ヲ求メ社會問題トシテ不買同盟ヲナス樣努力スルハ勿論ナレドモ都市ニ於テハ職業問題等ニヨリ各家庭ニ任ジ得ヌコト各人周知ノコトナリトス故ニ一方法ノ取締ヲ得ル樣建議ヲナシ無制限ニ增加スル此等行商ヲ制限シ度ク本問題ヲ提案セリ幸ニ御協議ヲ得テ何等具體的取締法ヲ得ル手段ヲ講セラレンコトヲ切望スルモノナリ。

(意見發表者なし)

議長　此の問題は社會的に各種の問題に繫がつて其の波及關係する所が重大でありますから何十二分の研究を要するものと思ひます。猶之に就ては當に適當の注意を園兒に與へて置く事は必要であると思ひます。これで協議題の議事は終りました。次に研究題に移ります。

●研　究　題

一、觀察ニ就テノ實況ヲ承リタシ

(說明)　研究方法、取扱法、施設設備等ノ實際狀況ヲ承リ保育ノ參考資料トナサントス。

(京都市保育會提出)

京都市保育會　塱　崎　多　眞　氏

(說明)

幼稚園令發布以來新しく加へられた觀察に就ては旣に諸大家の御意見や御說も色々拜聽して相當御指導をも仰いだ樣であります。が其の具體的方案の確立と云ふ點に至つては我々保育の實務に當る者が是非實施せねばならぬ事であらうと思はれるので御座います。そこで皆樣方は之を最も價値あるものとして如何なる方法を以て研究を進めつゝおいでになるか、又如何なる施設をして居られるか、或は設備等は何の程度に御實施して居られますか、勿論各地各園によつて異つた案の見らるゝことゝ存じますが、又一面に共通な點をも見出し得樣と存じます。そして私共各自の體驗の上からお互に何物かを見出し得て、より深く研究を進める上に相當の參考資料が得られることであらうと思ひまして茲に發題した所以で御座います。どうか皆樣方が、それぐ御實施になる實際ありの儘の御樣子をお聞かせ頂き度いとお願ひ申す次第で御座います。私共は觀察と云ふ言葉を公にせられなかつた時代の吾々の敎育法を反省しました時、其の敎育內容に至つては今日同樣の仕事をして來たかの感を持つのであります。只有意識的でなく寧ろ偶然的であつたと云ふ樣な心持が無いでも御座いませんので、今茲に大家の御意見等をも加へ吾人の體驗を基とし整理をして見樣と取りかゝつたのが次の表であります

觀察事項豫定案

月別	主題	園外保育 場所	園外保育 觀察事項	園内保育 觀察事項	園内保育 實驗及試食スルモノ
四月	春ノ野、花祭り、お花見、彼岸、天長節	野原、附近社寺境内、公園、市場	種マキ、摘草、野原、野菜、櫻、蝶、小鳥、亀、池、霞、日、私ノ幼稚園、狂言(古雅樂)今上天皇、國旗	花見だんご、ひばり日長、私ノ家、家ノ人人形、家具等	風船、電鈴
五月	新緑、節句、祭禮、養蠶	植物園、御所、蠶業學校	草木、タンポポ、スミレ、レンゲ、五月幟、皇室、ケーブルカー、石ノイロ〳〵、蠶桑ノ葉、汽車	マヽゴト、みこし、五月人形、軍艦、東郷大將、絹織物	かしはもち、寫眞
六月	初夏、梅雨、時、田植	動物園、金魚屋、郊外	水鳥、候鳥、孔雀、トンボ、東山、金魚、ペン〳〵草、笛草、苗、みゝづ、虹、ボーフラ、おたまじやくし、蛙	蝿、ツバメ、夕立、雷電、雨、水車、雨ノ日ノ道具、雲、砂、土ノイロイロ、牛乳等	時計、虹吹キ、霧
七月	水遊び、七夕祭り、祭禮、夏休ミ	プール、いちご園、祇園神社	水泳、水まき車、電車、いちご、とうもろこし、西瓜、鉾、建物、古代美術、神社、私の町、大文字	なす、うり、かぼちやほうづき、うちわ、日傘提灯、風鈴、星、海、汽船ボート、帆かけ舟	水鐵砲、いちご、シャボン玉、噴水
九月	月見、秋ノ虫、ぶどう狩	公園、郊外、ぶどう園	萩、スゝキ、秋草、バッタ、いなご、こほろぎ、かまきり、青空、月、川、山、交通機關ノ種々果實栽培、ぶどう、蜂、北山	狸、風(野分)銀行、病院、	いも(さつまいも)(小いも)、ぶどう、風車
十月	茸狩、果實、冬ノ支度、時代祭り、觀菊	市場、動物園、えびす講、平安神宮	松茸 果實、野菜冬ノ支度ニ要スル衣服其他雁、猿、犬、きじ、馬、象、ライオン、狐、熊、鹿、菊	飛行機、夕焼、商店、恒武天皇	玩具(磁石)、物ノ音
十一月	明治節、運動會、樹ノ實、落葉、收穫	桃山御陵、山附近社寺、田舎(いも掘り)	明治天皇、乃木大將、森林、どんぐり、いてふ、もみぢ、松葉、寺院、舟、疏水、連山、もみ、米、枯木、鳥、雀、いも、わら、かいし、大根、かぶら、人參、ねぎ	栗、柿、かに、等	果實(リンゴ)、米、御飯
十二月	クリスマス、入退營、お正月準備	兵營、百貨店	兵士、將校、馬、武器、練兵場、大空、年ノ市、色々ノ着物、玩具、様々ノ人其他	人々ノ服装、サンタクロース、自分ノ家ト人ノ家、靴屋、もち花、餅つき、すゝはらひ等	水蒸氣、活動繪
一月	冬ごもり、年始、郵便、火ノ用心	官廳、消防署	松竹梅、霰、官廳、鐘、郵便配達、ポスト、消防夫、消防自動車、巡査	鶴、鯛、おたふく、獅子、福壽草、水仙、金ノイロ〳〵	ゴム毬、空氣
二月	節分、紀元節、雪遊び	附近社寺、二條城、本願寺	節分ノ儺、歴史、皇室、禮服雪ト人、枯木ニ花、大建築物	鶯、青麥、草木ノ芽生氷、神武天皇、金ノトビ、大工、左官、石工等	大豆、熱
三月	節句、散歩、修了、學校	學校、北野	小學校幼年級授業狀況天神様、梅花、西山	ひな人形 陸軍、日本ト外國食事道具等	よもぎもち
備考	主題ハ五項目ニ連絡ス	場所ハ場合ニヨリ變更スルコトアリ	事項ノ排列ハ便宜之ヲ分チタルニ過ギズ取扱ノ方法ハ成ルベク綜合的全體的ナルヲ要ス	以上ノ事項ハ談話、唱歌、遊戯手技ヲ通シテ觀察セシムベキ場合ヲアゲタリ	好機會ヲ逸セザルコトニツトム家庭ヲ利用ス

考

觀察事項豫定表作製ノ趣意

一、自然物、自然現象、社會事業ノ最モ幼児生活ニ近キモノノ題材ヲ
二、幼兒ト題材ノ直接交渉ヲ主トス(京都市ト自然、園外保育)
三、本題材ヲ幼稚園保育細目ト結ビ付クル時ハ保育ヲシテ相當ノ教育

保育及試食ルモノ	培養飼育スルモノ	機械標本玩具	繪畫	保姆修養施設	注意スベキ重要事項
船 鈴	ばら、朝顔、其他ノ雜草、鳩、鷄、小鳥、兎、龜	機械體操 觀覽車 ビックリ箱 起き上り小法師	風景畫 春ニ勝スルモノ 地理風景 觀兵式ノ圖	植物(雜草、草花、食料、野菜)研究 社寺巡拜、探櫻、樹木、森林ノ研究	美ノ觀賞 植物ト人世
しはもち 寫眞	藤、あやめ、つゝじ、山吹、クローバー、毛虫、かたつむり、なめくぢ、鯉、くも	玉ころがし 噴水、魚釣 泳ぎ金魚 ポンプ 彌次郎兵衞	海戰ノ圖 風俗ノ圖	蠶業學校 見學 搾乳場 視察 舞鶴軍港 見學 養魚場 視察	動物ト人世
吹キ 計	ひまはり、へちま、ごちやう、金魚、めだか、あひる、螢、蛙、あめんぼう、しゆろう樹、水蓮	變色眼鏡 水車 米搗き 廻り燈籠	農作ノ圖 風景畫 高山ノ畫	動物(虫、魚貝類)研究 自然現象 研究 水源池 見學 罐詰工場 見學	水ノ力
鐵砲 ちご ャボン玉 水	桃、桐、サボテン、蟻、せみ、スイッチョン、まつむし、くつわむし、すゞむし	玉吹き上げ 水吸上げ 鐵道遊び	祭禮ノ圖	天體及地文學 研究 扇子工場 見學 製氷會社 視察	鄕土藝術
つまいも いも どう 車	コスモス、いちぢく、いんげん豆、杉、かまきり、こほろぎ	望遠鏡 景色廻り	風景ノ圖 果實ノ圖	植物(果樹、穀物)研究 市電車庫其他 見學 學校家庭衞生學(病院)研究	都市施設ノ恩惠
(磁石) ノ音	ダリヤ、菊、ざくろ	玉投人形 輪投げ 木琴、鐵琴	風景畫 觀菊畫 都會鳥瞰圖	秋色探勝 動物(鳥獸)研究	山紫水明ノ美
(リンゴ) 飯	ヒヤシンス、アオヒ 楓、いてふ	自動猿 變色ゴマ	動物ノ畫 狩獵ノ畫	鑛物(金ノイロ〳〵 石、土ノイロ〳〵)研究 兵營、機械、鐵工場 見學 製靴工場 見學 京都市誌研究(名所舊跡探勝)	鄕土ト生產
蒸氣 動繪	鯡、南天、水仙	活動寫眞 擊劍使ひ	肖像畫 服裝ノ圖	友禪染、西陣織物工場 紡績、織布工場 見學 美術展覽會觀覽	國家ト產業 京都ト美術
ム毬 氣	椿、さゞんか花 松竹梅 猫、ねずみ	コマ、風琴 蓄音器 繪合セ	十二支ノ圖 動題ノ畫 鐵業ノ圖	郵便、電話局、新聞社 消防署、官廳 見學 市內年中行事調査	新ラシキ生命
豆	そら豆(まめの葉) 白兎	計數器 鬪球盤 實體鏡	風景畫 雪景色 大工、左官 土工、石工 作業ノ圖	陶磁器工場 大建築場現狀 視察 人形、玩具、工場 視察	我國體ト國民
さもち	桃、さくら草 チユリップ かなりや	繪かるた 字かるた	幼兒作品 魚貝ノ圖 人種ノ圖	小學校幼學年參觀 舊皇居其他離宮拜觀 陵墓巡拜(近郊)	希望
チ逸 ルコト ム家 用ス	事情ノユルス限リ實施シ得ラル、見込ノモノヲ掲ゲタリ	商店、家庭ヲ利用シ最モ經濟的ニ實施セントス	大家ノ作品及保姆ノ作品ヲモ交フ	研究事項ハ講習會、講演會等ヲ利用シ視察見學ハ他ノ團體ニ參加シ措マズ出席ス	愛鄕心發成ヲ含ム

ノ題材ヲ選擇セリ
當ノ教育的價値アラシムルヲ得

四、觀察事項ノ設定並ニ排列ノ變更ハ取扱者ノ任意トス
五、偶發事項ノ爲メ豫定變更或ハ加除等ハ保育者ノ任意トス
六、幼兒教育者ノ常識的向上ヲハカル

京都市保育會

（右の表は出席者に配布した印刷物）

先づ觀察の對照である材料の研究即ち幼兒の發育段階に適合した題材の選擇は如何、次に之を如何なる目標の下に實施する事により幼兒の生活を最も價値あらしめ得るか、如何なる機會に或は如何なる場所で、どういふ施設をするかと云ふ樣な事を考へました　尤も京都市は大阪市等に比すれば自然に近く惠まれて居りますから自然さの接觸に最も重きを置いて見樣といふ樣な事で、尙又之等の材料に對する我々保姆の研究向上を如何に進めて行くかといふ樣な事、最後に今日吾々は敎育全體の上から人間として我が國民さして又京都人として如何なる點に最も注意を拂ひつゝ敎育して行かねばならぬかと云ふ樣な事を考に入れ此の案を立て研究實施の第一歩に入つた譯で御座います。

尙更に精細に之を幼兒生活中に如何に取り入れ敎育するかに就ては次の問題として研究を進めたいものと考へて居ります。

大阪市保育會　宮田ますす氏

觀察科に對しての完全なる施設及び設備は出來て居りませんが、研究方法或は取扱法に就ては多少考へて居る事が御座いますから簡單に申上げて御指導を仰ぎ度いと存じます。

此の觀察と云ふ項目は昨年幼稚園令が發布されました時に示されたもので御座いますが從來とても觀察科と云ふ大それた名目をつけては居りませんでしたが決して此の觀察を忽にして居つたものではありません。即ち凡ての智識の修得は此の觀察の階段をぬきにしては入つて行けないからで御座います。

描き方をするにも粘土をするにも乃至摺み紙、貼り紙でも遊戯でも皆觀察に依つて入つて行かぬものは一つもありません。で是が研究は決して等閑視されたのではなく何う云ふものを知らしめたらよからうか、又何うすれば一番幼兒の頭に入り易いか、理解し易いかと材料選擇上にも設備施設の上にも尠からず苦しんで居つたので御座います。又此の取扱に至つては他の保育項目と同樣、苦心を續けて參りました。殊に自然に遠ざかつた都市である爲、自然科の觀察は園外保育によつて多く行はれて居ますが出來るだけ是を多く園内に取込むことに苦心して居ることは昔も今も大差御座いません。

今日此の問題が出ました爲、今迄實施致して居ります處を時間を節約して御答を容易にする爲此の樣な表（左記）にして見ました。御一覽下さませ。

其處で要しまするに保姆は常に各方面を觀察研究して幼兒の質問を處理する技量を養ふて置くことが大いに必要であります。幼兒が好きな、物をいぢくつたり、音に耳を傾けたり、飾つて樂しんだりする、新奇な事項を經驗する態度を反復せしめて觀察ずきな子供になる樣導くのであります。

（以下出席者に供覽のもの）

名古屋市保育會　近藤あき氏

觀察と云ふ事は遠くから常に行はれて居る事でありまして今度の幼稚園令に於て觀察科と云ふ項目が設けられた爲に新に生れたものでは無いと思ひます。依つて只、從來の觀察に付き一層其の注意を怠らず努力したいと思ひます。問題に對してお答致します。

研究方法

一、講習會、見學、其ノ他ノ機會ニ於テ實物ノ觀察及ビ實習ニヨリテ研究スル事
二、圖書ニヨル研究
三、觀察ニ對シテ項目ヲ擧ゲテ研究スル事
四、幼稚園全體ノ遊ニヨリテ研究スル事（遊戯、談話其ノ他ノ作業）

取扱法

一、特別ナル設定ヲナサズ機會ヲ逸セズ幼兒ニ注意ス
二、質問ニ應ズル（過去ノ觀察、偶發事項ニ對シテ）
三、觀察ニ適スル場所ニ引率ス　（人數ハ少數程ヨシ）

施設法

一、標本、繪本、玩具、動植物ノ飼育栽培
二、施設ニ於テハ經濟ト場所ノ許ス限リ爲ス

神戸市保育會　渡邊春野氏

私が申上げたいと存じまして準備して居りましたものは先程から御當市のお方並に名古屋市其の他の方々がお話になりました事と大體同様でありますから重複する事項を省略しまして一寸一言私の觀察に就きましての所感を述べさせて頂きまして、それで御免を蒙ることに致したうございます。偖私共の市では幸に海にも山にも近うございますので、よく子供達を連れまして出かけます。追々交通、通信、運搬其の他いろ〳〵と社會施設の觀察が出來まするし又、山の上から海邊を眺めましたり汽船、軍艦、帆船、ボート、蒸汽船、尙汽車、飛行機、自動車、電車等の有樣を實地につき實物に依りまして觀察する事が出來ますかと存じます。尙又動物、植物類等もさうした機會に共に親しく見る事が出來ますかと存じます。就きまして私共が此の觀察については常に注意を拂ひ機會を巧にとらへまして子供が其の遊の中に喜び乍ら將來の心身發達に資する爲に務めて行きたいと存じて居ります。さうして子供が興味を持つ、喜んでする、と云ふ事は最も大切な事ではないでせうか。

例へますれば私共が子供と共に植物を栽培致します場合などに保姆自身がそれに趣味を持ちましてミヽズの樣な其の他小さい虫など見ました時には、徒に汚ならしいとか厭だとか云ふ樣な考を捨てまして自分が先に立つて喜んで親切に世話をして行きまして保姆それ自身の熱心に子供を引き入れまして灌水、施肥、草取等を喜んで致して居ります。その内に敎へるでなく自發的に觀察眼を高め且つ磨めて行く事が出來ますかと存じます。さうして其の方が効果が多くはなからうかと存じられまして私共の方では、さうした方法を取つて居ります。

研究、方法、施設等は大略先程皆樣がお云ひ遊ばした樣な方法を取つて居る次第でございます。

議長　本問題に就ては適當の參考資料を相互に交換して研究する樣にすれば便宜であらうと思ひます。

観察科ニ就テ

- 一、研究方法
  - 1、豫定観察法（保育細目ニヨルモノ）
    - 1、自然界観察
      - 1、四季—春夏、秋冬
      - 2、天文—天日月星其他
      - 3、地理—山川、海、湖、陸地、都市、田園、其他
      - 4、氣象—晴、雨、暑寒、雲、氷雷、電、其他
      - 5、方位—東、西、南、北、上、下、前、後、左、右
      - 6、時——年、月、日、時、七曜、朝晝晩、夜、今日、明日
    - 2、動植物界観察
      - 1、動物
        - 1、形態及生態—蹄、牙、尾、毛皮、羽毛、翼、嘴、等
        - 2、家畜—犬、猫、牛、馬、豚、羊、山羊、其他
        - 3、家禽—鶏、家鴨、鳩、七面鳥、小禽
        - 4、養殖魚虫—蠶、金魚、鯉、其他
        - 5、野禽—雀、燕、雲雀、烏、鷲、等
        - 6、野獸—猿、鹿、狐、其他
        - 7、魚類—鯉、鯛、鮎、目高、其他
        - 8、蟲類—蝶、蜻蛉、蜘蛛、バッタ、蝗、螢、蛙、等
      - 2、植物
        - 1、部分—種子、芽、根、莖、葉、枝、蕾、花、實、等
        - 2、花辨花木—櫻、菫、矢車、菊、等
        - 3、穀物—米、麥、粟、豆、小豆、玉蜀黍、等
        - 4、果物—桃、梅、梨、ミカン
        - 5、菜根類—大根、葱（ネギ）其他
        - 6、苔類—苔、茸類、海草、等
        - 7、製材類—松、杉、檜、樫、等
    - 3、人事界観察
      - 1、人體ノ各部ニツイテ
      - 2、家、及家族ニツイテ
      - 3、衣服及其他附屬品ニ就テ
      - 4、食物
      - 5、家屋、家具、什器
      - 6、庭園
      - 7、神社、佛閣、教會堂
      - 8、官衙、學校
      - 9、通信、交通及其機關
      - 10、度量衡及貨幣
      - 11、各種ノ職業
      - 12、美術及藝術品（音樂、繪畫、映畫）
    - 右材料蒐集上
      - 1、幼兒ノ生活ニ親シミノアルモノ
      - 2、興味アルモノ
      - 5、幼兒ノ體力ニ適スルモノ
      - 6、正確ナルモノ

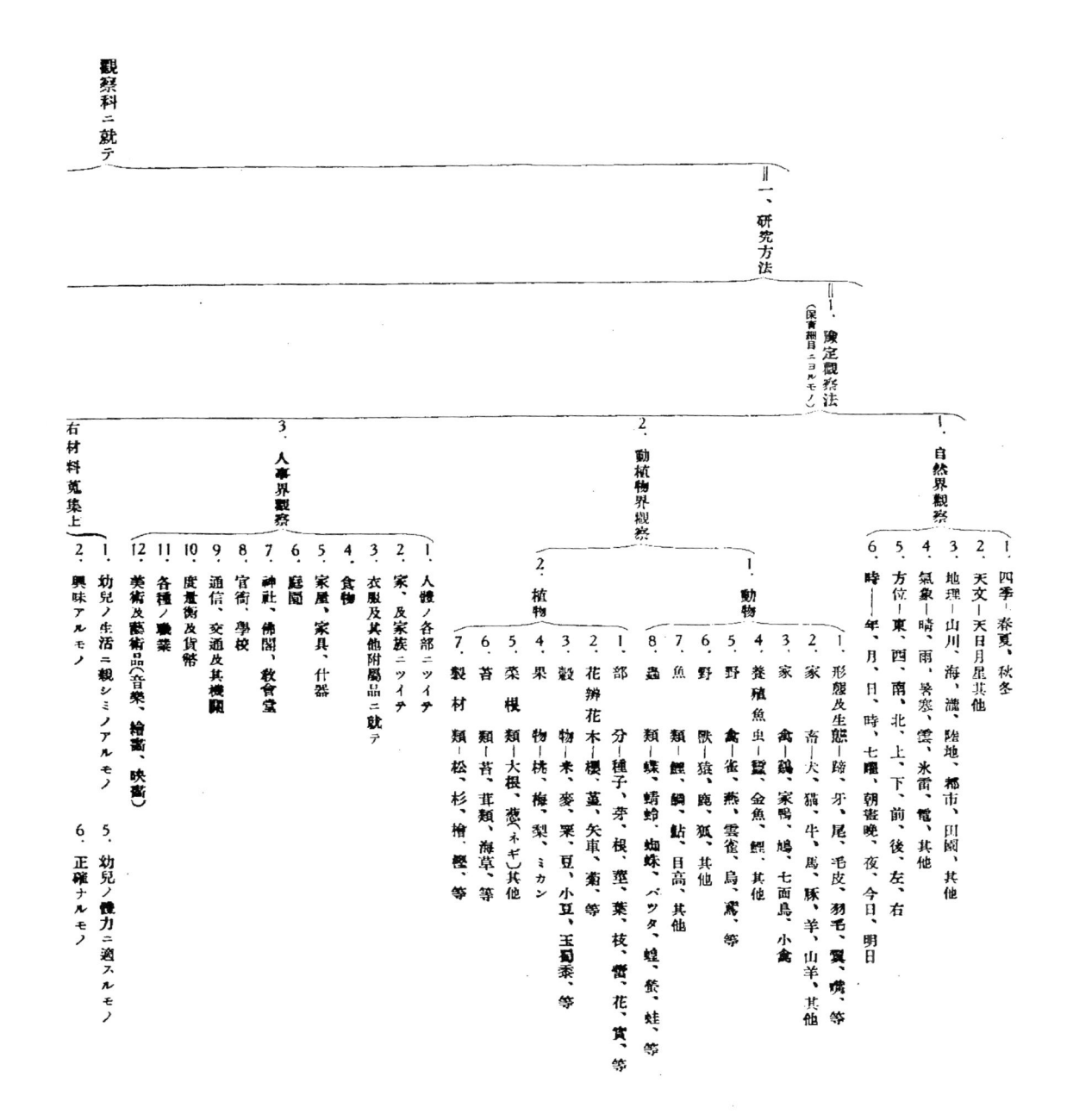

觀察科ニ就テ

- 2、偶發的觀察法—豫測セザル偶發事項ニシテ機會ヲ捕捉スルコトニ明敏ナルベシ
  - 右材料蒐集上注意スベキ事項
    1. 幼兒ノ生活ニ親シミノアルモノ
    2. 興味アルモノ
    3. 理解シ易キモノ
    4. 危險ノ恐レナキモノ
    5. 幼兒ノ體力ニ適スルモノ
    6. 正確ナルモノ
    7. 分解シ易キモノ又ハ綜合シ易キモノ

二、取扱方法上注意スベキ事

1. 環境ヲ整理スルコト
2. 言葉ヲ少クシテ暗示ヲ與ヘテ發見スル事
3. 凡テノ感覺ヲ充分ニ活動セシムル樣注意スルコト(例ヘバ眼ヨリ入リシモノハ手ニ訴ヘ耳ヨリ入リシモノハ口ニ反復スルガ如キ)
4. 幼兒本位トシテ自由ナラシムルコト
5. 發達ノ程度ニ合致シテ理解シ易キモノナルコト
6. 殘忍性ヲ伴ハザルコト
7. 凡テノ生物ノ生ヲ尊重スルコト
8. 時々連絡的ニナサシムルモ可シ
9. 機會ノ捕捉ニ明敏ニシテ要ヲ得ルコト
10. 成ルベク實物ニ依ルベク止ヲ得ザル時ハ模型、標本、掛圖ヲ用フルモ可(但シ正確ナラザルベカラズ)
11. 時々反復スベシ、數ノ多キヲ尊バズ正確ナルヲヨシトス
12. 成ルベク自然ニ行フベク、コトサラナラザルベシ

三、施設及設備

1. 施設
   1. 園外保育
      1. 郊外四季ノ自然ニ接觸セシムルコト
      2. 動物園、水族館、植物園
      3. 摘草、昆蟲採集、汐干狩、芋掘、葡萄狩、苺狩等
      4. デパートメントストアー、及デパート內ニ於ケル各種適當ナル備物見學
   2. 活動寫眞ニヨリテ幼兒保育上必要ナル事項ノ映畫ヲ見セシム
2. 設備
   1. 各種ノ材料蒐集、實物、器械標本、器具模型、掛圖ノ蒐集
   2. 動植物ノ飼養栽培
      1. 鳥小屋
      2. 動物小屋
      3. フレーム溫室
      4. 花壇及菜園…是ニ要スル器具(スコップ、如露、砂篩、熊手、植木鉢、木札)
   3. 築山、池、噴水、其他
   4. 觀察ニ必要ナル器具(ハサミ、小刀、其他)

(大阪市保育會)

幼兒觀察豫定表（其ノ一）

大阪市保育會

月	自然ニ關スル事實	人事ニ關スル事實	重ナル觀察場
四月	櫻花、桃花、筍、小鳥	入園式、祭日、國旗	園内
	鷄、蝶、蜂、兎、龜	天長節式、友達	同
	朝顔ノ播種、菜ノ花、わらび	幼稚園（先生子供使丁）	同
	春ノ草、春ノ山、鳩		園外
五月	ぼたん、つばめ、蛙	五月節句人形及鯉幟	園内
	つゝじ、あやめ、菖蒲		同
	チューリップ、ふじ		同
	おたまじやくし、鯉、鮒、ひばり	ちまき、柏餅、軍艦	園内外
	川、海、蛤、貝類	船舶	同
	麥ノ穗、新緑	飛行機	同
六月	朝顔ノ芽生、菊のさし芽、ばら		園内
	梅雨、枇杷、蝸蟲、梅の實	雨具、時計	同
	螢　さくらんぼう、すいとぴー		同
	夏みかん、百合の花、金魚、目高		同
	かび、ばなな		同
	麥刈、いちご		園外
七月	蓮の花、朝顔、夕顔、金魚草	七夕祭	園内
	日輪草、ほうせんか、ほしづき	衣服	同
	茄子、胡瓜、南瓜、眞瓜		同
	なんばきび、月見草、あじさい		同
	果物、蟬、虹、雷、夕立、星、蠅		園内外
	雲、あり、牛、馬、夕やけ、蚊、棒ふら	天神祭、其他氏神祭	園外
九月	朝顔、へちまの實、ほうせんかの結實	月見會	園内
	はけーとー、だりや、梨、無花果		同
	葡萄、兎、秋ノ虫、月、さんぽ		同
	風		同
	里芋、甘藷	秋季皇靈祭	園外

十月	こすもす、菊、松茸、栗、柿 銀杏、ざくろ、枝豆、きち 稲穂、いなご	神嘗祭 氏神秋祭 芋掘	園内 同 園外 同
十一月	みかん、りんご、霜、霧、時雨 樹々の紅葉、黄葉、落葉 鹿、きつね、たぬき	新嘗祭、明治節式 秋の収穫、動物園行	園内 園外
十二月	山茶花、常緑樹、橙 木炭、石炭、年末 大根	事始め、クリスマス 餅つき、ストーブ、玩具屋遊 年ノ市	園内 園外
一月	福寿草、ゑび、松、竹、梅、水仙 南天、鼠、犬、猫、あられ、雪、つらゝ 大寒、小寒	門松、七五三飾 年賀のこと、寒暖計 ぞうに餅 十日式 消防出初式、初荷売出	園内 園外 同
二月	梅花、柊、鶯、とんび、大豆	節分、太鼓、紀元節 弓、矢 初午	園内 同 園外
三月	桃の花 木々ノ發芽、小鳥、春風	三月節句、草餅、保育修了式 地久節 春季皇霊祭	園内 同 同

幼児観察豫定表 （其ノ二）

項＼月	4月	5月	6月	7月	9月	10
自然界	春ノ時候(暖晴. 霖雨) 桃. 櫻. 菫. 菜ノ花 鳩. 鶏. ヒヨコ. 兎. 白鼠 朝顔ノ種蒔	豆ノ成長. れんげ. 筍 タンポポ. 麥. 柳. 桑. 菖蒲 養蠶(眠ルコト. 脱皮ノコト) 鯉. 鮒. 貝類	梅雨. 水. 川. 池. 瀧 雷. 虹. オタマジヤクシ. 蛙 苗代. 田植. 豆類. 螢 苺. 枇杷. 梅	新緑. 夏ノ時候. 薮蚊. 星 蟻. 蠅. 蚊. 蟬. 夏蜜柑 海濱. 波止場. 港. 鰻 泥鰌. 朝顔. 白粉花. 茨. 竹. 桃 松葉. ボタン	梨. 無花果. 葡萄 月. 桔梗. 萩. 薄 蜻蛉. キリギリス バツタ. コホロギ	秋ノ時候. 蝗. 菊. 栗. 松茸. ガ 芋類(サツマ芋 馬鈴薯. 山坂. 森. 林. 谷
人事界	入園式. 幼稚園 （先生. 子供. 使丁） 身體及其ノ諸部分 （頭. 手. 顔眉………等） 家族(父母. 祖父母. 兄弟等) 衣服及附屬品. 時ノ表示 天長節. 國歌	食物(食事(朝. 晝. 晩. 間食) 主ナル食品 飲料 菓子. 果物類) 端午節句 園外保育	家屋(建物ノ種類 屋内裝飾具 家具及什器) 動物園參觀	七夕祭. 氏神祭禮 風及其器具(扇. 團扇. 扇風機) 水及其器具(水道栓. 噴水. ホース. ポンプ)	水族館參觀 交通機關 汽車. 電車. 自動車. 自轉車. 船 交通遊	都會. 町村 氏神祭禮. 神社 園外保育 誓文拂. 商賣遊
玩具掛圖標本	幼稚園内運動具及玩具 人種(大和民族. アイヌ人 朝鮮人. 生蕃人 支那人. 印度人 黒人. ヨーロッパ人等)	五月人形 武器(弓. 矢. 鐵砲等) ゼンマイ仕掛ノダンス人形 及汽車 蝶類	牛ト水牛 馬ト驢馬	製氷 シヤボン玉 ポンプ 廻り燈籠 昆虫ノ色々	模型(汽船 軍艦 飛行機) 海底ノ圖	双眼鏡. 百花鏡 景色ノ圖 猿. 狸

0　月	1 1　月	1 2　月	1　月	2　月	3　月
蝗.稲	田畑.米	烏賊.蛸.雉.鴨	冬ノ時候	金.銀.銅	ヨモギ.彼岸櫻
…大根.蕪	鳴子.案山子.時雨	家鴨.鮭.數ノ子	結氷.雪	鐵.鉛.アルミニユーム	太陽.木芽.春雨
…マ芋.里芋 …薯.等)	落葉.紅葉	海藻類(昆布.ノリ.ワカメ)	水仙.南天	岩石.輕石	土筆
…木.谷.鰮.エビ.カニ	銀杏ノ葉及實	霜.霰	福壽草.雀.牡蠣.ナマコ	梅花.鶯	
	明治節	火熱.火光及其器具	四方拜	節分.初午	雛節句
神社佛閣	方位(上下前後左右)	ストーブ.電燈 瓦斯.種油.マッチ.蠟燭	十日戎	紀元節	飯事遊
	運動會	歳ノ市遊	入營	音及其器具	證書授與式
賣遊	幼兒デー	クリスマス 通信		ピアノ.オルガン.ラッパ. ハーモニカ.太鼓.蓄音機	
花鏡	タンク	カルタ	貨幣(金銀.白銅及紙幣)	工夫.作業 (大工.左官.工夫)	雛人形
	城	双六.賽	猪獅子	熊.象.豚	偉人ノ肖像
	大砲	羽子板.ハネ	羊.山羊		
		凧.マリ			

(大阪市保育會)

二、幼兒ノ年齡別ニ依ラザル編制法ノ得失ニ就テ（大阪市保育會提出）

大阪市保育會　井上春野氏

（說明）

幼稚園令施行規則第五條に「幼稚園ニ於テハ年齡別ノ編制ヲ爲スヲ常例トス」とありますので年齡別に一年保育兒は一年保育兒ばかり二年保育兒は二年保育兒ばかり、三年保育兒は三年保育兒ばかり集めて組の編制をするのが本體でありますが實際の取扱上から考へましても又幼兒の精神發達の段階から考へましても更に幼稚園敎育の目的から考へましても此の編制法は不自然であり且不合理である樣に思はれない事もないかと存じます。幼稚園の敎育は立場々々に依つて色々に言ひ得ると思はれますが、幼稚園令第一條に「幼稚園ハ幼兒ヲ保育シテ其ノ心身ヲ健全ニ發達セシメ善良ナル性情ヲ涵養シ家庭敎育ヲ補フヲ以テ目的トス」とありますが「心身ヲ健全ニ發達セシメ善良ナル性情ヲ涵養シ」云々は小學校に於ても同一であると思ひます。寧ろ幼稚園の敎育の特質は最後の「家庭敎育ヲ補フヲ以テ目的トス」と云ふ點にあるのではないかと思はれます。卽ち幼稚園敎育は家庭敎育の延長であり、擴充である所に使命があるのであらうと存じます。此處に思ひを致して組編制を考へますと子供が家庭で兄弟姉妹が相寄つて各自己の生活を見出し全我的に活動し、そして其が年長者の刺戟と環境とに依つて次から次へと發展して參ります事から考へますと幼稚園の組編制は寧ろ年齡別に依らない方が好いのではないかと考へられます。又幼稚園時代の子供は推理、判斷さか道德上では理性の作用といふ點に於ては極めて幼稚でありまして多く感覺の働き、本能の表れの最も强い時代であります。からいふ時代は先生の言葉を以ての說明よりも子供が周圍の色々の刺戟に應じ之を取り入れて自己の精神內容とする事が最も强い事は何人も認めて居る點でありをます。此の點から考へますと凡そ精神發達の似て居る同年齡の者のみを以て組を組織するよりも種々違つたものを以て組織する方が妥當である樣に思はれます。次に入園當初三年保育兒は三年保育兒のみ、二年保育のものは二年保育兒のみ、又同一年齡の者でも新しく這入つた者ばかりを以て一つの組を編制した場合、右を見ても左を見ても幼稚園の生活法を知らない者ばかりで幼兒の小さいあの胸中は不安と恐怖に充されて居ります。先生は是に對して種々苦心して親切に導いてはやりますが先生に對しても親しみがなく從つて一寸した事にすぐ泣きます。一人が泣くと又他の方で泣く、終ひには先生も泣き出し度くなるといつた調子で實に痛々しい感じが致されます。之を年齡別に依つた編制に致しますと幾分か此の樣な狀態を緩和する事が出來るだらうと存じます。

唯に入園當初はかりではありません。平素の取扱に於きましても學校的に此の時間は手技の時間だから同題目の下に製作させなければならないとか又此の時間は書き方の時間だから一齊に書かしめるのださか又此の時間は遊戲の時間だから皆同一の遊戲を練習するのだと考へますと取扱に不便な感ずるのでありますが幼稚園は學校と違ひまして一定の年限內にどれ丈の敎材を敎へねばならないとは定つて居ないのであります。要は幼兒の生活を通して個々に手技、談話遊戲、唱歌、觀察等の活動が全體として起る樣にするのであらうと存じますから、それには矢張り年齡別に依らないで各種年齡の混合

した編制法が適しては居ないかと思はれます。以上は年齢別に依らない方法の一として各年齢を混じた組をつくるといふ方法も考へられない事はないと云ふ事も申上げて見たのでありますが尙此の外には或は精神年齢を調査して適當に案配するとか、或は幼兒の身體發育狀況を基礎とした組編制とか、又男女の性別に依る編制とか其の他にも種々の編制があるかも知れないと存じますので其等に對し御實驗の上から又は理論の上から御意見を承ります事は幼稚園教育上價値のある事と存じまして本問題を提出した次第で御座います。誠に不完全な説明で御聞き苦しかつた事と存じましたが出題の趣意のある處をよく御くみ取り下さいまして充分御意見を聞かせて頂きますならば誠に光榮とする次第であります。

吉備保育會　高原寅氏

此の問題に就て質問と希望を申上げますが年齢別に依らざる編制法のみの研究になつて居ますが何故年齢別に依る研究をお省きになりましたのでせうか。考へてみますと法令にも「年齢別に編制するを常例とす」となつて居ますし實際に於ても多くは年齢別に編制されて居る樣でございますから、どうしても年齢別に依る編制法をも併せて「幼稚園に於ける各種編制法の得失」に就いて御研究を願ひ度う御座います。

大阪市保育會　井上春野氏

御質問にお答へ致します。法令の上には年齢別による組編制を常例とする樣になつて居りますが全然此の方法に依らなければならないといふ意味ではなからうと思ひます。事情に依りましては別の編制法を採つても差支へが無い事を示して居るのではないかと思はれます。又實際上絶對的に此の編制法に依らねばならないといふ事であれば保育　不都合を來たす場合がないではないと思ひます。それで各種編制法の長短、特質をよく研究して置く事が必要であると存じまして本題を提出した樣な次第で御座います。

吉備保育會　高原寅氏

曩に質問致しました際私の考を申上げて置きました樣に「年齢別に依らざる」を省き「幼稚園に於ける各種編制法の得失」に就て而も私達が實際に據りたいと思ふ編制法を發表致します。左樣御承知を願ひます。

先づ年齢別に依らざる編制法には、どんな種類がありますかを考へてみました。即ち

一、身體の强弱に依る編制法
二、智能檢査をして能力別に依る編制法
三、男兒組女兒組と分ける性別編制法
四、町内別編制法
五、四才五才六才兒若くは五歳六歳是に又前年から幼稚園に來てゐるものに新入園兒をまぜた、つまり新、舊、長、幼兒を組合した編制法

等があると思ひます。これで是等に就て各其の得失を述べてみたいと思ひますが遺憾ながら時間がありませんから到底要を述べ盡せないと思ひますので今は唯最後に申しました組の編制法即ち新舊、長幼兒を組合した編制法に就ての得失の内一二を述べてみることに致しました。

一、長所と致しましては

イ、年長兒と年少兒を組合すことに依りまして年長兒は年少兒を愛し年少兒は年長兒のするこさを見倣ふさいふ得點があります。

ロ、又前年から來て居る幼兒を新入兒にまぜて編制することに依つて新入兒が舊園兒をまねて幼稚園生活に早く慣れることであります。

二、短所と致しましては

イ、年齢が違ひますので心身の發達の差に依つて欲求する點にも差があると思ひます。是に滿足を與へる爲には保姆が苦心する場合が多いことであります。

ロ、又從つて一人の保姆が多人數の幼兒を保育することが難しいといふ點があります。

是等は私の經驗致しました所でございまして新舊長幼兒を組合したものは入園當時に於きましては特によい編制法と思ひます。

組の編制法は以上申しました樣に多種多樣でありますが私達が實際保育を行ふ上に最も價値ある編制法は何かといふことに就て考へてみますと其は

一、身體にばかり依る編制法でもありません

二、能力別にばかり依る編制法でもありません

三、男女別にばかり依る編制法でもありません

四、年齢別にばかり依る編制法でもありませず

五、又作業別にばかり依る編制法でもありません

私のとりたいのは移動的編制法とでも申すものでございまして

一、能力別にするときもあります

二、身體の强弱に依るときもあります

三、男女別にするこきもありますし

四、又時には全園の幼兒を一齊に集めてすることもあります

五、或時は自由遊びの集團から設定の保育に引入れてゆくこともあります

六、作業別にして、したい子供だけ集めてさせることもあります

この樣に實際的立場から考へて幼兒敎育は幼兒の生活に即して行はるべきものであるとした時には、幼兒の生活は多樣でありますから從つて其の編制も多樣になるこさは當然で組を限定することはどうしても出來ません。即ち或限定した組の編制にのみ依ると各々組の編制には長短得失のあることは免れぬものでありますから、どうしても出來るだけ組の編制を限定しないで其の時其の塲合に適應した所謂移動的編制法に依つて保育するこさが合理的であり且現今の敎育思潮に適合したものであると思ひます。

神戸市保育會　義則嘉氏

年齢別に依らざる編制法さいへば先づ能力別とか身體別とか或は性別とか個性別さか又は住所別とか家庭別(貧富、職業別等)とか、いふ樣なものを指すのだと存じます。

是等の編制法では

略々取扱ヲ同ジウスルコトガ出來ルトイフ得ガアリマスガ一方兒童ノ心身ニ就テ餘程ノ深イ智識ト不斷ノ努力トヲ要スル方面ニ缺點ガアリマス。

其の方法の得失を述べて見ますと

一、能力別

得＝優良兒ヲ伸バスコトガ出來マス

失＝劣等兒ハ何ノ刺戟モナキタメ進歩ガ鈍リマス

一、身體別

得＝體質ニ適應シタル保育ヲスルコトガ出來マス

失＝發育良好ナ者ハ同情ノ念ヲ缺イデ氣分ガ荒々シクナリ易イデス

一、性　別

得＝男女ノ特徴ヲ進メテ行クコトガ出來マス

失＝殺伐ニナリ易ク優美ノ點ヲ缺ギマス

一、個性別

得＝個性ノ長所ヲ發揮サセルコトガ出來マス

失＝短所ヲ一層深クサマス

其の他住所別とか家庭別とか色々分け方がありませうが、それぐ得點もある代り缺點も伴ふことが考へられます。そこで是等の方法に依る場合を考へて見ます時性別の外是が編制に就ては兒童の心身其の他の調査に就て非常な注意を要するのみならず時には專門的ノ智識をも具へなければなりません。個性調査にせよ能力調査にせよ又體質調査にせよ中々一通りや二通りの方法では眞實を摑むことは困難だと存じます。只ありふれた皮相の形式を一寸位扱つて見て即斷する樣なことがあつては却つて兒童を誤ることになります。又よしや其が理想的に調査出來るとしても日々それを取扱つて行く私達に相當な智識技能を要することは言ふに及びません。殊に身體方面等を考へました時には專門的の智識なしも持たねば十分とは言へぬことになりますこと等を考へました場合保姆が必ずしも全部適任者と認める事は出來ない譯です。又其の上クラスと人數との點等を考へ併せますと經費の問題も起つて來る譯になります以上の方法が總てに於て完全であるならば相當効果も擧る事になりませうが現在では中々困難ではありますまいか。それで何れの方法を問はず長と認むる所を加味することに研究を重ねて行く事を忘れないで確な自信が出來るまでは先づ優劣、强弱、貧富混合である社會の實相を其の儘に生活させて相互に長を助け短を補ふの方法を尊重したいと存じます。

京都市保育會　君　塚　通　子　氏

一昨年『組分けの仕方に就いて』といふ題目で研究の發表を致しました事を皆樣御承知の事と存じます。つまり當園では精神年齡、精神の發育程度に依つて組分けを致しましたのです。問題の得失に就きましては當園の研究も短期間で充分な結果も得られませんが先づ是を園兒の立場、保姆の立場、環境として家庭との關係といふ樣なことから大體分けて申しますと

第一　園兒の立場　（○は得點△は缺點）

○自由自在に伸びて行かうとする園兒は思ふさま伸び得らる。

○充分で且つ眞指導を受ける時は理想に近い伸展を遂げる是は由上げる迄もなく敎育上重要な問題で幼兒敎育即ち保育に於ても考慮を要する問題であります。

○次に保育課程の選擇の場面が非常に廣い

○故に課程に對する興味が起り從つて進行が早い

年齡別に依ると課程選擇の標準が多くは中位程度のものによる故

に課程の場面が狹く、興味の起らぬ園兒もあつて進行にも關係するといふ事になります。

○躾の方面に於ても園兒が精神の發育程度に適應した訓練を受け得らる

○組の變更に依つて多くの保姆に接し親しみをもつ

同様に友達に於ても小範圍に制限されない

△然し或る園兒によつては保姆並に友達との親しみが薄くなる事がある

△精神の發育と身體の發育とが釣合はぬ場合がある例へば運動、遊戯などの場合精神の發育は進んで居ても身體の發育はそれに伴はない園兒には無理を感ずる。

第二　保姆の立場

○保育の方法が容易となる

（材料が多方面に得らること、園兒に相應するものが行ひ得らること）

○保姆にも一層の興味が起る

○興味の起る事に依つて種々の研究が行はれる

○管理がし易い（但し發育程度の高い組に於て）

○保育への責任感が強くなり一層熱心や努力が表はれるそれは受持ち園兒の成績を擧げんため、組變更の際進歩の高い組に園兒が進んだ時、或は高い組に移らずともテストの結果が良好なる時は非常に喜ばしく思ふ

○保姆も受持人員以外の園兒にも一層親しみを持つ

△但し移動する園兒の個性觀察が充分に行ひ得ず、又園兒さの親しみが薄らぐ事もある

△發育程度の低い組を受持つ保姆は園兒數の多い、幼稚園の現狀として保育上困難がある

△園兒の移動により事務取扱上繁雜になる

例へば名簿等に變化があり諸帳簿の整理がおくれる

第三　環境（家庭との關係）

○組分法の主旨を會得せる保護者は我が兒の進歩を見て大いに喜ぶ

會得せぬ保護者に於ても我が兒の高い組に移つた場合は喜ぶ

△然し反對に主旨を會得せぬ保護者にして我が兒の個人としては進歩してゐるのに組が低い方へ變つた（これは組及人員に限りがあつて組別けする結果やむを得ぬこと）場合は我が兒の進歩してゐる事が理解出來ず丁度學校に於ける落第の様に考へて保護者によつては感情を損ふ者があり或は幼兒に對して氣をもみ無理な事を言ふて聞かせたり、行はせたりする。例へば成績を擧げやうと描き方、摺み紙、切紙、甚しくなると文字や數を數へるなど家庭に於て無理に敎へ込むことがある。彼様な事は誠に幼兒が可愛相であります。

然し一面から見れば親の心として彼様な心持の起るのが普通かも知れませんが兎に角此の組分法の主旨を充分に家庭に徹底せしむるといふ事がなか〳〵困難の様でございます　要するに此の組分法は園兒並に保姆の立場としてはなか〳〵得點が多うございます幼稚園教育といふ理論方面からは幼兒に一層の幸福を此の方法に依つて齎す事が出來ると信じます。けれど實際方面から家庭保護者の關係に於ては未だ充分に理解會得せしむる方法の研究が不足

の爲得點より以上に缺點の大きいことが往々あります。當園はそれが爲一時中止を致しまして本年は舊來の年齢別に依つて組分を致しましたがメンタルテストは猶保育上の參考資料として尚繼續して居ります。拙い發表方ですが以上の樣な事で私のお答へする事は盡きて居ります。

議長　本問題は實際上今後大いに其の得失を鑑み相當研究する餘地が多いと思ひます。研究題はこれで終りましたから次の談話題に移ります。

●談　話　題

一、幼稚園ト小學校トノ連絡ニ就テ實施セラルヽ事項及程度ヲ承リタシ

（名古屋市保育會提出）

名古屋市保育會　石　田　馥　氏

（説明）

幼稚園と小學校との連絡といふことは今更申すまでもなく既に御實施して居らるゝこと、存じますが左の箇條に就て如何なる方法によらるゝかを承りたう存じます。

一、幼兒期と兒期の境目を如何に取扱はるゝか

二、校園の教育方針の一致に就て

三、兒童の一人一人の發達に應じて施すべき教育方針

神戸市保育會　横　山　よ　し　み　氏

此の問題に就て神戸市に於ける模樣を申し上げたいと思ひますが神戸市には現在幼稚園の數が甚だ少くて公立が五園私立が二十園餘りと云ふ有樣であります。然るに毎年四月小學校に入學致します者が約一萬三四千人であります。此の中に先に申した幼稚園の出身者が加はつて居る譯でございますが其の數は甚だ少くて其の一割乃至二割にしか當りません。且つ一つの園の出身者が數個の小學校甚だしいのは十數校に分れて入學するのでございますから隨つて園出身の子供も、さうでない子供も皆一緒に一つの學級に編入される譯で小學校の方に於ても幼稚園出身者を特別にどうすると云ふ樣な取扱も出來難いことゝ考へられます。こんな狀況でありますから小學校との連絡に就きましては、どうも充分な事が行はれてゐないのは甚だ遺憾で此の點に就ては大阪市の樣に小學校に附設の幼稚園か、さうでなくても幼稚園が大に增設される樣に望んで居る次第でございます。今申しました樣な譯で只今では各園が各々任意の方法に依つて出來る限りの連絡をとる樣に苦心して居る次第でありますが今、次に我が神戸市及隣接町村の幼稚園が現在採りつゝある方法のうち最も廣く行はれてゐると思ひますものを少し申上げて見たいと思ふのであります。

第一には小學校の職員(特に幼學年擔任の先生)と保姆との連絡を圖るため懇談會を時々開きましてお互に意見を交換して居ります。又共同研究會を開いて居る所もあります。

第二には學校と幼稚園の職員が相互に其の實際を參觀して連絡を圖り研究の機會を作つて入學の際必要な學用品及學校生活に必要な注意事項は在園中に準備して居る所もあります。

第三には幼稚園で調べた個性調査表、身體檢査表、智能檢査表及家

庭の狀況、家庭の敎育方針、發育過程等を調べた環境調査表等を其の子供の入學する學校へ送つたり或は又特に注意を要する身體上又は智能上の特殊兒童に就てそれを其の學校に知らして擔任の先生の參考に供してゐる所も可なりあります。

第四には隣接の小學校の運動會又は學藝會等に園兒を參加せしめて居る幼稚園もございます。其の他儀式　發表會、展覽會等たど共同で行つたり又幼稚園のみの行事の時に小學校の兒童を招待して居る所もございます。

第五には園出身者の小學校に於ける成績通知を受けてゐるのもあり又保姆が學校に出かけて出身兒の成績調査をしてゐる所もございます。

第六には在園中疾病に罹つて居る者(例へば眼疾の如きもの)は小學校に入學後も園へ集めて治療をして居る所や小學校幼年級の敎材と幼稚園の保育とが抵觸しない樣に特に注意して保育してゐる所等もあります。

以上は先に申し上げました樣に何の園でも之を行つて居るのではありません。唯あちこちで實施せられてゐるのを拾ひあげて見たのでありますから左樣御承知を願ひたいのであります。以上甚だ大要ではありますがお答致します。

京都市保育會　森　　貞　氏

只今茲に御報告申上ます事は私の園ばかりでなく京都市の小學校に併設の幼稚園及び其の小學校に於て實施して居る内の主なるものを綜合して申上ます。

一、幼稚園の保姆と小學校の幼學年擔任敎師との聯絡に就て

イ、小學校の職員會、研究會等には保姆も共に出席して敎育上種々懇談す

ロ、入學ノ際觀察簿を小學校へ廻送して各幼兒の性情、習癖、家庭の狀況及び凡その智能發達の程度等に就て受持敎員に報告して入學後の參考資料とす

ハ、幼學年受持敎員と保姆は時々參觀し合ひ又時折の懇談に依り幼兒敎育上に就き種々の打合せをなす

ニ、手技、唱歌、遊戲等は小學校の細目、敎科書及び幼稚園の細目に就き打合せをなし重複したり無意味な敎へ方をしない樣にしてゐる

二、直接敎育上の聯絡に就て

(1)、幼稚園としては

イ、學藝會、兩節句等には一年生を招待して共に歡び共に語りて相親しましむ。又運動會、展覽會等の共同的開催事項の場合にも互に參觀し合ふ

ロ、入學後安心して通學し得る樣平素より時々學校の運動場で遊ばしめ學校の事情に慣れさせて置く

尙此の他修了前になれば次の各項に幾分注意して幼兒に接す

一、自分の物や身邊は獨立的に處置する樣習慣づけたり

二、整列整頓の出來る樣

三、言葉をはつきり發音は正しく

四、文字及び數に對する興味の追求として

修了前になれば此等に對して自然的に興味を感ずる樣になつて來るから其等の欲求に對しては「カード、カルタ」等の

如き遊戯的方法に依つて不完全ながらも自分の姓名の讀み書き位が出來ると共に數に對する觀念をも或程度まで明確にする樣仕向けてゐる

五、學習狀態について

幼稚園では比較的自由な個別的生活をなし居るものが就學すれば集團が大きくなり其の時間は極めて短くとも學習的態度を以て一定の課業を受けねばならぬ故それ等に堪へ得る位の程度に於て注意の集注、從順の德等の涵養にも少しく手心をなす。それについては幼學年の學習狀態を幼兒に參觀せしむ

(2)、學校としては

イ、組の編制は幼稚園と餘り變化のある感じを與へない樣幼稚園出身者と家庭より來る者とに依つて席次を區別したり又

ロ、修了兒のみにて一學級を編制して學習態度の指導上の手心をなす。

以上申上げました樣な次第で尙此の他に希望と致しましても種々御座いますけれ共時間の都合上簡單ながら是を以て此の問題に對するお答と致します。

大阪市保育會　菅沼貞子氏

幼稚園と小學校との連絡と云ふ事は既に〳〵早くから叫ばれてゐることで現在小學校の幼年級の取扱は餘程幼稚園に近くなつて來て居ります。只、今一歩物足りない感じのしますのは小學校の職員と幼稚園の保姆との握手の力のたりない加減だと思ひます。でお互ひに小學校は幼稚園の幼兒の取扱を克く知り克く理解し、幼稚園は小學校の近頃の傾向を克く知り理解し合ふならば双方の連絡は餘り困難な事ではないと思ひます。然し校園の配置上稍々連絡に難易のあるのは免れないと思ひます。即ち幼稚園と幼兒の入學すべき小學校とが接近してゐれば容易であり、之に反して隔たりの多い程困難であります。入學する小學校が同一でない場合、即ち二つ三つもの小學校に分れて入學する樣な場合は之又連絡が困難でありませう。若し修了幼兒が一つの小學校に行く場合としましての其の連絡の程度は

一、幼稚園として實施すべきものは

1. 幼兒個々の內的生活を詳細に調査する事
2. 職員會を一緒にする事（これは統治者として考へてほしいと思ひます）
3. 幼年級の研究敎授に參與すること
4. 保姆の研究發表は幼年級の先生にも聞いて頂く事
5. 小學校の幼年級の細目や其の取扱及訓練によく通じてゐる事
6. 保育修了幼兒の第三期は小學校の基礎としての考へをもち段々と訓練に於て小學校に近づけると共に保育敎材中で幼稚園本來の目的から考へて無理をしない範圍で文字、數を稍々系統的に取扱ふ事
7. 幼年級の學藝會に幼兒をも加へる事
8. 運動會を一緒にする事
9. 幼稚園のお節句や年の市遊には幼年級を招待する事
10. 入學式には送り屆けてやる事そして幼兒の最も期待し記念すべき此の式に、共々に列席して祝福してやる。此の時子供には既に調査したる內的の程度表及び保育中に考査した文字、

數、色彩の程度の書いたものと個性觀察表の寫しを持たせてやる事

二、小學校として實施すべきものは

1.幼兒の心的方面の調査を十分に利用せられる事

2.幼年級の研究發表は保姆にも開放せられたい

3.幼年級の先生は保育要目や幼兒眹方を理解せられたい

4.一年生を受持たれた先生は少くとも幼兒の過去一年間に習得した唱歌、遊戲　觀察物を知つて置いて頂きたい

5.許す限り學藝會や展覽會や體操教授を幼兒等に開放せられたい

要するに行政上許されますならば少學校、幼稚園の女先生を訓導兼保姆となして修了幼兒を送つて行く保姆が一年生の受持先生として一年間に漸次學校生活になれさす樣にすれば此の問題は全く解決しやうと思ひます。

聞くところに依りますと既に東京の女子師範では、かゝる職員組織になつて居るさうで誠に結構な事であります。然し是は困難な事でもありますれば、せめて一年生受持の先生と送り屆ける保姆とが、よく氣持ちを理解し合ふて最初十日間程は二人が一年生を受持つ樣な氣持になり初めの五日間は保姆が主任形になり受持先生が補助形になり次の五日間は受持先生が主任形となり保姆が補助形となつて漸次幼兒から離れてお渡しすると云ふ樣にすれば子供も幸福であり保姆自身も急に掌中の玉を取られた樣な恨みもなく受持先生もザット子供の樣子が知れて不自然な激變を免れやうと思ひます。

以上申述べました事項は外的方面と內的方面とを併せて一括したのでありますが、最後に私が最も特筆大書して望みます事は幼兒教育の根本即ち幼兒の心的元理に合ふた個々の內的の調査を十分に詳細に忠實に行ふだけの努力と熱心とが保姆そのものにあれば、軈て小學校と幼稚園との連絡は容易であらうと思ひます。實に保姆その人を得ることであらうと思ひます。

吉備保育會　岡　政氏

子供の個性は價値に向つて無限に進展してゐます。又子供の生活が橫斷縱斷を許さぬものであるとするならば一種の生活形式である幼稚園小學校家庭といふものを別々の概念として考へ取扱ふ事は甚だ無意味なもので同時に双方連絡といふ事も無意味になります。然し實際目下の狀態として考へる時既に制度上に於て兩者は形式的に全然區劃されてゐます。猶時と場所と教育者とを異にしてゐます其の關係上爲に多々考慮を要し注意すべき必要が生じて來るのであります。

そこで私の幼稚園と附屬小學校（岡山縣女子師範學校附屬校園ノコト）との實際を申述べませう。然し前以て御斷り致す事は前申した考へから双方連絡の爲に連絡したといふものでない事であります

一、形式方面の結付方

イ、保姆が小學校の一部分の教育を擔任或は二年迄持上る。是は僅かに兩者の空氣を調和し得る

ロ、幼稚園出身兒を其の儘同一方針の下に小學校へ送る。そして若し外來の子供を收容するとせば特に一學級を編制する

ハ、研究教授　研究保育に相互參觀、意見も加へる。猶縣下の小學校殊に低學年研究には兩者共參加、意見交換同樣になす

ニ、學校長、主事が同一學校の研究機關である關係上自然方針が

統一され易い

ホ、入園に際して保姆訓導協力してテストを行つて入園児を定める

二、内的方面の結付方

幼児の生活は常に渾沌とした未分化狀態にあるのであるから、是を總合的全一的に取扱ふ事は此の期教育法の原則であります。然し子供が幼稚園生活をなせる間に漸次心身が發達して最早滿六歳といふ學齢に達した頃になると自ら生活の一部分が分化した形に於て表はれ或は時に分化を欲求する場合も生じて來ます。例へば文字生活とか數生活とかの如きものであります。かゝる場合には便宜上定められてゐる保育項目以外のもの或は猶々是を小さく分つた所の事柄に依つて生活せしめる必要が自ら生じてくるのであります。

そこで幼稚園ではドン〳〵假名等は讀ませ書かせ綴らせて居ます。不自然の樣ですが實際上少しも心配を認めませぬ。なぜなれば子供はもう既に幼稚園以外の社會環境から自ら既に覺えて仕舞つてゐるのですから此の場合數へたとて子供自身は風上げ獨樂廻しと何等差はない。寧ろやさしいかも知れぬのですから。要は唯適當に取扱ふ事で自學的に遊戯的に實際的に其の發達に即して無理でなく境遇機會を與へて自然に收得さすといふ樣に努めます。智的陶冶と共に情操的陶冶に於ても意的陶冶に於ても同樣に初まります。

猶先に未分化といつたが是は純化されない衝動本能に基く活動で是にだけ終始する事は兎角出鱈目になり、氣まぐれになり易いのであります爲、是に依らぬのではありませぬが、それを純化し價値に向つて有目的たらしめる樣に努め導きます。以上は校園連絡を特に意識し殊更に爲したのでは勿論ないですが實際の事を考へ合せて見た時自ら小學校への準備的關係に於て當然結付いて居た事を語るのであります。

以上の議事を了して休憩晝食に移つた。休憩晝食後議事を續行する前に、元大阪市立江戸堀幼稚園長勝タケ氏より園長退職に就ての挨拶があり是に對し小畑議長答酬せられ引續き議事を進められた。

二、幼兒教育上改良ヲ要スヘキ點如何 （吉備保育會提出）

吉備保育會　英　實　春　子　氏

玆に幼兒教育と申しましたのは幼兒期の教育の意味であります。幼稚園を根本より考へるといふ上から此の幼兒教育に對する研究題目だけでもよろしいから皆樣からお敎へ願ひたいと存じます。其の内容には及ぶ時間がないと思ひます。今一つ特にお願ひ致しますのは岡山市だけで申しましても現今公立十一園あるのを來年度では、かなり園數を增すらしう御座います。縣下でも矢張り同樣な傾向であらうと思ひますので、それに就いて收容しきれなかつた九才以下の者が入つて來ます。是は法令にも許してあります。そこで滿五才の者と二才の者を一所に置くといふ事になりますので次の問題をお尋ねしたいと思ひます。

第一、設備上に如何に考慮を要すべきか

第二、保育法に就て如何に考慮を要すべきか

第三、保姆の外に助手とか、看護婦等を置く必要はなからうか

第四、幼兒と保姆との割合は如何か

第五、保育料は如何か

其の他種々の必要な事があらうと思ひます。是は現在托兒所では二三才兒を取扱つてお出でになると思ひますからお聞かせ願ひたいのです。成可くなら幼稚園令に依り經營されてゐるお方のお取扱ひの現狀及び其の改良意見を承りますれば一層幸に存じます。何故かと申しますと滿五才の子供と二才の子供を同一場所で保育する事に困難と迷ひとを感じてゐる次第で御座いますから、幼稚園令にして年齡のかなり違ふ子供を收容しておられるお方のをお聞きしたいと存じます。皆樣時間の許しますだけ御意見なり御經驗遊ばした事柄等を御腹藏なく御聞かせ下さいます事を偏へにお願ひ致します。要するに幼稚園保育に關して研究すべき題目をお敎へ頂きたいのです。今一つは一年保育の下へ年少の子供を收容するとすれば如何に其の方法を顧慮せねばならぬか。といふ事をお示し願いたいのです

神戸市保育會　野崎よし子氏

私は只今の問題に就いて少しお答へさせて頂きます。此の問題を拜見致しました時に御提出者の御說明が御座いませんので私は次の五つの項目に分けて考へて見度いので御座います。

第一は

法令にある保姆一人の保育する幼兒數四十人では餘りに多人數で無いかと存じます。から多人數では、とても保姆が完全な保育を致し兼る事は皆樣も御經驗の上御存じで御座いませう。此の點を文部當局にお願ひする必要がありはしないかと考へるので御座います。

第二は

幼稚園の增設と私立幼稚園に對する援助の點でございます。從來は小學校より大學までが敎育年限でございましたが幸にも昨年幼稚園令が發布されて幼兒敎育より大學までに延長された事は誠に喜ばしい事でございます。然るに神戸市の如きは公立幼稚園が僅か五つしか無く富豪の設立に係る私立幼稚園が多數を占めて居ますそこで幼稚園の數を小學校と同數位に公立幼稚園を增設する樣市當局に懇請し尙之と共に保育料の低下が必要でないかと存じます。次に市町村が經濟的方面、精神的方面に私立幼稚園を援助して保姆が之等の點に懸念なく日々保育にいそしめる樣お願ひ致し度いのでございます尙考へたい事は幼稚園にお預りする時間を、もう二時間計り延ばしては如何かと考へるのでございます。今の五時間と云ふ時間は幼兒の心身保健上當局に於て定められた規則でございますが幼兒の歸宅後の遊の狀態を見ました時に到底忍び得ない樣に思はれる時がございます。保姆の疲勞、幼兒の疲勞等に就ては熟考致す事にして唯今は保育上改良の一つに時間の增加を加へてはと存じます。

第三は

家庭との連絡でございます。從來は年に二三回多くて四回雛祭とか遊戲會とか運動會などで父兄をお招きするのも唯形式的のものでなかつたかと存じます。此の樣に形式に捉はれたものでは如何に文部當局に人數の減少幷に園の增加をお願ひ申上げても又私共が獻身的に幼兒に當りましても幼稚園の保育時間が短時間で多くは家庭にあるのでございます。そこでせめて月一回父兄をお招きして園兒の遊びの狀況を見て頂き又家庭の御樣子を伺ひ隔意なき御意見を交換して双方手をつないで進み度いと存じます。それで無くては徹底した

ものにならないと考へます。私の幼稚園では此の必要を認めまして四年前から月一回父兄をお招きして專門の方々から幼兒教育幷に父兄教育のお噺を伺はさせて共に向上の道を講じて居るのでございます。又實地保育も時々見て頂いて居ります。これは私の園ばかりでは無く御實行の御園もある事と存じます。萬一お集りが出來ない場合は保姆が家庭訪問致しまして父兄の自覺を促し度いと存じます。私の地方では幼兒を幼稚園に托する上の出發點は何處にあるかと申しますに教育上からの御依賴は少數の樣で買喰ひの防止或は親の虛榮其の他之に類ずるものが多數でございます。ですから父兄の自覺を促す樣保姆が導きとなつて進まねばならないと考へるのでございます。

第四は

私の樣な經驗の淺い者が申上げるのは甚だ僭越でございますが私が初めて幼稚園の空氣に觸れました時に感じましたのは多くの先生は幼兒教育の本當の精神を摑まれて居るのでありませうが實際の上では尙暗中模索の狀態を脫し切る事が出來てゐないではなからうかと感じたので御座います。例へば或時は保姆が小學校教育の模倣であつたり或時は幼稚園獨特の天地であつたり、つまり流行を追つて他の園にあんな事をして居るから私の方もしようと云ふ有樣で內容の如何も深く考へず實行して何等の學的根據なく亂雜な狀態である樣に思はれたので御座いました。之は保姆が常に新智識の研究もしながら從來の習慣を打破る勇氣が乏しい樣に感じたのでございます。幼兒教育上改良を加ふべき點は、こゝにありはしないでせうか。之は一朝一夕に改められませんが保姆の熱心と努力によつて學的根據ある實際的研究によつて之を改良せねばならないと考へます。

第五は

衞生上の設備心身の開發等內容充實の點でございますが此の事は今更事新しく申上げる必要も御座いませんから省略致しませう。つまらぬ事をクド〳〵しく申上げましたが、つゞまる所は外にしては文部當局の擔任園兒の減少幷に公立幼稚園の增加をお願ひし、內にしては家庭との接觸の機關を從來より多くする事、保姆の修養向上を圖り內容の充實に努める事でございます。

つまらない話を御靜肅にお聞き下さいまして有難うございました。

大阪市保育會　工藤田鶴氏

此の問題は非常に廣汎な問題で土地の狀況或は氣候風土、幼兒の家庭の狀況等により各々趣を異にする點があることゝ存じます。尙又此の問題の研究は私共實務者より寧ろ其の地方々々の教育行政の衝にお當りの方が適當かと存じます。なぜならば設備其の他經濟上の關係上必要と認められながらも實施出來ない樣な場合が多々あるからであります。ではありますが私共當市に職を奉じ都會の子供を保育して居ります一人として考へさせられる點がないでもありませんので「改良」と云ふよりは寧ろ「注意」すべき點として申上げて見たいと存じます。

一、大都會の子供は先づ何よりも大自然に接せしむる機會を出來る丈多く作つてやり度と存じます。家庭に於ける子供の生活は身體的には活動の自由を束縛せられ精神的には雜多な刺戟を受け神經系統を害はれることは多大であります。この故に

イ、郊外への保育回數を多くすること

ロ、幼稚園內の設備は自然の風景を多く取り入れ美しいと

云ふよりは子供が束縛を受けず自由に活動の出來る樣に廣い場所を作ること

ハ、室内保育より室外保育の時間を多くし淸らかな空氣適度の日光に浴せしむること

二、保育項目として五項目を擧げられてありますので私共は得て分科的觀念にとらはれ易くありますが、分科的に取扱ひ幼兒の遊即ち生活其のものを保育の教材として指導し誘導することより保育の目的を達する樣にすること。而して指導上注意すべき點は

イ、遊戯は基本的ノ筋肉（肩、胸、腰、手足）を動かすもので子供が子供の生活をリズム的に行ふもので人前に見せる遊戯でないこと（殊に都會の子供は細長い體をして居ます。胸廓を廣くすることの工夫を必要とします）

ロ、手技作業は子供の生活に即したもの（保姆が色々考へ過ぎて子供に實行せしめんとして其の自發活動を制限するが如きことなきこと）

ハ、方言を訂正すると同時に發音の練習をなし語彙を増すことの工夫

ニ、從順であるべき訓練が必要
（自由は尊重すべきも放任は排すべきことで殊に團體的生活をなす上に規則に從ひ指圖に從ふと云ふ訓練は必要であります）

三、衛生思想を家庭に普及すると共に幼稚園でも周到なる注意を必要とします。

イ、幼兒傳染病に就きて
ロ、睡眠に就きて
ハ、口腔衛生に就きて
ニ、幼兒の辨當に就きて
ホ、眼、耳、鼻、手足の淸潔
ヘ、服裝

四、活動寫眞を保育の教材として利用すること。
談話、觀察、映上、大に効多きことゝ考へらる

五、家庭の狀況により保育時間の延長を希望する者は特に延長す
（全部の幼兒の場合には設備施設上の工夫を要す）

六、保姆の修養
色々注意すべき點は多々ありますが要するに保姆其の人が充分に總ての方面に修養されて居ますならば保育の目的は期せずして達し得らるゝことゝ存じます。私共保姆たるものは保育の理論實際に關する研究は勿論のことですが實社會の狀勢を知り常識を養ふことに努め前途ある子供の幸福の爲に大に盡したいと存じます。

名古屋市保育會　田中しげ氏

此の問題に就きまして私の考へます所を申上ます。

一、幼稚園の使命を家庭に廣くは社會に傳ふる樣努力すること
理由＝一般人には勿論有識者即ち教師すら次の樣に幼稚園を見てゐないでせうか。
1. 幼稚園を小學校の下級の如き感をもち取扱をなすこと
2. 子守場所と解する者

3.「遊んでゐる」といふ意味な誤解して「仕事をしない」といふ意味として「遊ぶ」といふ仕事に方法もあり目的もあり價値のある事を知らぬ者

二、刺戟少い保育をすること

目的＝餘りに神經質に育てられる樣でありますから、これからは何さなく呑氣な何さも言へぬ樂しい保育であり得る樣、而して言葉をかりて言へばポーとした子供を育てる爲に、其の方法として

1.靜な部屋を必ず設備して、自然に靜な心持を持つ事が出來る樣にする

2.手技を少くすること

3.人數を少くする事。經費の問題もあらうが出來るだけ二十名以内にする事。それさ同時に柔弱な幼兒、智的に劣等な幼兒の爲に特別のクラスを設けてやる事

4.自然に接せしむる機會を多くする事

三、醫療及衛生設備の改良（他都市は知らず、名古屋市の不完全を見て）。

四、附添殊に子守の教養に力を入れる事。

五、園兒の服裝の華美に流れぬ事。

最後に最も感じます事は幼兒教育の主眼點が何處までも善良な性情を與へるさいふ事であります。或教育家は「教育とは容貌を變へる事である」さ言ふて居ります。之は保姆に取つて味ふ可き言葉であると思ひます。今一つは、子供等一人々々が人世の大きなオーケストラの中の一つの小さい樂器でありますから何時も調子を正しくして變な音が出ない樣に注意して教育する樣にならればならぬさ言ふことであります。

●緊●急●動●議

京阪神聯合保育會役員會の決議により同會々名變更の儀に付緊急動議として京都市保育會岩内誠一氏より意見を述べられ、協議の結果委員附託となり小畑議長より各市保育會代表者二名宛十名（京都市岩内誠一氏、山岡爲氏、大阪市村田次郎氏、稻葉むめ氏、神戸市安井八十二氏、望月クニ氏、名古屋市佐藤知之氏、石田馥氏、吉備片岡定四郎氏、大林孫治氏）を委員さして指名せられ會名改稱委員會は即時開かれた。尙同委員會に於ける協議の結果は閉會迄に委員長村田次郎氏より報告することゝして引續き議事に移つた。

三、新幼稚園令制定ガ保育事業ノ普及發達ノ上ニ如何ナル影響アリタルヤヲ承リタシ （神戸市保育會提出）

神戸市保育會　佐藤まさ氏

我が國に幼稚園が創立されましてより茲に五十年を經過致します。其の間順調なる發達を遂げまして昨年四月に新に幼稚園令が發布されまして我が國教育系統中に確立する事に成りましたのは全く先覺識者の熱心に唱道された結果であつて幼兒教育の爲、國家の爲に感謝し慶賀する所であります。

幼稚園令の制定以來まだ漸くに一年半を經過したばかりに過ぎませんが待ちに待つて居た法令の發布を見たのでありますから短時日ではありますが我が國保育界には相當なる反響があらうさ存じます。此の法令を活用し善用致しまして、愈々益々保育事業の普及發達を

圖りますのがお互の任務と心得ます。神戸市保育會も此の意味に於きまして各都市に於ける幼稚園令制定後の保育事業の趨勢を伺つて國家の爲、保育界の爲に倍々努力を致し度いと存じまして提出致しました次第であります。

第一に伺ひたい事は此の法令の發布に依りまして官民共に幼兒教育の重要なる事を理解されまして昨年以來今日に至る迄に新に設立されました幼稚園保育所などが相當の數に上つてゐやうと存じます。又設立の運び增設の御計畫などもあらうと信じます。

第二に伺ひたい事は此の法令の制定に依りまして保姆の資格に向上を來しましたが我々直接其の道にたづさはつてゐる保姆は、其の資格の向上と共に實質の向上を圖らねばならず相當の修養を怠つてはならぬと存じます。此の點に於きまして各都市の御模樣を伺ひたう存じます。

第三に伺ひたい事は幼稚園令の制定に依つて我が國教育系統中に確立致しました幼稚園は、形式に於ても實質に於ても從來の儘に打過ごす事は出來ないと存じます。愈々益々内容の充實を期せねばならぬと存じます。隨つて園費の配當に於きましても增加を來すのが當然でありますが此の點に於きましても相當の增加を來してゐますでありませうか。又其の御計畫がおありでありませうか。

第四には以上の外に苟も保育事業の普及發達上に於きましてお互に參考となるべき資料は細大さなく御發表を願ひたう存じます。之を要するに直接斯道に精進致してゐまするお互は此の會合を好機會さ致しまして今後保育事業の普及發達を促進致します上に於きまして、幼稚園令制定後一年半の反響に就きまして忌憚なく御發表を願つて今後お互の參考に致したい希望に過ぎないのであります。

京都市保育會　中司　こう氏

一般的に此の問題に就いて考へて見まするのに、從來の幼稚園は、經營者や保育者の自由裁量に委してありましたので動もすると保育の實際がまちまちに、なりがちで御座いました。ところが幼稚園令が制定せられましたので保育事業に新しく秩序が出來、權威が出來たと思ひます。さうして幼稚園教育の意義目的が一層明確になり保育事業をよく統一する事が出來ました。

次に少しく立入つて申しますならば、先づ第一に新令の爲に從來の幼稚園の上に托兒所の考を加へて大に保育事業の普及される樣になつた事であります。今迄は有産階級の獨占の樣な形でありましたものが幼稚園保育なるものに新しい意味が加へられまして世の中の人達が寧ろ新時代に於ける重要な社會施設であるといふ事を理解するやうになり、下層の人々にも保育の恩惠に浴せしめる樣になりました。

我が京都市では年々入園を希望する者が增加して參りますので今迄小學校の發展の爲に廢園さなつてゐた向も、おひおひさ復活をする準備をしてゐる所もありますし又、新設せられる所も二、三計畫中であるといふ樣な良傾向になつて居ります。これは實に幼稚園令制定の賜であらうと存じます。尙又新令に依りまして小學校敎員や公立學校敎員と同樣に保姆の身分の保障が出來ましたので安んじて保育の道にたづさはる事が出來る樣になりました。隨つて保姆の素質が良くなりつゝあるのであります。現に我が京都市で保姆を養成してゐる學校では今迄よりも本年度の志願者が大變多くなり此の後も益々增加して參るであらうと當事者が申して居られます。即ち保姆

を得ますにも、選定して良保姆を得る事が出來ますから素質の上にも、ます／＼向上致して參る事と存じます。

名古屋市保育會　山中たみ氏

新令制定の普及に關する方面では當名古屋市に於きましては餘り其の影響を認められません。然し幼稚園が増設されると言ふ事は屢々耳にする所であります。併しこれが直接其の影響であるか或は多年醞されし設立の意志が新令制定を一つの機會として具體化されたものか、斷言することは出來ません。

次に發達に關する方面では第一に幼稚園の目的中兒童の性情の涵養とあるのに鑑みまして我等保姆の人格の影響の大きい事を知つて各自が其の修養に努める樣になつたことゝ、觀察が重要な地位を占めるに至つたことに依りまして從來行ひ來つた觀察よりもつと自覺的態度に出で其の施設方面にも應分の努力が認められます。次に保姆の資格が向上したため幼稚園の質が良くなり尙保姆自身も自重して保育の任に當る樣になつた事等であります。

吉備保育會　馬場千代野氏

岡山縣に於ける保育事業普及の有樣を申します。岡山縣に最初幼稚園が設立されましたのは明治十七年で御座いまして以後三、四十年の間は餘り設立されませんでしたが、こゝ數年前から非常な勢で設立されました。岡山市の如きは各小學校に全部幼稚園が設置されて居る樣な有樣で御座います。

今これを實際の數に就いて申しますと明治十七年に一園それから三十八年後の大正十年には僅か二十六園にしかなつて居ませんが五年後の大正十五年には六十二園となりました。更に新令發布後の一年半に十四園增設されて現在では七十六園になりました。尙此の數の中には入りませんが或郡になりますと小學校全部に簡易なる幼稚園が全部出來てゐます。又正式の幼稚園で設立準備中の所が多數ございます。

吉備保育會は此の幼稚園普及の爲には數年前から總會を時々地方に出て開き、尙新令制定後には必要な地方で出張講演會を開きまして社會教育と幼稚園普及をすることを實現致して居ます。又縣當局の方が地方で講演會に臨まれる場合には必ず幼稚園宣傳をなされて居ます　此の樣な有樣で御座いますので一般社會の人もよく幼稚園を理解して、どんなにして設立しようかと苦心をして居る迄に進んで參りました。

次に發達方面の事を申しますが第一に保姆の資格が向上されましたに就きましては保姆の人達の質の方面の向上をも圖る爲に縣では保姆學力補充講習會を開いて居られます。尙觀察科が新項目に加へられましたに就きましては名のある先生にお願ひして講習會を開き又講演會等も度々開きまして其の方面の研究をし經驗をし實施して居る次第で御座います。次に新令に基きまして女子師範學校に保姆養成機關が開設されまして先月末には第一回卒業生を三十名出されました。

前申します樣な縣內の幼稚園普及の狀態で御座いますので引續き第二回第三回と開かれます事を聞いて居ます。次に申します事は過日縣で開かれました低學年研究會の事で御座います。其の研究會の中に幼稚園を入れて研究され三日間に亘つて研究討議されましたが其の間幼稚園保育の實際を觀せて幼稚園敎育法を知らせました。そし

て此の會の決議として「低學年と幼稚園との聯合研究をなす事」といふ事になりました。なほ岡山市に於きましても低學年と幼稚園との聯合研究を致します事になつて居ます。

是等の事は當局が幼稚園を認めたと言ふ事丈でなく一般教育の發達にもなり又幼稚園教育の基礎が築き上げられたものと私共は喜んで居ます。其の他縣に於きまして幼稚園教育發展向上を圖る爲幼稚園指導委員といふ様な者を置かれて縣下各地の幼稚園を指導するといふ計畫が出來て居るといふ事さへ聞いて居ます。此の様な譯で幼稚園教育の形式内容共に大に認められまして現今では他の教育以上に着目されて居るのではなからうかと思ふ様になりました。

四、各幼稚園ニ於テ御用ヒニナル玩具(恩物ヲ含ム)ヲ十種及運動具數種ヲ幼兒ノ好ムモノヨリ順々ニ承リタシ

(オシタ、メノ上大會當日御持參ヲ乞フ)

(神戸市保育會提出)

神戸市保育會　田中スヱ氏

玩具運動具等は幼兒の好むものが各園毎に個々別々で纏まり難いこと、思はれますから來る十二月十日迄に皆様の園から直接神戸幼稚園へ御送り下さる様に願ひます。

議長　以上を以て全部の議事を終りましたから次に研究發表と遊戯の交換に移ることに致します。

●研究發表

一、塗方に就て

吉備保育會　瀨崎鐵代氏

幼兒教育の爲に日夜御研究を重ねていらつしやる諸先生の御前に立ちます事を身に餘る光榮と存じます。初めてこんな所に立ちましたのですからさぞお聞苦しいと存じます。時間の都合も御座いますので讀ませて頂きます。

塗方は皆様御存じの様に圖畫の一部分として何處の御園でもなさつていらつしやる事と存じます。他の御園を餘り參觀した事も御座いませんものですから存じませんが私の園に於きまして只今研究しつゝありますものを發表させて頂きまして諸先生方の御指導を仰ぎたいと思ひます。

子供は塗方といふものに大變興味を持つてゐます　實物を觀察しながら熱心に致しますけれど從來私の園で拵へてゐました塗繪帖を開いて見る時そこに、ある物足りなさ淋しさを感じないでは居られません。一時として停滯してゐない幼兒、活動性に富んでゐる幼兒、刻々と進展を續けてゐる幼兒を思ひます時其の塗繪帖の何といふ生氣の無いもので御座いませう。活動をのみ尊び靜止をさげしむので御座いません。絶えざる動きの尊いと同様、幼兒に取つて靜止の時も必要で御座いませう。

在來の只輪廓をのみ畫いてそれを塗るといふ事、線より外に出さない様にと一心になつて塗る事は教育的價値の一つで御座いませう。併し之を切り紙ボール紙粘土等のお仕事に比べますと私は幼稚園に於て最も教育的價値の少いものと思ひます。現代の教育思潮に照し合せて考へます時塗方といふものゝ價値は無くなつて行きます。現

代教育思潮を總て眞なりと認める事は出來ないで御座いませう。其の人々によつて御意見も御座いませうが幼兒の心理に基づいて教育するといふ事は古今東西變らない眞理で御座いませう。御存じの樣に數年前から自由畫といふものが現れて來ました。之が段々と盛になつて行きます。單なる流行でなくして兒童心理に深い譯を下したものであります。此の自由畫と塗繪は丁度反對の傾向といふべきでせう。

今教育全體を動かしてゐる主義、それは自動主義で御座います。幼兒の自己活動を重んずる此の主義、他動的教育に非ずして自發的教育之を否定なさる方は兒童心理を研究なさつた方には少いと思ひます。幼兒の本性を束縛し其の生長發達を妨げる樣な事は大禁物であります。幼稚園の保育は幼兒の本性に基づいたものでなくてはなりません。幼兒の心より發し幼兒自らが構成する樣にしたいと思ひます。こんなに申しますと放任の樣に誤解せられるかも知れませんがさうではありません。保姆が幼兒の心理をよく研究し幼兒の心よりの發表の糸口をつくる事は非常に大切な事です。此の主義よりして塗方といふものを考へますと其の價値は無くなつて行きます。定まつた線より一歩も出る事はならない。何といふ幼兒本性の束縛でせう。木の葉は春の頃ですと綠にぬらねばならぬ。幼兒自らの意志は忘れられてゐます。

創造といふ事に重きを置いてゐる私の園では斯くの如き塗繪に滿足が出來なくなりました。幼兒は想像の豊なもので御座います。一つの棒切、大人にとつては何でもないものが幼兒にはそれが立派な劍となりステッキになり汽車ともなります。四角な木切によつてあらゆるものを幼兒は想像で補つて拵へます。想像で補ふ所に教育的價値があると思ひます。複雜なものより簡單な玩具を好む所以で御座います。之を塗繪に結付けて考へますと從來の塗繪の何處に想像の餘地が御座いませう。又幼兒の個性を現し得る所が何處に御座いませう。私の園では只今の缺點を補ふ爲に從來の塗繪のみでなく變つたものを試みてゐます。例へば植木鉢をのみ書いたものを渡しますと幼兒はチューリップ、アネモネ等各自好みの草を植ゑまして一かどの園藝家にでも成つた樣な氣持で喜に滿ちて致します。車のついた臺を書いて置きます。人形、達磨荷物等を載せます。又お猿を一匹書いて置きます。あるものは小屋を、山を、おむすびを握らせた畫を書き添へる等。或一つの事によつて子供の觀念内容がそこに現れて來ます。日頃の觀察がどの程度に出來てゐるか環境の如何によつて又智能の程度によつて各自個性をよく現します。

談話、手技、遊戲、唱歌等總て理解の程度を此の塗繪によつて現します。蝶やトンボの翅をわざと一つ書かないで置いたり、山の輪廓をのみ書いたり例を擧げれば限りがありません。幼兒の想像をそこに現す事は如何に嬉しい事かわかりません。又自由畫を書き得ない子供にとつては發表の糸口ともなつて大いに活動します。最後に只一つ面白い結果を得ました例を申上ます。此の樣なものを何の暗示もなく與へました。幼兒の個性により色々變つたものが出來ました性質性別環境等からして研究しつゝありますが今日は只其の結果の分類だけ申します。

	○にて表はしたもの百分比	△にて表はしたもの百分比
一、單純に着色のみせるもの	七	一
二、各圖形間の着色に連絡の現るゝもの	七七	四一

イ、中間式	七	七
ロ、紋様式	一九	二二
ハ、幾何學的圖式	三六	六
ニ、綜合的	一五	六
三、圖形の着色に意味の現るゝもの	一六	五八
イ、人物	|	一六
ロ、家屋	|	一八
ハ、景色	二	一三
ニ、地圖	一一	三
ホ、乗物	三	八

智能檢査をしたのでは御座いませんが凡その保姆の推定による智能の發達の程度の順位と此の分類の順位とが一致する樣で御座います即ち一、二、三と精神發達の順序が御座います。此の塗絵によりまして色々研究を致したいと思ひます。之は第一回で御座いますが回を重ねて行きますと如何に發達するものか又同一幼兒は常に同一型にあるか、就學後學業成績との比較等未だ餘地は充分御座います。只研究の道程の一部分をお話させて頂きました。御靜聽下さいました事をお禮申上ます。

二、幼兒の抽出檢査

京都市保育會　小幡小長氏

（標記の研究發表は日本幼稚園協會發行雜誌「幼兒の敎育」昭和三年二月號に掲載されてゐるから省略す）

三、ゴッダードの木型板作業の時間的分析

神戸市保育會　福家久榮氏
樋口重乃氏

一、問題　本研究は十個の形に切拔きたるゴッダードの木型板作業の時間的分析にして幼兒の形狀の知覺、手先の器用單純なる運動等の時間的研究である。

二、研究の動機　從來多數の兒童にテストを施した際他の多くの問題に對しては頑强に口を緘して答へざりし子供も此の木型板のみは喜んで爲したる經驗に鑑み形狀の知覺比較に加ふるに手指の運動が極めて大なる部分を占めて居るこの作業を時間的に分析しようとしたのである。

此の木型板は從來運動の檢査に用ひられたものでなく、形狀の知覺比較の如き智的能力の檢査に用ひられたものであつた。ホヰツプルもステルンも知覺及表象のテストの中に分類して居り、ゴッダード自身も智能の檢査として用ひてゐる。ピントナーとペーターソンは作業檢査尺度の中に採用し久保博士は全體の大きさと形狀の配列を少しく變更して其のビネー式檢査法の改訂法中に採用されてゐる。皆所要總時間と誤數とによつて、智能の程度を測定せんとしたものである。

三、方　法

(イ) ゴッダードの木型板

箱の大きさ　縦三五・五センチ　横四八・五センチ

厚サ　二センチ

形　箱の中に装置せられた形は

一、十字形　二、三角形　三、半圓形

四、圓　形　五、長方形　六、龜甲形

七、菱　形　八、星　形　九、楕圓形

十、正方形

右の木型板の中の形を取出し左の順序に並べ之を原形に嵌め入れさす。

一、長方形　二、星　形　三、半圓形

四、十字形　五、菱　形　六、楕圓形

七、龜甲形　八、三角形　九、圓　形

十、正方形

しかして嵌め入れる一個毎の動作を三つに分って觀察記録し十個を全く嵌め入れて後同じ作業を猶二回繰返す

第一動作

所定の位置に置かれたる木型に手を觸れてより之を相當する孔の上に持ち來り嵌め始めるまで

(持ち運ぶ運動と共に形狀の知覺比較等の智的過程に要する時間を含む)

第二動作

孔に嵌め始めてより嵌め終るまで

(第一動作の如き智的要素はなく手際よく嵌める運動の精確が主要なる要素である)

第三動作

一つの木型を入れ終り、所定の順序にある次の木型をとるまで

(ロ) 實驗者及被驗者

實驗は神戸幼稚園保姆鳴家久榮、樋口重乃の兩名が關西學院教授今田惠先生の御指導をうけて行つた。被驗者は神戸幼稚園幼兒男四十七名、女四十名、計八十七名にして年齢は四年十ヶ月より六年十ヶ月に至る。

(ハ) 時　日　大正十四年十一月より同十五年三月に至る間に於て晴天を選んだ。

(ニ) 場　所　關西學院の靜かな一室を作業室とし室の一隅に電鍵を置き、續く一室を時間記録裝置室として電線を以て連絡し煤煙紙を貼れるカイモグラフを用ひてジャッケのクロノスコープを用ひて時間を記録した。猶參考として秒時計を用ひた。

(幼兒控室は別に之を設けた)

(ホ) 實　驗　幼兒を机の前に坐せしめ、木型板を其の前に置き木型を拔き置きて説明をなし、前記の如く番號順に嵌めさす。其の間第一、第二、第三の動作毎に實驗者は電鍵に手を觸れると隣室の記録器により煤煙紙にギザ〳〵が表れる。表れた煤煙紙を調べて動作の時間を測定した。

四、結　果

(イ) 所要時間の比較　全幼兒中最も長き時間を要したのは第一回の六十一秒にて最も動作の早いのは第三回の二十秒六であつた。

各兒童の三回を平均した時間は

最長　五十三秒　　最短　二十五秒

（ロ）男女の比較

	第一回	第二回	第三回	平均
男	秒 38.39	33.23	31.08	34.24
女	42.60	35.29	33.50	37.13
差	4.21	2.06	2.42	2.89

上表の如く此の動作に於ける所要時間は女兒の方男兒よりも劣り長き時間を要した

（ハ）年齢の比較

	ホキツプルの標準	今回の被驗兒童
六歳	二十六人　二七・五秒	四十一人　三一・三秒
五歳	十七人　二九・五秒	四十一人　三一・二秒

ホキツプルの調査は三回の作業中最短を集めて平均せしにより今回も之に準ず。今回調査中四歳五人は比較するを得ず。

備考

今回の被驗兒童において六歳兒童が五歳兒童より所要時間が多くなつてゐるのは六歳兒童としては動作があまり簡單であるために强き興味を起さなかつたのであらうと實驗中に感じた。

五、三種作業の時間的分析

	男平均	女平均	全體平均
第一動作所要時間	秒 14.94	15.43	15.17
第二動作所要時間	11.30	13.19	12.17
第三動作所要時間	8.00	8.51	8.24
一作業の平均所要時數	34.24	37.13	35.58

六、形狀別所要時間

長方形、正方形は最も容易にして時間短く、鼎形、半圓形、十字形、菱形、正三角形はむつかしくて長時間を要し、圓形、龜甲形、小判形は其の間に位す。

七、練習効果

（イ）三回の練習に依り進歩せし者　　計　八十四名

內　譯

A. 順次時間の短縮進歩せし者　　四十六名

B. 第二回は時間短縮し第三回は第二回より延長せるも第一回より進歩せし者　　二十七名

C. 第三回は第一回より短縮せるも第二回は第一回より延長せしもの　　十一名

(ロ)進歩せざりし者　計　四　人

A、第二回は短縮せるも第三回が第一回より僅かに延長せし者　三　人

B、順次延長せし者（本園智能検査では優秀兒）　一　人

(ハ)反復による時間短縮の量を全作業から見れば

第一回作業より第二回作業が進歩せし量　六•〇七秒

第二回作業より第三回作業が進歩せし量　二•〇七秒

故に第三回は第一回より八•一四秒を短縮せり

一回の經驗によつて大なる進歩をなし其の後の進歩が之に比して少いのは之も作業の比較的單純な爲であらう

八、作業の遲速と三種動作の時關係

全幼兒を十團に分ち之を早いものから遲いものに順々に竝べて全作業遲速の曲線を作ると其の形は同じ方法に依て作つた第一動作の遲速の曲線と殆ど其の形が酷似して居る。第三動作はやゝ似て居り第二動作は餘り似て居ない。換言すれば形狀の判別及單純な運動の速いものが此の作業には速い樣である。正確に手際よく嵌め込むと云ふ器用さは全作業の遲速とは必しも關係しない樣である。

九、此の研究によつて私共が幼兒教育の爲に參考になつたことは

1.此の實驗が面白く子供が遊だと思つてしたことである。

2.個性調査と比較して智能優秀である子供が却つて長き時間を要したさいふことは聽て子供の敎育（遊を本體としての）が、やさしすぎても却つて注意をしなくなるといふことを明かにすることが出來たと思ふ。

3.女兒が男兒に劣つてゐることは常に色々の點で思はれてゐるが本調査にも亦表れてゐる。これは幼兒教育者が特に考ふべきことではないだらうか。

4.外國のと比較して劣つてゐる樣に見えるが、これは同じ條件の下にしたのでないかも知れないから必配することはないと思ふ。

（右研究發表は各出席者に配布した印刷物其の儘のものである。）

四、園藝保育と田植遊に就て

大阪市保育會　大　道　て　る　氏

都市の子供特に大大阪の中心地に居住する子供達を敎育する私共が一番に考慮を要する事は、如何にしたら自然の敎育を充分には行へぬ迄も相當に施して行くことが出來るかといふ事でございます。あの烈しい車輪の響、自轉車自働車の警笛の音、それからあらゆる雜音の中に而も遊ぶ場所とても與へられない狹つ苦しい中に終日嬉戯する子供達に靜かな落つきと大自然の偉大さとを知らせ樣とする時に、私共の苦心は一通では御座いません。それには始終子供を野外に連れ出すことが最も望ましい事で、出來るならば少くとも月に二度や三度は實施したいと思ひますが、それも種々の關係上事情の許さんものが御座います。當園などでは精々年に數回しか實施して居りません。こんなことで充分な自然科の敎育が出來樣とは思はれません。勿論四季の移り變り、寒暑暖冷、風雨霰雪、星月太陽、さては雲の去來など皆大自然の森羅萬象ではございますが、もつと溫みのある自然の恩惠、即ち自然の偉大さを小さい彼等にも知らせたいと思ひます。茄子や大根や里芋は何時も食べてゐますが、それが何んな風に畑に育つて行くのやら其の形さへも知りません。丁度山

間に育つた子供が、蒲鉾は板の上にのつて泳いでゐるのかと尋ねたといふ話がありますが全く同日の談であります。

彼等は常に文明の有難さは知つて居ても自然の恩惠に對してより以上の有難さを知りません。これでは私共敎育者の片手落といはなければなりません。幸本園は十二坪計りの菜園を持つてゐますので狹いながらにも年々これが耕作を續けて參りました。大根や蕪を煮て子供達の食膳を喜ばせた事も御座います。本年も茄子と隱元豆を油揚でたいて一同に分ちました。茶の葉を摘んで製茶をした經驗も持つて居ります。併し建物と建物との間に在ります關係上、陽當りが惡いので一同の努力の半分も酬いられずに終ります。殊に本年は春土を換へました加減か、折角蒔いた種が大方消えて仕まひました。二度蒔三度蒔をしたのが漸く昨今芽を出しました。それに一同力を得て子供も先生も一生懸命になつて居ります。朝顏の種も約二合程採れました。來年は幼稚園で栽培する外、家庭に於ても造らせて見度いと思つて居ります。

次に田植も七八年前から毎年實施して參りました。籾を蒔いて苗代を造り、それを一坪程の田に植ゑつけるのでございます。此の田植遊のことは前號の聯合保育會雜誌に載せさせて頂きましたから玆では省略させて頂きます。本年も吉例によりまして六月の二十五日前の地久節の佳日に致しましたが今年は大層豐年で束にして拾二束それを漸く十一月の半頃に刈り入れまして今稻木に乾してございます。軈て稻こきをして籾摺りをすませると精米に致します。そして來年の三月お雛樣の祭にお鮓を拵へる材料にするのでございます。

畏くも聖上陛下には本年丁度住吉神社の御田の神事の行はせられました六月十四日に、御自ら水田に下り立たせられ、御手づから御田植を遊ばしたと洩れ承ります。又一ケ月程前の新聞は利鎌を執らせ給ひ、御刈入を遊ばしたことさへ報じて居ります。寔に〳〵恐れ多いことでございます。最後に一言したい事は此の園藝保育程、實際的で意義の深い敎育は少いと信ずることであります。摺紙、切紙、豆細工その他色々の手技、手工の類も、それ〳〵深い目的を持つた結構な保育項目でございます。併し一粒の種を地に蒔いて、それが大自然の惠みと、人々の勤勞の力とによつて數多くの實を結ぶといふ園藝遊は、物質上及び敎育上の利益は勿論、宗敎的にも尊い暗示を與へるものと信じます。

（以下の表は出席者に供覧のもの）

園藝細目　（大阪市保育會）

要項／月別	種名及播種期	移植	定植	肥料	開花スルモノ	採取スルモノ	備考
	南瓜		本葉七八枚ノ頃	油粕、下肥 堆肥	チユーリップ		次第ニ繁茂スル雜草ニ注意
	越瓜		同	同	フリージア		灌水、施肥ニ注意

月				
四月	葱		苗四寸位	油粕、下肥 魚肥、其他
四月	葱頭		苗六七寸	同
四月	里芋			油粕、堆肥
四月	馬鈴薯			同
四月	コスモス	苗三寸位		同
四月	ダリヤ			同
五月	朝顔	二三回		油粕、魚肥
五月	夕顔	本葉四枚		同
五月	ホーセンカ	苗五六分	苗一二寸	同
五月	オシロイ	同	同	同
五月	百日草	同		同
五月	夏大根			油粕、下肥
五月	米（籾時）			

四月

アネモネ
ヒヤーシンス
春菊、油菜
豌豆、蠶豆
春蒔デージー
パンヂー
虞美人草
イキシヤ
草苺
○桃
○櫻

豌豆、蠶豆ノ土寄、瓜類ノ根本ニ害蟲豫防ノ木炭撒布
○印ハ園庭植込ミノ灌木或ハ草花ナレバ四季折々ノ變化ヲヨク觀察セシム

五月

○イチハツ
鷄冠
○錦鷄草
大根
麥
スカビオサ
ハルシヤ菊
アマリリス
金魚草
美女撫子
勿忘草
美女櫻
花菱草
蓮華草
スキートピー
花百合

草苺 六月中旬マデ ―― 〃觀察、食用
莢豌豆 ―― 〃同
油菜（下旬ヨリ） ―― 〃種子取リ
秋蒔草花類ハ切花一輪ザシ或ハ鉢植ノマヽニ裝飾トス
上旬ニ籾蒔苗床ノ用意。玉蜀黍、甘芋、馬鈴薯ニ藁ヲ覆ヒ込ミ地面ノ乾燥ヲ防グ
葱 ―― 〃秋蒔葱ノ種ハ此ノ頃採取。朝顔ノ種子數個宛ヲ全幼兒ニ與ヘ家庭ニ於テモ栽培セシム

○梛
○楓
○山吹

麥 ―― 〃種子トシテ殘ス
ヒヤシンス ―― 〃開花時ハ觀察、室內裝飾ニ用ヒ、花終リタル此ノ頃球
イキシヤ

六　月	七
絹糸草水盆ニ	
稲植付	
○桑 パンジー デージー カーネーション 矢車草 向日葵 グラジオラス ダリヤ 茄子 蕃茄 胡瓜 唐芥子 インゲン ○紫陽花	糸瓜 南瓜 金蓮花 朝顔 夕顔 ホーセン花 百日草 松葉牡丹
チューリップ 水仙 花サフラン アネモネ フリージヤ 蠶豆 インゲン 豌豆 茄子	花百合 アマリヽス 胡羅蔔 馬鈴薯 ○サクランボ ○桃 ○茱萸 桑ノ實 春菊 葱頭 胡瓜
根ヲ掘リ取リテ貯蔵ス 観察、食用 同 観察、食用 始メノ内ハ観察、後ニ粘土製作及書方ノ資料更ニ食用 朝顔矮生仕立ノ摘心 ダリヤノ支柱 菊ノ手入レ 園庭樹木ノ樹形ヲ保ツタメ剪定 梅雨ノ關係上鉢植草花ハ温室ニ入レル	珠根掘取貯蔵 同 種子取リ 掘取リテ貯蔵食用 観察、粘土書方ノ材料 同 完熟シタル折ヲ見テ食用 同 種子トリ 掘取リテ食用 七夕様ニ供ヘ観察寫生ノ材料トシテ後食用

月				
八月	胡羅蔔			下肥、油粕、魚肥、其他
九	菠薐草			油粕、下肥
	秋大根			同
	油菜			同
	水菜			同
	杓子菜			同
	葱		苗四寸位	同
	白菜			同

月			
月		蕃茄	〃同
		南瓜	〃同
		ダリヤ	〃切株五六寸ヲ殘シテ全部剪リ捨ツ
		夏大根	秋蒔草花ハ咲終ツテ枯レタルヲ見、拔キテ乾燥シ種子トリ
八月	〇水引草	唐芥子	休暇中開放日ニ登園ノ際特
	〇月見草	胡瓜	ニ觀察
	〇露草	蕃茄	
	朝顔	南瓜	
	夕顔	玉蜀黍	
	越瓜	糸瓜	
	糸瓜	蠶豆	〃種子トシテ殘シオク
	百日草	鵲豆	〃同
	オシロイ		
九	稻（旭日）	茄子	〃二番成リノ形正シキヲ殘シテ種子ヲトル
	朝顔	胡瓜	〃同
	夕顔	南瓜	〃一番成リノ形正シキヲ殘シテ種子ヲトル
	コスモス	越瓜	〃同
	〇萩	糸瓜	〃同本月下旬、十月上旬ニ水ヲトル

月			
春菊			同
草莓（苗）			油粕、堆肥
フリージア			同
イキシア			同
アネモネ			同
チユーリツプ			同
ヒヤシンス			同
アマリリス			同
花百合			同
花サフラン			同

玉蜀黍 ‖食用

インゲン ‖種子トシテ残シオク

百日草 ‖種子採取

葱 ‖四月蒔葱ノ種子ハ此ノ頃採取ス

菜類ヲ間引キ食用、害蟲ニ注意

菊、ダリヤニ支柱

十月			
花菱草	不能		油粕、堆肥
スキートピー	同		同
ハルシヤ菊	同		同
パンヂー	苗五六分		同
デージー	同		同
シクラメン			同
蓮華草	苗五六分		同
忘勿草	同		同
金魚草	同		同
美女撫子	同		同
美女櫻	同		同
虞美人草	不能		同
スカビオサ	苗五六分		同
カーネーシヨン	同		同

コスモス

ダリヤ

菊

葱頭 ‖葉ノ枯レタル頃全部刈取ル

蕃茄 ‖種子トリ

唐芥子 ‖色ヅク所観賞

柘榴 ‖観察、寫生、試食

朝顔 ‖種子取リ

夕顔 ‖同

ホーセンカ ‖同

オシロイ ‖同

鶏冠 ‖同

里芋 ‖食用

菜類ノ土寄、害虫驅除、園庭ノ枯葉ヲ拾ハシメ一定ノ場所ニ集メシム

十一月	十二月	一月
蠶豆 麥 大根 水菜 杓子菜 白菜 菠薐草		
油粕、堆肥		
菊 ダリヤ 山茶花		
ダリヤ コスモス 稲 里芋	胡蘿蔔 菜類 ホーレン草 大根 白菜	春菊 菠薐草
＝地上五六寸ヲ残シテ全部剪摘 ＝下旬ヨリ種子取リ ＝刈取リテ乾燥シ米トナス 三月ノ節句ニ使用 ＝全部掘取リ乾燥シタル地中ニ埋ム スキートピーノ支柱 油菜ハ麥同様田へ 菜類ハ隨時播種シ成育ニ従ヒ適當ニ間引キテ食用 鉢植ノ秋蒔草花類ハ防寒ノタメ温室フレームニ入レル	＝観察写生ノ材料トナシ、更ニ食用 ＝食用 ＝飼育ノ小鳥ノ餌 園庭落葉樹ノ剪定	堆肥ノ調製

二月	グラジオラス			油粕、堆肥			庭園樹全部ノ耕肥 花壇休閑地ノ耕肥 苗床ノ用意
三月	向日葵	苗五六分位		油粕、堆肥	椿	ホーレン草	＝種子トリ
	松葉牡丹	同		同	チューリップ		＝観察、観賞用
	パンジー	同		同	シクラメン		同
	金蓮花	同		同	花サフラン		同
	矢車草	同		同	秋蒔パンジー		同
	鶏冠	同		同	デージー		同
	豌豆			同			
	インゲン豆			同	葱		
	唐芥子	霜ナキ五月頃		同			
	茄子	本葉三四枚	本葉七八枚位	油粕、下肥			
	蕃茄	同	同	油粕木灰下肥			
	胡瓜	同	同	油粕、下肥			
	糸瓜	同	同				

五、夏休みの心得繪本に就て

大阪市保育會　藤本ツギ氏

研究發表と取り立てゝ申す程の事でも御座いませんが如何したなら徹底した保育が出來やうかと日頃思ひ案じて居ります一端を過去五ケ年間夏休みの心得書に表して見ました。即ち夏休みの心得を二種に作り一つは文章を以て保護者へ(發表を省く)一つは玆に云ふ繪本を幼兒に與へて居ります。其の繪本はこゝで皆様にお配り致しました樣なもので御座います。何卒御批評下さいませ(配布した繪本の掲載を省略して説明を左に記す)

繪本製作の説明

一、材料　畫洋紙又は洋半紙を使用して表紙共五六枚綴(配布したものは洋半紙製のもの＝經濟關係)

二、印刷　謄寫版刷り(經濟關係)

三、絵本内容

1.表紙は別として内容の絵は一頁を上下の二段に分ち上段は望ましい幼兒一日の生活を表し、下段はこれに反對したものを表す

2.絵の片隅には各絵の内容に相應しい適當の時刻を示すために時計の時示する絵を挿入して置く

3.各絵には一々やさしく簡單にカタカナにて説明を附記する

4.絵の内容は年々適當に變化を加へる

四、取扱

一、夏休み前に一册宛幼兒に與へ内容に關するお話をなしつゝ數日連續して塗らせる

一、終業式の日保護者への心得書と共に持ち歸らせる

一、年少組の分は年長兒に塗らせる

五、効果

一、躾に關する話を具體的な絵に表す事によつて幼兒の生活を興味の裡に善導する事が出來る

一、塗方の練習となる

一、連續的に塗る事により幼兒の樂しみを深め貧弱な絵本ながら愛蔵の心が養へる

一、年長兒をして年少兒の分を手傳はせるから互に友情が増す

一、家庭との好聯絡材料となる

絵本内容の説明

	(上段)	(表紙絵) 朝顔と幼兒 (下段)
第一頁	朝起(洗面) アサオキ	朝寝 ヨルオソクネテ アサネ
第二頁	動物飼育(兎に餌やり) ドウブツチ カワユガル	悪戯(犬を棒で叩く) イタヅラ ドウブツ イヂメ
第三頁	(半面)行儀よく朝食 タノシク ソロツテ アサゴハン (半面)食後に含嗽 ゴハン スンデ ウガヒ	歯痛(食事を厭ふ) ゴハンチ イヤガル「ハイタ」
第四頁	お遊び(お友達と絵本を觀る) オニハデ オアソビ	買食ひ(露傍にてアイスケーキ等を) カイグヒ
第五頁	(半面)縄飛遊び ナワトビ (半面)御八を貰ふ オヤツ	(半面)食べ過ぎて腹痛(苦しみ泣く) イロ〱ノモノチタベスギル オナカイタ (半面)同 病氣(醫師にみてもらふ) タベスギテ ベヤウキ
第六頁	(半面)道水 ユウガホニ ミヅチヤル (半面)夕食 バンゴハン	夜遊び(ビックリ玉遊び)(お巡りさんにしかられる) ヨアソビ ハナビ ビツクリダマ
第七頁	(半面)含嗽 ネルマヘニ オクチアラヒ (半面)洸寝	(半面)就寝前の間食 ネシナニ オクワシヤ クダモノ (半面)悪しき寝方 イネワル
第八頁	健康なる男女兒の顔 ツヨイ コドモ	病身なる幼兒の顔 ヨワイ コドモ

●戯遊交換 (交換した遊戯左の如し)

トンボ

大阪市保育會

1) オホキナ クーロイ カネトンボ
2) ちいさな あーをい いととんぼ
ターカイ ミソラヂ チュー－ガヘーリ
とがはの みーづを ちょいとなめー て
ヒコーキノ ヤクーニ トンデキタ
ひこーきんの やうーに とんでいく
オマヘ・ オヤドハ アヲギリカ.
おまへの おやどは かはやぎか.
Piano.

トンボ

（準備……一列圓陣ヲ作ル）

（一）

大きな　（兩手を右左より上に上げ大きな圓を作りつゝ左足より左に二歩進みて「な」で左足を右足の踵に爪立て上方をみる）

黒い　（同じことを右に行ふ）

かねとんぼ　（左足を引き兩手を左右にひらき右を向き「とんぼ」の形をする）

高い　（圓の内側を向き右人さし指にて空を指さし上をみる）

み空で　（同上方をみながら拍手三回）

宙返り　（兩手を耳の前より下に下げ左に向きながら手を左右にひらき飛行機の宙返りの樣をする）

飛行機の樣に　（兩手を左右にひらき體を内側にまげ指先をふるはせながら左足より左方に驅足）

飛んで來た　（同じく外側に體をまげ驅足）

お前の　（圓の内側を向き右手人さし指にて上方をさし指先をみる）

おやどは　（胸前にて兩掌を向き合せ家の形を作る）

青桐か　（兩手指先をひらき上方に上げ青桐の葉を現し右斜上をみる）

（二）

小さな　（左足より右方に二歩進み「な」で左足を爪立て圓の内側下方をさし指先をみる）

青い　（右足を一歩横に出し次に左足をその前に出し次に右足を爪立て左人さし指にてやはり圓の内側下の方をみて前の動作を反對の方向に行ふ）

いとゝんぼ　（その場に坐つて兩手首をそらし胸前にて交叉し小さいトンボの形をつくる）

小川の　（内側に向き兩手を胸前より左右にひらく）

水を　（外側を向き同前）

ちよいとなめて　（左手指先を水につけ之を口元にもち來る）

飛行船のやうに　（立ちて「いとゝんぼ」の時の形にて體を外側に心持まげ指先を動かしながら前方に驅足）

とんで行く　（同じく體を内側にまげ指先をふるはせながら前方へ驅足）

おまへの　（右手人さし指にて前下方を指し指先をみる）

おやどは　（一番の時と同じ）

川柳か　（兩手を左右に下ろしたまゝ手首をそらし左下をみる）

（終）

七　　　　夕

大阪市保育會

七夕

（準備……一列圓陣ヲ作ル）

（一）

今日はうれしい七夕祭	四つ拍手
おさゝにつけませう五色紙	左手を上にあげ笹となし右手にて四度笹をつける如くなす
おりひめさまには おほゝづき	右を向き四歩前進おほゝづきにて兩手を前に上げ物をさゝげる如くになす
けん牛さまにはうりあげよ	左向にて前動作と同じくなす

（二）

今日はたのしい七夕祭	四つ拍手
おほしのおまつり いたしませう	手をつなぎ圓の中心に向つて四歩前進して四歩後進す
お聲をそろへて	兩手を口のそばに持ちゆき人を呼ぶ時になす動作を右方を向きてなす
うたひませう	左を向きて前動作と同じくなす
お手てをたゝいて	四つ拍手
おどりませう	右足を右へ一歩踏出し左足を上げ同時に兩方の手を右方に高く上げてとぶ左の方へも右と同様の動作をなす

（三）

あれ〳〵み空に きら〳〵ひかる	兩手を上にあげ指をひろげて手くびを左右に廻しつゝ一回轉す
おほしのおめゝが ぴか〳〵と	兩手で目を指し然る後目前にて手をひろげたりつぼめたりなす
あやのおべゝを	右足一歩右へ出し兩手を右方高く上げると同時に左足を右足につける左へも同じ動作をなす
ひら〳〵と	兩手を左右へ動搖さす
かさゝぎおはしを渡ります	手をつなぎて右に行進す

（終）

お菓子の汽車

吉備保育会

お菓子の汽車

ガッタンコッコ、ガッタンコ、
お菓子の汽車が走ります
おかまは圓いたうまんぢう、
黒いレールはあめんぼう

ガッタンコッコ、ガッタンコ、
お菓子の汽車が急ぎます
長い煙突あるへいたう、
つながる箱はチョコレート。

ガッタンコッコ、ガッタンコ、
お菓子の汽車が笛鳴らし
ゾロゾロはいるトンネルは、
ぱつくりあいた犬の口。

白熊の時計

吉備保育會

ゆるく
ドーブツエンノシロクマガ
リョーテヲツイテクビヲフル
トケイノフリコノマネヲシテ
ヒダリヘミギヘブラブラ

白熊の時計

動物園の白熊が、
兩手をついて首を振る。
時計の振子の眞似をして、
左へ右へぶうらぶら。
チック　タック
チック　タック
チック　タック
チック　タック
今は幾時か、
白熊さん。

もうかへらう

京都市保育會

もうかへろう

ポッポが	兩手ヲ左右ニ伸シ上下ニ振リ鳥ノ飛ブ形ヲ爲スト同時ニ膝頭ヲ屈伸サス。
鳴いた	鳥ノ鳴ク表情即チ掌ヲ外ニシテ兩手ヲ口邊ニ持チ來ル
もうかへろ	兩手ヲ握リ水平ニ伸シ一擧動ニテ右ヨリ一廻轉スルト同時ニ手ヲ下ス。
ヒヨロナガ	掌ヲ向ヒ合セ肩ヨリ順次上方ニノバス。
ペン〳〵	手先ニテペン〳〵草ノナビク形ヲナス。（軟カク）
おじぎした	手ヲ下シヲ辭儀スル。
お月様 早いな	右足ヲ右斜前ニ出シ兩手ヲ體側ヨリ頭上ニテ圓形ヲ畫キツツ月ヲ見上ゲル形ヲナス。
もう出てる	月ヲ見ナガラ足ブミシツツ拍手三回。

ケーブルカー

京都市保育會

ケーブルカー

（前　奏）……一列縱體トナリ、體前ニテ、兩手ヲ車ノ輪ノ廻ル如クナシツヽ高足通常步ニテ前進ス。

ケーブルカー…手ヲツナギ、列ノ兩端ヨリ圓形ヲツクル。

來たく

どこから……手ヲツナギタルマヽ、左上方ヲ見ツヽ左進ス。

來たく

山から………蹲踞シ右手ニテ左斜上方ヲ指シ其方ヲ見ル。

來たく　立チナガラ拍子二回。

（後　奏）……十六呼間

二人一組各々脊合トナリ右手ヲ耳ノ邊ニ擧ゲ左手掌ヲ下ニ水平ニ伸シ左指先ヲ見ツヽ右足ヲ左方ニ跳踊、

一廻轉（八呼間）

手モ足モ換ヘ前ト同ジ動作ニテ右方ニ一廻轉

〃（八呼間）

四呼間右方ニ一廻轉、

四呼間下方ニテ一拍、

右足ヲ引キ上方ヲ眺メ兩手ヲ高ク擧ゲル。

夕の雀

京都市保育會

（歌詞、動作、準備等は次頁にあり。）

夕の雀

準備

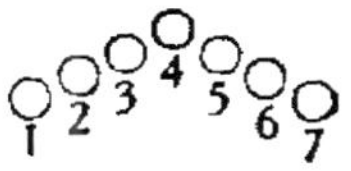

上圖の如き形式にて七人を一組とす。

	歌詞	呼間	動作
一、	（イ）雀のお宿に	八呼間	1.7.生兩端ヨリ「スキップ」ニテ兩手側方上下ニ輕ク振リ前方ノ中心ニ並ブ。
	（ロ）日が暮れりや	八呼間	兩手ニテ眼ヲ覆ヒ、二呼間「スキップ」六呼間ハ（イ）ノ動作ヲナス。
	（ハ）可愛いやさしい	八呼間	始メノ四呼間ニテ、右手ニテ指サシ、其手ヲ輕ク振ルト共ニ右足ヲ前方ニ出シ足ノ先ニテ地ヲウツ、後ノ四呼間ハ左手左足ニテ同ジ動作ヲ繰リ返ス。
	（ニ）小雀が	八呼間	兩手ヲ兩側方ニ開キ、7.生は右足ヨリ右方へ1.生ハ左足ヨリ左方へ跳躍シツヽ一廻轉ス
	（ホ）御門をしめます	八呼間	1.生7.生共向キ合ヒ兩手ヲ左右ヨリ胸前ニテ一拍ス。
	（ヘ）ギーバタリ	八呼間	兩手ヲ左右ニ開キ輕ク振リツヽ、兩方ニ分レ最初ノ位置ノ前方ニ止ル。
二、	（イ）（ロ）雀のお宿に日が暮れりや	十六呼間	2.生ハ1.生ノ左側6.生ハ7.生ノ右側ニ一番ノ（イロ）ト同ジ動作ニテ前進ス。 1.生ト7.生ハ其場所ニテ外側ノ足ヲ一ツ打チ内側ノ足ヲ外側へ輕ク置キ又元ノ位置ニカヘル事四回、其動作ノ間頭部ヲ左右ニ輕ク振リ、兩手モ上下ス。
	（ハ）誰がともすか	八呼間	1.2.生6.7.生トガ各後向トナリ肩ヲ組ミ合スト同時ニ外側ノ手ヲ振リ顔ヲ見合シテカナツク。
	（ニ）奥の間に	八呼間	前回ト同ジ動作ニテ頭ノミ反對ニナス。
	（ホ）燈がつきます	八呼間	1.2.生7.6.生互ニ右手ヲトリ「スキップ」ニテ一廻轉ス。
	（ヘ）チラチラリ	八呼間	1.2.7.6.生共前方ニ向キ「スキップ」ニテ兩手ヲ上下ニ振ル。
三、	（イ）（ロ）雀のお宿に日が暮れりや	十六呼間	3.4.5.生共ニ「スキップ」ニテ兩手ヲ上下シツヽ、2.6.生ノ間ニ這入ル樣ニ前進スル。 1.2.6.7.生ハ元ノ位置ニテ「スキップ」ニテ兩手ヲ上下ス、但位置ハ其ノマヽニテ。
	（ハ）（ニ）笹葉のゆれる音ばかり	十六呼間	全生共兩手ノ掌ヲ合シ右耳ニ當テ右足ヲ後ニ引キ靜カニ坐ス。
	（ホ）夕の風に	八呼間	起立シ連手シツヽ左方ヘ小走リニテ（四呼間）風ニテ止リ兩手ヲ連手ノマヽ上ニアゲ足ハツマ立テル（四呼間）
	（ヘ）サラサラリ	八呼間	同ジ動作ヲ右ニテナス。
四、	（イ）（曲ノミニテ歌ハズ）	八呼間	1.2.生3.4生6.7.生ハ互ニ内側ノ手ヲトリテ其下ヲクヾル（但5.生ハ其間足ブミノミ）
	（ロ）	八呼間	1.2.生6.7.生ハ外側ノ手4.5.生ハ内側ノ手ヲトリテ其下ヲクヾル（3.生ハ足ブミノミ）
	（ハ）（ニ）	十六呼間	1.2.3.生5.6.7.生ハ各「チェーン」ヲ行ヒテ其間ニ元ノ位置ニカエル4生ハ其ママニテ足ブミシツツ拍手ス。
	（ホ）（ヘ）	十六呼間	7.6.生ガ手ヲツナギテ門ヲ造リ其中ヘ1.2.3.4.5.生共手ヲツナギテ1.生ガ先頭トナリ其ノ門ヲクヾリ元ノ位置ニカヘル、クヾリ終ルト同時ニ7.6.生モ其下ヲクヾリ元ノ位置トナル。

菊あそび

神戸市保育會

菊あそび

用意 白菊、黄菊、小菊、野菊、やましろ菊、花あぶ、等になる子供を定め置く。
人數は適宜。但し白菊黄菊小菊と野菊とを同數にする事。

一、しろい大きい菊のはな

白菊の子供歌ひながら兩手にて花の咲く形をなしつゝ一定の場所に出る

黄ろい大きい菊のはな

黄菊の子供白菊と同じ動作をしながら出で來り白菊の横にならぶ

丸い小さい小菊まで

小菊の子供兩手にて小さい丸をつくり小菊の形を表しながら出で來り白菊黄菊の前に蹲む

きれいにならんで咲いてます

ならんだ子供兩手を打ち、咲いてます、の所にて花の咲く形をなす

二、そこへ飛んで來た花あぶが

花あぶの子供兩手を胸のあたりにて細かく羽の如く振りながら花の處へはしり來る

お花にそつと言ひました、お山や野原に友達が

花あぶお花の耳に口をよせてさゝやく形

たくさん　たくさん　ありますと

一同拍手

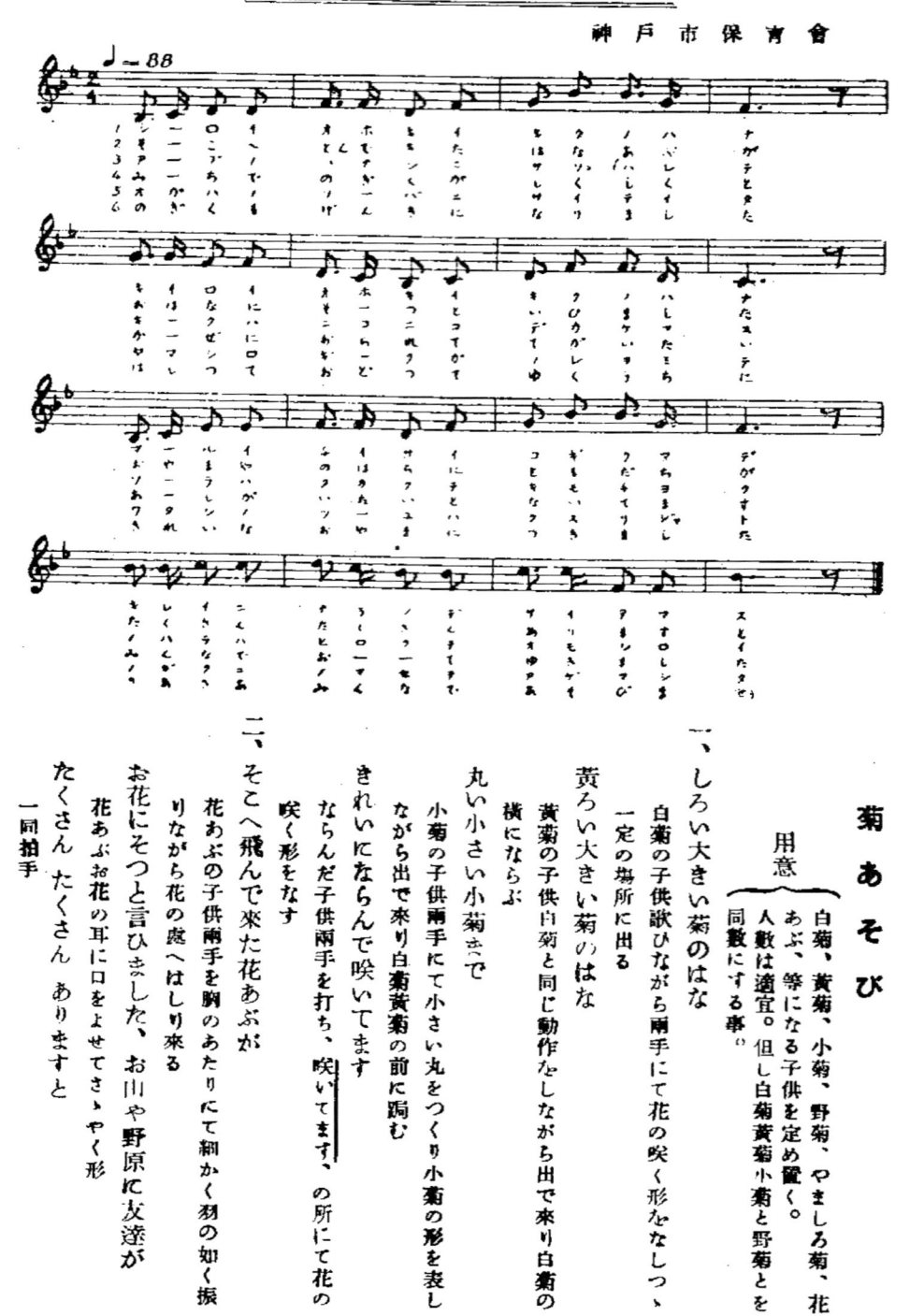

三、あぶの話に誘はれて

花あぶ先頭になり、スリ足にて一列行進

菊はここでかけます

両手の食指を頬にあてにこにこしながら前進

空は高くて氣持よく

右手にて空を指ざす

野原は廣くて面白い

両手を前より左右に開き廣い野原の形を表して其場に跼む

四、みちで野菊がしくしくと

泣きながら野菊の子供出で來りかゞみたる菊の前に向ひあひて立つ

風に折られて手がいたい

野菊両手を左右に振り、風の吹く形なし次に両手をなでる

足が痛いと泣いてます

足をなでゝなく

みんなでおふて行きました

黄菊、白菊、小菊等各々野菊をおふて、あぶについてあるく少しあるきて野菊をおろし前に跼みて休む

五、小河のそばに咲いてゐた、やましろ菊がそれをみて

やましろ菊の子供両手にて水の流れる形をしながら野菊の處に來る

わたしの露は藥じやさ

自分を指ざす

野菊にのませてあげました

野菊にのませる形をなす

六、野菊も元氣になりました

花あぶ先頭になり白菊黄菊小菊は各孔ふた野菊の前に立ちあるきながら圓形となる

走つて躍つて行くうちに

走り躍り行く

きれいなお山につきました

両手にて山の形をなす

さあさあみんなで遊びませう

一同拍手して圓心を向く

（言葉）皆さん遊びませう　（みんなでダンスをして遊ぶ曲は歌と同じ）

1.花の咲く形をしながら圓心に進み次に同じ動作にて元の位置に歸る（八小節）
2.右を向き花あぶの形をしながらスリ足にて前進（八小節）
3.両手を口のあたりに持ち來り左右交互に向き話す形（八小節）
4.両手の食指を交互に頬の處に持ち來りつゝあるく（八小節）
5.跼みてしくしく泣く形（八小節）
6.両手を後におんぶして歩く形（八小節）
7.左右交互に向き両手にて掬つてのむ形（八小節）
8.スキツプをなし最後に手を打ちて萬歳（八小節）

（終）

フ ク ロ ー

神 戸 市 保 育 會

♩=112
オーキナ オメメ モチナガラ
ヒルマハ クライ モリノナカ
オヒサマ ニシニ カクレタラ
ホホト ナイテ トビマハル
ホ ホ (間奏) ホ ホ (間奏)
フクロハ ヨルデテ アソブトリ

フクロー

用意……一列圓形

一、大きなお目々を

右手にて大きな目の形をこしらへながら右の目にあてる次に左手にて同じ形をなす

もちながら

其の儘上體を緩く左右に傾ける

ひるまは暗い森の中

兩手にて半圓を描きながら頭上に上げ圓心に進みて蹲む

お日様西に

其の儘立ち上り右を向きて外側斜上を指す

かくれたら

指した方向に進む

ホーホと鳴いて飛びまはる

羽根を擴げて自由な方向に飛びまはりて蹲む

ホホー……兩手を口のあたりに持ち來り空を向ひて鳴く形

間奏……蹲みたるまゝ兩手を耳にあてゝ聽く形

ホホー……立ちて前の如く鳴く形

間奏……立ちたるまゝ聽く形

ふくろは夜出て

羽根をひろげて飛びながらもとの圓形になる

遊ぶ鳥……足ぶみしながら拍手

右遊戯の交換を了して會名改稱等に關する協議の結果に就き次の通り報告があつた。

會名改稱委員長　村田次郎氏

會名變更並にこれに伴ふ會則變更に關する委員會の結果を御報告致します。會長より御指名になりました委員は早速委員會を開催致しまして愼重審議の結果、名實相伴ふ活動を續けるのに適する爲に本會の會名を關西聯合保育會と改める事に決定致しました。

尙これに伴ふ會則の變更に關しては多少他に關係する處がありますので京阪神、名古屋、岡山五市の役員會にお委せをする、而して同時に其の役員會の決議を以て總會の決議を經たものと同一の效果あるものと認める事に決定致しました。やゝ變則の嫌はありますが御贊成を希望致します。

議長　唯今の村田委員長の御報告並に附帶決議に就て御異議はありませんか。滿場御贊成の事と認めます。役員會は日を改めて開催する事に致します。

右の報告と議事を終つて小畑議長より閉會の辭として本日の議事の整理並に同會の感想等に就て述べられ、次で京都市保育會岩內誠一氏より出席者一同を代表して當市に對する感謝の辭を述べられた。時に午後四時三十分、之を以て同會は盛況を極めて閉會した。

（追記）

同會開催に際し出席會員の爲にお土產として中山太陽堂より化粧品を、佐伯澱粉工業株式會社よりは衣服整理用糊を、何れも多數の寄贈を受け一々會員に配布した。尙右の外に松竹合名社より千日前樂天地に、茂山長一氏よりは茂山社中の狂言に多數會員の招待を受けた。

（記事終）

研究發表

はしがき

大阪市南區保育會

都市幼兒の遊びとしては單なる幼兒教育の立場の外に其の環境や都市自體の使命の上から考へねばならぬことが多々あると思ひます。就中都市生活上必要な訓練を幼兒の時代から遊びを通してやつて置くことや或は生產工作の努力と完成の喜びを味はしめるやうな遊びを工夫することは極めて必要であると思ひます。そこでわが南區保育會は誠にさゝやかながらかうした方面にも研究の歩を進めて居るので御座います。次に三園の發表は甚だ未熟でありますが決して一つ一つバラ〳〵のものではなく都市幼兒に相應しい遊びをと、ねらつて考へたものでありますことを御承知置き下さいませ。

粉屋遊び

大阪市立桃園幼稚園

研究物に就て

本園に於て數年前から幼兒の自由生活中に行はるる遊びの一つにお粉屋事なるものがある。この遊びは最も幼兒達の間に根強い力をもつて居るものであつて、反復。根氣。蓄積等の諸點から見ても面白い遊びであるが然し之を衛生的見地から考察すると寒心に堪へぬものがある。

園庭は掃き淸められても出入毎に外よりの土砂を運ぶ爲に如何な

る病菌を瀰すやも知ず、よし病菌はなくとも不潔なる砂ほごりを吸ふ事は身體的に顧慮しなくてはならぬと思ひ此の遊びを一齊に禁止し、それに必要なるものを悉く始末した。然るに其の後數日足らずして又々此の遊びを始める者が出來て來た。見附次第の禁止も何等の効を奏せず日に日に此の遊びをする幼兒の數を增した事である。ひそかに其の材料を家庭から持ち來り互に交換し或は工事の殘物を取り來る等、幼兒相當の苦心をなしつゝ。其の上保姆の視線を避けて、まばゆき太陽の輝を恐るゝ罪人の如き卑劣極まる手段の下に遊ぶ様になつた。茲に至つて私に强き內省と自責、深く懸命に考へなくてはならぬものを與へられた。

此の樂園に。赤裸々の小供の此の心に。なんと云ふ黑い影を宿したものであらう。それに代ふる何物も與へずして只禁止を强いた愛なき心それが直ちに恐しい罪の心となつて自分の目前に現はれたのである。如何に保姆の生活內容の貧弱さが直ちに幼兒の生活にまで及ぼした響の大なることよ。かくして彼等の生活力を段々とそいで終ふのであらう。此のつぐないをしなくてはならぬと、此の苦しみが本研究の生れ出た所以である。

（一）粉 屋 遊 び

一、粉の原料

イ、粉の素は炭酸カルシウム即ち胡粉を用ふ。

ロ、繪具。無害なる物を尋れたれど集り難く且つ高價にて仕方なく有害とも思ふ懸念の物もあり。然し有毒のものでもボイル油にて處置して使ふ（ボイル油を使用するは色の剝離を防ぐ爲なり）

二、粉の作り方

白粉｛胡粉をゼラチン液か又はアラビヤノリ液にて練りボイル油を四五滴落し固めて乾す

色粉｛ボイル油にて繪具を練り胡粉を入れゼラチン液か又は水にて適宜に固めて乾す

三、用　具

擂鉢、擂木、匙、ハカリ、篩、箱、

四、遊び方

幼兒の好む色玉を與へて擂鉢にて磨り碎き最も細き粉とす所謂幼兒の大好きな上粉が出來上るのである。

（二）印 刷 屋 遊 び

この遊びは粉の利用上より考案したものであつて圖畫の一部の取扱上にも好ましき事と思ふ。

一、用　具

印刷器、型紙、インキ、

印刷器は簡易であつて型紙の動かぬ様にする。型紙は幼兒の自由畫及圖案又は保姆の圖案を彫り拔きて型紙とする。

インキは粉屋事で拵へた粉をアラビヤ糊液にて溶して用ふ。

但し繪具は普通繪具にてもよろし。

二、印刷したものの利用

封筒、袋物、額面、箱、吳服屋事、雜貨店、玩具屋事等種々なる方面に利用が出來る

三、其の他の利用

粘土製作物の着色用にすること、其の時には一度ぬつたものの上にニスをかけること。

粉にし又固めて粉屋事に用ふ。
泥繪具の代用品とする。

以　上

交通整理遊に就て

大阪市立道仁幼稚園

一、交通整理の必要と幼兒

近代都市に於ける人口集中の趨勢は世界共通の現象であつて平面的に過群の人口は立體的に高層建築を促進せしむるに到つた。凡そ人口の集中は其の都市の繁榮を來し高層建築の續出は又大に都市の外觀を整へる功はあるが各ビルディングやデパートメントストアの如く人口を或一部に吸集し一定時に一定場所を限つて特段なる集中狀態を捲き起す弊は免れ得ない處である。又一面、電車、自動車、自働自轉車、自轉車等の高速度の交通機關の發達に伴つて往還の利便を增したことは謂ふ迄もないが之に隨ひ幾多の危險を惹起するに到つたことも亦明確な事實である。即ち人口の集中と高速度交通機關の發達とは繁榮に連れて危險率の高い一種の混雜を現出せしむるに到つた。

抑も道路に於ける雜沓混亂を整理して其の危險を豫防し災害を除去するには當局者の力に依る所尠からぬと共に又國民各自の自覺と節制の德に俟つこと蓋し大なるものがある。曩に政府は時代の進運に鑑み大正八年四月道路法を發布し次で翌九年十二月には内務省令を以て道路取締令を發布して其の據る所を知らしめた。彼の左側通行の原則の如き此の道路取締令第一條に於て『道路ヲ通行スルモノハ左側ニ依ルベシ』と明確に規定してある如き其の一例である。

其の後各府縣は孰れも此等の法令に準據して地方的に適切なる交通取締規則を發布した。併し素張らしい勢を以て增加する人口！歩行者の激增！電車の増發！圓タクの洪水！自働自轉車の横行！自轉車の輻輳！而も路幅が之に伴ひ擴築されぬ我が國大都市の現狀に於ては交通上の事故の頻發は悲むべき現實の惱である。白晝大道の眞中に於て老幼男女を問はず曰く衝突！曰く轢殺！曰く負傷！曰く何々と市民の耳朶を撲つ樣では全く命がけで歩行せねばならぬ次第である。其の間に立ち就中老人や幼兒の危險率の大なるべきは、當然過ぎる程當然といつてよからう。然らば此の路上に於ける頻發の災害は果して不可抗力であらうか、道路擴築の曉でなければ所詮免るゝを得ない所であらうか、去つて首都に於ける警視廳の調査に徴するも又近く我が大阪府の調査に依るも其の原因の大部分は寧ろ自己の不注意に基く過失であるといふに到つては相共に大に顧みる所がなければならぬ。乃ち一般社會に注意、自重の警告を發すると共に第二の大都市住民たる幼兒に對しても平素から交通上に於ける諸般の心得を說き聽かせて他日の爲に備ふるといふことは殊に必要のことであらうと信ずる。

然らば如何なる程度に敎へ込むのを以て適當とすべきであらうか彼の道路法や道路取締令を始め各府縣の交通取締規則の如き孰れも重要な參考にはなるが其の儘鵜呑に敎へ込むわけには行かぬ。其の骨子の中から幼兒に且つ環境に適切な條項を選定して之を右から左から、事に觸れ物に應じて話し聽かしめる外ないと思ふ。警視廳の藤岡交通課長の擧げた次の十戒の如き一般兒童に對してのものではあるが幼兒にとつても危險豫防の見地よりして亦可なり其の當を得たものである。

第一戒　道路ハ必ズ左端ヲ歩キ濫リニ車道ニ出テハナラナイ。

第二戒　道路ヲ横断スルトキハ直角ニ通ルベキデアッテ斜ニ横断シテハナラナイ、殊ニ道路ノ交叉點ニ於テハ猶更デアル。

第三戒　電車ヤ自動車ハタトヘソレが停車中デアッテモ其ノ直グ前又ハ直グ後ヲ通リ抜ケテハナラナイ。

第四戒　車馬ノスグ側ニ併ンデ通ッテハナラナイ。

第五戒　車ニ飛乗リ又ハ飛降リシテハナラナイ。

第六戒　無暗ニ道路デ駈ケ出シテハナラナイ。

第七戒　道路ヲ大勢デ横ニ並ンデ歩イテハナラナイ。

第八戒　珍ラシイ物ガアッテモ無暗ニ道路デ立チ止ッテハナラナイ。

第九戒　交通頻繁ナ道路デ遊ンデハナラナイ。

第十戒　車馬ノ通ル道路デ三輪車ヤ、スケーター等ニ乗ッテハナラナイ。

右の外清潔風紀其の他の點から或は道路に於ては紙屑類を捨てぬこと、大小便をせぬことや道路に於て行逢ふとき互に左に避けること消防車、郵便車、葬列に對しては如何なる場合も直に避けることなども亦力説さるべき交通道徳の一端である。

二、交通整理遊案出の動機と其の實施成績

既に前述の如く交通道徳の基礎を幼稚園時代から植ゑ付ける必要があり其の方法手段として集會や、躾方や其の他の機會を捉へて説話に依るべきことは既述の通りであるが更に其の効果を増進せんが爲に交通整理遊なるものを案出した。

抑も本園の位置は島の内の中心に在り南には日本橋一丁目、北には長堀橋の大交叉點があつて日夕交通巡査の一擧手、一投足に依つて電車も、自動車も、人も、馬も盡く停止し又行動を起す所謂交通整理の實際は幼兒にとつては誠に駭心驚目の一現象であらねばならぬ。全市の主なる交叉點に於ける事故防止の目的は蓋し之に依つて達せられることの多かるべきは固より其所である。乃ち此の環境の興味ある一事象を捉へて之を保育の上に利用し交通道徳の一般を扶植せんとしたのが本遊戯案出の直接の動機である。而して本遊戯は又環境利用遊戯の一種としてデパートメントストア官公衙、學校等の高層建築遊、又は附近目抜の橋梁架設遊、河川に浮ぶ荷足船、汽艇等の製作遊或は百貨店遊、電車遊等と相俟つて同一水平線上其の一位置を占有すべきものであると思ふ。而も其の集團的活動的たる諸點に於ても却つて優越するものがある。

本遊戯は最初表情遊戯を仕組まうとしたが歌曲の作製が後廻しとなつた爲に律動を主とした遊戯に變へた。そして其の實施の結果を見るに次に擧げた様な諸點に關し幼兒の心に一種力強い印象を與へた様である。

（イ）道路に於ては必ず左側を通行すること。

（ロ）交叉路線に於て交通巡査の指揮を俟たず勝手な行動を執つたものは衝突其の他の災害を發生させること。

（ハ）混雑する場所では猥りに前者を押しのけて進んではならぬ却つて混亂を増し危險を多くすること。

（ニ）各自注意深く行動することは軈て交通を圓滑にし自他の安

事幸福を招來する所以なること。

三、交通遊びの仕方

一、準　備

1、十字形に電車軌道を作ること

〔戸外なれば白ペンキ、白堊などにて筋を引き疊の上にては便宜上疊緣を用ふるも一法である〕

2、交叉點の中央に進否標示のセンタポールを置く

3、幼兒中から左の如き分掌を定める。

イ、交通巡査　　三　名

ロ、電車監督　　一　名

ハ、電　　車　　十數臺

三名一組壹臺とし前頭に立ち胸に電車の繪を吊した者を運轉手、後方に在るものを車掌とし、中央に在るものを客とす。

ニ、自動車及び自轉車　　約貳拾五名

電車同樣繪を胸間に掛けさせて表示する。

ホ、歩行者　　其の他の全部

4、幼兒の中から選んだ三名の巡査中一名は整理の合圖をなさしめ他の一名はセンタポールのゴー、ストップの標示器を回轉せしめ、交互交代從事のことゝする。

又監督は青赤の旗を持ち其の側に立たせる。

5、電車、自動車、自轉車、歩行者等を四等分して十字路の四邊に配置する。

二、遊　戲

(甲)1、遊戲開始に先ち豫め幼兒間に次の樣な規約を設定する。

イ、十字形に軌道を設けて各其の左側に車道、歩道を設ける

ロ、電車のみ幾臺も連續的に進行せぬこと。

ハ、電車は必ず軌道を離れてはならぬ。

ニ、自動車は軌道及車道を通ること。

ホ、歩行者は必ず歩道を歩むこと。

ヘ、ハンドシグナルに違反し又は逡巡衝突したものは、「シカレタ」と稱して一時列外に退かせる。

2、幼兒は右規約を心得交通巡査のハンドシグナルに依つて進行を開始する。

3、行進は普通行進、スキップ、駈足等交互ピアノに連れて東西南北に往來する。

4、右行進約二十分保姆の號笛の合圖に依つて停止し各所定の場所に就く。

(乙)1、次に律動的遊戲ハンドシグナル動作に移る。

イ、右腕を四十五度の角度に上げ掌を右前方に向ける。

次に其の手を顔面を過ぎるやうに左方へ腕を泳がせる次で左腕を上げて同樣の動作を行ふ

ロ　圓心に向ひ兩腕を肩と水平に上げ掌を外方に向ける右向と同時に前同樣の動作をなす

次で右腕を胸部を過ぎるやうに泳がせる。

更に左腕にて同樣に泳がせる。

ハ、右腕を右方に上げ、左腕をまげ人差指にて左肩越に二度手頸を振る、次で左腕をあげ右腕をまげ同樣に手頸を振る

ニ、掌を向き合せ兩腕を肩と水平に上げる。

兩腕を胸部を過ぎる樣に同時に左右に泳がせ此の動作を一回繰返す。
次で手を腰にとり足拍子三回。
2、次に單に律動に移る。
イ、互に手をつなぎ四歩前進、四歩後退。
ロ、奇偶兩生相對し右足を右に出すと同時に拍手一回、手を左右に開き左足の爪先を右踵につけ輕く打つ。
ハ、左足を左に出すと同時に拍手一回手を左右に開き、右足の爪先を左踵につけ輕く撲つ。
ニ、(ロ)(ハ)の動作を繰返す。
ホ、兩生右方へ三歩進み四歩目に拍手と共に輕くとぶ。
ヘ、兩生左方へ三歩進み四歩目に拍手と共に輕くとぶ。
ト、全體右向き兩手を前に擧げスキップにて前進、最後に圓心に向ひ三回足踏。
(1)、(2)全部繰返す。

(丙)唱歌、交通遊、 ヘ調 2/4拍子 （當園作歌）

歌詞全部

アレアレ アブナイ
電車ガ チン〱〱
自動車ガ ブウ〱〱
自轉車ガ リン〱〱
前カラ 來タ〱
アトカラ キタ〱
アブナイ〱 氣チツケロ。
アレアレ アブナイ
子供ガ クル〱
オヂイサンガ クルクル
オバアサンモクル〱
右カラ來タ〱
左カラ キタ
アブナイ アブナイ 氣チツケロ。
ストップ ストップ
動イチヤ イケナイ
ゴウ ゴウ 左チ通レ
流レルヤウニ 車モ人モ
オマハリサンノ 手チフルママニ
動イテハ トマリ
トマツテハ ウゴク
交通整理ハ ウレシイナ

以上

ヒル氏積木遊に就て

大阪市立精華幼稚園

現在當園は改築工事中である爲に非常に狹い所を利用して日々の保育を致して居ります。從つて幼稚園の生命とも申します庭園は今は綠の影一つだに見る事の出來ぬ荒地となり時としては落ち付くに入る室なき場合等もある樣な生活が續いた日もありますが幼兒等は一向斯樣な事には頓着もなく此の上ない樂園と心得朝早くから集つて參ります。そして遠慮もなくあらゆる方面に本能を表はして居り

ます。その現はれの中でも特に興味を以て喜ぶものは積木遊でありま す。中でもヒル氏の積木遊から來る愉快と價値は際限がない樣に思はれます。同時に之にもつと必要な材料と適當な指導をなして行かねばならぬと思ひます。殊にヒル氏の積木を使用するに就ては私共の大いに研究する餘地も多い事と思ひます。是等の理由から本日はヒル氏積木遊を設定した過程を皆樣に御覧願ひまして御指導を仰ぎ度いと存じます。

（繪圖及記録參照）

一、材　料

1、ヒル氏積木二組

2、補助用具（幼兒の作業中にヒントを得たる）

(イ)柱

四角柱大三組（一組四本）	直徑四寸	長三尺	一二本	
同　小一組	同	〃二尺	四本	合計
圓柱　大一組	同	〃二尺	四本	二四本
同　小一組	同	〃一尺	四本	

(ロ)接續用鐵棒

四尺一二本	三尺一六本	二尺八本	合計三六本

(ハ)板

長三・五尺	巾六寸	厚六分	一〇枚	
同三尺	同〃	同〃	一二枚	合計三四枚
同二・五尺	同〃	同〃	一二枚	

(ニ)木製車輪

直徑　七寸　二〇個

(ホ)組立式屋根

大	一組	長三尺	巾二・五寸	厚五分
小	一組	同二・五尺	同〃	同〃

(ヘ)電車前面及後部

（下圖參照）

材料　栓材ニス塗

定價

二　個　拾貳圓

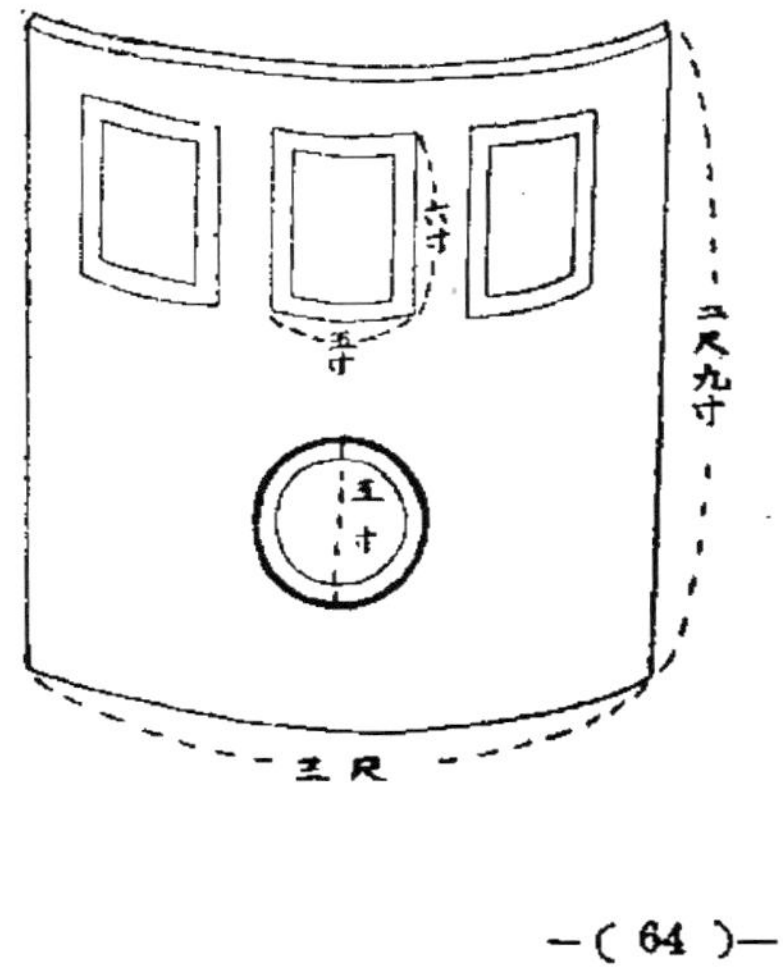

(ト)其他椅子、腰掛窓掛用竹棒、鐵管、木管、紙テープ

廃物の模型玩具等必要に應じて使用す

二、遊びの目的

目的に向つて豐富な工夫のもとに構成能力を増進せしめ出來上りた

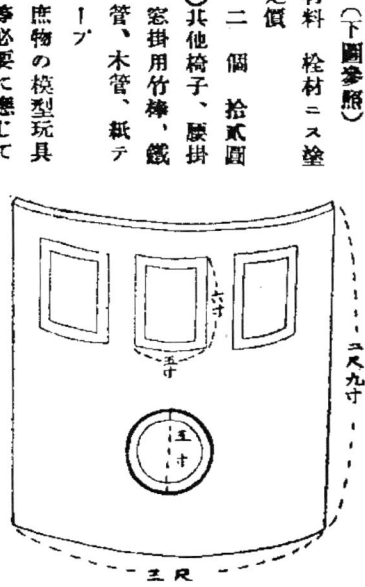

る事物を利用して實際生活を營ましむるを以て目的とす。

三、題目の撰定

幼兒と相談の上にて撰定し次に積むべき目的物を觀察せしめて豫期せしむ。

四、方　法

保姆は幼兒に對する質問にて幼兒が仕組みを考へたり組立てたりする事を助ける故に幼兒自身が着眼した事の結果が顯はる。其の顯れと參考資料とを對照して相違せる點を發見せしめ然る後實際生活を營ましめて遊ばしむ。

五、價　値

1、觀察力注意力が高まつて來る
2、創作的想像力が發達する
3、意志が强くなる
4、構成力が旺盛になる
5、共同的趣味が養成される
6、數學的價値のある智識を得る

積木遊から暗示を得た遊具

一、鐵　橋……幼兒は十五分乃至二十分にて組立てる
二、運搬車……幼兒は十分間位にて組立てる

（鐵橋略圖）

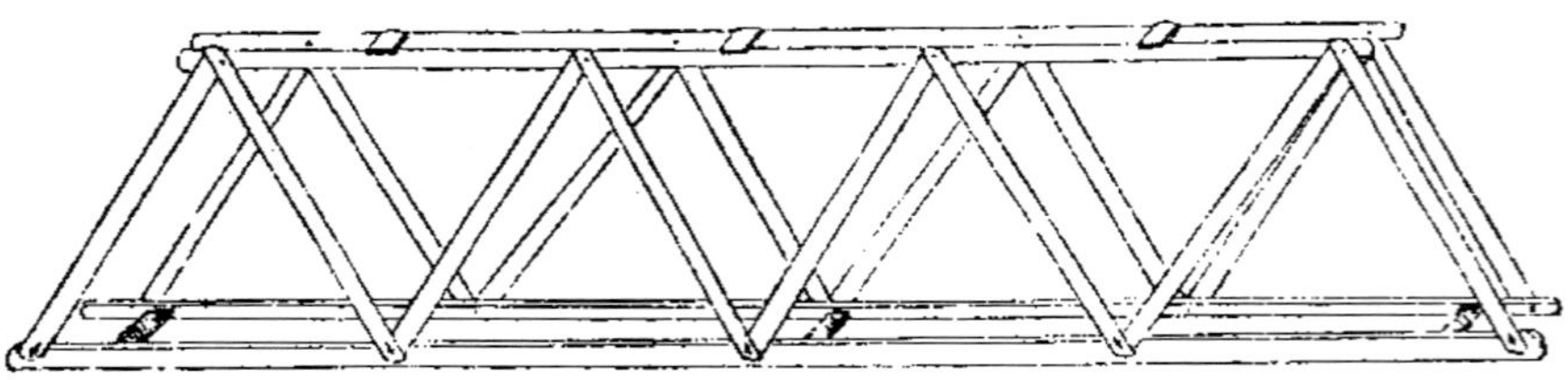

材料寸法定價等次の如し

鐵橋組立槊　　材料「樫ニス塗」

	長サ	數	幅	厚サ
下ノ臺	四〇寸	六	三・〇寸	三・〇寸
桁木	三一・八	三	一・八	一・〇
組子木	三三	一六	一・八	〇・八
梁木	三四	六	二・〇	一・〇
枕木	二六	三	一・九	一・〇
ボールト		一八		

定價二三圓

運搬車組立材料

（空箱ヲ使用ス）

車輪	四個	二八〇錢
心棒	二本	五〇
ボールト	四本	八
紐	古紐利用	

定價三三八錢

—(65)—

（運搬車略圖）

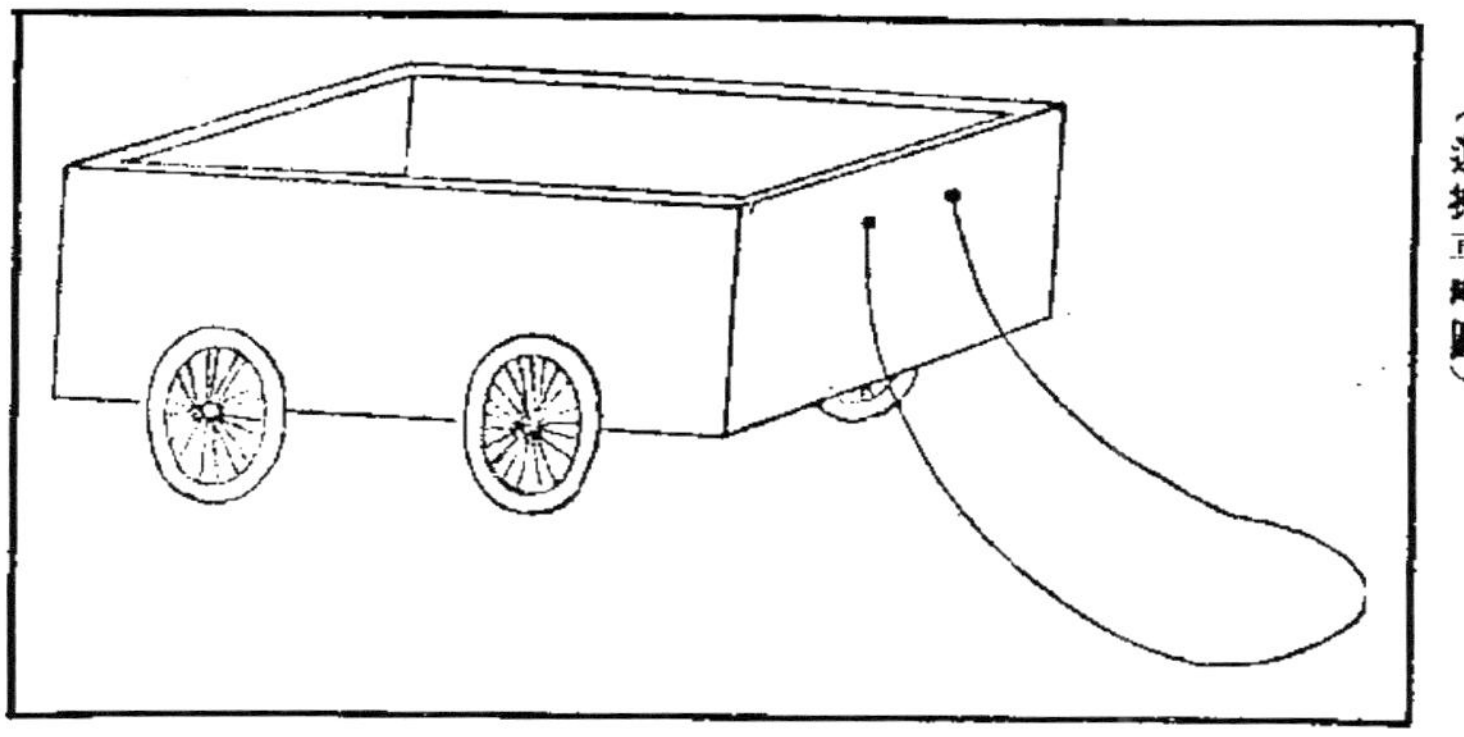

ヒル氏積木遊の過程記錄

紫組（年長兒）の分

題目　自動車（幼兒撰定）

十月七日

幼兒　三ノ組及一ノ組の男兒

時間　約二時間

玩具の自動車を見ながら積ませました。子供は大喜びで次々と組立てに急ぎました。そして不完全ながら形が出來上つてしまふと幼兒等は順々に運轉手に車掌にお客樣にと大喜びで暫く遊びました。次に幼兒の希望する遊戲を二三種して再び繼積する事にしました。先づ作品を鑑賞させて實物と比較して考へさせましたが前方の所が短く不調和なのを誰も氣つきませんでしたので、もう少し前方を長くしてはと相談を持ちかけて積み直しました。茲で大きな車輪の必要を感じました。

題目　汽車と鐵橋（幼兒撰定）　十一月廿八日

幼兒　四ノ組及二ノ組の男兒

時間　約二時間半

汽車、レール、鐵橋とそれぞれ主になる幼兒を其の場面に配置して積木の譜に依つて積ませました。十一時頃には鐵橋とレールは積み終り汽車を手傳ひました。其の間交互に幼兒は休息し又自由遊びを致しました。食後お互に批評させまして鐵橋の一部レール等も少し直しました。汽車の機關車のみで物足らぬ感じがしたものか客車を積むとの希望が出ましたが少々疲勞の樣子を認めましたので翌日にゆづる事を申聞けましたが三四幼兒の切な希望によつて其等の幼兒に積ませました。

題目　西洋館（保姆指定）　昭和三年一月十三、四日

幼兒　三ノ組及一ノ組の男兒

時間　約二時間半

バンガロウのカタログにある繪を見せながら積ませました。然し繪では間口と奧行の釣合等がよく判らぬらしく不釣合な形となつて現はれました。又實際それ等を比較する能力が無いのではあるまいかとも感じました。屋根は屋根に作つたものを組合せるつもりで出して置きましたが此の前、家を積んだ時に中を空にすかせて屋根を積む事を話して置きましたのを記憶して居たものと見え工夫しながら積み始めて居りましたから三角の積木の數が不足する事を豫期しながら其の儘試みに續けました。果して大小三角形の全部を使用しましたが未だ屋根の半分も出來ず幼兒は大變失望致しました。同時に多人數共同で大きな作品を積む場合には三角形をせめて今一組もあればと思ひましたが是に伴ふ繼續的の努力並に時間等に就ても考へさせられました。然し屋根の形に見える樣に出來た時幼兒の輝に滿

ちた面持は保姆の心も共に喜びに導かれました。

題目　二階附き西洋館（幼兒撰定）　一月廿五、六日

幼兒　男兒全部

時間　約二時間半

やはりバンガラウのカタログを參考にして積ませました。ベランダを作るために大變考へまして三度積み直して漸く出來上りました。その間少し指導を加へました。二階は案外容易に積む事が出來ました。屋根は組合せたものを用ひましたが前後の組合せが都合よくゆかず、なほ煙突のつけ場がなく幼兒の困つた樣子を見て此の屋根の一利一害を考へさせられると同時に一部分丈け改良の必要を認める事が出來ました。

緣組（年長兒）の分

題目　電車（幼兒撰定）　一月十九日

幼兒　男兒十五名

時間　約二時間半

日常業組の積み上げたものを見て早く自分等も積んで見たい〳〵と各自が希望に燃えて居た時に第一回を試みました。さて着手しましたがさつぱり大きさの見當かつかず終に保姆に相談をもちかけました。依つて適當な位置に柱を配置してやりましたのでずん〳〵積み上げられました。幼兒の苦心點は屋根でありました。屋根は身長より上部にある爲、目の屆かぬ點もあり又早く仕上げて乘つて見たいと云ふ希望も出て八分通り積んで後は最早や滿足の有樣でした。半ば出來た時旣に過半の子供は電車內に入り、或は乘客となり或は運轉手や車掌になつて遊び、工作に精出す者は五六人に限られて居ました。幼兒が如何に乘る事に興味を持つて居るかを知る事が出來ました。最後にストーブの煙突が上に横たはり居るのを見てヒントを得、窓掛用竹棒及紙テープでポール及電線を設備致しました。

題目　動物園（保姆指定）　二月一日

幼兒　男女兒併て三十五名

時間　約二時間半

過日動物園を參觀させましたので其の既有觀念を喚起するため前日に自由畵帖へ動物園と題して畵き方を致しました。扨て積木をするに當り最初何を積むか計畫して居る所を尋れたところ、象、ライオン、鶴、菓子賣店等各自口述しました。然し實際に出來上つたものは象の家、熊、兎、鶴、猿の檻と噴水でした。其の中、熊の家は最初子供の希望通りライオンの檻を作りましたが岩穴に困つた結果中途から熊のいれものに代へたのであります。

兎の檻、女兒は一向活動致しませんでしたから小さな屋根を與へて小屋を作らせました。其の結果兎を入れるのに相當して居ましたから此の名を付けました。

鶴の檻、金網を作る事に苦心致しましたが內部の設備等中々細い點まで行屆いてゐました。

猿の檻の金網も到底むづかしく思つたか中止した。最後に見渡して見たところ位置の都合により空所の出來た所へは噴水を作る事を指導致しました。さて半ば出來上りますと幼兒は申合せた樣に實際生活を始めました。銀行遊の道具を持ち來り、入場券賣場をまれて各自紙片を貰つて入場ゆる〳〵見物を始めました。象の家には一人の男兒鼻先から長い紐をたらして自ら象を氣どり、熊の中では四五名

の者は鐵棒の間から爪立てた手を出して餌を貰つてゐるまねをして居りました。見物に疲れた兒は噴水の傍のベンチに腰かけて休んで居る事などはんとうの動物園に遊んでゐる氣持がうかゞはれました

備　考

1、記録に示せる時間は休憩及他の保育時間を除いて積木のみに費した正味の時間を記入しました。

2、ヒル氏積木遊に參加しなかつた幼兒は鐵橋及運搬車の組立或は小積木遊等他の遊をさせました。

3、心身共に活動量が非常に多いために繼續して居る中に疲勞の見えた時は一部の幼兒或は全兒に自由遊戲或は他の遊びをさせて休憩させます。

4、繁組(四十名)の幼兒は便宜上四組に分團し一組の人員は男女併せて十名宛と致しました。

所　感

1、玩具又は繪畫を見せて積ませる時の指導は既有の觀念或は概念によつてのみ積ませる時の指導より遙に容易でした。

2、家を積む時の苦心は何時も屋根にありました。

3、實驗する事によつてヒル氏積木を適當な部分に使用する事を見出し且又それにより自分から題材を捉へる樣になります。

五市保育會彙報

京都市保育會（昭和二年度）

一、總集會

昭和二年十一月十一日六角會館ニ於テ開催ス。來賓及會員總出席者約五百名最モ盛會裡ニ午後五時散會ス。集會次第左ノ如シ

一、開會ノ辭　岩内幹事
一、國歌合唱
一、會長挨拶　竹上藤次郎副會長
一、會務報告
一、議事　評議員改選、會長ノ推薦
一、講演　小兒傳染病猩紅熱ニ就テ
　京醫大小兒科部長　鈴木博士
一、研究發表
1、京都幼稚園
　水兵、お山の大將、園の舞
2、龍谷幼稚園
　七つの子、あの町この町
3、常葉幼稚園
　兎のお舟、雨降り

一、餘興　狂言及舞踊

一、幹事會十一回、主席保姆會十二回、
評議員會一回、研究會十回。

一、抽出檢査　九月十月ニ亘リ各園幼兒ニツキ檢査ヲナス。

一、遊戯研究會

四月　お星樣、月と兎　生祥園
五月　繩飛び、お山の大將、ダンス　京都園
六月　夕やけ、雨降り　楊梅、常葉園
七月　圓いお池　日彰園
十月　落葉の踊　開智園
同　お山のお猿、雨だれ太鼓　豐園園
十一月　ケーブルカー、もう歸ろ／夕の鐘　遊戯研究部撰定
十二月　角兵衛獅子　城巽園
一月　たんぽぽ、芽が出た　小川、乾隆園
二月　お星樣　待賢園
同　俵はごろごろ　京極園

一、講演會

1．七月　乳齒及齒ノ衛生　齒科醫　本永先生
2．九月　抽出檢査ニ就テ　京大心理教室　岩井教授
3．九月　觀察ニツキテ　奈良女高師校　森川先生
4．十一月　お話の仕方　久留島先生
同　同　天野先生

一、講習會

1．四月五月ニ亘リ春季植物、昆虫、園藝等ニツキ
京都府立第一高女教諭　今大路先生
2．九月　秋ノ草花及虫、鑛物ノ研究
同　同
3．六月　唱歌練習會
京都市指導員　近藤先生

一、出張及見學

五月五日　福岡縣保育會へ出張、五名
五月廿八日　舞鶴軍港及天の橋立
六月十一日　水源地、蠶業學校
七月　六日　罐詰工場
十二月二日　陶器工場
一月二十四日二十五日兩日ニ別レ大阪市へ出張、左ノ社會施設ヲ見學ス
勤勞學校、共同宿泊所、保嬰館、愛染園、愛隣館
二月二十八日　西陣織物工場
三月　五日　同

一、パンフレット發行（母へ）

一、現在役員

會長
副會長　竹上藤次郎氏

幹事　岩内誠一氏、岩井ツタ氏、早川亮四郎氏、岡本アイ氏、吉田ユカ氏、山岡僞氏

評議員

池野藤太郎氏、岩井榮之助氏、入谷勢以氏、橋川正氏、堀内徹氏　奥村安太郎氏　岡村秀太郎氏　小幡小長氏、田村作太郎氏、高市賢次郎氏、藤本睦子氏、後藤龍太郎氏、朝尾清記氏、酒井康信氏、上柳平三氏、内藤丈夫氏、圓治直次郎氏、織田豐弘氏、南亞芝氏、田中泰輔氏

京都市保育會事務所　京都市油小路御池上ル

城巽幼稚園内

神戸市保育會（昭和二年度）

一、會合

1. 總會

昭和二年五月二十八日午後二時より神戸幼稚園に於て左記の順序によりて開催す。

一、米正會長開會の挨拶

一、國歌合唱

一、庶務及會計報告

一、會則一部變更

一、増員役員の選擧

一、講演

文藝と敎育　奈良女子高等師範學校　池田小菊女史

2. 役員會

幹事會　十九回　評議員會　一回。

3. 三市聯合役員會

二回（大阪市ニ於テ）。

二、研究會

六月二十五日午後二時より神戸幼稚園に於て觀察科研究發表會を開催す。參會々員百十餘名、各自の熱心なる研究の結果を發表して午後五時閉會す。

三、講習會

1.「秋の虫」講習會

講師　御影師範學校　樽谷明吉氏

十月二十九日より楠幼稚園に於て毎週一回土曜日を定日の豫定にて開催し六回を以つて終了、會員八十名。

2. 聲樂講習會

講師　縣立第一高等女學校　田中銀之助氏

前年來より引續き毎週一回火曜日を定日として開催す。會場神戸幼稚園　會員約四十名。

四、講演會

講師　東京高等師範學校　楢崎博士

演題　ケルセンシュタイネル氏敎育の原理

九月五六兩日午後一時より神戸幼稚園に於て開催す。聽講會員百三十餘名、縣市敎育關係方面よりの來聽者も多數ありて極めて盛會なりき。

五、ハウ氏表彰會

頌榮幼稚園長エ、エル、ハウ氏歸米さるゝにつき其の在日四十年間を一日の如く本邦保育事業の爲に盡瘁貢献されたる其の献

身的功績を表彰する爲本會主催の下に十月十四日午後二時より中宮高等小學校講堂に於て左記の如く開催す。參集會員百二十餘名、來賓として兵庫縣知事長延連氏外四十有餘名の名士參列され莊嚴にして盛大なる事まことにハウ氏の功績をまのあたりに表徴するが如かりき。

一、末正會長開會の辭

一、神戸市保育會長末正久左衛門氏挨拶

一、兵庫縣保育會長鹿島房治郎氏挨拶

一、兵庫縣ヨリノ感謝狀贈呈　長知事朗讀

一、神戸市ヨリノ感謝狀贈呈　吉田市長代理朗讀

一、感謝狀及記念品贈呈

1.神戸市保育會ヨリ

感謝狀、七寶燒小箱一個及耕秀作花鳥ノ圖一幅

2.兵庫縣保育會ヨリ

感謝狀、銀製小箱一個

一、來賓祝辭

神戸市會議長太田保太郎氏外三名

一、エ、エル、ハウ氏謝辭

右終つて直ちに引續き別室に於て送別茶話會を開催す。これも亦盛會なりき。

六、アメリカ答禮人形送別會

兵庫縣廳に神戸市兩教育會、同上兩保育會主催の下に十月十三日午後二時より縣立第一高等女學校講堂に於て開催。米國領事兵庫縣知事神戸市長其の他多數の賓參列、來會者千五百餘名、非常なる盛儀なりき。

七、現在役員

會長　末正久左衛門氏

副會長　池永孟氏

幹事　池田榮氏、池澤りせ氏、西川修氏、義則嘉氏、内匠ちゑ氏、安井八十二氏、山崎ときの氏、望月クニ氏

評議員　三十二名(氏名省略)

名古屋市保育會（自昭和二年五月　至同　三年四月）

一、會合

1.總會　一回

2.幹事會　十數回

3.全國幼稚園關係者大會へ會員二十名出席す

4.愛知縣保育者大會へ全會員出席す

5.會員相互の親睦を圖り新年會を催す

二、講演會

A、保姆の爲に

1.童心に就いて　講師　野口雨情氏

2.童謠、民謠　同　權藤圓立氏

（伴奏）　藤井淸水氏

B、兒童の爲に

1.お伽噺　二回　講師　岸邊福雄氏

三、講習會

1.粘土講習　四日間　講師　富永芳泉氏

2.遊戯講習　大正十五年九月ヨリ昭和三年四月マデ毎月一回　講師　土川五郎氏

3. 園藝講習　自昭和二年七月 至同 三年六月 一ヶ年

講師　鈴木竹次郎氏

吉備保育會（昭和二年度）

一、昭和二年六月十八日　總集會

岡山市旭東幼稚園に於て定期總集會を開きたり。出席會員壹百六拾餘名、舉行事項左の如し。

一、前年度庶務及び會計報告

二、視察談及講演

近畿地方保育情況を觀て　會員　岡　政君

九州中國保育大會に列して　同　中村信康君

滿鮮視察所感　會長　國富友次郎君

情操教育　岡山縣視學　宮地勝二君

三、遊戲實習

お早う、チヨコレート、シヤボン玉、ほたる

二、昭和二年十一月五日　總集會

岡山縣吉備郡庭瀬尋常高等小學校講堂に於て定期總集會を開きたり出席會員壹百拾餘名、外に庭瀬町、撫川町婦人會一團の傍聽者八拾餘名あり。舉行事項左の如し。

一、報告

二、研究發表

幼兒のために　岡山市南方幼稚園保姆　光藤天津子君

玩具について　同　三勳幼稚園保姆　氏平啓子君

三、講演

圓と角　岡山市視學　谷口源藏君

幼兒教育に就て　會長　國富友次郎君

四、遊戲

庭瀬幼稚園及び撫川幼稚園兒の遊戲數番

會員の新遊戲（お菓子の汽車、白熊の時計）實演

三、通俗講演會

昭和二年十一月十日午後六時岡山縣兒島郡甲浦村ルムビニー學園に於て幼兒教育通俗講演會を開きたり。村内は固より隣村里餘の道を遠しとせず參會婦人六百餘名に達し場外に溢るゝの盛況を呈したり會長國富友次郎氏、幹事岡政幹事英賀春子諸氏諄々教養談を演ぜられ終始靜肅傾聽一同多大の感動を得て午後十時閉會せり。

四、通俗講演會

昭和二年十一月廿五日岡山縣上道郡西大寺町公會堂に於て第二回出張講演會を開き會長國富友次郎氏、評議員犬飼栢太郎氏等出演せられしが來會者は五百餘名に上り熱心靜聽盛會を極めたり。

五、講習會

昭和二年十二月廿五日より三日間岡山市深柢幼稚園に於て幼兒教養講習會を開きたり。會員貳百拾餘名、題目及講師左の如し。

幼兒教育の理論及實際　岡山縣女子師範學校教諭　土取　俊先生

幼兒の食物と其調理　岡山縣女子師範學校教諭　廣澤瑛子先生

受胎より分娩まで（映畫說明）　岡山醫科大學教授　醫學博士　安藤畫一先生

六、全國幼兒教育研究大會

昭和三年三月廿八日より二日間岡山市公會堂に於て全國幼兒教育研究大會を主催せり。三府二十二縣朝鮮臺灣よりの出席會員三百六十餘名に及び岸本岡山縣知事、窪谷岡山市長他三十餘名の來賓臨場、開會式を擧げ、終りて國富會長議長に推され左記上程案を審議し了れり。

第一日

イ、協議題

一、全國幼稚園へ御眞影下附請願の件　鹿兒島縣　錦城幼稚園

二、幼稚園保姆の待遇を小學校本科正教員と同等にせられんことを其筋に建議するの件　愛知縣　岡崎市保育會

三、幼稚園保姆ノ待遇ヲ小學校本科正教員ト同等ニシ年功加俸及恩給ヲ給與セラルルヤウ現行法ノ改正ヲ其筋ニ建議スルノ件　兵庫縣　神戸市保育會

四、幼稚園で落つかない子をどうしたらよろしいか

五、幼稚園でやんちやな子をどうしたらよろしいか

六、幼稚園でだまつてばかり居る子をどうしたらよろしいか　兵庫縣　神戸幼稚園

ロ、研究發表

一、交通遊び　大阪市　道仁幼稚園

二、粉屋遊び　同　桃園幼稚園

三、ヒル氏積木遊び　同　精華幼稚園

ハ、談話題

一、幼兒保育時間ノ延長ヲ實施セラレツヽアラバ左記項目ニ依リ其ノ狀況承リタシ

1. 延長時間中幼兒取扱ノ實際
2. 間食給與ノ方法
3. 幼兒及ヒ保姆ノ疲勞ノ狀況
4. 午睡ノ狀況及其ノ設備
5. 延長保育ヲ希望スル幼兒ノ歩合　大阪市保育會

第二日

イ、協議題

一、幼稚園ト小學校トノ聯絡上特ニ留意スヘキ事項如何　愛知縣　岡崎市保育會

二、幼兒ノ感激驚異ヲ如何ニ取扱フヘキヤ　岡山縣　吉備保育會

ロ、研究發表

一、觀察指導と圖畫　岡山縣　嘉美幼稚園

二、農村幼稚園の使命　同　雄神幼稚園

三、冬季に於ける晝食の取扱に就て　同　吉備保育會

ハ、談話題

一、年長幼兒の文字慾指導の方法を承りたし

二、年少幼兒に適切なる保育方法の實際を承りたし　大阪市保育會

大阪市保育會（昭和二年度）

一、昭和二年四月十五日　大阪市役所に於て幹事會を開催し第六十一回春季總集會開催の件並にフレーベル祭擧行の件に就き協議す。

一、昭和二年四月二十一日　北區堀川小學校に於てフレーベル祭を兼ね第六十一回春季總集會を左の通り開催す。理事更迭に就き辭任、就任等の挨拶ありて後元御津幼稚園長田村好氏より三十三ヶ年間從事したる幼兒保育に關する感想談ありたり。

一、開會の辭

二、君が代　　一同合唱

三、フレーベル先生祭典　　一同敬禮

　同先生履歴朗讀

四、報告

　1. 庶務、會計ニ關スル件

　2. 理事交迭ニ關スル件

五、挨拶

　理事辭任に際して　　村田次郎氏

　理事就任に際して　　鈴木治太郎氏

六、講演　現代の人生觀

　樟蔭高等女學校長　　伊賀駒吉郎氏

七、閉會の辭

一、昭和二年六月七日　大阪市役所に於て幹事會を開催し昭和二年度豫定事業、其の他の件に就き協議す。

一、昭和二年七月二十日　大阪市役所に於て幹事會を開催し第三十四回京阪神聯合保育會開催に關する諸般の件に就き協議す。

一、昭和二年八月　第五十號京阪神聯合保育會雜誌を刊行す。

一、昭和二年九月二十八日　大阪市役所に於て幹事會を開催し第三十四回京阪神聯合保育會開催に關する諸般の事務並に提出問題等の件に就き協議す。

一、昭和二年十月十日　大阪市此花區保育會の加盟を承認す。

一、昭和二年十月十三日　大阪市役所に於て京阪神聯合保育會役員會を開催し第三十四回京阪神聯合保育會開催に關する諸般の件打合をなす。

一、昭和二年十月十九日　大阪市役所に於て幹事會を開催し第六十二回秋季總集會開催に關する件並に第三十四回京阪神聯合保育會開催の件等に就き協議す。

一、昭和二年十一月九日　東區中大江幼稚園に於て第六十二回秋季總集會を左の通り開催す。

一、開會の辭

二、君が代　　一同合唱

三、報告

　1. 第三十四回京阪神聯合保育會開催ノ件

　2. 大阪市此花區保育會ノ本會ニ加盟聯合ノ件

四、協議

　1. 第三十四回京阪神聯合保育會各市提出問題ニ對スル意見ノ發表

　2. 第三十四回京阪神聯合保育會ニ本會ヨリ提出スヘキ研究發表

　3. 第三十四回京阪神聯合保育會ニ本會ヨリ提出スヘキ遊戲

五、閉會の辭

一、昭和二年十一月十四日　東區久寶幼稚園に於て第三十四回京阪神聯合保育會開催打合會を開催し諸般の事務打合をなす。

一、昭和二年十一月十八日　東區久寶幼稚園に於て常議員會を開催し第三十四回京阪神聯合保育會開催の件並に同會經費の件に就き協議す。

一、昭和二年十一月二十一日、二十二日　東區久寶幼稚園に於て第三十四回京阪神聯合保育會開催準備會を開催し諸般の開催準備をなす。

一、昭和二年十一月二十三日　東區久寶小學校に於て本會主催第三十四回京阪神聯合保育會を開催す。

一、昭和三年一月二十八日　北區堂島中山文化研究所會議室に於て關西聯合保育會役員會を開催し關西聯合保育會規約變更に關する件等に就き協議す。

一、昭和三年二月六日　東區船場幼稚園に於て幹事會を開催し關西聯合保育會規約變更に關する件並に幼稚園保姆待遇改善に關する建議の件報告及昭和二年度事業等に就き協議をなす。

一、昭和三年三月五日　南區精華幼稚園に於て幹事會を開催し吉備保育會主催全國幼兒教育研究大會出席者並に提出問題等に關し協議す。

一、昭和三年三月十四日　西區松島幼稚園に於て幹事會を開催し吉備保育會主催全國幼兒教育研究大會提出問題の整理選定並に出席者決定等の件に就き協議す。

一、昭和三年三月二十四日　東區船場幼稚園に於て幹事會を開催し吉備保育會主催全國幼兒教育研究大會に提出されたる各問題の研究並に意見發表者選定等に就き協議す。

一、昭和三年三月二十七日　岡山市吉備保育會主催を以て開催の全國幼兒教育研究大會に本會より會員十三名出席す。

一、昭和二年度大阪市保育會幹事（校園順）

北區　西天滿幼稚園保姆　中島茂子氏
　　　堂島幼稚園保姆　市原匂氏
此花區　芦分幼稚園保姆　大河原琴氏
　　　西九條幼稚園保姆　富はま子氏
東區　久寶幼稚園保姆　藤本ツギ氏
　　　船場幼稚園保姆　金谷マス氏
西區　日吉幼稚園保姆　若井きみ氏
　　　松島幼稚園長　永井久胤氏
南區　御津幼稚園保姆　城村富美子氏
　　　精華幼稚園保姆　高濱キミノ氏
浪速區　元町幼稚園保姆　工藤田鶴氏
　　　榮幼稚園保姆　田中萬野氏

一、昭和二年度大阪市保育會常議員（校園順）

北區　菅南幼稚園保姆　山村十野氏
　　　堀川幼稚園長　和田孫三郎氏
　　　西天滿幼稚園長　椋本辰治郎氏
　　　中ノ島幼稚園長　山村仙一郎氏
　　　中ノ島幼稚園保姆　辻ツノ氏
　　　櫻ノ宮幼稚園保姆　八木きく江氏
　　　安治川幼稚園長　矢野靜一郎氏

此花區 芦分幼稚園長 瀧川米造氏
神子田幼稚園長 長野隆義氏
神子田幼稚園保姆 小原照惠氏
下福島幼稚園長 三輪忠雄氏
下福島幼稚園保姆 森本ヨシヱ氏

東區 中大江幼稚園保姆 木村勢以氏
北大江幼稚園保姆 八木カ子氏
集英幼稚園保姆 赤羽吉子氏
汎愛幼稚園保姆 大西ハナ氏
浪華幼稚園保姆 廣瀨セイ氏
瀧山瑄氏
辻忠右衛門氏

西區 東江幼稚園長 佐藤壽夫氏
東江幼稚園保姆 鈴木よし氏
靱幼稚園長 中山勘太郎氏
靱幼稚園保姆 橋井和榮氏
西六幼稚園保姆 今村ヒロ氏
堀江幼稚園保姆 華岡文子氏
高臺幼稚園長 野本仁平氏

南區 桃園幼稚園長 八木庄三郎氏
渥美幼稚園長 毛利德太郎氏
芦池幼稚園長 朝山守氏
大寶幼稚園長 河津義一氏
精華幼稚園長 江田定吉氏

伊藤佐助氏
山桝儀重氏

浪速區 元町幼稚園長 橋本康正氏
元町幼稚園保姆 工藤田鶴氏
櫻川幼稚園長 重田定治氏
櫻川幼稚園保姆 片山安子氏
敷津幼稚園長 榮木利道氏
敷津幼稚園保姆 田畑ジウ氏
榮幼稚園長 栗屋宗一氏

（以上）

大阪市北區保育會（昭和二年度）

一、本年度末ニ於ケル本會員數左ノ如シ

種別	推薦又ハ入會者	此花區ヘ分離者	退會者	現在員
名譽會員	—人	—人	—人	四人
終身會員	二三	七	—	一六九
特別會員	二三九	三七	二七一	四九〇
通常會員	五〇二	五五	二四三	八〇六
合計	七六四	九九	五一四	一、四六九

一、本年度末ニ於ケル本會役員數左ノ如シ

會長 一名 副會長 一名
收入役 一名 幹事 七名
評議員 二十二名

大阪市保育會常議員　七　名（本會選出　五名／本市保育會推薦　二名）

同　會幹事　二　名

一、六月四日　北區役所ニ於テ幹事會を開會シ左記議案報告ニ關スル調査並ニ總會開會ニ關スル諸般ノ事項ニ付協議シタリ。

一、本會分離並財産分割ノ件

一、本會々則中改正ノ件

一、大正十五年、昭和元年度會務報告

一、同年度歳入出決算報告

一、昭和二年度歳入出豫算

一、同月十日　北區役所ニ於テ評議員會ヲ開會シ昭和二年度歳入出豫算ヲ議決其ノ他前項幹事會ノ議ヲ經タル各事件ヲ審議シタリ

一、同月十五日　櫻宮小學校ニ於テ總會ヲ開會シ「本會分離並財産分割ノ件」「會則中改正ノ件」ノ二件ヲ議決シ大正十五年昭和元年度會務並同年度歳入出決算及昭和二年度歳入出豫算ノ各報告ヲ是認シタル上會長、副會長、評議員ノ改選々擧ヲ行ヒ以上終了後大阪朝日新聞社々員村上鋭夫氏ノお伽噺及楳茂都舞踊研究所生徒ノ舞踊ヲ開催シタリ。

一、同月二十三日　北區役所内ニ於テ評議員會ヲ開會シ左記役員ノ互選ヲ行ヒタリ。

一、本會幹事　七　名

二、本市保育會幹事二名及同會常議員五名

一、七月一日　北區役所ニ於テ幹事會ヲ開會シ本年度ノ各事業ニ付協議シタリ。

一、同月六日　本市長並ニ北區長ニ宛テ左記ノ通リ補助申請書ヲ提出シタリ。

拜啓彌御清穆奉慶賀候陳者本會ハ北區菰港區ノ左記舊學區ニ屬スル幼稚園職員及幼兒ノ保護者等ニ依リ組織シ創立以來各種講習會、研究會、通俗講話會、幼稚園聯合運動會等ヲ畫策經營シ其ノ他職員ニ各地方事業視察ヲ囑託セル等永年斯業發達ノ爲盡瘁罷在之ニ對シテ年來右學區ヨリ一ケ年四拾圓宛ノ補助金ヲ收納シ以テ經營ヲ維持致居候處今般本市學制統一ノ實施ニ伴ヒ自然右財源ノ一部ニ缺陷ヲ生スルニ至リ將來ノ事業經營上ニ蒙ル打擊不尠漸次進展ノ業績ヲ遺シタル本會ノ面目上甚タ遺憾ノ次第ニ被存候ニ就テハ何卒本會ノ事業ヲ援助ノ爲此ノ際相當御補助相成候樣御配慮相仰度別紙會則並本年度豫算書相添ヘ此段申請仕候　敬具

昭和二年七月七日

大阪市北區保育會長　　名

大阪市長　閣　　一殿

（左記及追書省略）

拜啓益御清適ノ段奉慶賀候陳者本會ハ年來幼稚園附設ノ各學區寄附金ニ依リ其ノ經費ヲ維持シ諸般ノ事業ヲ畫策經營ノ上聊以テ保育事業ノ發達ニ盡力罷在候處今般本市學制統一ノ實施ニ伴ヒ右財源收入ノ途ヲ喪失シ將來ノ事業經營上ニ蒙ル打擊不尠漸次進展ノ業績ヲ遺シタル本會ノ面目上甚タ遺憾ノ次第ニ被存候ニ付テハ何卒特ニ右事情御洞察ノ上事業援助ノ意味ニ於テ此ノ際御區ヨリ相當御補助相仰度別紙會則並本年度豫算書相添ヘ此段申請仕候　敬具

昭和二年七月七日

大阪市北區保育會長　　　　名

北區野田町外九十三箇町區代表者

大阪市北區長　後藤虎之助殿

一、同月十二日　元下福島學區ニ屬スル區域ノ會員ヲ分離シ北花區保育會ニ編入ノ爲六月十五日總會ノ決議ニ基キ本會有財産中金百七拾壹圓ノ分配方ヲ同會長ニ通知シ同時ニ右現金ヲ交付シタリ。

一、同月十七日　滋賀縣下臨地講演會ヲ開催、天候快晴豫定時刻迄ニ一同參集シタルヲ以テ午前七時五十三分大阪驛ヲ出發同十時濱大津ヨリみどり丸ニ乘船廻航ノ途ニ就ク、船内ノ蒸シ暑キコト夥シク隨時アイスクリーム等ヲ配給シテ漸ク渴ヲ凌グ、同十一時二十分近江舞子ニ上陸停船時間尠キ爲晝食スル遑ナシ、午後一時三十分竹生島ニ上陸觀音堂ニ參拜再ヒ乘船シ同島及多景島ヲ一週シテ長命寺ニ向フ、同四時三十分着船、上陸會員中ニハ八百十六ノ階段ヲ登リタルモノアリ、歸船出帆後ニ夕食ヲ配給濱大津歸着前、少雨來リ一同雨用意ナキニ困リタルモ幸ニ上陸ノ際止ム、多數ハ八時一分發ノ列車ニ依リ從事者其ノ他殘留者四名ハ同四十八分ノ列車ニ乘込ミ無事歸阪セリ、參會者二十四名ニシテ盛會ナリキ。

一、八月一日　京阪神聯合保育會雜誌第五十號二十五部ヲ購入シ之ヲ各園ニ配分シタリ。

一、十月十三日　北區役所ニ於テ幹事會ヲ開會シ外國語雜誌抄讀會開催ノ件各園聯合運動會並秋期總會開催ノ件ニ付協議シタリ。

一、同月十五日　外國語雜誌抄讀會第一回開催ニ付本日全市各幼稚園長ヘ宛テ聽員ノ聽講方ニ關シ依賴狀ヲ發シタリ。

一、同月十八日　各園聯合運動會開催ニ關スル諸般ノ事項打合セノ爲本日幹事一同ヲ奈良市ヘ派シ實地調査ヲ爲サシメタリ。

一、同月二十日　堂島小學校ニ第一回雜誌抄讀會ヲ開催聽講者合計六十四名講話約一時間ニシテ終了。

一、十一月二日　本市保育會第六十二回秋季總集會ヲ本月九日中大江幼稚園ニ開催ノ旨同會長ヨリ通知ニ接シタルヲ以テ本會員多數出席方各幹事宛移牒シタリ。

一、同月十日　各園聯合運動會及秋季總會ヲ奈良市ニ開催、豫定時刻迄ニ集合シタル會員及幼兒ヲ順次大軌電車ニ依リ輸送、奈良師範學校運動場南側指定地ニ集合一場ノ挨拶ヲ了リテ官幣大社春日神社ニ參拜更ニ三笠山麓ニ設ケタル會場ニ着、開會終了後任意會食シ閉會ノ挨拶ヲ述ベテ解散セリ、參加會員其ノ他ヲ合シ約千八十名天氣晴朗ニシテ盛會ナリキ。

一、同月十八日　堂島小學校ニ於テ第二回雜誌抄讀會ヲ開催シタリ

一、同月二十三日　本市保育會ノ主催ニヨリ久寶小學校ニ於テ第三十四回京阪神聯合保育會開催ノ旨同會ヨリ通知ニ接シタルヲ以テ本會員多數出席方各幹事ニ宛テ直ニ移牒シタリ。

一、十二月九日　堂島小學校ニ於テ第三回雜誌抄讀會ヲ開催シタリ

一、同月十四日　七月六日ノ申請ニ對シ本年度事業費ニ充當ノ條件ヲ以テ補助金貳百八拾圓交付方指令ニ接シタリ。

一、同月十九日　本日右補助金ヲ收納シタリ。

一、昭和三年二月三日　安治川幼稚園ニ於テ左記ノ通リ通俗講話會ヲ開催シタリ。

演　題　親の道

講　師　大阪府立清水谷高等女學校長　藤澤茂登一氏

教育講談　大石良雄妻子の別れ　堀井　天龍氏

一、二月二十四日　中之島幼稚園ニ於テ左記ノ通俗講話會ヲ開催シタリ。

演　題　賢い子を作るには

講　師　大阪市役所教育部社會教育課主事　鶴川富男氏

演　題　幼稚園雜感

講　師　當幼稚園長　山村仙一郎氏

一、三月一日　京阪神聯合保育會ノ會名ヲ關西聯合保育會ト改稱並之ニ伴フ規約改正ノ旨本市保育會ヨリ通知ニ接シタルヲ以テ各幹事ニ宛テ移牒シタリ。

一、同月十六日　堀川小學校ニ於テ通俗講話會ヲ開催シ同幼稚園兒ノ遊戯並左記童話ヲ實施シタリ。

話　題　桃太郎外一件

講　師　岡崎　實氏

一、本年度内ニ於テ施行シタル各種講習會及研究會左ノ如シ

粘土細工講習會開會　五　度

四月七日、五月十一日、十八日、二十五日、六月一日

音樂研究會開會　七　度

四月十八日、五月十六日、六月二十三日、九月二十九日、十二月十九日、昭和三年一月三十日、三月六日

遊戯研究會開會　六　度

九月十六日、十月二十日、十一月一日、十二月十四日、昭和三年一月二十四日、二月二十日

圖書研究會開會　一　度

一、以上ノ外保育事業視察ノ爲各園職員ニ對シ東京、名古屋、岡山廣島、福岡ノ諸市ヘ出張方ヲ囑託シタリ。

以　上

大阪市此花區保育會（自昭和二年七月九日 至同　三年三月末日）

一、本會員ハ昭和三年三月末現在五六三名ニシテ内終身會員三名特別會員一〇九名通常會員四九一名アリ。

一、昭和二年七月九日西九條尋常高等小學校ニ於テ本會創立總會ヲ開キ會則制定、役員選擧ヲ行ヒ茲ニ本會創設ノ基礎ヲ確立シ東基吉先生ノ幼兒保育ニ關スル有益ナル講演ト純眞ナル各園幼兒ノ遊戯並ニ水也田春州氏ノ琵琶講談アリ其ノ他有志ヨリ寄贈ニ係ル化粧品玩具入ノ土産袋ヲ配布シテ和氣靄々裡ニ閉會セリ。

一、同年七月十二日　北區保育會ヨリ分配金百七十一圓五錢ヲ收受セリ。

一、同年七月十二日　此花區役所ニ於テ評議員會開會幹事ノ互選ヲ行ヒ昭和二年度歳入出豫算ヲ議了セリ。

一、同年十月十日　大阪市保育會ヘ加盟セリ。

一、同年十月十九日　此花區役所ニ於テ幹事會ヲ開キ講演會開催保育事業視察ノ件ヲ協議シ尚市保育會役員選擧ノ結果左ノ通當選シタリ。

幹　事　富はま子氏、大河原　琴氏

常議員　長野隆義氏、三輪忠雄氏、瀧川米造氏、小原照惠氏、森本ヨシヱ氏

一、同年十月十九日　小原照惠、上田トミ、大河原琴、富はま子ノ四氏ニ東京市ニ於ケル保育事業視察ヲ囑託セリ。

一、同年十一月四日　市保育會第六十二回總會ヘ出席方ヲ夫々會員ニ通知セリ。

一、同年十一月二十一日　第三十四回京阪神聯合保育會ヘ出席方會員ニ通知セリ。

一、同年十二月十四日　市補助金百二拾圓ヲ收受セリ。

一、昭和三年一月二十六日　第一上福島尋常高等小學校ニ於テ保育ニ關スル講演會ヲ開催シ、久留島武彦先生ノ講演『眠の親か口の親か』並ニ水也田呑州氏ノ琵琶講演『教師の温情』ヲ聽取シ五百有餘名ノ聽講員ハ幼兒保育ノ實際問題ニ付多大ノ稗益ヲ得テ感興ノ裡ニ閉會シタリ。

一、同年二月十四日　大阪市保育會納付金五拾圓也ヲ納付ス。

一、同年二月十四日　金百參拾圓也ヲ本會基本金トシテ積立ヲナシタリ。

役員氏名（昭和三年四月調）

（評議員中○印ハ幹事）

會長	小林壽夫氏	評議員		今北常三郎氏
副會長	岡本邦敏氏	○同	下福島	三輪忠雄氏
收入役	長尾久助氏	○同		森本ヨシヱ氏
常務幹事	和田元治郎氏	同		上田トミ氏
○評議員　神子田	長野隆義氏	同		松岡宅兵衛氏
○同	小原照惠氏	同		平田松三郎氏
○同	岡崎万壽繼氏	○同	芦分	瀧川米造氏
同	島彦次郎氏	○同		大河原琴氏
評議員	松井三保氏	評議員		高瀬千代野氏
同	三田恭乃氏	○同		西留吉氏
同	中村ゑみ氏	同		中村勝二氏
○同　西九條	富はま子氏	同		上新爲吉氏

（以上）

大阪市東區保育會（昭和貳年度）

一、講習會

1. 昭和貳年七月　南區保育會主催ノ下ニ開催セラレタル堀七藏先生ノ觀察科講習會ニ五拾貳名加入ス。
2. 昭和貳年十一月五日　東京青山幼稚園分園長久門嘉祐氏ヲ聘シ遊戲ノ講習會ヲ開ク。

一、見學

1. 昭和貳年十一月十二日　能勢口ノ高野製帽會社ヲ見學ス。
2. 昭和參年四月廿五日　朝日會館ニ開催セラレタル天平文化展覽會ヲ見學ス。

一、出張

1. 昭和貳年拾月廿一日　岡山市保育情況視察ノ爲二名出張ス。
2. 昭和參年一月十七日　東京市保育情況視察ノ爲二名出張ス。
3. 同三月九日　福岡市保育情況視察ノ爲二名出張ス。
4. 同三月十五日　名古屋市保育情況視察ノ爲一名出張ス。
5. 同三月廿八、九日　吉備保育會主催ノ全國幼兒教育研究大會ニ出張補助二名。

一、集會

1. 昭和參年一月十四日　新年會ヲ開催ス。
2. 同年五月廿八日　總會ヲ開催ス。

一、研究會、幹事會　十五回

一、事　業

保姆養成講習會第二回ヲ昭和貳年拾月ヨリ昭和參年九月迄ノ豫定ヲ以テ開催。

（以　上）

大阪市西區保育會（昭和二年度）

一、理事會、開會度數九回ニ亘リ本會事業ノ進行ニツキ種々協議セリ。

一、常議員會　開會度數二回ニ亘リ本會豫算ノ議定及決算報告ノ承認ヲ議セリ。

一、總集會　一回昭和二年五月六日午後二時半ヨリ日吉幼稚園ニ於テ定期總集會ヲ開催セリ。

事　業

一、昭和二年五月六日ヨリ三日間福岡市ニ於テ開催ノ九州及中國地方聯合保育大會ニ本會ヨリ三名出席セシメタリ。

一、理事會ノ決議ニ基キ元副會長贈タケ氏ニ對シ記念品料及感謝狀ヲ贈呈セリ。

一、南區保育會主催ノ講習會ニ會員三十三名出席聽講セシメタリ。

一、昭和二年十一月二十四日ヨリ三日間左記ニヨリ講習會ヲ開催セリ。

場　所　堀江幼稚園ニ於テ
講　師　東京市早蕨幼稚園長久留島武彦氏
聽講者數　百七十名（區外生百六名ヲ含ム）

以上ノ通リニテ盛會裡ニ終了セリ

一、昭和三年三月二十八、九ノ兩日岡山市吉備保育會主催全國幼兒教育研究大會ニ本會ヨリ三名出席セシメタリ。

右ノ外京阪神三市聯合保育會雜誌第五十號ヲ普通會員ニ配付セリ。

（以上大略）

大阪市南區保育會（昭和二年度）

一、春季總集會

昭和二年五月十九日午後二時より芦池尋常小學校に於て春季總集會を開く、理事長の開會の辭に次いで常任理事より會務の報告、功勞者の表彰あり。終つてお伽噺、舞踊、手品、曲藝などの餘興に移り午後五時閉會す。出席者五百餘名、玩具のお土產を頒ちて散會せり

一、參　觀　旅　行

1. 昭和二年五月三十一日大津幼稚園、京都幼稚園を參觀す（各園二名づゝ）
2. 昭和二年十月六日甲南幼稚園を參觀す。（各園二名づゝ）
3. 昭和三年三月六日神戸幼稚園を參觀す。（各園二名づゝ）

一、講　習　會

1. 昭和二年七月二十一日より四日間、堀七藏氏を講師として「歐米諸國ニ於ケル幼兒ノ教育、幼稚園並ニ小學校ニ於ケル觀察」てふ題目の下に講習會を開く、會員三百名に達し盛會なりき。
2. 昭和三年二月二十三日より三回に亘り「近松門左衛門ノ研究」につき講習會を開く、講師として木谷蓬吟氏を聘し南區幼稚

園の會員全部出席す。

一、全國幼兒教育研究大會參加

昭和三年三月二十八、九の兩日吉備保育會主催による全國幼兒教育研究大會に四名出席す。本市の研究發表として南區三園より左記題目のもの發表す。

1.交通遊び　大阪市　道仁幼稚園

2.粉屋遊び　同　桃園幼稚園

3.ヒル氏積木遊び　同　精華幼稚園

一、幼兒デー

昭和二年十一月十一日奈良公園に於て幼兒デーを開催す。會員一同奈良公會堂に集合し開會の辭に次で君が代合唱、理事長よりの挨拶あり。同庭前にて鹿寄せの餘興ありたり。

一、講演會

昭和二年十月十四日午後二時三十分より大寶尋常小學校に於て開く「子供の家庭教育に關するお話」てふ題目の下に安倍季雄先生が長時間に亘り有益なる講話あり。

一、見學旅行

1.昭和二年五月八日奈良及鶯の瀧へ。南區幼稚園保姆參加す。

2.昭和二年十月三十日、三千院、寂光院へ。參加者三十四名。

3.昭和三年一月廿九日、甲山及苦樂園へ。參加者四十名。

一、研究會

昭和二年度に於ける研究會左の如し

1.昭和二年五月四日午後二時より大寶幼稚園に於いて
「昭和二年度保育カレンダーについて」大寶幼稚園發表

2.昭和二年六月廿五日午前八時三十分より御津幼稚園に於て
イ、實際保育參觀(午前十一時三十分迄)
ロ、研究發表
田植遊について　御津幼稚園發表
ハ、音樂研究會　講師　杉江秀先生
ニ、童謠について　同　野口雨情先生

3.昭和二年七月十四日午前八時三十分より芦池幼稚園に於て
イ、實際保育參觀(午前十一時迄)
ロ、研究發表
水遊につき　芦池幼稚園發表
ハ、遊戲研究　講師　土川五郎先生
ニ、お話(整容法について)　大阪美粧俱樂部員

4.昭和二年九月廿九日午前八時半より渥美幼稚園に於て
イ、實際保育參觀(午前中)
ロ、研究發表
遊戲の創作に就いて
子供へのお話を作るについて　渥美幼稚園發表
遊戲創作二種
ハ、音樂研究會　講師　杉江秀先生
ニ、遊戲練習會　會員全體

5.昭和二年十月二十日午後一時より渥美幼稚園に於て左の問題につき研究す。
イ、非教育的玩具につき
ロ、三市聯合保育會提出問題につき
尚當日は東尾市視學御來會あり觀察科につき有益なる御講話

ありたり。

6. 昭和二年十二月二日午前九時より桃園幼稚園に於て

イ、實際保育參觀(午前中)

ロ、研究發表

粉屋遊に就て　桃園幼稚園發表

ハ、講話

宗敎論に就て　毛利常任理事

7. 昭和三年一月二十三日午後一時より金甌幼稚園に於て

イ、實際保育參觀(約三十分)

ロ、研究發表

子供の無意識な心　金甌幼稚園發表

8. 昭和三年二月十八日午前九時三十分より精華幼稚園に於て

イ、實際保育參觀(午前中)

ロ、研究發表

ヒル氏積木遊び
お話の準備 } 精華幼稚園發表

9. 昭和三年三月十二日午後一時より道仁幼稚園に於て

イ、實際保育參觀

ロ、研究發表

交通整理遊に就いて　道仁幼稚園發表

ハ、研究會

特種幼兒の取扱に就いて

右の問題につき各園に於てそれ〴〵研究調査たなしたるものな持ちより三田谷博士の指導の下に意見の交換をなせり。

ニ、遊戯練習

交通整理遊び　會員一同

一、研究報告書發行　昭和二年六月六日

一、玩具展覽會へ出品（於三越吳服店昭和二年十一月九日ヨリ十七日マデ）

一、其他集會

評議員會　二回

理事會　二回

常議員會　十二回

（以上）

大阪市浪速區保育會（昭和二年度）

一、春季總會

昭和二年五月十六日午後二時ヨリ櫻川幼稚園ニ於テ春季總會ヲ開催ス。

開會ノ辭、會務報告、功勞者表彰、餘興

出席員約六百四十七名幼兒ニおみやげ物ヲ配付セリ。

一、手工講習會

昭和二年七月六日、八日、十二日、十三日、十六日、十八日每回午後二時ヨリ二時間難波高等小學校ニ於テ開催ス。

講師　大阪市難波高等小學校長　三橋節氏

受講者七十名。全市幼稚園職員ヨリ多數ニ入會希望ヲ受ケ頗ル盛會ニシテ保育實際上稗益スル所多カリキ。

一、保育講演會

1.昭和二年六月十七日午後一時榮幼稚園ニ於テ左記講演會ヲ開催ス。午後五時閉會ス。

演題　身體の鍛錬　　醫學博士　飯島貫一氏

琵琶　乃木將軍　　水也田存洲

聽衆約五百名(保育會員並ニ幼稚園關係者)

2.昭和二年十月五日午後一時櫻川幼稚園ニ於テ左記講演會ヲ開催ス。午後五時閉會セリ。

演題　都會に於ける子供の教育

大阪市視學　鈴木治太郎氏

講演　旭堂南陵

聽衆約五百名(保育會員並ニ幼稚園關係者)

3.昭和二年十一月廿五日午後一時元町幼稚園ニ於テ左記講演會ヲ開催ス。午後五時閉會セリ。

演題　幼兒保育問題に就て　隱岐玲瓏氏

琵琶　高岡正謳氏

聽衆約四百名(保育關係者並ニ保育會員)

一、各園合同遊戯會

昭和二年十月十八日午前十時大軌沿線菖蒲池遊園地ニ於テ開催ス。各園順次ニ幼兒遊戯ヲ行フ。參集者約千名。

一、各地幼稚園保育狀況視察囑託

昭和二年十一月十日ヨリ五日間岡山市及廣島市ニ於ケル幼稚園保育狀況ノ視察ヲ囑託ス榮幼稚園河村のぶ氏昭和二年十二月五日ヨリ五日間福岡市幼稚園保育狀況視察囑託ス。

奈良方面へ　難波元町幼稚園　工藤田鶴氏外二人

明石方面へ　難波櫻川幼稚園　宮田ます氏外三人

京都方面へ　敷津幼稚園　田畑ジウ氏外三人

一、職員見學旅行擧行

イ、職員合同和歌山師範學校附屬幼稚園參觀

昭和二年六月十六日和歌山縣師範學校附屬幼稚園ニ於ケル保育實際ヲ參觀ス。各園ヨリ保姆代表者參加セリ。

ロ、第三十四回京阪神聯合保育會ニ出席

昭和二年十一月二十三日午前九時大阪市久寶小學校ニ於テ開催ノ同會ニ區內幼稚園職員全部出席シテ議事ニ參加シ研究發表ヲナス。

一、保育功勞者表彰

多年區內幼稚園ニ勤續シテ幼稚園保育ノタメ盡瘁シ功績顯著ナル者ノ四名ニ對シ表彰狀ヲ授與シ之ニ記念品ヲ贈呈セリ。

一、評議員會

昭和二年四月二十二日午後一時ヨリ浪速區役所ニ於テ開催シ、昭和二年度豫算編制ニ就テ協議ス。

一、幹事會　毎月一回開催

一、調査委員會

昭和二年五月十一日午後一時ヨリ浪速區役所ニ於テ保育功勞者表彰調査委員會ヲ開催ス。

(以　上)

雑　録

京阪神聯合保育會々名改稱並に同會規約變更に關する件

昭和二年十一月二十三日大阪市東區久寶小學校に開催の第三十四回京阪神聯合保育會に於て同會々名變更の議起り協議の結果之を關西聯合保育會と改稱することゝなつた。尙之に伴ふ同會規約の變更に就ては大阪市保育會が主査となり昭和三年一月二十八日關西聯合保育會役員會を開催して規約變更の件を審議した。其の議定された新規約は左の通りである。（本件に關しては前記の第三十四回京阪神聯合保育會記事參照）

關西聯合保育會規約（昭和三年一月二十八日改正）

第一條　本會ハ關西聯合保育會ト稱ス

第二條　本會ハ幼稚園教育ニ關スル各般ノ事項ヲ研究シ幼稚園教育ノ普及進展ヲ期スルヲ以テ目的トス

第三條　本會ハ關西各地ニ於ケル保育會又ハ之ニ類スル團體ノ聯合ヲ以テ組織ス

第四條　本會ハ每年一回京、阪、神三市ニ於テ交番ニ之ヲ開ク
但シ時宜ニ依リ京阪神以外ノ保育會所在地ニ於テモ之ヲ開クコトアルヘシ

第五條　必要ニ應シ各會二名宛役員ヲ出シテ聯合保育會役員會ヲ開ク
但シ其ノ場所期日等ハ其ノ都度協議ノ上之ヲ定ム

第六條　聯合保育會ヲ代表セル文書ニハ當番市ノ會長（會長ヲ置カサル市ニアリテハ主任役員）署名捺印ス
但シ建議書ニ關スル署名方法ハ其ノ都度協議決定ス

第七條　會場會日及開會ノ順序等ハ當番市ニ於テ之ヲ定メ研究題ハ六箇月前協議題ハ三十日前會場其ノ他ハ十日前ニ之ヲ他ノ會ニ通知スルモノトス

第八條　會議ノ議長及會務ノ整理ハ當番市ノ役員之ヲ擔當ス

第九條　聯合會開會ニツキテノ費用ハ當番市ノ負擔トス

第十條　本會ノ目的ヲ達センカタメニ每年一回雜誌ヲ發行ス之ヲ關西聯合保育會雜誌ト稱ス

第十一條　雜誌ハ實費ヲ以テ會員ニ需用ノ部數ヲ配布ス

第十二條　本會ニ必要ナル內規ハ役員會ニ於テ之ヲ定ム

內　規

1. 規約第三條ニ依ル本會加入ノ保育團體ハ京都市保育會大阪市保育會、神戶市保育會、名古屋市保育會、吉備保育會ノ五トス
2. 新ニ本會ニ加入セントスル團體ハ役員會ノ承認ヲ得タル後本會ノ決議ヲ經ルモノトス
3. 聯合各會ハ聯合會ニ於テ決議セシ調査事項ニ對シ責任ヲ有スヘキコト
4. 各會役員ノ交代分擔ノ變更ハ其ノ都度聯合各會ニ通告スルコト
5. 會務ニ關スル往復書類ハ當該會名ヲ以テ庶務擔當ノ役

員ニ向ケ發送スルコト

6. 雜誌編纂印刷等ハ當分大阪市保育會之ヲ擔當ス

以　上

（會名改稱年月日＝昭和二年十一月二十三日）
（規約改正年月日＝昭和三年　一月二十八日）

（追記）

右關西聯合保育會役員會に出席して本件協議に參與した各市保育會代表者（九名）は左の通りである。

京都市　岩内誠一氏　山岡爲氏
神戸市　安井八十二氏
名古屋市　坪内喜久氏　石田馥氏
吉備　片岡定四郎氏
大阪市　鈴木理事　村田次郎氏
稻葉むめ氏

市町村立幼稚園保姆待遇改善に關する建議の件

昭和二年十一月二十三日大阪市東區久寶小學校に開催の第三十四回京阪神聯合保育會に於て決議した市町村立幼稚園保姆の恩給、年功加俸、俸給等待遇改善に關する建議に就ては其の後大阪市保育會が右に關する建議書を作製し關西聯合保育會を代表して昭和三年二月七日付文部省普通學務局長宛郵送した。其の後大阪市教育部長小畑富記氏が上京せられた際、大阪市保育會副會長として文部當局に當り本件に關し詳に陳情し關係法令の改正又は制定に就き可成速に實施する樣極力當局の熟考を促した。尙本件建議に就ては適當の時機を觀て聯合の五市保育會相提携して建議委員上京の豫定である參考の爲に文部省へ郵送された建議書を左に掲載す。

（本件に關しては前記の第三十四回京阪神聯合保育會記事參照）

建議書

別紙恩給法中改正ノ件外二件ハ幼稚園教育普及振興上洵ニ緊要ノ事ト相認候ニ付可相成至急御實施相成候樣法令御改定又ハ御制定相願候樣致度第三十四回本會總會ノ決議ニ基キ此段及建議候也

昭和三年二月七日

關西聯合保育會代表
大阪市保育會長　關

文部大臣　水野錬太郎殿

（別紙）建議事項

一、恩給法第九拾九條第二項ヲ削除セラレ度キ事

理由

恩給法ハ准教職員ノ勤續年數ヲモ一定ノ條件ノ下ニ恩給年限ニ加算スルヲ本則トス、然ルニ恩給法第九拾九條第二項ニ於テ「當分ノ内之ヲ認メズ」ト規定セルヲ以テ幼稚園令施行以前ノ保姆（准教職員）ニ對シテハ其ノ後教職員ノ資格ヲ得ト雖モ従前ノ勤務年數ハ全然控除セサル能ハサルノ結果ヲ示スニ至リ其ノ間甚シク不合理ノ嫌アルハ勿論延イテハ幼稚園教育發達上遺憾尠シトセサルヲ以テ本建議ヲ提出スル所以ナリ

二、市町村立幼稚園保姆年功加俸ノ制ヲ新ニ設ケラレ度キ事

理由

從來數回建議セルヲ以テ重ネテ理由ヲ具申スル迄モ無ク當局ニ於テ御熟考中ノ事ナリト信スルモ事實此ノ制無キ爲ニ小學校教員ニ比シ著シク恩典ヲ均ウセサルノ怨アルノミナラス公立學校職員トシテ師範學校附屬幼稚園保姆ニ對スル年功加俸ハ已ニ給與セラルヽ現情ニ省ミ速ニ本制ノ發布ヲ希望スル所以ナリ

三、幼稚園令施行規則第拾六條但書ヲ左ノ通リ改メラレ度キ事

「但シ月俸額ニ付テハ園長及保姆ハ本科正教員ニ準ス」

理由

保姆ノ月俸額ヲ專科正教員ニ準ストセル現行法規ハ保姆ヲ以テ本科正教員ヨリモ低度ノモノト認メシムルノ誤解ヲ招來スル嫌ナキ能ハス、幼稚園令ノ定ムル所少クトモ尋常科本科正教員ト同等以上ノ資格内容ヲ有スル現行保姆ニ對シ之ヲ專科正教員ト同等ノ月俸額ヲ定ムルハ一方尋常科本科正教員ノ待遇ニ比シ差等ノ觀ナキ能ハス、又之ヲ大都市幼稚園ニ於ケル保姆資格ノ實情ヨリ察スルモ文部省教員免許狀ヲ有スル者、小學校本科正教員ノ資格ヲ有スル者日ニ多キヲ加ヘツヽアル現況ニアリ。是等ノ事情ニ鑑ミ少クトモ保姆ノ待遇ヲ本科正教員ト均シクスルノ要アリト認ムル所以ナリ

以上

會員便り

嵯峨野へ

大阪市西區一保姆

嵯峨野！　嵯峨野！

それは私にとつて懷しい感じのする土地です。嵐山を背景に保津川渡月橋を抱擁する此の土地は詩や歌の情趣に富み、豐かな史實の持主であるばかりでなく、私達の最も尊敬する膳先生の閑居の地であるからです。

膳先生　元大阪市立江戸堀幼稚園長
元大阪市西區保育會副會長

現在は保育界から勇退されまして洛西嵯峨野に雅趣ある邸宅を新築され風月を友として閑日月を平和に送つて居られます。

先生が御隱退御靜養遊ばして以來、かねて當時の西區首席保姆一同は、御勤務中特に御指導を御受け致しました御禮を申上げたり、將來を御願ひ致し度いと時機を待つて居りましたが、先生は三月初旬から東都へ御保養に御いでなさいました。お別れもしないうちに遠い所へ御越し遊ばしたのが何だか本意なくて、何時御歸りになるかしら、まだか〳〵と鶴首して御待ちして居りました。折から西區保育會では膳副會長を御送別申上げるべく誰かに命じて嵯峨に遣はさんとの御意志を御伺ひし、早速首席一同が希望致しました。幸會長樣も「美しい事よ」とお容れ下さいましたので、一同大喜びで大

阪驛を出發致しました。

それは六月二十日、時既に初夏の音づれを浴びて、滴る様な緑樹又緑樹が暑いさ云ふ位で左樣烈くもない日射と、そよ吹く風とに丸で微笑んで居る樣な姿を、澄み切つた大椒川に宿す日でありました花壇に包まれた小じんまりとした先生の御庵は、先生の御生活全部が籠つた裝飾と置物に何と無うあどけない懷しみを覺えました。お訪ひ申上げた十人近い者は慈母を取りまいて久々の對面に懷しくてたまらないと言ひ度い樣な狀で御座いました。

私心一絶萬功成らせられた膳先生は、昔ながらの可愛らしい豐かなあの御面持で御心の籠つた例の御もてなしは江戸堀園長時代を思ひ出さないでは居られませんでした。其の時床の上に飾られてあつた時計、去年の今頃で御座いました、東都で開かれました全國幼稚園關係者大會の際、表彰記念として先生が御受領遊ばした立派な意義ある時計が三時を告げました。

色々話し合ふて居る內に「人は不用意の時が肝心であります。幼稚園でも放課後や日曜日に却つて保姆そのものゝ人格が表はれます殊更御愛想良く人樣に滿足を與へる方が、えてして言行一致しないものがあります。年一年と人情の紙の樣に薄らぐ當世に、今日のまどひは何たる美しい集ひでせう。是を思へば今日の美例は全く皆さんの溫かいお情と今一つは西區保育界を御指導下さる前川會長樣や末常理事樣の御心盡しの賜で御座います」などゝ先生は感慨無量さ云つた風で御座いました。

噫、ほんとうに膳先生は何處までも私達に敎示して下さる方で、一面謙讓の德の高いお方だ。この樣な人格の高潔な先生を吾が保育會から御送り申上げればならぬかと思ひましたら、心細くもあり且後進の私共奮起せざるを得ない樣な感に打たれました。先生の御話の一つ〱はみんな私共の將來に良いヒントを與へて下さいました少くとも私は此の先生に一度より二度、二度より三度御近づき申上げて心の駒に鞭打ちませう。

淸い流れ！靑い山！風景其の儘の心を養ひに又々嵯峨野の膳先生をお訪ひ申しませう。

さらば先生、御健康を御養ひ遊ばして萬功成らせられた今日の後とても幼兒敎育者の爲に御示し下さいませ。（終）

昭和三年八月二日印刷
昭和三年八月六日發行

關西聯合保育會
大阪市西區江戸堀南通二丁目一五

印刷人　釘　澤　孝
大阪市西區江戸堀南通二丁目一五

印刷所　三　正　堂
電話土佐堀五九四三番
振替大阪七八二九六番

子供の世界はほんとに子供のみが知る神秘境でありまして吾々の窺知し得ない不可思議なる靈境なのであります。其處には夢幻に奏でる音樂もあれば自由な欣舞や雀躍もあります子供のために欣び子供のために讃へて行くことはとりもなほさず神に仕へる使徒の如きもので最も敬虔に最も至淳な心からの發露でなくてはなりません。美はしきもの淨らかなるもの、それは子供等の心に外なりません。保育の一班をあづかる吾々にとりましてたへず忸怩たることは清淨なる子供の聖地を私共の理論や測度で踏み荒して居ないかと云ふことでありなす。たゞ子供達のために從順なる一使徒であれば私共の務はそれで充分なのであります。

「子供のために」と云ふモツトーを旗識として振り翳し世の進運と共に何處迄も子供達の心に添ふて行きたく思ひます。高らかに讃美する子供等のマーチに歩調を揃へ科學の都、藝術の境地へ一路邁進いたしたく思ひます。尙將來共に皆々樣の御援助御指導を伏て懇願いたします。

うづきの頃　戸部千代松

保育室内用及び家庭用として特に製作いたしましたもので使用後折り疊めば部屋の隅等に幾臺にても積み重ね得られ又幼兒自ら何處へでも持ち運びが出來ます。型は小さくとも興味と丈夫さは大型のものと變りません。

壹臺に付　金六圓

（送料實費を要します）

幼稚園恩物及家庭用全保育品製造元

營業所大阪市北區金屋町一丁目三一地

戸部保育品製作所

電話　北二《フ》九《ク》一《ト》九《ク》番

振替口座大阪三三一八六番

工場　北區東野田町七丁目

新カタログ出來御申越次第贈呈致します

関西連合保育会雑誌　第五二号

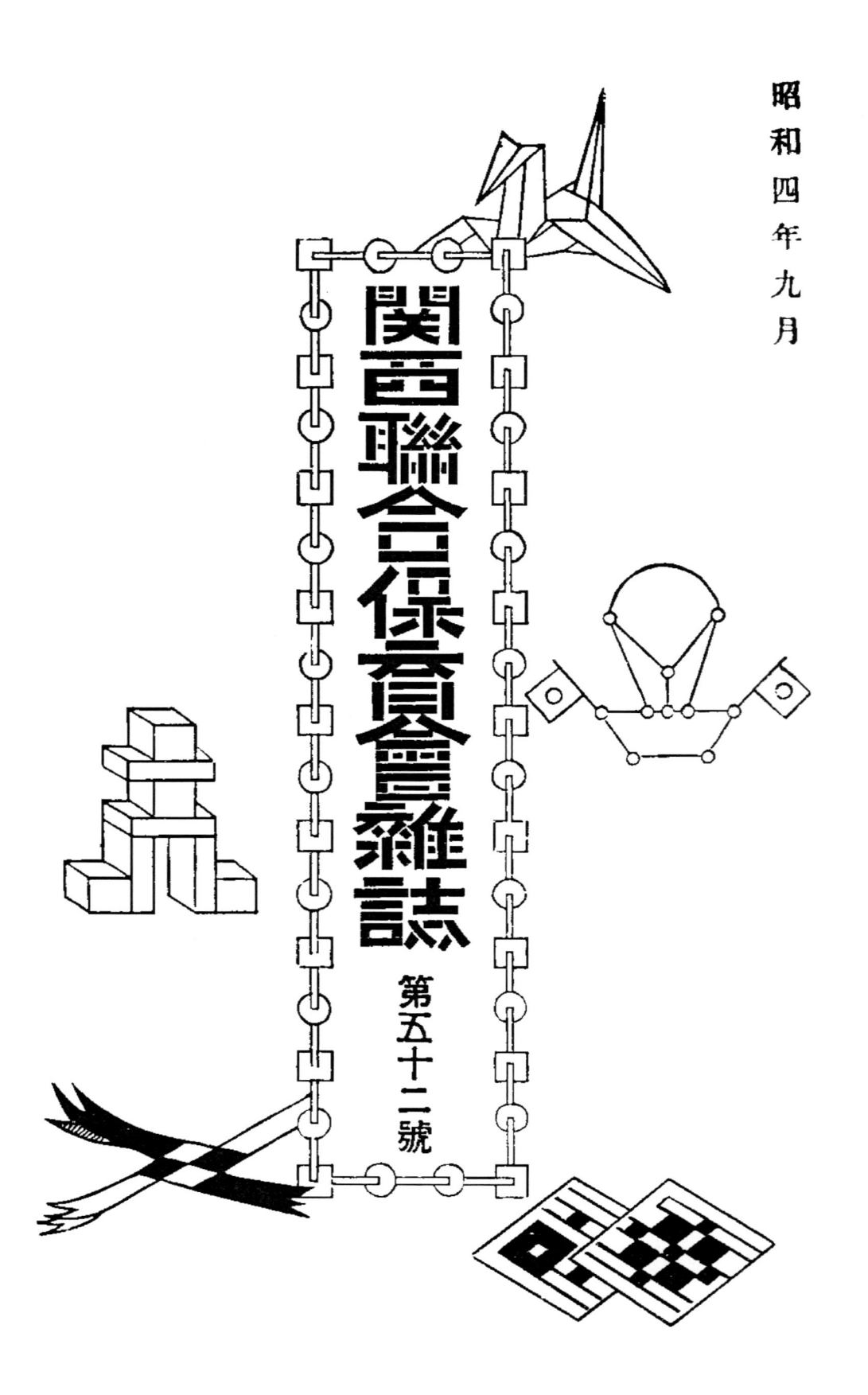

昭和四年九月

関西聯合保育會雜誌

第五十二號

體育を重んずる保育遊戯

學藝論說

第三十五回關西聯合保育會狀況

研究發表

五市保育會彙報

雜錄

BABY PIANO

近頃アメリカデ幼稚園子供ピアノトシテ用ヒ
フヰラデルフヰヤ幼稚園恩物理想研究所デ盛ン
用サレテ井マス、
ノ幼稚園ヤ家庭ニモ子供ノ爲、實際教育ノ爲ニ是
奨シマス、近々見本入荷ノ筈御一覧ノ上直ニ豫約
込下サイマセ。

（幼稚園，家庭用）

正價金15圓カラ金70圓迄ノ數種

岡本洋行

店主 先田由三

大阪市南區順慶町四丁目七一番地

（新町橋停留所東入）

電話長船場2098番

振替大阪42977番

自宅 神戸市岩屋二三番

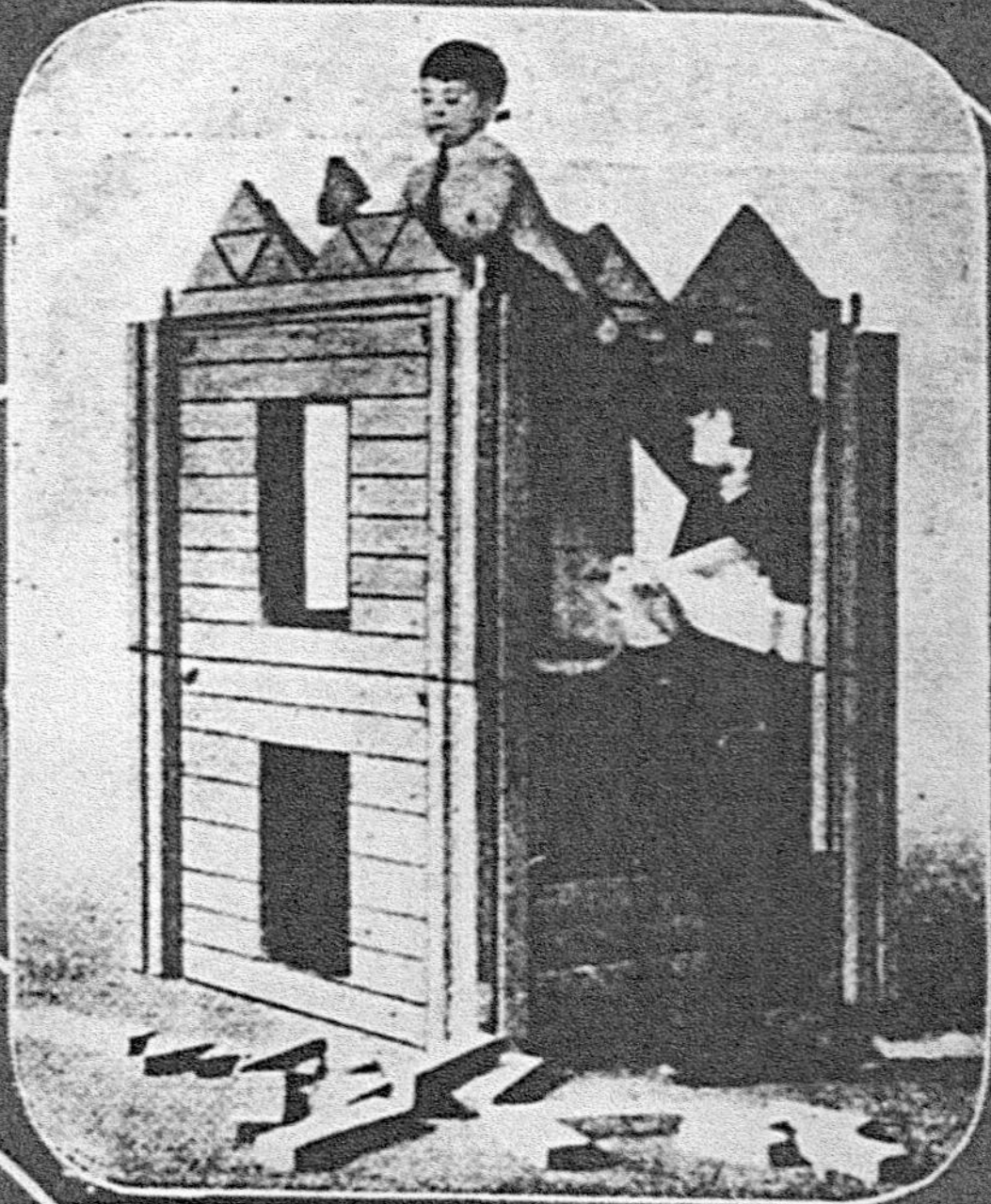

建設用大ブロック（一）（記事参照）

建設用大ブロック（二）（記事参照）

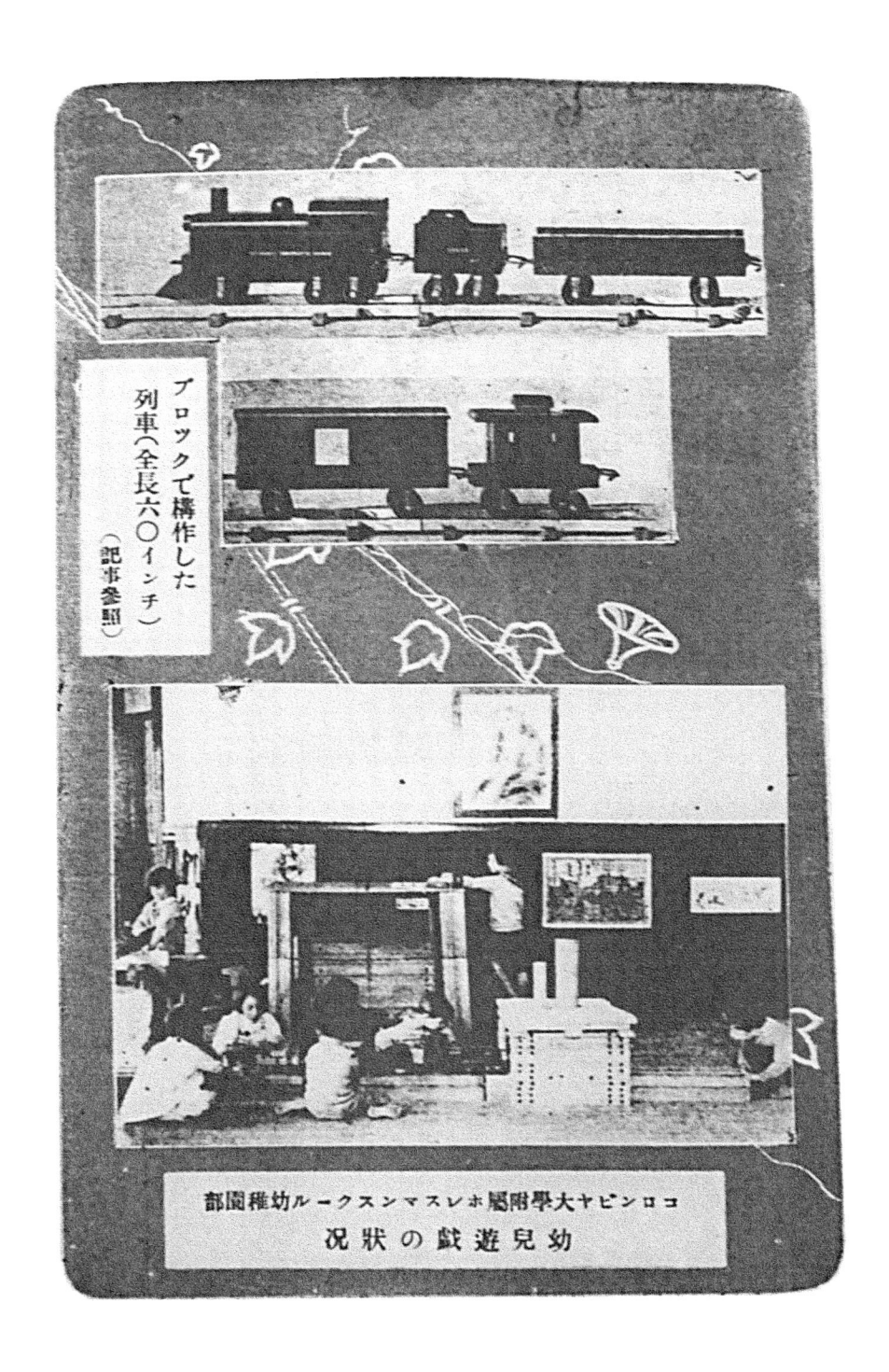

ブロックで構作した列車（全長六〇インチ）（記事參照）

コロンビヤ大學附屬ホーレスマンスクール幼稚園部
幼兒遊戯の狀况

關西聯合保育會雜誌　第五十二號

學藝論說

健康第一主義の保育を奬める

大阪市教育部校園教育課長　生田五郎

はしがき

歐米に於ける幼稚園を觀て、殊にアメリカの幼兒保育ぶりを見て、私は日本の幼稚園も藝術偏重の舞台を捨て丶日光と運動と營養の氣に滿つる保健の園に宿替をしなければならぬことを深く感じた。これは私が從前から思ひもし人にも說いたことであるが一層其の感を深くしたところ、そして私はこれからも根氣づよくこれを說かうと決心してゐるところである。

私が日本の幼稚園を以て藝術中心であると斷じたことを以て「誤れる觀察なり」と難ずる人があるかも知れない、又夙に「保健第一主義」を方針として居ると主張する人もあるかも知れない、左樣な抗議を聞くならば私としては私の無知を耻づる苦痛よりは同志を見出した喜の遙に大なるものがあるのである。若しまた私の云ふところに即座に共鳴を得ることがムツかしければセメテ議論となり批評となり研究となることを冀ふ。これは單に幾萬の幼兒の父兄母姉の期待に副はんとするばかりではなく、實に社會保健、國民體力の向上の上に根本的の基礎を築く一大問題であらねばならぬからである

體育第一主義に頭の住家《すみか》を換へよ、これ私が歐米教育視察報告第一輯「歐米に於ける幼兒の教育」に述べた第一の思想であつた。私はこ丶に本會雜誌の爲に此の數ページの記事を許さる丶に當つてアメリカに於ける二三斯界權威者の說くところを私の應援軍として重ねて體育第一主義を高潮する。

一、何のための大ブロック

――第一義は體育――

アメリカの保育界には大ブロックを使用して建築遊をさせることが流行してゐる。大ブロツクにも色々の人の考案があり從つて色々の種類があるらしい。コロンビア大學附屬幼稚園主事ヒル女史はそれ等多數の考案者のうち最も名高い一人であらう。カタローグに依るとヒルのブロック（フロアーブロックス）は長さ三十六インチ厚さ一インチ四分の一巾三インチのものを最大とし以下各種の大きさのものがある。それ

等大小のブロックを組合せて幼兒が出入して遊べるだけの大きさの家を建設するのである(口繪參照)また車なども作るのである。如何なる目的でかゝる大ブロックを考案するに到つたか、我が國敎育界に往々あるところの單に新奇を好む浮氣の沙汰か、それとも私共に首肯の出來る理由があるのか?私は此問題に對するヒル女史の述べるところを左に紹介しよう

「幼稚園及び家庭用として建築用大ブロックを考案するに至つた動機はいろ〳〵あるが最も根本的な二三箇條について述べる。幼稚園に於て從來あまり排他的に使用せられた小ブロックに對して心理學者、衛生學者並びに醫學者達が盛んに批評を加へた結果一層大きな遊戯道具の要求が段々と增加して來た、これが第一の理由である。小ブロックの使用は主として眼及び手の小筋肉を働かせるもので幼兒の時代は其の健康のために腕及脚等の大筋肉の運動や全身的の活動を必要とするのに却つて座業的の習慣をつける結果を齎す虞がある。

須く幼兒は靜座の腰掛から脫出して大ブロックを取扱ふために立つたり屈んだり起きたり歩いたり走つたり匍匐したり曳いたり推したり揚げたりおろしたりすることに從事せしめねばならぬ。其の方が健康上遙かに適當である。私は私の永い經驗からブロックの長さは廣い場面に屋根を葺くことや二階建の家の床を張ること等に充分であることの必要を信ずる。これが第二の理由である。

私は私の幼兒時代の建築遊に板を此の目的のために使用して此上もなう喜んだことを思ひ浮べてコゝに之に相當するブロックを考案することに決心した、多年の間、私は幼兒が建築遊として二階又は三階の家――其の二階又は三階へ幼兒ら自身が昇つて遊ぶことの出來る安定と廣さとを有する――二階又は三階の家を建造するように考案してやりたいと苦心をして來た。そして同僚の敎員及び學生の協力に依つて簡單な柱と支竿とを以て之を作ることが出來るようになつた。原作のフロアーブロックは長さ一ヤードでこれを柱や棒を以て組立てるのであるから出來上つた家の廣さは子供等が這入つて遊ぶのに不自由はない。

やゝ長じた子供は簡單な機械に對して興味をおこすものである。此の興味は充分に之を利用し培養して、其の發達を圖らねばならぬ。此の意見は私にとつては、夙に明かにせられて居たものであるが此の目的の爲に使用する遊び道具は玩具店にあるものは皆あまりに小さいものばかりであるので私は結局自分で之を考案することになつたのである。これが第三の理由である。私共の考案したものは車、棒、栓等を用ひて荷車とか汽車とか機關車など――それも出來上りの大きさは幼兒自身が之に乘つて室內をドライブすることの出來るだけの大きさと安全さを持つもの――が作れ

るのである。大ブロックを用ゐる大構作は之を以て働き又は遊ぶ間に個人用の小ブロックでは養ふことの出來ない「社會的協調の精神」を涵養する上に見逃し難い効果がある。これが第四の理由である。

私はこれら大なる建設用遊具が私の管理する幼稚園兒に與へたと同じやうに他の多くの幼兒達にも其の幸福と健康と發達とに寄與するところ多きことを信ずる。」

私は以上の記事に依つて讀者諸賢が大ブロックの流行も體育保健第一の思想から來て居ることの多いことを見逃されないことを希望する。

二、幼稚園は兒童衞生の機關

生後僅かに七ポンドの嬰兒が六歳に至つて五十ポンドの體重となる。誠に學齡期以前の時期ほど身體的に急速な發達をなす時期は人の一生を通じて再びない。われ等の關係する幼稚園は此の最大急速の發育時期の全後半を擔當するもので其の經營の適否は一生の幸福を左右すること甚大である。兒童の發育には遺傳の影響の存することは勿論であるが假令、遺傳の關係に故障がないとしても空氣、食物、日光、遊戯等の保健に必要な條件が充分に供給せられる場合に於てのみ完全な發達が期せられるのである。國民死亡の三分の一が學齡前の幼兒であることを思ひ、而してまた學齡期以後に發する身體的缺陷も其の多くは學齡期前に其の原因が生じて居ることを思へば幼稚園時代の教育が如何に保健體育を尊重しなければならぬかゞ強く感じられる。紐育市兒童保健局が千人の幼稚園年齡の幼兒（四歳―六歳）について身體檢査を行ひ學校兒童の同樣の檢査の結果とを比較して左の如く發表した。

身體的缺陷	學齡期前兒童身體缺陷ノパーセント	學校兒童身体缺陷のパーセント
扁桃腺肥大	二六、三	一五、三
鼻腔障害	二三、一	一一、六
營養不良	一九、二	一七、五
齒牙疾患	七二、六	六一、八
呼吸器病	一、一二	、一九
心臟故障	、九四	一、三
神經系障害	、六六	、五
畸形	一、一二	、九

則ち幼稚園兒は小學校兒童より健康缺陷が多く其の健康障害を等閑に附するならば直接間接に其の發育を妨げること、なり將來の病根を助成することになる。社會健康の立場から之を觀れば幼稚園は基礎的豫防を圖るべき場所と見做されべきところであらねばならぬ。學校兒童の醫療は常に行はれねばならない。併しながら豫防的衞生は年少兒に移されて幼稚園前及び幼稚園兒に集中せられねばならぬ。此の意味に於いて單に衞生教授に於いてのみならず現實の健康增進施設及び

醫學的指導に依る健康奉仕活動に於いて幼稚園は豫防的社會健康計畫と全く同一であるべきものである。換言すれば幼稚園は學齢期前の兒童衛生の補充的又は全的施設とならなければならぬ。(此の記事はエール大學兒童衛生學教授アーノルド、ゲセル氏稿文部省發行ノパンフレツト中から譯)

三、幼稚園で訓練する健康上の習慣

幼兒が幼稚園で絶えず訓練づけらるべき健康上必要な習慣は何か。國民兒童健康會議健康教育忠告委員會の報告「學童の健康」と稱する公報に次の如く述べて居る。

○毎日規則正しく三回の温い、完全な(營養量から見て完全と云ふ意と思ふ)食事を採ること。食事間に菓子類を食べないこと。腰掛けて食べること。よくカンで食べること。ソロ〳〵食べること。

○毎日二三個の果物と野菜を食べること。野菜中には青い葉のものを含むこと。各食事毎に穀物のパンも用ひること。

○毎日少くとも三合余(one pint)の牛乳を飲むこと。但し茶及コーヒーを飲まぬこと。

○毎日少くともコツプに三ばい、出來得べくんば四はいの水を飲むこと。

○四歳乃至五歳の幼兒は毎夜少くとも十二時間睡眠すること睡眠の時はよく夜具を着て窓を廣く開くこと。晝休みもすること。

○凡ての閑暇時間は戸外で遊ぶこと。天氣が惡くて戸外に出られぬときは窓を明けて室内で遊ぶこと。子供は少くとも一日二時間新鮮な空氣の中で遊ぶこと。

○自然の便通は毎日(出來れば朝)

○毎日少くとも一回歯を磨くこと(出來得べくんば二回。殊に就寝前に)

○入浴は少くも一週一回(出來得べくんば温湯を用ひ石鹸は充分につかふこと)

○食前及び便所の後は手を洗ふこと。

○常にハンカチを持つて居て口や鼻を覆うて他人に迷惑をかけぬやうにすること。セキをするときハナをスヽるときは頭をさげること。

これ等の習慣をつけることは第一次には家庭の責任である入學して來る子供はこれ等の習慣の基礎を獲得して居るべきである。幼稚園が若しこの必要な習慣を養成するならば小學校の仕事が如何に輕減せられるであらう。

學究的態度の教師は健康に要する習慣の養成は家庭の母の任務であると信じて居る。併し眞の教師は托された全兒童の幸福を念願する。或るタイプの教師はダンスの出來榮や繪の手際を自慢して自己の成功を誇らうとする。眞の教師は子供

の成長と發達とを以て自己の奉仕の成績を計らうとする。學校は家庭の足らないところを補はねばならぬ。そして健康習慣の養成について協力せねばならぬ。（此の記事はアメリカ合衆國文部省幼稚園係ジュリア、アボット氏稿文部省發行のパンフレット中から譯）

終りに

前記の内容は附記した通りアメリカのパンフレットからとつたのであるから子供の身体狀況でも健康に必要な習慣の種類でも直ちに以てわれ等の日本に適用出來かねる箇所があるかも知れない。私はたゞこの一篇に依つて健康を重んずる中心思想を諒解して貰へば足りる、若し夫れ個々の方法については日本の事情に應じ各園々兒の狀況に照して研究立案されんことを冀ふ。保健主義の保育！要するに之が保育者に對する私の歐米みやげの精髄である。

外遊中の印象

大阪市集英尋常小學校長
坂本豊策

保育會雜誌に書いては、との御相談を受けて止むなくペンを執るには執つたが、さて何を書いたらよからう。外遊中の追憶を辿るべく靜かに眼を閉ぢた。消えなんとする淡い印象がポツリポツリ心頭に浮んで來る。デツトフオードのあのむさくるしい應接室に於けるマクミランの風貌、案内してくれた綺麗な保姆さん、さては晝寢の床に眠れる幼兒達の頑是ない寢顔など、マクミラン女史から聯想されるのはコロンビアのヒル女史、何れも幼兒教育界の大立物、ヒル氏の秘書ブースさんはトテも親切に世話してくれた人、あのチヤフルな態度が髣髴される。追憶の糸は次から次へと果てしもないがこんなこと幾ら書いても仕方ない讀者各位には三文の價値もないこと。

さらば何を書かう！

自分がコロンビア大學の附屬幼稚園を訪ねたる第一日は十月十九日であつた。主事のパチースミス、ヒル女史には是非面會したいものと豫め紹介狀も用意してゐたが女史はあやにく出張中にて不在、此の日は逢ふことが出來なかつたが秘書のブースさんが親切に案内してくれた。門をはいつて廊下を左

にされば直ぐに保育室がある。廣さは幅八間長さ十三、四間もあらう通路に面したる西南より秋の日差しを柔かく受けて氣持の良い部屋である。部屋の中には適當に間隔を置いて指導机が三つと、大きな砂箱、ピアノなごが配置され植木鉢や金魚鉢なごも飾られてゐて晴れやかなる氣分を添へて居る。今や幼兒達は手を連ねて環を作り何か遊戯をしてゐたのであつたが約十五分にして己れの欲する所に從ひいろ〳〵の作業に取りかゝつた。金槌をもつて椅子を拵へて居るもの（椅子と云つても正方形の厚板に四本の脚を附ける位の簡單なるもの）瓶の置臺のやうなのを造つて居るもの、既に造り上げて繪具を塗つて居るもの、其處では鋸を使つて熱心に木を切つて居るのがあるかと思へば此處では鉋を使つてゐるものがある。鉋と云つても木片に鐵砂をつけたものに過ぎない。少し離れたるテーブルでは粘土をこねてるもの、張紙細工をしてるもの、自分で書いた繪の出來ばえに自ら一人で喝采してるもの、積木をしてるもの、ストーブの前では風呂敷のやうなもので身体《からだ》を包み土耳古婦人の眞似をしてるものもある。各種各態思ひ思ひのことをして居る。ブースさんの口より先づ漏れたる言葉は「此處の幼稚園は自由に見えるが如何にも自由である。子供の自由意志によつて行動せしめ保姆は側より觀て指導するのである」と成程幼兒教育は保姆が準備をした通りに一齊の幼兒に一樣に強ふべきものではあるまい。暫くして保姆の一人がピアノをボンとたゝくと今まで一生懸命に作業してゐた幼兒達は一切に手を止めて起立する。保姆の一言に從ひ各自が夫々所定の場所に道具を片づけて所屬の指導机に別れる。A組八人、B組十人、C組十二人である。保姆はA組一人、B組二人、C組一人であつた。繪本を擴げ之れを材料として問答しつゝ話しを進める、幼兒達の眞劍なる活動、如何にも眞面目なものである。十時半には各自が持參せし食物を前にして食事の會が開かれる、林檎を食べるものもありパンをかじるものなごもある。食事を始むる時にはテーブルの上に置かれてある花瓶を一幼兒が取り上げ順次に廻して其の香を嗅ぐのである。他のテーブルでは子供の人形を一寸抱いては次に送り次から次へと廻してゐる。之れは何のためであらう、心情陶冶のためであらう、人道を教示するために人形を與へよとの唱導であらう。食事がすめば子供は各自下敷を出してコロリと横に寢る即ち休憩するのである。凡そ三十分間一言も發せずに寢てゐた幼兒達は保姆の合圖により一齊にはね起き其の下敷を片づけるのである。凡て自分のものは自分でするど云ふ習慣である。靴の紐も子供が各自に結んでゐる、結べないものは保姆の前に來て教へを乞ふのである。保姆は說明を加へて子供自身にやらせてみると云ふ具合である。

今まで視た幼稚園の中で一番自由の氣分が漂ひ氣持のよい

天國のやうな幼稚園だと話したことである。ニユヨークでは他に二、三の幼稚園。シカゴでは同地大學の附屬幼稚園。太平洋岸では加州の師範學校附屬幼稚園なども觀たが大同小異である。

ニユヨークで、エシカル。カルチヤスクールを觀たのは十月二十五日であつた。本校は大教育家フエリツクス、アドラー氏の一八七八年の創立と云ふから相當の年數を經て居る學校である。幼稚園、小學校。中學校、保姆養成所などから組織せられ何れも學級の生徒數は二十人内外でシツクリした氣分で教育して居るところ氣に入つた。屋上のオープンエアールームは幼稚園の保育室に充てられてあり横梯、肋木、平均臺、ブランコ、ジヤングルジムなどを設備してある。圖畫室手工室など何れも完備したもの。圖畫の成績は米國特有の大きな線を引いて豪放の氣分を表はして居る、幼兒の圖畫はこれでなくてはなるまい。手工室では小さい子供等が金槌を以て釘を打ち「箱作り」木工細工をして居るのを觀た。唱歌室では教師の周圍に椅子を配置し家庭的に至極睦まじくやつてゐたが、私共の來れるを見て一兒童は樂譜の本を持ち來りページを開き今は此處を習つて居ると示してくれた。なかなか社交的である。日本では參觀人があるとワザと姿勢を正すました顏附をして參觀人には目もくれぬことが良いとされて居る。　米國の學校は何れも圖書室は完備したものである。

昨日のホーレスマン、スクールの各教室の圖書箱、今日の此の立派なる兒童圖書室斯の設備があつてこそ自學自習も生きて來ると云ふもの。

幼稚園の幼兒達がダンスをやるから觀に來いとのことで直ぐに行つて見ると二十人許りの幼兒に保姆は二人、一人はピヤノに向つて居り一人は幼兒に指導を與へて居る。子供達は手を連ねて環を作り幼兒の一人が環の中に出でピアノの音律に合せて踊るのであるが、踊る樣式は一定してないらしい如何なる形式でもよい、手を上げるとか上げぬとか上げ方が高過ぎるとか低過ぎるとかは問題でなく、只ピアノの音律につれて愉快に舞へばそれで良いとしてある。子供にとりては何の束縛もない觀てる自分等も愉快でたまらぬ。幼兒のダンスは此の式でなくてはならぬ。複雜よりも簡單此れが子供の本質である。

加州の師範學校附屬幼稚園を觀たのは十二月四日であつたが各保育室にある教具類は多くはヒル女史の大きなブロツクで之れを使用して家を造り其の中に店を出し果實の各種類を紙にて造り人參。バナナ。オレンジなどを列べそして其の側の壁にはオレンジは黄色である、人參は赤色である、などと書いて字を讀ませる仕組にしてある。次の部屋に行けば相當大きな家——之れは農家である——が造られてある。骨組は板、壁は紙、家の側には箱に土を入れて庭園とし何か樹を植え

てある。種子も蒔いてある。之れは幼兒の發議により保姆と幼兒達との合作に成れるものらしい、よい思ひつきである。ニューヨークのリンカーン、スクールの手工室でも兒童の合作だと云ふ大きな船が目についた。仕上げるまでには二年間位はかゝるだらうとの事であつた。米國の子供の仕事は器も大きいが年月も長くかゝる。

日本の豆細工や糸細工とは大分析が違ふ。但し米國の一小學校の一年生で赤黄等の色紙を鋏で切取る指先の練習をさしてゐるのも視た。併しアメリカでの大勢は小さい玩具の時代は既に去つて大きなもので家などを造る。子供も亦之を喜ぶと云ふ風が馴致されて居ると云つてよからう。我等も再考すべき問題であらう。

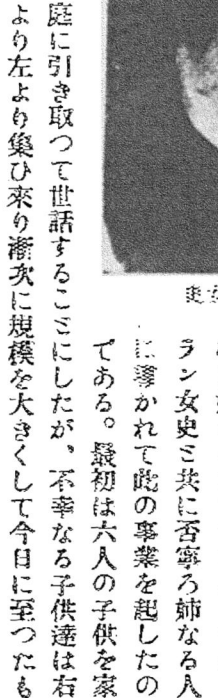

歐米の各國に亘り可なり多くの幼稚園を觀、又可なり多くの人にも逢つたが未だに忘れ難く印象の最も深きはマクミラン女史と其の經營せる保育學校である。ロンドン郊外デットフォードに女史を訪ぬること前後二回、女史の教育に對する熱と主義に對する信念とには感動せざるを得ないものがあつた。此に當時の日誌を轉載することにする。

故ラッチエル マクミラン女史

上略――應接所といつても四坪か五坪位のせま苦しい所である。壁間には嘗て本校に臨幸ありしと聞く英國女王メーリーのお寫眞や女史の姉ラッチエル、マクミランの寫眞が掲げられてある。――中略――女史の談は創立の昔に遡り諄々として經營の苦心を說く。女史の家はもと醫者であつたらしい。其の病兒の多くが普通の學校に通つてゐては到底健康の狀態に還るべきものではないことを知りたる女史はこゝに人類愛の精神油然として湧き生涯を不幸なる幼兒達の爲に捧げんものと決心し姉なるラッチエル、マクミラン女史と共に否寧ろ姉なる人に導かれて此の事業を起したのである。最初は六人の子供を家庭に引き取つて世話することにしたが、不幸なる子供達は右より左より集ひ來り漸次に規模を大きくして今日に至つたものである。

最初十年間には一ペニーのお金も這入つて來ず、經濟的にも其の困難は一方ならぬものがあつたらしく精神的にも肉体的

にも非常なる困難と戰つたらしいが人類愛の精神は益々燃えて幾多の試練に打克ち今日に到つたものである。

併しながら「姉ラッチエルは餘りに仕事をし過ぎて冬の終り遂に斃れるに至つたのである」との一節を語られる時には氣丈の女史も流石に骨肉の情に堪へざるもの、如く熱情迸り眼底微かに涙の露を宿し聞いてる余をして寧ろ壯嚴の感に打たしめた。壁間故人の肖像も默々として耳を傾けてゐるかの樣である。凡そ事業には經濟が伴ふものである。精神的なるマクミラン女史の事業にも最も困難を感じたことは經濟の不如意にあつたものらしく最初の十年間には一ペニーのお金も入らず十五ヶ年努力の結果漸く公の補助金を受けることになつた。

――中略――盲目であるとか腰が立たぬとか乃至は病人であるとか目に見えるあはれなる者に對しては寄附者も多いが疾患若くは其の萠しが未だ外形に現はれぬものに對しては、なか／＼金は集まらぬ。自分のは精神的にも身体的にも其の疾患を未然に防ぐものである云々。

話しはなか／＼盡きない。時計は既に四時を指した。これより女史に導かれて園內巡視、記念の寫眞など撮る。――中略――再び應接所にかへりお茶に菓子などよばれる。時計は正に五時半である。子供の歸る狀況を見たいものと思つて席を立てば女史も起つて案內してくれる。母らしい人や父らしい人や姉や兄が迎ひに來る。中には石炭箱に車をつけて、それに乘せて歸るものもある。子供の頰は林檎の樣に赤く眼には健康の色が輝いてゐる。過去の悲しい弱さの痕跡の薄らぐのを見て何れも喜びに滿たされて嬉々として連れて歸る。女史は曰く、此の學校に一年間通學すればクル病の痕跡は見られぬと。三度應接所にかへり愈々暇乞いを告ぐ、別れに臨み女史は「日本の幼兒教育者達に呉々も宜しく傳へて下さい」とこれは單に此場の挨拶とも思へなかつた。嗚呼女史は二十歲の娘時代より不幸なる子供達の爲に奮闘し、其の生涯を此の獻身的事業に捧ぐるものである。姉ラッチエルの殘したる言葉「すべての子供をば汝の實子であるかのやうに教育せよ」と。私等保育の實際に當るもの、服膺すべき金言であり實行の指針である。

保育學校の理論組織等に就ては讀者各位の既に承知せられて居る所で說明の必要はない。私は英國に於ける其の實際的の活動及び普及の狀態を視たいのが念願であつた。併し普及の程度は聊か失望の感があつた。即ち倫敦市に拾數校を數へ倫敦を除くイングランドにて十數校此の幼兒合計七百人內外

に過ぎない。小學兒童七十萬を抱擁する大倫敦としては大海の一滴にも及ばない。現存の保育學校が相當の成績を擧げつゝあるにも拘らず右の如き狀況にあることは、經濟的の事情にも因ることであらうが一は又傳統的精神に支配せらるゝこの强い英人の保守的性格の致すところであるかとも思はれる。

斯かる社會的事業は何れの國を問はず今後益々發達するもの否せしめねばならぬものと考へる。

右の二篇は曩に歐米各國の教育視察を了へられ昭和三年十二月二十二日歸朝せられた大阪市教育部校園教育課長生田五郎氏並に大阪市集英尋常小學校長坂本豊策氏に乞ひ御寄稿を願つたものである。尙冒頭に揭ぐる口繪は是亦生田校園教育課長より寄贈を受けたもので同氏の論説に關聯したものである

關西聯合保育會記事

第三十五回關西聯合保育會狀況

第三十五回關西聯合保育會（京都市保育會主催）は昭和三年十二月二日昭和御大禮の諸儀芽出度御終了遊ばされた大典の都京都市（京都市室町尋常高等小學校）に於て左記の通り開かれた。京都市、大阪市、神戶市、名古屋市、吉備の各市保育會々員其の他各關係者並に傍聽者等一千余の出席者ありて意外の盛況を呈した。

（會の進行順序）

一、一同着席
一、唱歌（君が代）
一、開會の辭　京都市保育會長
一、祝辭　京都府知事
　　　　　京都市長
一、會務報告
一、議事

●協議題

左記事項ヲ其ノ筋ニ建議スルノ件

一、恩給法第九十九條第二項ヲ削除セラレタキコト
二、市町村立幼稚園保姆年功加俸ノ制ヲ新ニ設ケラレタキコト
三、幼稚園令施行規則第十六條但書ヲ左ノ通リ改メラレタ

キコト

「但月俸額ニ付テハ園長及保姆ハ本科正教員ニ準ス」

関西聯合保育會役員會提出

一、遊戲交換

1.ポートレース、2.交通遊び　大阪市保育會

1.時計と子供、2.ブール　神戸市保育會

1.木の葉の驅けくら、2.軍艦行進遊戲　吉備保育會

1.燕のお家、2.かなりや、3.影ふみ　名古屋市保育會

1.大典のよろこび、2.烏と鳩　京都市保育會

一、閉會ノ辭　京都市保育會長

以上

午後

一、御所拜觀　都踊觀覽

(會の狀況左の如し)

來會者一同の國歌合唱を終つて京都市保育會長代理竹上藤次郎副會長の開會辭あり次いで京都府知事、京都市長より左の祝辭があつた

祝辭

京都府知事　大海原重義氏

今上陛下　登極ノ大典ハ擧國歡呼慶抃ノ裡ニ滯ナク訖ラセ給ヒ四海昇平民生昌榮ノ瑞祥ニ滿ツル秋京都市保育會主催第三十五回關西聯合保育會ヲ開催セラル丶ニ當リ一言祝意ヲ表スルヲ得タルハ洵ニ欣幸トスル所ナリ。

謹ンデ惟フニ　天皇陛下叡聖文武至仁至慈天資ヲ以テ萬世一系ノ宸極ニ光登マシマシ曩ニ卽位禮ヲ紫宸殿ニ擧ケ給ヒ明詔ヲ下シテ廣ク中外ニ宣誥セラル丶ト共ニ內ハ則チ敎化ヲ醇厚ニシ愈々民心ノ和會ヲ致シ益々國運ノ隆昌ヲ進メ外ハ則チ國交ヲ親善ニシ永ク世界ノ平和ヲ保チ普ク人類ノ福祉ヲ益サンコトヲ宣ラセ給ヘリ。聖慮深遠寔ニ感激ニ堪ヘサルナリ宏謨聖猷ノコト一ニ文敎ノ振張ニ在ルヘキヲ拜察セリ洵ニ育英ノ事ニ當ル者ノ三省セサルヘカラサル所ナリ。

飜ツテ我國現代敎育施設ノ大勢ヲ見ルニ敎育ノ普及ト文化ノ發展前古比ヲ見スト雖其小學敎育並專門敎育ノ充實ヲ致セルニ比シ中等敎育機關ノ發達稍之ニ伴ハス特ニ幼兒保育ノ機關ニ至ツテハ其ノ普及ノ極メテ遲々タルノ感ナキ能ハス。

曩ニ文部省カ幼稚園令ヲ公布シ其ノ施行規則ヲ制定セラレタルハ是レ實ニ時代ノ進運ニ鑑ミ斯敎育發達ノ一新時期ヲ劃セントスルモノト謂フベシ。

此秋ニ當リ保育事業ノ先覺タル各位カ此ニ本大會ヲ催シテ斯敎育將來ノ振興ニ貢獻セラレントスルハ洵ニ好乎ノ記念事業タルヲ失ハス庶幾クハ會同ノ各位克ク愼重審議ヲ遂ケ以テ本大會有終ノ美ヲ濟サンコトヲ。

祝辭

京都市長　土岐嘉平氏

(省略)

●會務報告

京都市保育會幹事　山岡　爲　氏

前會の關西聯合保育會にて決議になりました幼稚園保姆待遇改善問題建議の件に就きましては保育會雜誌で御承知のことゝ思ひますが前會當番市の大阪市保育會から文部省へ建議の勞をとつて頂きましたから御承知を願ひます。

尙本日こゝに開催致しました第三十五回關西聯合保育會は聯合役員會の申合せにより曠古の御大禮式場跡拜觀を致します爲に特に會は午前中に切り上げることになつてゐます恒例の研究發表等は保育會雜誌に掲載のことゝしましたから御承知を願ひます。

右の祝辭と會務報告を終つて直ちに議の事進行に移つた（議長は京都市保育會副會長竹上藤次郎氏）

●協　議　題

一、左記事項ヲ其ノ筋ニ建議スルノ件

1. 恩給法第九十九條第二項を削除せられたきこと
2. 市町村立幼稚園保姆年功加俸の制を新に設けられたきこと
3. 幼稚園令施行規則第十六條但書を左の通り改められたきこと

「但し月俸額に付ては園長及保姆は本科正教員に準す」

（關西聯合保育會役員會提出）

（說　明）　京都市保育會　早　川　喜　四　郞　氏

本建議案は第一恩給法中改正の件、第二年功加俸の件、第三俸給令中改正の件であります。是等は本會に於て再三建議した問題でありますが、今猶實施せられない爲に重ねて建議したいと思ひまして、御協議を煩はす次第であります。

（1. 恩給法の問題）

恩給法の第四十二條第四項には准敎職員の勤續年數をも一定の條件の下に恩給年限に加算するを本則とす。とありますが第九十九條第二項に於ては之が否定されて當分通算は認められない事になつて居ますから小學校の准敎員が引續き正敎員となつても幼稚園令施行前の保姆（准敎職員）が其の後引續き敎職員の資格を得ることになつても從前の勤續年數は全然通算されない事になつて居ます。然るに准敎員と正敎員との職責には多少の相違はあつても國家の爲育英に盡す精神には何等の差異もありません。

殊に幼稚園令施行前の保姆（准敎職員）と後の敎職員としての保姆との仕事に劃然たる區別があるかと言へば何等の區別變化あるものではありません。凡ての公務員がお互に在職年數を通算されて居るのに比べて獨り敎職員のみが從來の規定に依る現今の制度は甚だ不合理の嫌がありますから過去の努力に對しても相當恩給の恩典に浴せしめたいと思ひ本建議を提出して第九十九條第二項を削除する樣望んで居るのであります。

（2. 年功加俸の問題）

現今小學校敎員は勿論中等學校職員、師範學校附屬幼稚園の保姆に對しては此の年功加俸は旣に給與せられ近く私立學校の敎職員にも之を給する樣準備されつゝあると聞きますのに獨り市町村立幼稚園保姆に對し此の制の無いのは小學校敎員に比して著しく恩典を均しくしない怨みがあります。

此の不合理な點を除去し速に本制を發布し現在就職して居る保姆

をして在職年數に對しては幼稚園令施行以前にさかのぼり直ちに此恩典に浴せしめ幼稚園教育發展上遺憾なき樣希望する次第であります。

（3.俸給令の問題）

幼稚園令施行規則第十六條中「但月俸額ニ付テハ園長ハ本科正教員ニ保姆ハ專科正教員ニ準ス」とありますが保姆が專科正教員と其列を等しくして居ることは保姆を本科正教員よりも低級なものと認めるの誤解を招く嫌ひがありまして甚だ遺憾と思ひます。保姆の仕事と致しましては今更申上るまでもありませんが幼兒教育の任は重且つ大で其の行ふ處は決して專科的なものではありません。又待遇如何に依つては保姆の優良なる者を集むる點からして甚だ不利な立場にあります。次に幼稚園令施行規則第十一條に規定されて居ます樣に其の資格は專科的のものではなく明かに小學校本科正教員と同等以上の內容を有して居ます又之を大都市幼稚園に於ける保姆資格の質狀から見ましても文部省教員免許狀を有する者小學校正教員の資格を有する者が漸次增加して居ます。是等の事情から考へましても少くも保姆の待遇を本科正教員と同樣に取扱はれたいと思ひます。

以上の三項目は幼兒教育に携はる者の均しく要望する所でありますから重ねて本案を提出した次第であります。御賛同を希望します。

大阪市保育會員　中村楠雄氏

此の問題は全國教育大會に於きましても審議されたものですが第二項の保姆年功加俸の問題に就ては保姆のみでなく園長（專任の園長）も此の恩典に浴する樣する爲に「園長並ニ保姆年功加俸ノ制」と修正することとなり滿場一致で可決しました。本會に於きましても此の趣意に依り「園長並ニ」の字句を加へて之を修正することを切望致します。

（滿場一致可決）

議長　第二項の保姆年功加俸の問題に就きまして「園長並ニ保姆年功加俸ノ制」と修正することに致します。尙他の問題第一項及第三項も可決したものと認めます。

右の議事を終つて直に遊戯の交換に移つた。

●遊戯交換

（交換遊戯中吉備保育會の「軍艦行進遊戯」並に京都市保育會の「大典のよろこび」は掲載を省略す）

ボートレース

第一回（應援者を表はしたるもの）

いざ漕げ／＼よ……　全體其の位置のまゝにて合唱。兩手を振り足踏を元氣よくする。

赤よ赤勝てよ。　・よと同時に足踏を止め兩脚を揃へる。

フレ、フレ、フレ　同位置にて右手を前方右より左。右。左と弧線を描きて元氣よく振る。

第二回（漕手を表はしたるもの）

奏樂者　一オクターブ上音にて第一回よりは少し拍子を速め同曲を繰返す。競技の熱の高まるにつれ漸次拍子を速くする方興味多し。

準備　紅白の帽子又は襷にて組を分く。紅白の旗にて各組の目標を定む。審判者壹人。一列圓陣を作り内面を向く。

競技者　前と同位置にて右脚を一歩前に出し樂器に合せシッシ、シッシと掛聲をして元氣よくボートを漕ぐ。

奏樂者　競技者の氣合を計り高潮に達したる時樂器を一段強く彈らして一時に音を止む。

競技者　樂器の止むと同時に紅白互に各自の隊列に就き一列縱隊（又は横隊）に整列す。

審判者　競技中は應援者の態度を採る。整列と同時に整頓の敏捷整然たる方を勝とす。

以上

ボートレース

大阪市保育會

交通遊び

あれ　あれ　あぶない
電車がチン　チン　チン
自動車がブウ　ブウ　ブウ
自轉車がリン　リン　リン
前から來た來た
後から來た來た
あぶない　あぶない
氣を付けろ
あれ　あれ　あぶない
子供が來る　來る
お爺さんが來る來る
おばあさんも來る來る

右から　來た　來た
左から　來た
あぶない　あぶない
氣を付けろ
ストップ　ストップ　動いちやいけない
ゴウ　ゴウ　左を通れ
流れるやうに　車も人も
お巡りさんの　手を振るまゝに
動いては止り　止つては動く
交通整理は
嬉しいな。

以上

交通遊の仕方

一、準　備

1、十字形に電車軌道を作ること。
戸外なれば白ペンキ、白亞等にて筋を引き上敷の上にては便宜上疊緣を用ふるも一法である。

2、交叉點の中央に進否標示のセンターポールを置く。

3、幼兒中から左の如き分掌を定める。

イ、交通巡査　三名。

ロ、電車監督　一名。

ハ、電　車　拾數名。
三名一組一臺とし前頭に立ち胸に電車の綸を吊した者を運轉手後方に在るものを車掌とし、中央にあるのを客とす。

ニ、自動車及自轉車　約貳拾五名。
電車同樣綸を胸間に掛けさせて表示する。

ホ、步行者　其の他全部。

4、幼兒の中から選んだ三名の巡査中一名は整理の合圖をなさしめ他の一名はセンターポールのゴーストップの標示器を廻轉せしめ交互交代從事のことゝする。
又監督は青赤の旗を持ち其の側に立たせる。

5、電車、自動車、自轉車、步行者等を四等分して十字路の四邊に配置する。

二、遊　戯

甲1、遊戯開始に先ち豫め幼兒間に次の樣な規約を設定する。

イ、十字形に軌道を設けて各其左側に車道步道を設ける。

ロ、電車のみ幾臺も連續的に進行せぬこと。

ハ、電車は必ず軌道を離れてはならぬ。

ニ、自動車は軌道及車道を通ること。

ホ、步行者は必ず步道を步むこと。

ヘ、ハンドシグナルに違反し又は逸巡衝突したものはシカレタと稱して一時列外に退せる。

2、幼兒は右規約を心得交通巡査のハンドシグナルに依つて進行を開始する。

3、行進は普通行進、スキップ駈足等交互ピアノに連れて東西南北に往來する。

4、右行進約二十分保姆の號笛の合圖に依つて停止し各所定の場所に着く。

乙1、次に律動的遊戯ハンドシグナル動作に移る。

イ、右腕を四十五度の角度に上げ掌を右前方に向ける。
次に其手が顏面を過ぎるやうに左方へ腕を泳がせる。次で左腕を上げて同樣の動作を行ふ。

ロ、圓心に向ひ兩腕を肩と水平に上げ掌を外方に向ける。
右向と同時に前同樣の動作をなす。
次で右腕を胸部を過ぎるやうに泳がせる。
更に左腕にて同樣に泳がせる。

ハ、右腕を右方に上げ左腕をまげ人差指にて左肩越に二度手頸を振る。
次で左腕を上げ右腕をまげ同樣に手頸を振る。

ニ、掌を向き合せ兩腕を肩と水平に上げる。
兩腕を胸部を過ぎる樣に同時に左右に泳がせ此の動作を一回繰返す。

2、次に單に律動に移る。
次で手を腰にとり足拍子三回。

イ、互に手をつなぎ四步前進四步後退。

ロ、奇偶兩生相對し右足を右に出すと同時に拍手一回手を左右に開き左足の爪先を右踵につけ輕く打つ。

ハ、左足を左に出すと同時に拍子一回手を左右に開き右足の爪先を左踵につけ輕く打つ。

ニ、(ロ)(ハ)の動作を繰返す。

ホ、兩生右方へ三步進み四步目に拍子と共に輕くとぶ。

ヘ、兩生左方へ三步進み四步目に拍子と共に輕くとぶ。

ト、全體右向き兩手を前に舉げスキップにて前進最後に圓心に向ひ三回足踏。

(1)(2)全部繰返す。

以上

ストップ ストップ ウゴイチヤイケナイ ゴウ ゴウ
ヒダリヲトウレナガレルヤウニ タルマモヒトモ
オマワリサンノ テヲフルママニ ウゴイテハ トマリ トマツテハ
ウゴク コウツウセイリハ ウレシイナ

交通遊び

♩＝76

大阪市保育會

時計と子供（遊戯の方法）

（父　と　母）

父さま時計を買ひました　大きな時計を買ひました
ほんとに大きな時計です　母さま柱にかけませう。

父と母とになる子供二人出て來てこの歌を歌ひ大きな時計を柱にかける眞似をする父と母「御用事に參りませう」と言つて退出する。

（一人の子供）

大きな時計を見て來ませう。　わたしが一人で見て來ませう。

一人の子供此歌を歌つて大きな時計をみてゐると時計の子供一時を打つ。一人の子供時計のまはりを一回まはつて「一時」と言つて友達をつれに行く。

（二人の子供）

大きな時計を見て來ませう。　今度は二人で見て來ませう。

二人の子供出て來てこの歌を歌ひ、大きな時計を見る。時計の子供、二時を打つ、二人の子供時計のまはりを二回まはる。一回まはつた時に一時と言ひ二回まはつた時に二時と言ふ

（三人の子供）

大きな時計を見て來ませう。今度は三人で見て來ませう。

三人の子供出て來てこの歌を歌ひ、二人の時と同じ樣に時計の子供が三時を打つと時計のまはりを一回まはつて一時。二回まはつて二時。三回まはつて三時と言つて友達をつれに行く。

（殘り全體の子供）

大きな時計を見て來ませう。今度はみんなで見て來ませう。

殘り全體の子供出て來て時計を見てゐると、時計の子供時計を亂打する、子供達は其音につれて時計のまはりを、何回もぐる〱走り廻る。

（父　母）

出て來て手を打つ。

（子供達）

靜かに座す。

（父　母）

何をそんなにさわぐのか、時計の機械がこはれたか、時計の機械がこはれたか、私がすぐになほしませう。

父と母とこの歌を歌ひ時計をなほす。時計の子供十二時を打つ父と母「お食事に參りませう」と言つて一同退出。

（用具はボール紙などで、大きな時計をつくり針を動かす事の出來る樣にして置く事。
振子の代りに呼鈴、ドラ等適當なものを用ふる事。）

時計と子供

（父母の歌）

神戸市保育會

（子供の歌）

歌

父母の歌

1. とうさまとけいをかひました
おほきなとけいをかひました
ほんとにおほきなとけいです
かあさまはしらにかけませう

子供の歌

1. おほきなとけいをみてきませう
わたしがひとりでみてきませう
（一　時）

2. おほきなとけいをみてきませう
こんどはふたりでみてきませう
（二　時）

3. おほきなとけいをみてきませう
こんどは三にんでみてきませう
（三　時）

4. おほきなとけいをみてきませう
こんどはみんなでみてきませう
（亂　打）

父母の歌

2. なにをそんなにさわぐのか
なにをそんなにさわぐのか
とけいのきかいがこはれたか
わたしがすぐになほしませう
（十二時）

プール（歌）

一、プールができた
　うれしいな。
さあ〳〵これから
　泳ぎませう。
みんなそろうて
　一、二、三。

二、大きなうきを
　遠くへなげて。
そこまでみんなで
　およぎっこ。
だれが早いか
　一、二、三。

遊戯の方法

（マーチにてプールの周圍をスキップにて一周横に列ぶ。）

(1)

プールが出來た。	右手にてプールを指す。
うれしいな。	左右の幼兒顔を見合せうなづく。
さあ〳〵これから泳ぎませう。	着物をぬぐ形をなす。
みんな揃うて。	手をたゝく。
一、二、三。	一にて背のび、二は手を眞直に上にのばし、三で元氣にとびこむ。

リズムにつれて自由に泳ぎもとの位置にかへる。
（床の上を腹ばひて泳げば最も面白し。）

(2)

大きなうきを。	兩手を前にあげ圓きうきの形をなす。
遠くへなげて。	遠くへなげる形。
そこまでみんなで泳ぎっこ。	右手にて前方を指す。
誰が早いか。	手をたゝく。
一、二、三。	一にて背のび、二は手を眞直に上にのばし、三で元氣にとびこむ。

右終りプールの一方まで泳ぎもとの位置に歸り萬歳をなす。
（泳ぎ方を一定すること。）

プ　ー　ル

神戸市保育會

泳ぎのリズム

木の葉のかけくら

木の葉のかけくら、
エツサツサ。
飛んだりはねたり、
ころ〳〵かけ出す
エツサツサ。
エツサツサ。
エツサツサ。
木の葉のかけくら、
風に吹かれて、
エツサツサ。

木の葉のかけくら

吉備保育會

♩=88

影ふみ

名古屋市保育會

オツキサマ サヘタ
カゲフンデ アソボ ソリヤ キタ ニゲロ フマレチャイタイ
トットトトト ニゲロ ヨゲテモ ニゲテモ オツカケル

影ふみ

（準備一列圓陣を作る）

（前奏）……………1節 手チツナギ右足踵ヲ付ケ爪先ヲ上ゲ斜前ニ出シ直シ舊ニ復ス。

2節 左足同様。

3節ヨリ8節マデ 同様動作ヲ繰リ返ス（頭ハ足ノ方向ニヨリ交互ニ斜上方月ヲ見ル形）

一、お月様……右へ向キ兩手チ左右ヨリ上ゲ頭上ニテ月ノ形チ作ル。

二、さへた……共手チ肩ト並行ニ延バス。

三、影ふんで遊ぼ……共兩手ヲト下ニ輕ク動カシナカラ右足ヨリ前進四歩。

四、そりや來た……右足ヨリ斷足前進四歩。

五、逃げろ……斜後チ向キ上躰ヲ屈シ膝前ニテ拍手三回。

六、踏まれちや……左足ヲ斜左前ニ出シ爪先チ床ニ付ケルト同時ニ左手ヲ輕ク握リ膝部ヲ輕クウツ。

七、いたい……右足モ同様。

（間奏）……1節 兩手チ斜ニ右頭上ニ延ハシ同時ニ右足チ斜前ニ出ス

2節 次ニ兩手チ左下ニ流スト同時ニ左足ヲ一歩前ニ出ス

3節ヨリ8節マデ 同上ノ動作ヲ繰返シ前進。

八、トットトトットト…圓心ニ向ツテ右足ヨリスキップ四歩前進。

九、逃げろ……左膝ヲ立テテカガム。

十、逃げても〳〵……共儘ニテ拍手二回。

十一、追つかける……立ツト共ニ後向右足ヲ一歩斜前ニ出スト同時ニ掌チ前方ニ向ケ兩手チ延シ、斜右前ニ出シ、顔ハ左肩ヨリ左後チ見ル次ニ左足チ出シ兩手チ斜左ニ伸シ右肩ヨリ右後ヲ見ル。

かなりや

（一）

（前　奏）……………はそのまゝ

ないてる　左手にて左上向を指しつゝ左へ三歩

ないてる　右手にて右へ同様

高い聲で　左足を前に出し兩手を左右にて口の前にて掌をむかふに歌ふ形してあぐ

きいろい　きれいな　兩手は翼　右回轉

かなりやが　右足を出し蹲踞す（この時左膝頭をつき腰をあげ姿勢よく）兩手は胸にて交叉す

び…………　前のまゝの姿勢にて顔を左下へ向け次に右下次に左下

ち…………　やはり同じ姿勢にて兩手を横後に伸し掌を向ひ合せ、てくびを振る（この時指は皆はなす）小鳥のはばたきする意

もつとなけ　立ちて右上方を見つゝ、拍手四回

もつとなけ　左上方　仝様

もつとなけ　手をつなぎ前へ四歩

よ…………　兩手をつなぎたるまゝ上にあげ同時に上を見る

なくのが　おまへの　跳躍にて右回轉しつゝ元の位置にかへる兩手は翼

しごとじや　ない　兩手を左右より耳に持ち行き開く形この時左下を見つゝ開く

か…………　仝様右下を見つゝ、開く

（準備……一列圓陣ヲ作ル）

（二）

きれいな　兩手を前上より左右に開き下におろす（左上方を見つつ）

からだを　同様右上方を見つつ

ゆすりながら　手腰上体を左へ倒し次に右次に眞すぐなる

ないてる　右向左足一歩前へ兩手を口の前に（一）の「高い聲で」の時と仝じ形をすこの時右上方を見る

ないてる　仝様左足一歩前

かなりやが　（一）に仝じ

び…………　（一）に仝じ

ち…………　（一）に仝じ

もつとなけ　（一）に仝じ

もつとなけ　（一）に仝じ

もつとなけよ　（一）に仝じ

なくのが　おまへの　（一）に仝じ

しごとじや　ないか　右手を右斜上（掌を上）左手左斜下にして右足より三歩右に行く、この時眼は右斜上

（後　奏）　（一）ノ時モ　（二）ノ時モ最後ノ姿勢ノママ

モウトナケ モットナケ モフドナーケーヨ
ナクノザ オキヘ！ シゴトジャナイ カ

かなりや

名古屋市保育會

燕のお家

（一）

（前　奏）…………右向ヲナス

すっと　　兩手ヲ左右燕ガ速ニ飛ブ如ク稍上体ヲ前屈シ摺足ニテ滑走ス

上手に御門をこえて　　兩手ヲ左右ヨリ頭上ニ打上ゲ御門ヲ作リ左右ヨリ下スト同時ニ圓心ニ向ク

親のつばめがもどって來ると　　手ヲ緊ギ八歩左側ヘマハル

燕の雛が　　圓心ニ向ヒ左足一歩前掌ヲ下ニ向ケ右手ヲ前下ニ出シ次ニ右足左手交互各二回（親ガ雛ヲ愛撫スル形）

チイチイチイ　　兩手ヲ左右ニ擧ゲ上下ニ輕ク動カシ頭ヲ左ヨリ交互ニ三回振リツツ三歩後退ス

燕のお家は　　手ヲ緊ギ　三歩前　三歩後

にぎやかね　　右足右一回轉、前膊ヲ立テ（兩側ニ）掌ヲ少シ上ニ向ケ斜右上ヲ見ル

（準備……一列圓陣ヲ作ル）

（二）

（間　奏）…………雛ヲ抱クガ如キ振ニテ圓心ニ集リテ蹲踞ス

ちっと一緒に寝てゐた雛が　　左膝ヲ立テテ眠ル

みんなめざめて　　足踏ニテ右半廻轉

嘴揃へ　　体前ニ兩掌ヲ合セ左甲ヲ下ニ嘴ヲ作リ開閉シツツ圓周ニ復ス

可愛い聲で　　斜右上ヲ見テ拍手一回　次に斜左上を見て拍手一回　交互各二回

チイチイチイ　　跳躍ハバタキ三回

燕のお家は　　前ニ同ジ

にぎやかね　　仝

燕のお家

名古屋市保育會

烏と鳩

（一）

前奏	八呼間	両手ヲ鳥ノ翅ノ如ク擴ゲ右足ヲ右前ニ出シ其ノ后方ニテ左足ヲ床上ニテ打チ次ニ左方ニ於テ前同様ノ動作ヲナスコト　四回
カア〳〵	六呼間	右手ヨリ輕ク交互ニ肩ヲ打ツ如クスルコト　三回
山で	二呼間	手ヲ繋ギ高ク擧グ
カア〳〵	二同	其ノマヽ足踏ミ　三回
烏が	二同	右足ニテ下向キニ跳躍スルト同時ニ繋ゲル手ヲ后方ニヤリ次ニ左足ニテ上向跳躍スルト同時ニ手ヲ前上ニ擧グ
鳴いた	二同	足踏ミ　三回
カア〳〵	二同	右足ヲ右前方ニ出スト同時ニ掌ヲ外ニ兩手ヲ口邊ニ持チ來タル
鳴くのは	二同	左方ニテ同ジ動作ヲナス
烏さん	四同	鳥ノ翅ノ如ク兩手ヲ動カシツヽ足踏ミ
坊ちやん遊びませうと鳴くんでせう	八同	兩手ヲ前ノ動作ト同樣ニ動カシツヽスキップニテ一週轉シ坐ス

（二）

ポッポー〳〵	六呼間	坐シタルマヽ一ノ歌詞「カア〳〵」ト同ジノ動作ヲナス
里で	二同	掌ヲ下兩手ヲ体前ヨリ左右ニ半圓ヲ描ク如クス
ポツ〳〵	二同	手ヲ繋ギ足踏ミ　三回
ポツポが鳴いたポツポ〳〵鳴くのは鳩ポツポ	十二呼間	一ノ歌詞「カア〳〵鳴クノハ烏サン」ト同樣ノ動作ヲナス
孃ちやん遊びませうと鳴くんでせう	八呼間	拍手シツヽ一週轉シ最後ニ手ヲ繋ギ右上方ヲ見ル

烏と鳩

京都市保育會

（一）

カア〳〵〳〵
山でカア〳〵〳〵
烏が鳴いた
カア〳〵鳴くのは
烏さん
坊ちやん遊びませうさ
鳴くんでせう

（二）

ポッポー〳〵〳〵
里でポッ〳〵〳〵
ポッポが鳴いた
ポッポ〳〵鳴くのは
鳩ポッポ
孃ちやん遊びませうさ
鳴くんでせう

以上の遊戯交換を了へて同會は盛會を極めて閉會した。

（追　記）

同會開催に際し出席會員の爲にお土産として宮脇新兵衛氏より「林文塘氏扇面揮毫の大典記念扇子」を、亀田利三郎氏よりは「小兒六神丸」を何れも多數の寄贈を受け各會員に配布した。

尚今回の關西聯合保育會は、前記會務報告にある通り午前中に行事を終り午後は會員一同京都市保育會の斡旋により御式場跡の特別拝觀並に都踊の觀覧等に出かけた。

研究發表

六・二キログラム（一貫六百目）大積木

大阪市立北大江幼稚園

只今までの幼稚園はこまかい／＼積木やら又指先はおろかピンセットで致す樣なお稽古が澤山見受けられまして大人の仕事の現れではないかと反省させられます事が度々で御座いました。先般來諸先生や先輩の御方のお話を承はりますとあまり作業がこまかくて園兒の心を苦める事が多く伸び伸びした氣分を養ふ事が六かしいといふことですので大まかな作業を課して幼兒の運動に適合するお遊びをと考案致しました末、積木のお遊びを廣場にて遊ばせることにしてその試みのために思ひ切り大きな。大は六・二キログラム（一貫六百目）小は一・七キログラム（五百目）大中小。形も正方形、長方形矩形等五十個製作せしめました。其の出來上つた積木は六、七歳の男の園兒一人にて大の積木は樂に運ばれ中小は女の園兒でもやすやすと運ばれ大き過ぎるとか重いとか等は少しも頓着なく、[illegible]で喜び勇んで早速組立に忙しく。大きなお舟を作つて之は[illegible]等の[illegible]だと大砲をうつ真似をなし今度は飛行機だといつては數名の子供が搭乘して愉快に空を走り廻る姿態をなし、鐵橋を作つては普通列車、急行列車を走らせお客になつて其の中に入つて餘念もなく打ち興じ汗を流して勝利

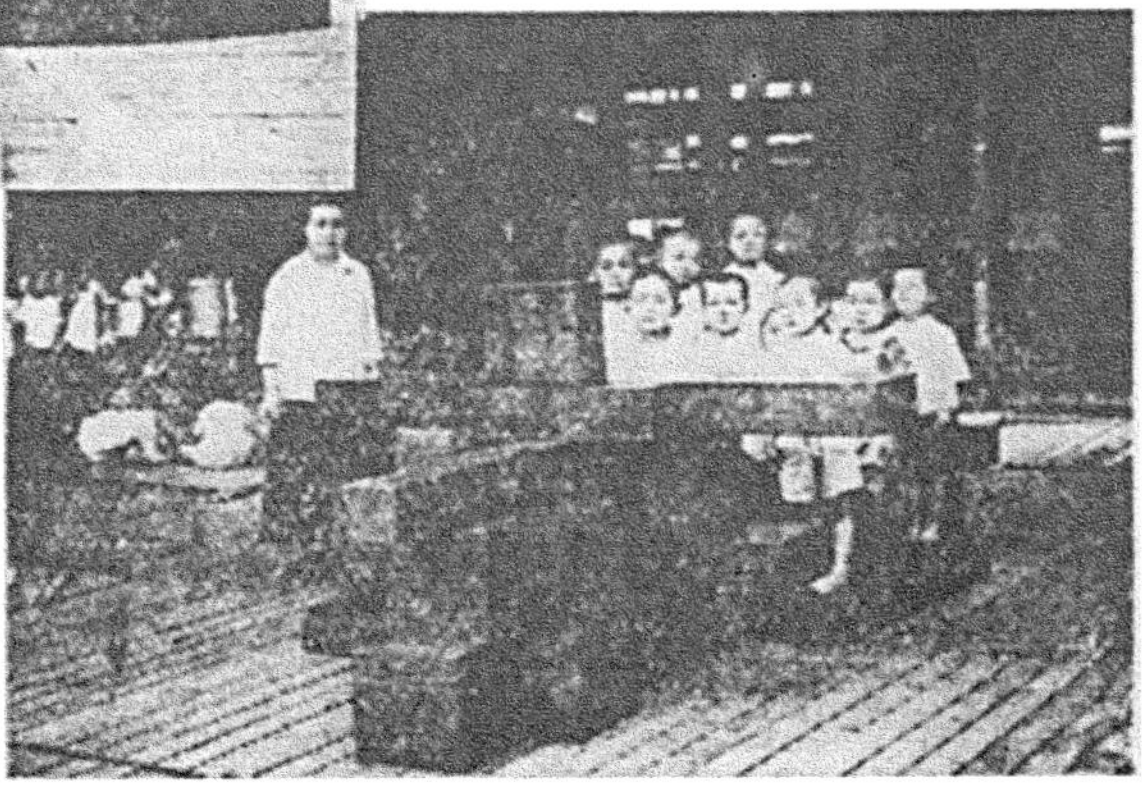

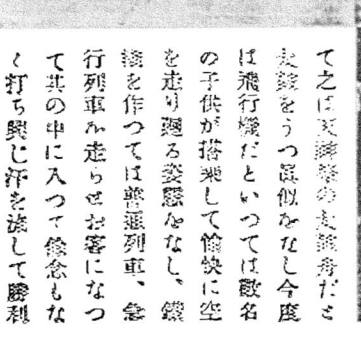

者の心持で骨折甲斐のあつた事に滿悦の樣子で居ります。以上の觀察指導は短時日のことで充分に其の結果やら影響やらを的確に發表し得ませんが子供の生育上確に効果あるものに相違ないと思はれます。小さい積木並べ豆細工にもそれぞれ教育的價値を認めねばなりませんが纖細なお遊びに比べて比較的大きなそして運搬し易い材料の使用によつて筋肉の運動量を增し創造的作業をすることによつて快感を獲得し特に子供等が共同の目的の爲に子供等一緒に働きか※

※けるお遊びとしては誠に好結果を齎すものと推察せられたのであります。

我が大阪市の如き至つて弱い子供達を預つてゐて平素に体育的に共同生活の旗印の下に進まねばならぬ私達にとつては相應しいものだと存じます。但し道具が大きい爲それ相當の運動場なり廣場なりを必要と致します。當園は幸屋外の廣場に遊戯場を設け日光浴を兼ねて保育をなす設備を整へてゐますが。其の体育的施設に就ては稿を改めて發表することに致したいと思つてをります。

彩色帖について

京都市保育會研究部一員

自由畫こそは幼兒の潑剌とした生きたる心の迸り、その表現である事は申すまでもありません。

だからと言つて所謂彩色帖の類を用ひて、既に引かれてゐる形の中に色を塗ばせる事が、その創作的な精神に悖るものとして直ちに斥けるのは狹量でありませう。

自由畫を主にしつつも、その合ひ間〳〵に適宜に取入れる事は、寧ろ必要でさへあらうと思ひます。

先の如き解釋は、從來の圖畫手本の如く一線をゆるがせにせぬ形体を覺えさせる事に誤解されて居るからではないでせうか。

それが柔かな豊かな萌芽である子供の頭に有害である事は申す迄もない事です。

勿論彩色帖は確實な形を覺えさせるのでありますが、それは幼兒の心を決して束縛するどころか、反對に効果の多いものである事を考へたいと思ひます。

今これを塗り始めませう。一体塗るといふ事は幼兒の自由に勝手に色を撰擇させ、勝手な塗り方でさせるのも亦その取扱ひ方によつては効果があるものですが。なるべくは幼兒の既成觀念を整理し、明確にする爲に實物を見せませう。それで其の物の色の大体正しい認識を得させた以上自由に塗らせます。

形が定められてゐる以上注意力を集中させる爲になるべく輪郭を出ないやうに心附させて塗らせますのは勿論の事ですが。見る〳〵

—（35）—

おいしさうなお團子が出來たではありませんか。ある組では赤、白、綠のお團子のつながり、お隣りでは桃色、綠、うす茶色と。こんなにくり〳〵したはつきりした形が色を持つて浮び上つた、と思つて幼兒等は一人で畫く時に持たなかつた確かな形を、今自分が持つた事が、本當に〳〵嬉しいのです。これこそ塗り方の賜ではありませんか。

これは二つの曲線を畫くべしと命じて、栗の形を覺えさせる如き線の無理强ひではありません。

自分の塗つた色によつて構成された明確な形を持つ事になるのです。外の輪郭から子供の心に制限を與へるのでなくて、與心に塗り上げた面によつて、その物体を把握する事になるのです。この把握こそ大切な描寫の案内になり、基礎力になると思ふのであります。

それは自由畫の明るい創作の飛躍と對照し、あはせて養ふべき力强い確かさを持つ事になります。

先に「塗り方について」とて、一つの形を與へて塗らせ、それを本にして自由な形を聯想し畫かせるお試み等も面白くうかがひました。併しその樣な塗ることの領域を出たものではなく、これは只從來の塗り方であり、塗り方そのものの價値を、效果を信じて行つて居るのであります。

こちらで作つた彩色帖も未だ不備な點多く漸次改良したいと思つて居ますが、畫そのものは以上の目的により出來るだけ力强く大きく生き〳〵と美しく形態の正確さに第一の注意を置いて居ります。

畫題の排列は季節に應じ、家庭生活なり幼稚園生活なりにより幼兒の最も强く興味をひくものを選擇排列致しました。

尙これは帙入にして、全体は揃つて置いて、其の時々に一枚づつ取離して扱へる樣に致して居ます。頓而形になつてゐるものだと、幼兒がすべての畫を一度に見て終つて新鮮さを無くするからであります。

畫けた畫は後から順序よく始末して、綴ぢ綴ぢて置く用意をして居ます。

一枚々々の畫の裏は白紙にして、この裏には自由に描かせる爲に使はせたいと思ふのであります。

寄生虫調査に就て

京都市立城巽幼稚園

我が園体育衛生施設の一として先に幼兒に就き精細な寄生虫調査を行ひました。本年も更に其の驅除を實施して居りますが本校の兒童並に手藝學校生徒に就き行はれた調査に比べますと手藝學校生徒は四〇%、小學校兒童三二%、幼稚園二四%の保卵者がありましたから當園々兒の保卵者數は最も少いので御座いました。併し徹底的の驅除を行ひ每日與へる食料に就ても研究を進め各家庭と共に驅除に注意する事にして居ります。之は發育の盛んな幼兒にとつて大切な保健衛生の一つでもあり尙又我が國民体育改善の實を擧ぐる一端ともならふと考へ實施して居るもので御座います。未だ驅除の結果を見ない今日ながら特に國民保健の基礎を立つる重大な任務を有する我が幼兒敎育界事業の一として此處に擧げて御高見を願ふ次第で御座います。

備考

一、保護者會開催の上寄生虫に關する專門大家の講演を聽き他の諸外國に類を見ない我が日本國民特有の寄生虫と其の身体及精神に及ぼす悪影響の如何に恐ろしきものであるかを家庭全体に了解せしめます。

二、園醫と保護者との懇談合議の上保卵者は各家庭の方で適當な方法で驅除せしむる事にして居ります。

三、一定期間に驅除の結果を調査致します。

保育に利用しての幻燈

大阪市立大宮幼稚園

百聞は一見に如かずとある世の諺の通り、直觀ほど理解を容易ならしめ、且印象を強くするものはない。殊にそれが具案的に工夫され刻々に場面が移り變化が織成されて居るさいふ仕組のものは深い興味をも與へる。今日民衆娯樂の風潮に鑑み、映畫が持つ長所を狙ひ、之を教育的に利用して幼童を導くことの多からんとする傾向は蓋し攻究すべきものと思ふ。耳に聞いて之を認識し理解し領得する事柄に於ても眼に訴へて興趣の裡に不知不識に受け入れさせる方が捷徑であり力強いことが多いやうである。特に幼兒にあつては形を變へ方途を新にしてその興味を喚起する直觀を講ずることが、彼等の心理に投ずるものであり印象を強くするものである。されば單に繪畫とか實物とかの樣に眼馴れた直觀では新奇に燃ゆる頑是ない心を動かすに足らぬことがある。斯の事實から同じ物を觀せるにも幻燈に映寫すれば、眼新しき感に彼等の意識を高めるといふのが幻燈利用の着眼である。即ち白いシーツ面に今や遲しと待構へる彼等の注視凝視は、既に幼きものの心を捉へ得た確な證左である。

繪話が單なるお話に優ること數等のやうに、幻燈を利用しつつお話を進めることが更に効果の著しいものであることを確信する。活動寫眞か幻燈に較べて動くといふ點既に幼兒の好むところであり、且仕組と情景が刻々と畫面に表現されるものであるから、此點幻燈の到底及び難しであるが、映寫のまに〳〵お話を進める事は素人の誰もにはオイソレとは行かぬ。尚フヰルム製作に費用の嵩む點なり撮影にも機械の取扱ひなどにも困難が伴ひ、又フヰルムに燃燒の危險のある事など慮られるのである。

以上の見地から活動寫眞の利用は一層望ましきものの、經濟上及び難く取扱ひ上亦難點の存する事から、幻燈が持つ左記の長所から之を或る保育に利用する事にしたのである。

(イ) 映畫直觀と相俟つて自在にお話を聞かせ得る。

(ロ) 映畫面の變化が容易であり且幼兒の興味を自由に扱ひ得る

(ハ) 映畫の考案作製が任意に而も誰にも直ぐ出來る。

(ニ) 寫眞繪葉書など其儘に映寫し得る爲映寫面を多種に變化し得る。

(ホ) 機械（實物反射幻燈）は少し高價であるが經常費は少額で濟む。

さて本園に於て幻燈を利用する主なる保育といふのは、カレンダー記載の躾方事項に就てである。幼兒に躾方の徹底を期するに常に口やかましくのみ之を諭へるといふのは案外に利目が薄く、又耳馴

れて却つて聽く力を殺ぐ嫌あるを憂うて、遂に幻燈利用に想到つたのである。卽ち躾方事項を直觀せしむべく幻燈を利用して之を具体化し、彼等の興味に投じて見聞せしむる間に暗示印象を與へ、不知不識にその實行習性に及ばしめるといふのがその動機着眼である。

四　月

養護及躾方標目（カレンダー記載のもの）

一、朝眼が覺めたら直に起きて口や手や顏を綺麗に洗ひませう。

二、女兒は頭髮をときませう。

三、鼻汁はきれいに拭ひませう。

四、送迎を必要とせぬ樣幼兒を導くことに努めませう。

五、お返事は「ハイ」とはつきり致しませう。

六、「タダイマ」「イツテマイリマス」の挨拶をいたしませう。

七、お歸りの時にはまづ直におうちへかへりませう。

映畫場面

1、蝶子さんのにこ／＼顏

2、夜中就寢中

3、柱時計午前七時を示してゐる

4、人手借りずに洋服着用

5、お口洗ひお顏洗ひ

6、お髮をといて頂く

7、佛壇にお禮

8、一家の朝御飯

9、紙をポケットにハンカチをエプロンに

10、イツテマヰリマス（字幕）

11、お友達と仲好く登園

12、幼稚園の入口

13、すべり臺でのお遊び

14、ピアノに合せてお遊戯

15、藤棚の下で粘土細工

16、自由なお遊び

17、ヒール氏の積木遊び

18、お歸りの用意

（寫眞）

19、おうちの門口

20、タダイマ（字幕）

話の概要

よき子供蝶子さんの一日の生活を表示して前記各項の徹底を圖り、なほ幼稚園に於ける各種の自由遊び遊戯製作などの實際的場面の映寫によつて、家庭生活より幼稚園生活にと、かなり大なる環境の變化の爲に喜びのうちにも不安と或種の恐怖とを感じてゐる新入園兒に、幼稚園とは如何なるものかを知らしめ、その興味を喚起して一日も早く協同生活幼稚園生活に馴れしめる事に努む。

五　月

養護及躾方標目（カレンダー記載のもの）

一、出來る丈郊外遠足を致しませう。

二、爪はのびないうちに切りませう。
三、生物は可愛がつてやりませう。
四、身體にかくれた障りが無いか氣を付けませう。
五、言葉遣ひは丁寧に致しませう。
六、人の名を呼ぶに男兒は「君」女兒は「サン」と呼びませう。

附　記

（四）は保護者の留意すべき事項につき取扱ひをなさす
（五）及（六）は平素隨時隨所に於て訓練すべきものとして取扱ひをなさす

映畫場面

郊外遠足

1、お辨當を提げて元氣よく園外保育に赴く
2、樂しい出發
3、園外保育の實寫
畑の梅林、甲陽園、香里芋掘等
4、郊外エハガキ實寫

動物愛護

1、象
2、犬
3、猫
4、鸚鵡
5、馬
6、リス、山羊、兎
7、鶴

爪

1、太郎さんと花子さんのかはいい顔
2、太郎さんのきれいな手、花子さんの不潔な手
3、おいしいお菓子をつまむ不潔な手
4、長爪にひつかかれて泣いてゐる顔
5、姉さんに爪を切つて頂いてゐる花子さん

話の概要

養護及躾方標目第一項は四季にわたる郊外各地の繪葉書を實寫し、尚本園の主義となす處の毎月各地に試みる園外保育の實況を映寫する事に依つて、郊外の美しい自然を寫眞を通して觀察さすと共に心を伸し脊を伸し野に山にと樂しい園外保育の催に喜び勇んで參加する良習慣を作り、郊外遠足の趣味を養ふ。第二項は美しい手と不潔な手との比較により長爪の中の黴菌の作用の恐さを作話に依つて知らしむ。第三項は各種の動物の映寫をなしその名稱を知らしめ實物の觀察と相俟つて愛護の精神を涵養す。

六　月

養護及躾方標目（カレンダー記載のもの）

一、食事の前にはきつと手を洗ひませう。
二、食後にはきつと口をすすぎませう。

三、御飯はよくかんでゆつくりと靜にたべませう。
四、食物に好嫌の無い樣に致しませう。
五、肌着はよく乾いたもの清らかなもの緩やかなものに致しませう。
六、腹八分目喰べ過ぎて身體を傷めぬ用心を致しませう。

附　記

（五）及（六）は保護者に於て注意すべき事項なれば取扱ひをなさず。

映畫場面

とし子さんの夢物語

1、食事時のとし子さんの我が儘
2、おやつの氣儘
3、就寢
4、リスと白髮のお爺さんの出現
5、リスの道案内
6、泣き虫の國の門口
7、……13、泣き虫の國の狀態
14、白髮のお爺さんの再現とお訓し
15、好い子に成つたとし子さんの食事前の手洗ひ
16、行儀よくお食事を
17、食後の含嗽

話の梗概

食事に好嫌のある至つて我が儘で常によく泣く子供を代表人物となし夢のうちにその非を悟らしめ以後食事の際の御行儀は勿論食事前後の手洗口すすぎ等叮寧になすに至つたお話として前記各項の目的を達する事に努む。

七　月

養護及躾方標目（カレンダー記載のもの）

一、植木や草花は可愛がつて育てませう。
二、水遊の後に氣をつけ水を大切に心掛けませう。
三、寢冷の用心に腹卷を忘れぬ樣に致しませう。
四、お盆に先祖のお墓詣を致しませう。

附　記

（三）は十月に取扱ふ
（四）は四月に於て一度取扱ひをなせば十月にも取扱ふものにつき本月は取扱はざるものとす

映畫場面

草花を愛せよ

1、美代子さんと朝顏
2、種子蒔き
3、お水汲み
4、發芽、お水やり
5、伸びて行く朝顏
6、施肥

7、支柱たて
8、雷
9、開花の喜び
10、種の收穫
水道の栓と水に就て
1、水遊び玩具製作
2、水遊びの用意
3、水運び
4、水鐵砲で餘念なくお遊び
5、水道栓の出し放し
6、大水
7、玩具の破損
8、母親の訓し

話の梗要

養護及躾方標目第一項は、一個の朝顔の種子の中に眠つて居る生命を認めて、之を土におろし注意深く培養してその成果を得て樂む一人の幼兒を映畫の主體として表示し、極めて簡單な事實の中にひそむ大いなる教訓を象徵的に認識せしめ生命力あるものに對する愛と親みとを感ぜしめ、なほ培ふ事により生命と美とに發育するその過程に於ては興味を誘發し、美の觀念の養成を圖る事の補助となす

第二項は陽盛りの庭に出て、水遊びに餘念なき男兒を狂き水道栓の不始末の爲に大事の玩具は勿論子供自身迄溢れて湖と化した庭にたゞよふといふ憂目を見るに到らしめ、水の大切な事、水道栓に留意すべき事をさとらしむ。

八月

養護及躾方標目（カレンダー記載のもの）
一、間食は一日一回ときめませう。
二、朝は早く起き夜は早くやすみませう。
三、幼稚園開放には休まずに參りませう。
四、家族づれ海に山に出掛けませう。
五、電車道川端へは遊びに行かない事に致しませう。
六、お遊びに行く時には「誰さんと何處へ」を告げる事に致しませう。
七、時間を定めて午睡がよいでせう。

附記

（七）は保護者に於て留意すべき事項なれば取扱ひをなさず

映畫項目
開放日について
1、開放日の朝の用意
2、幼稚園で水遊び
3、おやつの用意
4、おやつの時
轉地保育について
1、那智丸

2、那智丸甲板（新和歌浦へ出帆）
3、高野下驛（高野登山）
4、極樂橋
5、宿坊寶院の門前
6、記念撮影
7、大門にて一休み
8、廣場で親子づれのお遊戯
9、辨天嶽へ
10、エハガキ數種

交通整理

1、交叉點と交通巡査
2、ア、アブナイ

行先を告げる事について

トンボ取りに行く子供及其行先の場面等

話の概要

休暇中三回乃至四回の幼稚園の開放日に登園する爲に、早朝より起き出で、用意を調へつゝある場面、登園後の樂しい集ひ、自由なお遊び、製作、おやつの用意、おやつの時、以上の實寫により家庭にある者は必ず開放日には登園すべきもの、不規則な生活をさけて朝起早寢の習慣を破らざる事、間食の度數を制限すべき事を知らしむ（自一項至三項）第四項は數年來本園のなし來れる轉地保育に家族づれ參加せしむべく先年の一行の動靜を實寫す。第五項は煩雜な交叉點の中心に立ちて交通整理を行ふ巡査、交通頻繁な道路に不注意の爲轢殺した店員の自轉車等の映寫により、道路にて遊ぶことの危險を知らしめ、なほ步行は必ず左側をなすべき事を注意す。第六は母に行先を告げて友達と共にトンボ取りに出掛ける男兒の有樣を表示す。

九　月

談話及躾方綱目（カレンダー記載のもの）

一、おもちや其他總ての物の始末をよくしませう。
二、お部屋を綺麗に紙屑等見付次第拾ひませう。
三、素直で優しい心の持主になりませう。
四、薄着の習慣を續けませう。
五、食事の進む時期のお腹の養生に心掛けませう。

附　記

（四）及（五）項は保護者に於て注意すべきものなれば取扱ひをなさず

映畫場面

チユースケサン物語

1、ねずみの大寫し
2、太郎さんと花子さんの玩具遊び
3、そのまゝの就寢
4、室内の亂雜
5、キユーピー君を中央に夜中玩具の相談會
6、熊君の出發

7、汽車ワン君をのせて發車
8、兵隊の進軍
9、チン／＼電車の出發
10、手を取つて京人形とキユーピーの遠足
11、眼覺めた二人の翫偶
12、ねずみの出現
13、ねずみの行進
14、歸つて來た玩具の整列
15、太郎さんと花子さんのニコ／＼顔

話の概要

玩具を大切にせず常にその整理整頓お部屋の清潔等を等閑になす子供の習慣を矯める爲、總ての玩具を人物化して取扱ふ事に依り、カレンダー記載の標目第一項より第三項に至る目的の到達に勉む。

十月

養護及躾方標目（カレンダー記載のもの）

一、寢衣はすつかり着替へませう。
二、朝は必ず祖先に御禮を致しませう。
三、朝晩長上に挨拶を致しませう。
四、お宮の前を通る時はきつとお辭儀を致しませう。
五、雨の外はいつも外で遊ぶ事に致しませう。

附記

（五）は各園舍の場所にて臨時取扱ひをなす

映畫場面

氏神祭禮の日

1、太郎の朝起と更衣（腹卷着用）
2、佛壇禮拜
3、御神燈と門幕の入口に立つ太郎さん
4、お友達とそのお母さんの來訪
5、太郎さんの挨拶
6、卓子にて茶菓の饗應
7、氏神樣へ參詣の事を母に告ぐ
8、手を取り合つて家を出る
9、鳥居の前
10、お宮
11、二人の禮拜
12、各種祭禮のエハガキ實寫（四五枚）

話の概要

諸神社に秋季祭禮の取り行はるゝ月なれば、一人の假定幼兒を中心に家庭に於ける祭禮當日の行儀及び各種祭禮の代表的繪葉書等を實寫する事に依り前記各項の目的に到達すべき一助となす。

十一、二月

養護及躾方標目（カレンダー記載のもの）

一、手を洗つたら直ぐにハンカチで綺麗に拭ひませう。

二、落し物は先生に届けませう。
三、「こたつ」を入れないで辛抱が適へば結構です。
四、弱い子供は湯たんぽか寢嫌がよいでせう。
五、朝の手水洗面は水で濟ませませう。
六、子供は風の子達者であれば外に出て遊びませう。
七、風の強い時咳の出る時喉の弱い人は御部屋で遊ぶ事にいたしませう。
八、廊下や道は左側を通りませう。
九、廊下やお部屋では靜に歩きませう。
一〇、繪本や玩具は叮嚀に使ひませう。
一一、つまらない物はねだる事を止めませう。
一二、手が荒れたらよくお湯で洗つてお藥をつけませう。

附　記

（八）は八月の交通整理の場合取扱ひし物
（九）は平素常に留意し特別には取扱はず
（一〇）は九月にチユースケさんのお話中に取扱ひしもの
（一一）は十月祭禮の場合に取扱濟
（一二）は父兄に於て注意すべき事項に付取扱ひをなさず

映。畫。場。面。

ハンカチと落し物
1、砂場遊び
2、お遊び後の手洗
3、きみ子のお手々拭ひ、よし子の泣顔
4、花子落し物のハンカチを先生に届けに來る
5、記名によりよし子に渡す
6、よし子の喜び
7、無記名のハンカチ、記名のハンカチ

強い子　弱い子
1、木枯し
2、お炬燵なしの就寢　お炬燵で就寢
3、冷水摩擦　お湯での洗面
4、元氣よく登山　火鉢を圍んで
5、運動會　マント手袋のいぢけん坊
6、體重増加　風引にて臥床

話。の。概。要。

お砂場遊びの後手洗場に走り來つた二人の子供の中。一人はポケットよりハンカチを取出して綺麗に拭ひ、他の一人は紛失して困却してゐる際、先生のもとに落し物として一枚のハンカチを届けに來た幼兒あり、幸に記名されて居た爲先程の子供に手渡されて喜ぶ様を映寫して（一）（二）項の取扱ひをなし、尚所持品には必ず記名すべき事も合せて注意す。（三）より（七）に至る各項は映畫場面に記載の通りの强き子と弱き子との比較映寫に依り、木枯吹き荒ぶ冬に於ても手袋はめてマント着たいぢけんぼの子供にならず。元氣よく運動してずんずん肥える壯健な子供となるべき事を知らしむ。

一　月

養護及矯方標目（カレンダー記載のもの）

一、寒い時は元氣な運動で暖まる事に致しませう。
二、正月の遊びに注意いたしませう。
三、好き嫌ひをせずに誰とでも仲好く遊びませう。
四、年少の者を可愛がつて上げませう。
五、無駄にお金を使はぬ事にいたしませう。
六、人の惡口を告げない事に致しませう。

附　記

（1）は十二月に於て既に取扱ひしもの

映　畫　場　面

正月の遊び

1、トランプ遊び
2、糸とり遊び
3、歌留多とり
4、双六遊び
5、繪本を見る
6、お母さんに蜜柑を戴く
7、仲よくお蜜柑をいたゞく
8、皆で一緒にラヂオのお唱歌を聞く

告げ口の事（動物の幼稚園）

1、幼稚園全景
2、先生は豚君
3、ピョン吉の登園
4、狸さんと悶着者のチュー子さんの登園振り
5、始鈴
6、猿吉の告げ口（板書の不平）
7、再び注進
8、ピョン子チュー子ニャン子の飯事遊び
9、晝食時の猿吉の告げ口
10、兵隊遊び
11、馬くら輪廻しの遊び
12、猿吉の悲み
13、先生の諭告
14、猿吉の悔悟
15、仲よきお遊び

話　の　概　要

正月の遊びに注意致しませうと確然と注意する事の不可を思ひ、各種よき正月の遊びを實寫し少き數よりだん〳〵にお友達も增す事に依つて、第三項の目的を達し、尙さうした家庭的な遊びの内に幼き者をいたはり、助くべき事も知らしめ、最後にその家の小母ちやん姉ちやんよりお茶お菓子の饗應を受け、各兒が一人で無駄な金使をせざる事を敎ふ。第六項は幼稚園に最も多く起る問題なれば、種々の動物を擬人化して幼稚園を作り、惡戯者として名の通つた猿吉を代表人物として取扱ひ、自然の内に告げ口のよくない事をさとらしむに努む。

二　月

養護及躾方標目　（カレンダー記載のもの）

一、仕事をするにはじつくりと落着いてする事に致しませう。

二、出來上つた物は人のでも自分のでも叮寧に致しませう。

三、人の物と自分の物との區別をはつきりと致しませう。

映　畫　場　面

幼稚園での製作の場面

1、小さい積木遊び

2、だるま凧の製作

3、風にくる〳〵風車

4、お家の建築

5、文化住宅遊び

太郎さんのお家の展覧會

1、郵便屋さん

2、御手紙の大うつし

3、やつこ凧を持つた芳雄さん

4、花ちやんは風車を持つて

5、お家を提げて來た三郎さん

6、ポストと御手紙を竝べて居る二郎さん

7、美代ちやんはお人形をだつこして

8、急いで太郎さんのお家へ

9、展覧會場

10、武ちやんは破れた凧を提げて

11、泣いて居る武ちやん

12、御褒美のお菓菓

話　の　概　要

躾方第一項は元氣潑剌として、動もすれば落着を失ひ易き幼兒にとりて大いに必要とすべき事項にして仕事を熱心にする事に依りて、その性情を養ふべくその場面を各種表してその誘導に努む。つねに自分の作つた物は何でも破つて棄てゝしまふと言ふ不始末で亂暴な子供が太郎さんのお家の展覧會場で他の子供達の綺麗に竝べられたのを見て其の非を悔い、その後は何物も叮嚀に取扱ふに至ると云ふ話として第二第三項の目的を達する事に努む。

三　月

養護及躾方標目　（カレンダー記載のもの）

一、修了兒は一人自立的の精神を強めて置きませう。

二、時間は正しく守るやうに一層氣をつけて置きませう。

三、人の過を怒らず許すことの出來るやう導いて參りませう。

映　畫　場　面

學校生活の狀態

1、一年生の登校

2、整列して會集

3、教室へ、廊下で整列

4、教室内で立禮

5、算術
6、修身
7、讀方
8、輕裝して體操
9、會方
10、起立禮

話の概要

入學期もせまり幼な心にも一種現しがたい心持の動きはある事と信じ、其期を利用して進みゆくべき一年生の生活狀態を各種寫眞により見せる事により、前記各項の目的を達する事に努む。　以上

幼兒の生活と自然物利用

大阪市立蘆池幼稚園

子供は常に遊びの中に新しきものを作りつゝあるものである。大人より見れば實につまらぬものでも、幼兒にとりては眞の創作である。外形に現るゝものゝみならず心の中にも始終創作をなすもので餘り精密に出來たる玩具を喜ばず、却つて不完全と思はるゝものを喜ぶ位である。然るに此創作生活の盛なる時代に於て、都市生活をなす幼兒の日々弄ぶ所の玩具が餘りに巧に出來過ぎて、此想像及創作力を充分に現はさしめ得ない場合が多々あると思ふ。故に當園に於ては總て素材玩具の必要を認め、之に注意を拂ひつゝあり。又幼兒は非常に自然に親しむことを喜ぶものである。然るに都市に於ては此要求を滿足せしむるだけの機會が少なく、殊に當園兒の如く市の中央に居住する者は、都市の發達と共に常に自然に遠ざかりつゝあり、歩む道路は木煉瓦或は石にて敷きつめられ、家に歸れば家屋の大部分は店舗に使用し、二階或は三階造りにて庭園の如きは殆んど得難き有樣である。故に態々郊外に伴はれざれば、充分自然に接することと出來難き狀態である。故に之を補はん爲に出來得る丈自然に接觸せしむる機會を得る樣努むる外、幼兒の遊に自然物を利用せしむるの必要を認めたるに依り、數年前より園外保育或は職員の旅行其他庭園等にて得たる材料を集めて自由遊戲に或は手技に、或は室內裝飾の材料等にあて、出來得る限り自然物に觸れしめつゝ此要求を充分ならしめんことに努めつゝあり。今其所感の一二を擧ぐれば

一、不知不識の間に自然現象を知る
二、自然に對する趣味を養ふ
三、創作力及想像力を活動す

材　料

（1）貯藏したるもの

貝類、木片、木の葉、木の根、枯枝、麥稈、藁、豆類、松葉、松の皮、松かさ、花瓣、栴檀の實、桐の實、銀杏の實、櫻の實、茶の實、落花生、栗、玉蜀黍、椿の實、數珠玉、

（2）季節によれるもの

人參、芋、蠶豆、慈姑、草花、茗荷、金柑、蜜柑の皮、柿（小）、

作品例

（1）平面的のもの

月	題目	材料
一月	子供と凧	銀杏、楓、柾木の葉、蜜柑の皮
二月	梅花	貝、及小石
三月	お雛さま	楓、銀杏の葉、松の皮
四月	蝶	銀杏、楓、枸橘の葉及葉柄
五月	兜と太刀	つはぶき、胡蝶花の葉、葉蘭
六月	田植	楓、銀杏の葉
七月	海の景色	砂、貝
八月	天の橋立	銀杏の葉
九月	兎の月見	銀杏、楓の葉
十月	雁	銀杏の葉
十一月	飛行機	楓の葉
十二月	提燈	蜜柑の皮

幼児用参考材料の例

蜻蛉　（楓の葉）
かご　（樫或は櫻の葉）
枇杷　（つゝじの葉）
蝶　（櫻、柾木の葉及花瓣等）
雁　（銀杏の葉）
水にもみぢ　（もみぢの葉）
帆かけ舟　（櫻の葉）
蟋蟀　（木の葉）

（2）立體的のもの

幼児用参考の例

鹿　（枯枝の角）
蝙蝠傘　（枯枝の柄）
人形　（蜜柑の皮）
籠　（金柑）
玉の簪　（金柑と松葉）
團扇　（竹の柄）
塵取　（貝と木の枝）
貝杓子　（貝と竹）
火鉢　（竹切と松葉）
東屋　（藁）
箒　（藁）
草履　（椿の葉、松葉、桐の實）
スリッパ　（桐の實）
茶器　（樫の實、松葉、貝）
置物　（枯枝、木の根）

桂　掛（貝、楓の葉、石の粉）

虎　（紙と貝殼）

幼兒自由創作品の例

日の出。舟、人、御大典の太鼓。馬、馬上人。

山に人。眼鏡。草履。鹿、盆に兎、兎、お祭提燈。

櫻、雛。孔雀。扇、獨樂、鏡。鯉幟、

飛行船、荷車、箒、植木鉢。ブランコ、花瓶、凧上げ。

ラヂオ、烟臺。梯子上り。スベリ臺。噴水、鳩。團扇。

シーソー、オツトセイ。等

以上列記したるは一例に過ぎません。創作品の如きは材料の如何に依つて、此時代の慾求を滿足させて充分に活動せしめ得るものであるから、大いに材料蒐集の餘地ありと考へて努力しつゝあります

幼兒のお辨當について

大阪市立西天滿幼稚園　中　島　茂　子

私の園では幼兒のお辨當を家庭本位と致し大体希望を聞いてお辨當の子と、家庭へ食べに歸る子との二種に分けて居ります。そして食べに歸る子供はとかく時間を急ぎ食量が非常に少い樣に思はれますから、その由を母なる人と打合せ澤山ゆつくり食べて來るやう懇談して置きます。園で頂く子供につきましては唯に頂き方ばかりでなく、先づその子供の食物の好惡をよく聞いて置いて在園一年乃至二年の間に嫌いな物も好きになるやう少い御飯の量も澤山進むやう種々應心をして居ります。野菜が嫌いでちつとも食べない子は野菜好きのお辨當を持つ子の側で食べさせ、魚類の嫌いな子は魚類の好きな子の側でそのおいしさうに食べてゐる樣子を見せ、その間にお話や何かによつて自ら魚肉野菜その他種々混食の必要なる事を知らしめ僅なる一回のお辨當にても營養食をとらせるやうに努力して居ります。近頃幼兒のお辨當に就て各方面から色々の運動が起つて居ります。即ち發育成長せんとする幼兒に梅干入りの握り飯といふ簡單なお辨當ではどうしても營養不足である事、一種類丈の副食物では不充分である。どうしても三種類位は與へなければならない。營養攝取は決して贅澤を意味するものでないといふ事を盛に說かれて參りました。彼の五月三日から七日迄中ノ島の大阪慈善團のおやつとお辨當の展覽會を見ても決してその材料は高價な物ではありません。安價にしてその營養價の多い事また市立衛生試驗所の發表の營養辨當のお獻立といひ的場割烹學校長先生の幼兒辨當お獻立といひ何れも材料は安價で營養價の多い配合であります。そこで當園に於きましても幼兒のお辨當に就てどんな副食物が多いか大体春夏秋冬の四季に分つて統計をとつてみました。さうしてその結果は家庭へ知らせ母なる人の參考に供して居ります。左に掲げましたものは昭和四年六月廿日から一週間即ち夏の當園幼兒お辨當の副食物一覽でございます。

勿論一菜といふ副食物は今では殆どなくなりました。燒玉子にホウレン草のしたし、香の物二切といふ樣になにか必ず添へてはありますが之は大体主となるものをとつて統計したものであります。當園ではいつも玉子が壓倒的多數を占め總調査人員の二分の一を示して居ります。それから當園では近來パン食が非常に增加して參りました事です。之等は保護者の手間を省く結果でなくて幼兒が一種の

好奇心からサンドウヰッチ等を父母に強要する傾が多分にある事がわかりました。私は共等の家庭へは出來うる限り他の物を添へるやう注意を致して居ります。例へば味淋干でも目刺でも肉でも香の物でもつまりパンのみに限らぬやう副食させる事が必要であるからであります。此頃或子供の家庭では自家製のバターサンドウヰッチに魚のフライ、さゝげと馬鈴薯。それにあり合せの桜桃五個といふやうな洋食辨當を持つて來る子も出てきました。之はお辨當の贅澤を強いてゐるのでなくて母がその子の辨當をその子の食物に就て如何に營養といふ事を考へられて來たかといふ事がわかるのであります。

食事の事はその家庭〳〵の風習又は生活の高下土地の狀況によりまして、すつかり異るものでありますから決してどの子供も一様にはまゐりません。けれども私共幼兒保育者は遊戯に手技に玩具にと研究努力を致すと同時に半面には身体の原動力である此大切な子供の食事、お辨當といふ事には余程留意せなければならないと考へます。色々申上度い事も山々ですが余り長くなりますので今度は唯幼兒のお辨當調査の一端を掲げ各地御園の御狀況も伺度併せて將來の形式的な辨當のお菜を一日も早く改善し價値ある營養辨當の廣く實施されん事を望んで擱筆致します。

		第一日	第二日	第三日	第四日	第五日	第六日	合計
(一)鶏卵を主とせる副食物	焼玉子	六七人	五二	五〇	五八	五〇	五一	三二八
	薬穏玉子	一八人	二二	二二	一八	二八	二八	一三六
	うで玉子	四人	四	二	一五	六	一五	四六
(二)魚肉を主とせる副食物	煮ざかな	一三	六	一三	四	一三	三	五二
	焼ざかな	四	二	〇	七	二	三	一八
	刺身	〇	一	〇	〇	〇	〇	一
	かまぼこ	五	一五	九	一七	一六	六	六八
	ちくわ	四	二	四	一	〇	〇	一一
	てんぷら	一三	二	八	二	七	四	三六
	でんぷ	一三	四	三	一	一	二	二四
	干魚（ざこ・みりんぼし・かつを）	九	一八	一五	二	三	三	五〇
(三)鳥獣肉を主とせる副食物	牛肉うま煮	六	〇	二	三	三	〇	一四
	かしわ	〇	〇	〇	〇	〇	一	一
	洋食	〇	一	一	〇	一	〇	三
(四)貝類及軟体類	しぐれ煮	〇	〇	〇	一	一	〇	二
	うま煮	〇	〇	二	二	二	一	七
(五)豆類	煮豆	一五	一一	七	一	三	四	四一
	キントン	〇	一	一	〇	二	〇	四
	豆腐あげ	三	〇	二	〇	四	一	一〇
(六)青物野菜	にしめ	一五	一〇	四	四	〇	八	四一
	したし	三	〇	一	一	一	一	七
	さらだ	〇	〇	〇	〇	〇	一	一

—(50)—

(七)海藻類	のり	〇	一	〇	一	〇	一	五
	とろゝこぶ	一	二	〇	三	一	二	九
	鹽こんぶ	〇	一	一	一	一	一	五
(八)漬物類	奈良漬	三	四	二	一	一	一	一二
	朝漬	二	三	〇	三	三	三	一四
	福神漬	〇	一	〇	一	〇	〇	二
	たくあん	〇	〇	〇	〇	〇	〇	〇
(九)植物性の乾物	高野豆腐	五	二	二	五	三	〇	一七
	かんぴやう	〇	〇	〇	〇	〇	〇	〇
	ゆば	二	三	一	二	〇	〇	八
	椎茸	〇	〇	〇	〇	〇	〇	〇
(一〇)各種パン	チヨコレートサンドウキツチ	一〇	五	三	四	四	七	三三
	ヴアタサンドウキツチ	〇	一	一	〇	〇	〇	二
	ジヤムサンドウキツチ	二	六	八	七	七	六	三六
	ケイランパン	〇	〇	二	〇	〇	〇	二
	アンパン	三	〇	二	一	二	八	一六
(一一)特種御飯	巻壽し	一	三	〇	〇	〇	〇	四
	ちらし	〇	〇	〇	〇	〇	〇	〇
	かやく飯	三	一	〇	一	〇	二	七
日々調査人員		173	182	159	166	164	162	一〇〇六

會員論説並に雜感

小さき生命の芽生

大阪市立本田幼稚園
仲森の

「昔の人と今の人」とを比較して見ます時にいつも考へさせられる事で御座いますが。時代の進歩につれ教育の進むにつれ、次第に犯罪が多くなつて參ります。昔は彼の恐ろしい共産黨も御座いませんでした。勞働爭議もそして小作爭議も御座いませんでした。恐ろしい思潮が太い強い線をなして心の底深く次第に喰入つて參ります日々報導される新聞の三面記事を見ましても、何れ劣らぬ戰慄すべき事實ばかりで御座います。

最近の犯罪統計によりますと人口一萬人に對して東京、横濱、和歌山の各市は四十人、大阪、岡山、神戸、京都、靜岡、奈良の各市は三十名、岩手、山形、宮崎、鹿兒島の各市は十人の犯罪者が現はれて居ります。これによりて教育の發達せる所程犯罪の多い事實を發見するので御座います。又昨年の御大典に内務大臣より表彰されました孝子節婦の殆ど總てが割合に教育程度低き方々で御座いました。教育と犯罪と正比例し、教育の程度低い者の中に民衆の指導力があらうとは何たる皮肉な現象で御座いませう。

これは畢竟何に原因して居るので御座いませうか。言ふ迄もなく今諸の教育がたゞ智識の傳達のみにはしつて精神内容に何等觸れて

居ない事、物質萬能に偏して尊い生命の伸展を忘れられて居た事。ただ外國文化のみに眩惑されて日本固有の精神を忘却して居た事。これ等が現代思想の上に大きな響を齎したのでは御座いませんでせうか。私は思ひます。宗教も。教育も、同じ目標人格完成である以上密接不離決して切り離して考ふべきものではないと。例へば一本の植物の如く宗教は地下に張られた目に見えぬ根であつて、教育は日光に向つて伸びる枝葉であります。根ありての枝であり葉であらねばなりません。根ありてこそ枝葉の作用を充分に果す事が出來るのであります。教育は宗教的信念を根據としてこそ初めてその價値があるのであります。近時次第に宗教々育の必要が提唱せられ出しました事は故なき事では御座いません。一昨年も亦本年も全關西婦人聯合大會に於て「宗教々育」につき自然的に討議研究せられました。一昨年の三市聯合保育會に於ても「幼兒の宗教心の萠芽」につき色々考究せられました事は、誠に喜ばしき次第で御座います。

古めかしいしかし眞を穿つて居ります諺に「三つ子の魂百まで」と言つて居ります。教育がより幼い時に肝要である事は言ふ迄も御座いませんと同時により幼い時に宗教々育の必要なる事は勿論であります。その最も大切な人生の將來を左右すべき幼時教育を私共が託せられて居るので御座います。愛する御子樣を温い父母の膝下より離して其處に何の不安も躊躇もなく絶對信頼の下に、その大切な教育を私達が一任されて居るので御座います。私達の重、且大なる事は今更喋々するを要しません。私達の何物にも替へ難き樂しみと生命を擲つても猶且惜しからざる彼等幼兒に對する愛とは又實に此處に存するので御座います。幼兒にとりまして幼稚園の先生は恐らく生れて初めての先生でせう。生れて初めて先生と言ふ言葉を知り。初めて先生なるものに接したので御座います。眞白い鳩の胸毛の樣な幼兒の柔いハートに初めて先生なるものゝ印象を與へたのが私達なので御座います。お父樣や、お母樣の仰言る事よりも、先生の言葉をよくきいていたゞく、入浴の嫌いな子供が先生の一言で從順に入浴する樣になり。散髮の恐ろしい子供が先生に言ひ聞かされて生れて初めて散髮屋へ行く樣になります。新しい靴下を買つて戴くさ先づ第一に先生に報告いたします。赤ちやんが生れても、否どんな小さな出來事であつても彼等幼兒は先づ先生に報告しないと氣がすまないのです。幼兒のこの絶對信頼を思ふ時私は幼兒のあの林檎の頬つぺたにキスを與へる事を惜みません。幼兒のあの汚れた足をも此の涙で洗つてやり度くなります。先生を絶對に信じて居ります子供、先生の一言一行は直ちに其の儘幼兒の無垢な魂に反映するので御座います。先生を神樣の樣に信じて居ります幼兒、先生の導き樣一つで如何樣にもなります。この大切な時に於て私は培ひたいので御座います。神樣の偉大さと尊さを知らしめ度いので御座います。人間を超越した自然の攝理に對して感謝の念を起さしめたいので御座います。

「神樣」それは餘りに抽象的な存在だ幼兒に對して餘りに六ケ敷過ぎるとの御考への方も御座いませう。しかし私は日々接して居る自然を本としてこの自然を透して神樣を知らしめたいので御座います。私達のこの肉體を透して神樣を知らしめたいので御座います「神樣の存在を知る事は六ケ敷い」それは理智に固まつた大人の考で丁度幼兒が「机、椅子」なるものを無條件に知り何の苦もなく呼ぶ樣にな

り其處に何等の疑念も挾まないのと同じであります。日々の保育の中に自然に神樣の存在を知らしむべく織り込んで行きたいと思ふのであります。

遠足の前日。

「雨が降らぬ樣に神樣にお願ひしておねんねしませう。」

と言ひ乍ら幼兒と共に合掌して御祈りいたします。

保姆が病氣で缺勤した時、

「早う先生に來ていたゞく樣に神樣に御ねがひいたしませう。」

「おねんねする時もおねがひして頂戴ね。」

と言ひ乍ら幼兒と共に御祈りいたします。その翌日お母樣が來園されての御話。

「お母樣も御願ひして頂戴…………先生の病氣が早うよくなる樣にね…………」

と言つてとても聞かないのでお母樣も幼兒と一緒に御ねがひして下さつたとの話。幼兒は先生に對してこれ程從順で御座います。

幼兒と共に蒔いたほうせん花に紅い花が咲きました。ほうせん花のお歌を歌ひ乍ら幼兒との問答。

「綺麗なお花が咲きましたね…………」

「この種子は誰が蒔いたのでせうね」

「さう。皆樣でしたね…………」

「お水も皆樣が毎日やつて下さいましたね…………」

「このお花は誰が咲かせて下すつたのでせう？」

幼兒は暫く考へて居りましたが判らうはづが御座いません。

「このお花は神樣が咲かせて下すつたのですよ。

「ほうせん花の種子は温いお日樣とお水とを戴いて段々土の中で大きくなつて行きました。さうして神樣が小さな可愛いゝ芽を出して下さいました。さうして段々大きくなつてこの美しいお花も神樣が咲かせて下さつたのです。」

幼兒達はなる程と言つた樣なお顔をして居りました。幼兒が怪我をしました。二三日經ちますと前の皮膚の下に薄いピンク色の皮膚が出來て來ました。そして前の皮膚が段々剝がれて行きます。そのピンクの皮膚も神樣が造つて下すつたので御座います。幼兒達の柔い小さい爪も指の先が怪我をしない樣に神樣が造つて下すつたので御座います。

今は廢帝になつて居られます獨逸のカイザーに或婦人が御尋ねいたしました。

「陛下は婦人に對して何を御望みになります？」

「朕は三つのKを要求する。」

と。三つのKとは

△婦人は臺所の人であること。

△子女教育者であること。

△お寺へ出入する人であること。

ウエリングトン侯は「宗教なくして人を教育するのは、利口な惡魔を造るに過ぎぬ」と言つて居ります。大人になつて把持し難い神樣の力を幼いうちに自然に魂の中に根強く育みたい、そして感謝の氣持をおこさしめたいので御座います。

それには幼兒と生活を共にする私達が先づ神樣の存在を知り日々をほんとうに感謝して行く事が肝要であります。來たる日も〳〵喜

びを以つて迎へ喜びに送りたいので御座います。印度の詩聖タゴールは言つて居ります。

「宇宙の總ては喜びに生れ喜びの中に生き喜びによりて無限に進化して行く。」

と。私達がほんとうに神樣の存在を知り神樣の宏大無限な惠みを感づるなら喜びは自然に湧いて參ります。固い地殼を破つて萌え出づる名もなき草の芽にも神樣の惠みと喜びが感じられます。日々健康で活動の出來る私達は喜びでなくて何でせう。その日〳〵をほんとうに神樣に感謝して喜びに終り度いもので御座います。喜びは總てを解決する眞理である事をも考へ度いので御座います。

我が國は信教の自由を與へられて居ります。

私達は自己欺瞞的な安心を信仰の如くに考へてはなりません。私達はそれが直ちに血となり肉となる眞實の信仰に生き强固な信念を把持した姿に於て幼兒保育の任に當りたいもので御座います。

私は私の信する宗教によりて獲た信念と喜びの中より生れた賜物をたゞ順序もなく羅列して見ました。私と氣持を同じうする方がたゞ獨りでも御座いましたなら小さい私の魂は如何に喜ぶ事で御座いませう。

保育室の窓から

大阪市浪速區保育會

現代初等教育の趨勢は教育を教育論理から考察してかくあるものだと取扱つた時代は既に過ぎ教育せらるゝものゝ事實生活を根元として考究、論議せられる傾向になつて來た事は爭はれない事であると信じます。

これが爲兒童の生活事實に則した教育と云ふ立場から從來の畫一的一齊教育の弊を打破し、新時代に生きる生氣ある教育として個々に對する問題が强調せられ被教育者各人の素質査定や個性調査が世界的大勢力を示すに至り之が教育の實際化が大、中、小の教育を通じて叫ばれる事となりました。

又一方小學校の教育は目まぐるしいばかりの教育理想論や、方法論が稱へられ低迷歸する處を疑はしむるが如き感が有りましたが、最近漸く個性に立脚した教育でなくてはならぬと云ふ主張が盛んになつて來たと確信致します。

而して之れが方法としては或は一般智能測定や技能檢査が行はるゝ事は顯著なる事實として私共の目前に展開されてきました。我が大阪市に於ても十年來研究された個人測定スケールを有し市の教育の一大潜勢力となつて居ます。

斯樣にして兒童の生活を徹底的に理解し之に對して一つの哲學的見地より深き識見と强き信念との下に適當なる同情により教育をなする事は眞に兒童尊重であり、國家教育上及經濟上百年の大計であると云はざるを得ません。

翻つて我が保育界の現狀を見まするに、多年の懸案であつた幼稚園令は先年生れ出るなやみを多分にもつて漸く獨立しました。そして玆に四年を過ぎました今日、保育界に何を與へられたでせう。又昨秋の御盛典當時京都に於て開催の全國教育大會の砌文部大臣より保育部會に問はれし諮問案は何を意味して居たのでせう。

幼稚園増設の聲は到る處で聞きもし、又眞實この四、五年我が大阪市のみにても多數の増加を見ました。かく量に於ては確に發展して居ますし尚續々建設されんとしつゝあります。質のいかんにかゝわらず殖ゐると云ふ其の事のみに滿足して居るだけでよいのでせうか現今の社會思想や、教育思潮より考察しまして幼稚園教育の實質上あきたらぬ點が若しあるとしたならば。なんでせう。そして次に來るべき問題は何を意味しませうか。

一方託兒所の増加も實に目覺しいものがあります。近來農村の一時的幼兒託兒所の如き或は篤志家によりて組織される幼兒の遊園の如き、等々。これ將に幼兒教育上一時期を劃するものではないかと思はれます。

かく一方に兒童の生活を基調として識者も教育者も懸命の研究を續けて努力しつゝある小學教育あり、又他方全くの經濟的見地より家庭補助機關の目的の下に幼兒を保護する託兒所あり。然るに我が幼稚園はこの間にあつて何に努力しつゝあるでせうか。

我が國に幼稚園を創設せられしは今より五十余年前と存じます。その當時の社會なり經濟狀態なりは今日に比するだけでも愚の至りであります。然るに其當時の所謂外國文物直輸入の弊につれ上流社會の贅澤物の一種とか、又は余戯的產物としての感ある幼稚園の遺風が殘つてあるとしたならば、現時の社會を超越して居る事の余りに甚だしさを思ひます。

フレーベル先生や其他の學者によつて教育の眞理も哲學の原理も充分に闡發され、その外大學者及教育家によつて之が解說に充分なる努力をはらはれて居ります。そして我が幼稚園も茲に早六十年に近い体驗をもつて居ます。總て摸倣した時代は去り、新しく創造すべき時は來り過ぎんとして居ります。幼兒を通した實際家の体驗より出た眞の叫びこそ我々の求め度きものの一つであると存じます。

而して今後の幼稚園の使命としては、かくあらしめたいと存じます。即ち小學校の仕事の一部も又託兒所の任務の大部分も、そして家庭の母親の代りも又此時代の子供として當然受くる生きる爲の幸福も進展も保姆と云ふ特殊の修養の下に合理的に與へ度い。しかも教育の系統は上下を通じて極めて簡明、單純でありたいと希ひます如上の見地から幼稚園保姆の修養研究は特別の努力を要します。

先づ幼兒の眞の理解者でなくてはなりません。純眞なる愛をもつて双葉のうちよりその兒の一生を洞察し盡すだけの偏眼と深き識見とをもちたいものと思ひます。そして幼稚園教育上の根本問題の解決を見、並に幼兒教育として一つの体系を作り上げたいものであると思ひます。希くば失言の數々を許され、實際家も、學者も識者も奮起して道暗くして迷へる小羊の爲に、燈火をかゝげられん事を切に願りてやみません。

小さな人たち

大阪市立中大江幼稚園　小野三喜子

最初「幼い人々」と呼んでゐた自分が、
今では　大膽にも。
「子供達」　と呼びかけ得る自分となつてゐる。
何と云ふわびしさだ。
何と云ふ惱めさだ。

時は人の心を盲《めしひ》にする。

「貞子ちやんの一番好きな人誰？」
「あのな、お母ちやん、お父ちやん、先生、それからな…………」
「なんで好き？」
「なんでてか、そらなんでかてや」

大人よ。
汝《なれ》の恥知らぬ哀れなる姿を思へ。
無條件に愛し得るいと大いなる心の前に。

打て、　れ、蹴れ。
淸浄な、いとも健やかなる肉の亂舞だ。
渦巻だ。
争へ。戰へ。
泣け。喚け。叫べよ。
お前達の力つき果てるまで。
その後では
夕立空のそれよりも尚さはやかに。
相擁し。打戯れ得るお前達子供なのだ。

子供は潑剌として叫ぶ。
高らかに、ほがらかに、
穢知らぬ雙の手打振り。

我等が懐しき故郷なる大地を踏みしめ。
大いなる青空へと。
大人よ、
どうか彼等の聲を封じないでおくれ。
やがて詩が、歌が生れ出でようものを。

子供は感覺の世界の王様だ。
前提が、推理が、判斷が、終結が、
力なくも打震へ。
蒼白となつてゐるではないか。
いと鋭きその感受性の前に。

大人の曰く
子供とは大人の未成品なりと。
止しておくれ。
子供には。
子供としての明るい天地がある。
淀む事なき言葉がある。
いと淸らけき歌がある。
永久《とこしなへ》に、解き難き辭謎なる夢がある。
それなのに大人よ。
押しつけないでおくれ。
貴下方大人にとつて缺く事の出來ない
長恨の涙も。

裏切者の赤い舌も、
自己を飾る能辯も、
將又歡樂の巷に咲き誇る夜の花も。

幼き人々よ。
我等が墳墓を築く人々よ。
累々たる我等貧弱なる既成人間の屍踏み越え〱。
雄々しくも力強く、
余す所なきまでこの大地を、世界を。
歩めよかし、
進めよかし。

（以上の會員研究發表及會長論説等は何れも原稿到着順に依り掲載せり。）

保育會彙報

京都市保育會（昭和三年度）

一、總集會

昭和三年十二月八日午後一時より華頂會館に於て左記の通り開催す。竹上副會長缺席に付、岩田幹事開會の辭を述べ庶務會計の報告あり。富田博士の講演を最も有益に且面白く拜聽し豫定の餘興を終り盛會裡に閉會す。

一、開會ノ辭
二、國歌合唱
三、會長挨拶
四、會務報告
五、講演　講師　醫學博士　富田　精氏
六、保育研究發表（園兒遊戯）
　1、乾隆幼稚園
　　金太郎
　2、京都幼稚園
　　大典のよろこび
七、餘興　（子供狂言）
八、閉會ノ辭

一、幹事會及主任會

毎月一回之を開催。但教育大會及關西聯合保育會開催準備の爲數回臨時集會す。

一、評議員會　二回

關西聯合保育會開催の件協議す。

一、智能檢査

七月九月中各園兒につき實驗檢査す。

一、遊戯研究會

各園に於て研究實施の遊戯を毎月一回發表し全保姆之を共に練習す。

六月　ダンス、コガネ虫　神泉園
仝　交通整理　城巽園

七月　砂　待賢園
九月　蛙ノラヂオ　常葉園
仝　かくれんぼ、フレンド　京都園
十月　奉祝踊、菊ノ御紋　揚梅園
仝　七日ノ朝　豊園園
十一月　大典のよろこび　京都園
仝　鳥ト鳩　乾隆園
一月　時計、お花のダンス　日影園
仝　雀　生祥園
二月　兵隊、舌切雀　小川 下總園
仝　春のお山　京極園
仝　字合セ遊ビ　開智園
三月　鬼ごっこ　龍谷園
仝　春が來た。もしも目だかに　乾隆園

一、講演會
六月　十二單衣ノ着方及實演　風俗研究會　江馬務氏
七月　情操教育ニツキテ　倉橋先生

一、講習會
六月　遊戯　松本先生
三月　遊戯　島田先生
仝　造花　京都洋裁女學院　立岩孝代氏

一、見學
五月　修學院、楠川牧場
仝　井上牛乳店ニ於ケル蒸氣消毒法、脱脂法瓶詰方ヲ見學シタル後牛乳試食ヲナス。
仝　陵墓參拜、五月廿六日ヨリ元陵墓守長、大崎頼榮氏ノ案内ニテ毎月一回京都府下及隣府縣ノ皇陵ヲ參拜ス。
六月　太秦日活撮影所
七月　龍紋製氷會社
仝　中央電話交換局
十月　宇治方面史蹟研究

一、パンフレット發行
1、幼稚園ノ使命
2、玩具ニツキテ

一、現在役員
會長　土岐嘉平氏
副會長　竹上藤次郎氏
幹事　岩田誠一氏、岩井ツタ氏、早川喜四郎氏、岡本アイ氏。山岡鶴氏、吉田ゆか氏
評議員　池野藤太郎氏、岩井榮之助氏、入谷勢以氏、稲川正氏、堀内徹氏、奥村安太郎氏、奥村秀太郎氏、小篠小是氏、田村作太郎氏、酒井康信氏、藤本睦子氏、藤後龍太郎氏、上柳平三氏、内藤丈夫氏、丹治直次郎氏、濱田豊弘氏、南　至玄氏、田中舜韜氏。

神戸市保育會（昭和三年度）

一、會　合

1. 總　會

昭和三年五月二十六日午後二時より神戸幼稚園に於て左記順序によつて開催す。

一、末正會長開會の挨拶

一、國歌合唱

一、庶務及會計報告

一、役員改選

一、講演

　內から外へ　文學博士　谷本　富氏

一、閉會の辭

2. 役員會

幹事會　十三回　評議員會　一回

二、講習會

1. 圖畫講習會

講　師　堺　井　氏

東部八幼稚園主催、本會後援の下に四月より本年度中每週水曜日を定日として開催す。　會員四十餘名

2. 音樂講習會

講　師　縣立第一高等女學校　田中銀之助氏

前年度より引續き每週一回火曜を定日として開催。會員約四十名

三、講演會

講　師　明石女子師範學校　及川平治氏

演　題　歐米ニ於ケル幼稚園敎育最近ノ傾向

會　場　神戸幼稚園

期　日　九月六日より向ふ六日間

歐米の敎育狀況觀察を遂げて最近歸朝せられたる及川氏の講演會は殘暑の嚴しかりしにも拘らず每日午後二時より五時迄熱心なる會員の聽講者百二十餘名にして盛況を極めました。

四、現在役員

會　長　末正久左衛門氏

副會長　橫尾繁六氏

幹　事　池田榮氏、池澤りせ氏、西川修氏、吉田義一氏、榮則嘉氏、內匠らゑ氏、長篠政子氏、安井八十二氏、山崎ときの氏、望月クニ氏

評議員　三十一名（氏名省略）

名古屋市保育會（昭和三年度）

一、會　合

1. 總集會　一　回

2. 幹事會　十二回

3. 研究會　四　回

4. 親睦會　一　回

二、講演會

1. 講　師　東洋幼稚園長　岸邊福雄氏

演　題　「母のため子のため」

總愛知新聞社講堂にて開催、市内幼稚園父兄保姆の來觀者も多數ありて聽講者三百名、極めて盛會なりき。

2. 講　師　神戸幼稚園長　望月くに子氏

演　題　「我が保育案」

會來名を機とし臨時保姆會を開催し有益なる御經驗談を伺ふ

三、音樂講習會

講　師　愛知縣第一師範學校教諭　高麗一安氏

1. 幼兒に對し童謠の實地指導及理論　七時間

2. 保姆の爲に樂講習　七時間

四、其他重なる事業

1. 名古屋博覽會へ幼兒製作品出品

2. 愛知縣保育會へ全會員出席

3. 五市聯合保育會へ會員四十名出席

4. 全國教育大會へ役員三名出席

吉備保育會（昭和三年度）

一、昭和三年六月二日　春季總集會

岡山市立清輝幼稚園に於て定期總集會を開きたり。出席會員一百四十餘名、擧行事項左の如し。

一、前年度庶務及び會計報告

二、正副會長改選

會長　國富友次郎氏、副會長　片岡定四郎氏、重任に決定

三、研究發表

子供の破壞性　會員　早田春子君

木工に就て　仝　小寺行惠君

生活内容を豐富にする一方法　仝　久坂キクヨ君

幼兒保育上氣付し事柄　仝　平松蘭子君

幼兒取扱に就て　仝　三戸花子君

食後に就ての感想　仝　西岡千代子君

四、講　演

演　題　外遊の思ひ出　安藤釉子女史

五、新遊戲の實習

イ、元　日　ロ、月夜の兎

ハ、可愛いダンス　ニ、小　馬

二、昭和三年十月十七日　秋季總集會（午前遊山、午後總會）

上房郡高梁町高梁尋常高等小學校に於て定期總會を開きたり、當時同地方は松茸の出盛り期に會し殊には好晴の祝祭日とて鐵路又は自動車により遠近來會するもの一百二十餘名に達し、午前八時三十分十餘臺の自動車に分乘して三里餘の山道を長驅し全郡巨勢山に茸狩遊びを試み正午高梁町に歸來、方谷園内風月樓にて晝食を了へ、午後二時會場高梁小學校講堂に參集。

會長國富友次郎氏の「幼兒教養上の指針」と題する時節柄出しつつ最も穩健切實なる二時間半に涉る熱辯あり。地方婦人も半ば公開的なる講演を傍聽せんと參列せるもの百餘名あり。一同感激に充ち日の漸く遲せんとするを忘れて傾聽せり、終りて岡山市よりの出席會員四十餘名の遊戲實習ありて午後五時閉會せり。

三、昭和四年二月十日　會長賜章祝賀會

昭和三年十一月　曠古の御大典を擧げさせらるるに方り國富本會長には多年教育上の功績を以て特に、勅定の藍綬褒章を拜戴せられたり、岡山縣教育會、岡山市教育會、岡山縣師範學校同窓會等は聯盟して大祝賀會を發企し、一月中旬岡山市公會堂に一千二百餘名の會同を以て最も嚴肅にして又最も盛大に其德を頌し其光榮を讃美せられたり。

それにも倦かず本會員は更に、打ち融けたる、家庭的なる祝莚を展べて其榮譽を祝福すべく昭和四年紀元節前一日午前十時、梅薫る後樂園榮唱に祝賀會を催したり、遠近語り傳へて禮裝正しく參會せるもの一百十七名、岡山縣女子師範學校保姆　岡まさ子女史は全會員を代表し風姿楚々として祝辭を陳べられ記念品を贈呈し記念撮影を行ひ、終りて松の江樓に祝宴を張り會員交る〱餘興を演じ和氣藹々主客歡激に充ちて午後四時閉會せり。

四、講　習　會

昭和四年三月二十七日より三日間岡山縣女子師範學校附屬幼稚園に於て幼兒保育講習會を開きたり、出席會員二百十餘名、題目及講師左の如し。

　生活による教育　　東京女子高等師範學校教授　　倉橋惣三先生

　遊　　戲　　仝上　　助教授　　三浦ヒロ先生

五、通俗講演會

昭和三年十二月二十日午後一時より岡山市鹿田小學校新講堂に保育思想普及講演會を開きたり、聽衆堂に溢れ六百餘名を算す、幹事新井獨留枝女史は「子供の育て方に就て」と題し國富會長は「愛」に就て各熱心なる講話あり、終りて鹿田幼稚園兒の遊戲あり、午後五時盛會裡に閉會せり。

大阪市保育會（昭和三年度）

一、昭和三年四月十七日

北區西天滿幼稚園に於て常議員會及幹事會を開催す、常議員會には昭和二年度庶務報告、昭和二年度決算、並に昭和三年度豫算を附議し、幹事會には第六十三回春季總集會開催に關する諸般の件に就き協議打合をなす。

一、昭和三年四月二十日

西區江戶堀小學校に於て第六十三回春季總集會開催準備會を開催し同會開催に關する諸般の件準備打合をなす。

一、昭和三年四月二十一日

西區江戶堀小學校に於てフレーベル祭を兼ね第六十三回春季總集會を左の通り開催す。

一、開會の辭

二、君　が　代　　（一同合唱）

三、フレーベル先生祭典　　（一同敬禮）

　　同先生履歷朗讀

四、報　　告

　1. 庶務、會計に關する件

　2. 本會々則改正に關する件

3. 京阪神聯合保育會々名改稱並に同會規約變更に關する件
4. 幼稚園保姆待遇改善に關する建議の件
5. 全國幼兒教育研究大會狀況

五、講　演
子供に於ける要求の抑壓と其の結果
講師　奈良女子高等師範學校教授　本庄績次氏

六、淨　瑠　璃　假名手本忠臣藏判官切腹の場
文樂座　竹本長子太夫

七、閉會の辭

一、昭和三年六月二十九日
浪速區敷津幼稚園に於て幹事會を開催し昭和三年度事業に關する件、關西聯合保育會雜誌口繪に關する件、全國教育大會提出問題、出席者に關する件、事務員增員に關する件等に就き協議す。

一、昭和三年八月
第五十一號關西聯合保育會雜誌を發行す。

一、昭和三年八月十六日
此花區西九條幼稚園に於て幹事會を開催し第三十五回關西聯合保育會開催に關する件並に同會々日等に就き協議す。

一、昭和三年九月二十五日
南區御津幼稚園に於て幹事會を開催し第三十五回關西聯合保育會に提出すべき交換遊戲に關する件、同會出席會員出席役員並に旅費支給に關する件等に就き協議す。

一、昭和三年十月九日
西區日吉小學校に於て幹事會を開催し本會規則改正に關する件並に本會名譽會員推薦に關する件に就き協議す。

一、昭和三年十月十六日
東區愛珠幼稚園に於て常議員會を開催し本會規則改正に關する件並に本會名譽會員推薦に關する件に就き協議す。

一、昭和三年十月二十四日
北區堂島小學校に於て幹事會を開催し第六十四回秋季總集會開催に關する諸般の件協議打合をなす。

一、昭和三年十月三十一日
南區道美小學校に於て本會第六十四回秋季總集會を左の通り開催す。同會に附議した本會々則改正に關する件並に關西聯合保育會に提出する交換遊戲は何れも滿場一致可決した。

一、開會の辭

二、君が代　（一同合唱）

三、報　告
1. 昭和三年度開催京都市保育會主催第三十五回關西聯合保育會に關する件
2. 昭和三年度發行第五十一號關西聯合保育會雜誌に關する件

四、協　議
1. 大阪市保育會規則改正に關する件
2. 京都市保育會主催第三十五回關西聯合保育會に提出の交換遊戲「ボートレース」「交通遊び」に關する件

五、除　與

聲劇芳流曲（恩讐の彼方に）　桃山天童

六、閉會の辭

一、昭和三年十一月十五日
浪速區櫻川幼稚園に於て幹事會を開催し全國教育大會に關する件、本會前副會長、前理事に記念品を贈呈するの件並に第三十五回關西聯合保育會出席者旅費に關する件等に就き協議す。

一、昭和三年十二月
前副會長小畑富記氏、山崎直平氏及前理事村田次郎氏に記念品を贈呈す。

一、昭和四年三月十二日
此花區芦分幼稚園に於て幹事會を開催し第三十六回關西聯合保育會提出問題並に交換遊戲等に就き協議す。

一、昭和三年度大阪市保育會幹事（校園順）

北區　西天滿幼稚園保姆　中島茂子氏
　堂島幼稚園保姆　市原匂氏
此花區　芦分幼稚園保姆　大河原琴氏
　西九條幼稚園保姆　富はま子氏
東區　中大江幼稚園保姆　木村勢以氏
　愛珠幼稚園長　稻葉むめ氏
西區　高臺幼稚園保姆　保田たか氏
　日吉幼稚園長　川原喜作氏
南區　御津幼稚園保姆　城村富美子氏
　精華幼稚園保姆　高濱キミノ氏
浪速區　櫻川幼稚園長　重田定治氏
　敷津幼稚園長　榮木紆道氏
　大阪府女子師範學校附屬幼稚園保姆　笠井しげの氏

一、昭和三年度大阪市保育會評議員（校園順）

北區　菅南幼稚園保姆　山村十野氏
　堀川幼稚園長　和田孫三郎氏
　中ノ島幼稚園長　山村仙一郎氏
　中ノ島幼稚園保姆　辻ソノ氏
　櫻宮幼稚園保姆　八木きくゑ氏
　安治川幼稚園長　矢野靜一郎氏
此花區　芦分幼稚園長　瀧川米造氏
　神子田幼稚園長　長野隆義氏
　神子田幼稚園保姆　小原照惠氏
　下福島幼稚園長　三輪忠雄氏
　下福島幼稚園保姆　森本ヨシヱ氏
　西九條幼稚園長　岡本邦敬氏
東區　汎愛幼稚園保姆　大西ハナ氏
　浪華幼稚園保姆　廣瀨セイ氏
　久寶幼稚園保姆　藤本ツヤ氏
　船場幼稚園保姆　金谷増氏
　愛珠幼稚園保姆　殿村タケ氏
　東區伏見町一丁目　辻忠右衛門氏
西區　江戸堀幼稚園長　仁木正一氏
　江戸堀幼稚園保姆　三宅キクノ氏
　明治幼稚園保姆　菅野タキ氏

嚴敬幼稚園長　武田晴夫氏
堀江幼稚園保姆　華岡文子氏
高臺幼稚園長　野本仁平氏
南　區
桃園幼稚園長　八木庄三郎氏
渥美幼稚園長　毛利德太郎氏
芦池幼稚園長　朝山守氏
大寶幼稚園長　河津義一氏
精華幼稚園長　江田定吉氏
南區久左衞門町　伊藤佐助氏
浪速區
難波元町幼稚園長　橋本康正氏
難波元町幼稚園保姆　工藤田鶴氏
難波櫻川幼稚園保姆　宮田マス氏
敷津幼稚園保姆　田畑シウ氏
榮幼稚園長　粟屋宗一氏
榮幼稚園保姆　田中蔦野氏

大阪市北區保育會（昭和三年度）

一、本年度末に於ける本會々員數左の如し

種別	推薦又は入會者	死亡又は退會者	現在員
名譽會員	一人	一人	三人
終身會員	一二	一	一八一
特別會員	二三三	二一七	五〇六
通常會員	六六九	四六五	一、〇一〇
合計	九一四	六八三	一、七〇〇

一、本年度末に於ける本會役員數左の如し
會長　一名　副會長　一名
收入役　一名　幹事　七名
評議員　二十二名
本會選出大阪市保育會幹事　二名
仝　會評議員　六名（本會選出者　五名 大阪市保育會推薦　一名）

一、四月七日　櫻宮幼稚園に於て左記の通り通俗講話會を開催せり
演題　母のために
講師　龍谷大學教授　梅原眞隆師

一、仝月十三日　北區役所に於て幹事會を開會し左記議案報告に關する審査並に總會開會に關する諸般の事項に付協議したり
一、昭和二年度會務報告
一、仝　年度歲入決算報告
一、仝三年度歲入出豫算

一、仝月二十日　本市保育會第六十三回春季總會を四月二十一日西區江戸堀小學校に開催の旨仝會長より通知に接したるを以て直に此旨會員へ移牒したり

一、仝月二十五日　堂島幼稚園に於て左記通俗講話會を開催したり
演題　母の信念敎育
講師　相愛高等女學校長　大野開蔵師

一、仝月二十七日　北區役所に於て評議員會を開會し昭和三年度歳入出豫算案を議定其他前記幹事會の議を經たる各報告の審議を爲したり。

一、仝月三十日　安治川幼稚園に於て唱歌研究會を開催したり。

一、五月一日　收入役山村仙一郎氏より辭職の旨屆出ありたり。

一、仝月十五日　右後任者に前川喜三太氏を推薦即日就任したり。

一、仝月十九日　西天滿小學校に於て總會を開會提出の昭和二年度會務並に仝年度歳入出決算及仝三年度歳入出豫算の各報告を是認し以上議事終了後橋詰良一氏の講演西天滿幼稚園兒の遊戯其他水也田香洲氏の琵琶講談を催したり。

一、仝月二十日（日曜日）　京都府下の臨時講演會を開催參加職員四十二名。

一、六月一日及二日　北區女教員會と聯合主催に依り堂島小學校に於て家庭電氣に關する通俗講演會及料理講習會を開催し本市電氣局より提供の器具を利用し割烹の實習をなしたり。

一、仝月十一日　櫻宮幼稚園に於て唱歌研究會を開催したり。

一、七月三日　各種研究會に關する事項に付中之島幼稚園に各幹事集合協議したり。

一、仝日　關西聯合保育會雜誌第五十一號二十五部を購入し之を各園へ配分したり。

一、仝月三十日　北區役所に幹事會を開會し本年度に實施すへき各事業の協議をなしたり。

一、九月二十一日　北區役所に於て幹事會開會前回に協議せる事項中の幼稚園聯合大會に關し委員より實地調査の結果を報告し且之か實施方法に付諸般の打合をなしたり。

一、仝月二十七日　中之島幼稚園に於て唱歌研究會を開催したり。

一、十月四日　幼稚園聯合大會を京都市に開催定刻前より天滿橋に參集したる會員及幼兒の受付を了りしものより順次京阪電車に依り輸送着京後直に岡崎公園内市立公會堂に休憩最後會員の到着を俟つて開始一場の挨拶を爲したる后退出構内に於て幼兒へ記念品（御大典記念模樣入り湯呑）を分與したる上各園行動の豫定順序を保ちて平安神宮に參拜仝苑内を拜觀の上各幹事より行事終了の旨を告け解散せり參加したる會員其の他（幼兒を除く）合計七百六十名尚近く御擧行あらせらるゝ御大典を記念すへき仝市主催の大博覽會々期中の爲解散后此方面に向ひたるもの亦尠からさる模樣なりき。

一、仝月九日　中之島幼稚園に於て遊戯研究會を開催したり。

一、仝月十八日　仝園に於て第四回外國語雜誌抄讀會を開催したり

一、仝月二十三日　幼稚園聯合大會に不參の各園幼兒へ該記念品分與の爲其の殘數を各園へ配分したり。

一、仝月二十七日　本市保育會第六十四回秋季總集會を十月三十一日南區渥美小學校に開催の旨仝會長より通知に接したるを以て直に此旨會員へ移牒したり。

一、十一月二十七日　京都市保育會の主催に依り十二月二日仝市室町小學校に於て第三十五回關西聯合保育會開催の旨通知ありたるに依り直に會員へ移牒し參會々員へは本會より一人金參圓宛の旅費を支給したり。

一、十二月六日　西天滿幼稚園に於て遊戯研究會を開催したり。

一、昭和四年一月十七日堂島幼稚園に於て遊戯研究會を開催したり
一、二月四日　本市保育會費昭和三年度負擔金五拾圓を本日仝會へ納付したり。
一、仝月七日　菅南幼稚園に於て遊戯研究會を開催したり。
一、三月七日　中之島幼稚園に於て遊戯研究會を開催したり。
一、以上の外保育事業視察の爲各幼稚園職員に對し東京、名古屋、岡山、廣島、大分、福岡の諸市へ出張方を隨時囑託したり。

大阪市此花區保育會（昭和三年度）

一、本會員は昭和三年十二月末現在六二二名にして内名譽會員一名終身會員五名、特別會員一五七名、通常會員四五九名あり。
一、昭和三年四月一日本會收入役小林伊之助氏辭任に付長尾久助氏を本會收入役に推薦す。
一、同年四月十八日此花區役所に於て幹事會を開き、會則中一部改正の件基本金管理並に處分方法の件昭和三年度歳入出豫算の件を協議したり。
一、同年四月二十日此花區役所に於て評議員會を開き議案第一號昭和三年度歳入出豫算を議決其他幹事會の議を經たる各事件を審議したり。
一、同年四月二十七日元此花區保育會長勝賀野鹿衛氏を名譽會員に推薦す。
一、同年四月二十七日新京阪沿線千里山花壇に於て昭和三年度總會並に各園聯合運動會を開催し開會の辭に次て會長の挨拶議事會計會務の報告あり、終つて余興（奇術）に移りて午后零時半散會す當日は朝來天氣快晴にして出席者も多く參加會員其他合せて千餘名に達し豫期以上の盛會なりき。
一、同年五月二十八日此花區役所に於て幹事會を開き事業計畫の件御大典　念事業の件を協議し次て市保育會常議員選擧の結果左の通り當選したり。
長野隆義氏、三輪忠雄氏、瀧川米造氏、小原照惠氏、森本ヨシエ氏
一、同年六月十日會長幹事各幼稚園保姆等二十五名京都疏水及比叡山方面へ見學旅行をなす。
一、同年九月十五日此花區役所た於て幹事會を開き御大典記念事業に付協議の結果御大典奉祝に因縁ある教育的記念品を購入することゝなし之が撰定委員を左の通り囑託す。
大河原琴氏、小原照惠氏、森本ヨシエ氏、富　はま子氏
一、同年十月三十一日御大典記念事業費として此花區各幼稚園に金貳拾五圓宛を支給したる處左の通り購入したり。

扁額	桃太郎之圖	上福島神子田幼稚園
扁額	御大典之繪	下福島幼稚園
扁額	同　上	芦分幼稚園
植樹	楠一株	西九條幼稚園

一、同年十一月二日芦分幼稚園に於て保育に關する講演會を開催し大阪府督學官島田牛稚氏の講演「子を持つ親へ」並に桃山天童氏の聲劇芳流曲菊池寛作の「父歸へる」を聽取し聽講員一同多大の稗益を得て感興の裡に閉會したり。

一、同年十二月二日京都市室町小學校に於て開催の關西聯合保育會へ會長副會長幹事各幼稚園保姆等二十五名出席し閉會後御所拜觀をなしたり。

一、昭和四年二月十六日此花區役所に於て幹事會を開き昭和四年度豫算總會の件に付協議をなす。

一、昭和四年二月十九日大阪市保育會納付金五拾圓也を送納す。

一、昭和四年三月三十日金四拾圓也を本會基本金として積立をなしたり。

役員氏名（昭和四年四月調）（評議員中○印は幹事）

會長		小林壽大氏	評議員		松岡宅兵衛氏
副會長			同		平田松三郎氏
常務幹事		和田元治郎氏	○同	芦分	瀧川米造氏
收入役		長尾久助氏	○同		大河原琴氏
○評議員	神子田	長野隆義氏	同		
○同		小原照惠氏	同		三田恭乃氏
同		岡崎萬壽亀氏	同		中村ゑみ氏
同		今北常三郎氏	○同	西九條	富はま子氏
同			同		
○同	下福島	三輪忠雄氏	○同	西	留吉氏
○同		森本ヨシエ氏	同		中村勝二氏
同		上田トミ氏	同	上新	爲吉氏

大阪市東區保育會（昭和三年度）

一、幹事會（保育會事業の打合を目的とす）

十三回

一、主任會（各園保育に關し研究をなすを目的とす）

十回

一、講習會

三回

1. 昭和三年七月十二日より三日間西區保育會主催保育學講習會に出席す。
2. 昭和四年一月二十五日より二日間汎愛園にて本會主催編物講習會を開催す。（荻田講師を招聘す）
3. 其他遊戯講習會へ各自出席す。

一、見學

二回

1. 昭和三年十月十三日大軌沿線恩智へ葡萄狩
2. 昭和四年四月十八日阪急沿線塚口森永製菓工場

（但年度末の豫定を延期したるもの）

一、研究會

四回

1. 昭和三年十月十九日中大江園にて京都市に於ける關西聯合保育會へ提出の唱歌遊戯につきて。

一、出張

二回

1. 昭和三年十一月二十五日より三日間京都市に於ける全國教育大會へ各園より二名以上出席。

2. 仝十二月二日京都市に於ける關西聯合保育會へ各園より殆と全部出席御所拜觀を兼ねて。

一、講演會

一回

昭和四年二月七日集英小學校にて阪本園長歐米保育界視察談

一、保姆養成講習會（主として保育四項目の實力を養はんとす）

昭和三年十月一日より前年度繼續の事業たる本講習第二回目を愛珠園にて開き現今に至る。

大阪市西區保育會（昭和三年度）

一、昭和三年六月十一日午後二時より西區役所に於て理事會を開催し左の件を協議せり。

一、昭和三年度豫算並に昭和二年度決算報告作製の件

一、總集會開催日時場所其他打合の件

一、前會長前川氏並に前理事末常氏に記念品料贈呈の件

一、昭和三年六月十五日午後二時より堀江幼稚園に於て常議員會を開會し左の件を承認せり。

一、昭和三年度豫算の件

一、昭和二年度決算報告の件

一、會長推薦の件

一、前會長前川氏及前理事末常氏記念品贈呈の件

一、昭和三年六月十五日堀江幼稚園に於て定期總集會開催

一、昭和三年六月十六日午前十時半より西區役所に於て理事會開催左の事項を協議せり。

一、新舊役員事務分擔の件

一、新舊役員事務引繼の件

一、見學旅行

七月一日若は七月八日高野山に植物採集を兼ね見學旅行を爲す。

一、講習會

七月十二日より三日間倉橋先生を聘し講習會を開催すること。

一、御大典記念伊勢團參のこと。

十月中に決行のこと。

一、講習會

昭和三年六月四日江戸堀幼稚園に於て講師膳タケ氏を聘し「幼児の手技」に關する講習會を開催せり、聽講者七十名盛會なりき。

一、見學旅行

昭和三年七月八日高野山の見學を兼ね高山植物採集の目的を以て一日の旅行を爲したり。

一、講習會

昭和三年七月十二日より三日間西六尋常高等小學校に於て講師倉橋惣三先生を聘し「幼児の心理」に就て講習會を開催せり、聽講者毎日二百五十名以上頗る盛會なりき。

一、伊勢團參會

曠古の御大禮を記念且つ皇室の無窮を祈願するため、十月

十三日伊勢大廟参拜を爲す、仝日湊町發二見着翌十四日大廟参拜御神樂を上げ二見鳥羽等を見學の上午後九時湊町驛にて解散す。

一、全國教育大會

十一月二十五、二十六日の兩日京都市に於て京都府市教育會主催全國教育大會（保育部）に會員十一名出席せり。

一、昭和四年六月二十四日午後三時より西區役所に於て理事會開催左の件を協議せり。

一、昭和四年度豫算編制の件

一、總集會開催日時、其他打合の件

大阪市南區保育會（昭和三年度）

一、總會を開きし事　一回　於桃園第一校　昭和三年五月十八日

一、評議員會を開きし事　一回　於南區役所　仝　五月二十三日

一、理事會を開きし事　二回　於南區役所　仝　四月十九日
　　仝　仝　五月二十三日

一、常議員會を開きし事　一八回
　　於渥美園　仝　四月十八日
　　於大寶園　仝　五月一日
　　於道仁園　仝　五月二十三日
　　於桃園園　仝　五月二十九日
　　於渥美園　仝　六月十九日
　　於金甌園　仝　六月二十九日
　　於精華園　仝　七月七日
　　於渥美園　仝　九月十四日
　　於道仁園　仝　十月十五日
　　仝　仝　十月二十日
　　仝　仝　十月二十四日
　　仝　仝　十月二十九日
　　於大寶園　仝　十二月八日
　　於御津園　仝　十二月十九日
　　於渥美園　昭和四年一月十七日
　　於芦池園　仝　一月二十五日
　　於渥美園　仝　二月十三日
　　於桃園園　仝　三月六日

一、研究會を開きし事　八回
　　於金甌園　昭和三年六月二十九日
　　於精華園　仝　七月七日
　　於道仁園　仝　十月十二日
　　於大寶園　仝　十二月八日
　　於御津園　仝　十二月十九日
　　於芦池園　昭和四年一月二十五日
　　於渥美園　仝　二月十三日
　　於桃園園　仝　三月六日

一、講習會を開きし事　五回
　　於芦池校　昭和三年五月七日より二日間
　　粘土講習　講師　草賀春陽氏

於 金甌園 仝 六月二十九日

音樂講習 講師 杉江秀氏

於 精華園 七月七日 仝 前

於 道仁園 昭和三年七月十六日より十八日まで 三日間

個性教育 大阪醫科大學教授 醫學博士 笠原道夫氏

京都帝大教授 文學博士 野上俊夫氏

於 芦池園 昭和四年一月二十五日

音樂講習 芦池校 田中訓導

一、大運動會を開催せし事 一回

於 大鐵沿線藤井寺グラウンド

御大典奉祝南區幼稚園聯合大運動會 昭和三年十一月十二日

一、保育狀況視察 二回

奈良女高師附屬幼稚園及小學校視察 昭和三年五月三十一日

神戸市保育狀況視察 昭和四年二月二十六日

一、見學 二回

淡路洲本 昭和三年六月十七日

信貴山 昭和四年一月二十日

一、講演會を開きし事 三回

於 大寶校 昭和三年十二月八日

於 御津園 昭和三年十二月十九日

於 渥美園 昭和四年二月十三日

一、全國教育大會へ出席

於 京都 昭和三年自十一月二十五日至仝二十九日

一、關西聯合保育會へ出席

於 京都 仝 十二月二日

一、研究報告書發行 一回 昭和三年七月九日

大阪市浪速區保育會（昭和三年度）

一、春季總集會

昭和三年五月五日午后二時より難波元町幼稚園に於て春季總集會を開く、會長の挨拶に次いて常任幹事より會務の報告、功勞者の表彰あり、終つて童踊、奇術なとの餘興に移り午后五時過閉會す、出席者六百五十餘名、珍しい玩具のお土産を頒ちて散會せり。

一、御大典奉祝記念合同大遊戲會

昭和三年十一月六日大鐵藤井寺グラウンドに於て大遊戲會を開催す、會長の挨拶に次いて各園順次に幼兒遊戲を行ふ、旗行列を終つて午后五時過閉會す、出席者七百名。

一、幼兒教育講習會

昭和三年十一月二十九日より三日間奈良女子高等師範學校森川正雄氏を講師として幼兒教育の實際に就て講習會を開く、會員六十餘名。

一、講演會

1. 昭和三年七月十四日午后一時より敷津幼稚園に於て開く、「幼稚園時代と人生の要諦」てふ題目の下に大伴茂先生が長時間に亘り有益なる講話あり。

2. 昭和四年二月十八日午后三時より櫻川幼稚園に於て開く、「歐米に於ける保育事情に就て」てふ題目の下に生田五郎先生が有

益なる講話あり。

一、見學旅行

1. 昭和三年十一月十八日有馬へ　全幼稚園保姆參加す。

2. 昭和四年三月二十一日月ヶ瀬へ　全幼稚園保姆參加す。

一、全國教育大會參加

昭和三年十一月二十五より五日間京都に於て開かる、各幼稚園長並に保姆出席す。

一、關西聯合保育會參加

昭和三年十二月二日より京都に於て開かる、各幼稚園長並に保姆出席す。

其他集會

評議員會　三回

幹事會　十二回

以上

雜録

市町村立幼稚園保姆待遇改善に關する建議の件

昭和三年十二月二日京都市室町小學校に開催の第三十五回關西聯合保育會に於て決議した市町村立幼稚園保姆の恩給、年功加俸、俸給等待遇改善に關する建議に就いては其の後例により京都市保育會が別記建議書を作製し關西聯合保育會を代表して昭和四年一月卅日附を以て文部省へ提出した。尙本件に就いては適當の時機を觀て聯合の五市保育會相提携して建議委員上京文部當局にあたり其の實施の速ならん事を促す筈である。

（本件に關しては前記第三十五回關西聯合保育會記事參照、尙文部省へ提出した建議書は左の通りである。）

建議書

別紙恩給法中改正ノ件外二件ハ前年本會ヨリ建議仕候次第ニ有之候處此ハ洵ニ幼稚園教育普及發達上特ニ喫緊ノ事項ナリト相認メ候間冀クハ速ニ御實施相成候樣法令改定又ハ制定方御取計被成下度第三十五回本會總會ノ決議ニ基キ此段及建議候也

昭和四年一月三十日

關西聯合保育會代表

京都市保育會長　土岐嘉平

文部大臣　勝田主計殿

建議事項

一、恩給法第九十九條第二項ヲ削除セラレ度キ事

恩給法ハ准敎職員ノ勤續年數ヲモ一定ノ條件ノ下ニ恩給年限ニ加算スルヲ本則トス（第四十二條第四項）然レドモ第九十九條第二項ニ於テ「當分ノ內之ヲ認メス」トノ規定アルヲ以テ幼稚園令施行前ノ保姆（准教職員）ハ其後敎職員ノ資格ヲ得勤續スルモ從前ノ勤續年數ハ全然通算セザルノ結果トナリ甚シク不合理ノ嫌アルノミナラズ延イテハ幼稚園敎育發展上

遺憾尠カザラルヲ以テ速ニ恩給法第九十九條第二項ノ削除サレンコトヲ望ム之レ本事項ヲ建議スル所以ナリ。

二、市町村立幼稚園保姆及ビ園長年功加俸ノ制ヲ新ニ設ケラレタキ事

現今小學校教員ハ勿論公立學校職員ニ對シテハ年功加俸ノ制アルニ拘ラズ、獨リ市町村立幼稚園職員ニ對シテハ此ノ制ナキハ小學校教員並ニ師範學校附屬幼稚園保姆ニ比シ著シク恩典ヲ均シクセザル怨アルノミナラズ他ノ敎職員等ヨリ市町村立幼稚園保姆トシテ轉勤セントスルモノヲ阻止シ人材ヲ得ルノ途ヲ妨グル等幼稚園敎育發達上支障大ナルモノアリ。之レ本制ノ速ニ設ケラレンコトヲ希望スル所以ナリ。

三、幼稚園令施行規則第十六條但書ヲ左ノ通リ改メラレ度キ事

「但月俸額ニ付テハ園長及保姆ハ本科正教員ニ準ス」

現行法規ハ保姆ノ月俸額ヲ專科正教員ニ準ストナセルヲ以テ本科正敎員ヨリモ低級ナルモノナリトノ誤解ヲ招ク嫌アリ。幼稚園令施行規則ノ定ムル所、保姆ノ資格内容タルヤ少クモ尋常本科正敎員ト同等以上ナルニ對シ特ニ保姆ノ月俸額ヲ專科正敎員ト同額ナラシムルコトハ甚シク均衡ヲ缺ケルノミナラズ、大都市幼稚園保姆資格ノ實狀タルヤ文部省教員免許狀所有者亚ニ小學校本科正敎員有資格者ノ漸次增加シツヽアル現況ニ鑑ミ速ニ保姆ノ待遇ヲ改ムルノ必要アリト認ムル所以ナリ。

全國教育大會（保育部會）概況

昭和三年十一月二十五日より二十九日まで五日間京都市に於て京都府市教育會主催全國教育大會が開かれた。總出席會員約三千餘名の盛況であつた。同會は保育部會、小學敎育部會、師範教育部會、中學敎育部會、女子中等敎育部會、實業教育部會、体育衛生部會、特殊教育部會、社會教育部會の九箇部會を設け夫々當該教育に關する諸問題に就て討究審議するところがあつた。

同會第一日は開會式に次いで總會が開かれ各種の問題に就き協議を爲し第一日の行事を了へた。當日議事の劈頭に左の宣言を決議した

宣言

昭和ノ聖代ハ明治大正ノ宏謨ヲ繼紹シテ當ニ國運ノ隆昌文化ノ進展ヲ期スベキ秋ナリ今ヤ叡聖文武 天皇陛下畏クモ神器ヲ奉ジテ京都皇宮ニ移御シ曠古ノ盛儀ヲ備ヘテ即位ノ大禮ヲ行ヒ遍ク臣民ニ大詔ヲ賜ヒテ治道ノ要諦敎化ノ神髓ヲ明示シ給フ聖旨優渥洵ニ感激ノ至リニ堪ヘズ我等全國ノ敎育ニ從事スル者玆ニ大會ヲ開キ謹ミテ聖旨ヲ奉體シ協力一致誓ツテ左記綱領ノ實行ヲ期ス

一、國體觀念ノ涵養ニ努メ益國民精神ヲ作興スルコト

二、立憲思想ノ養成ニ力メ特ニ政治道德ノ向上ヲ期スルコト

三、社會敎化ノ普及ヲ圖リ一層民風ヲ醇厚ナラシムルコト

四、自主獨創ノ精神ヲ啓培シ進取雄大ノ氣風ヲ振作スルコト

五、學制制度ヲ革新シ國勢民情ニ適合セシムルコト

第二日は同會出席者の御陵奉拜に當てられてゐた。當日は三千餘の來會者の爲に特に建禮門に近き絶好の奉拜場所を與へられた。

日程第三日、第四日は前記の各部會を開く會日で保育部會は京都市立誠小學校で開かれ各府縣よりの代表者約二百七十名の出席を見た。

同部會の文部省諮問事項、之に對する答申並に提出された議題等保育部會の概況は左の通りである。

文部省諮問事項

一、幼稚園教育ヲ一層普及發達セシムル方法如何

文部省　木村督學官

(説明)

幼稚園の教育は比較的遅れてゐる憾があります。都會生活、農村生活を分たず、又家庭の善惡を問はず幼兒を一所に集めて小學教育以前に國民教育の基礎たる善良な性情を養つて其の萠芽を保護養成することは極めて大切な事であります。　近年產業の普及發達、特に都市の繁忙複雜な生活等一般社會狀態から觀て幼稚園教育の益必要切なるものがあります。大正十四年に幼稚園令を獨立して發布した所以もこゝにあるのであつて、昭和の御代に當つて各種都市方面と並行して幼稚園教育の普及發達を圖りたいと思ひます。此の會合に於て充分討議研究あらんことを切望致します。

右の説明を終り諮問事項の討議に移つたが二三の質問と意見の發表があつて委員附託となり研究調査の結果左の通り答申することとなつた。

答申

1. 文部省ニ幼稚園教育調查ノ機關ヲ設置シ幼兒教育ノ普及發達ニ關スル根本方針ヲ確立スルコト
2. 文部省及各地方廳ニ幼稚園專任ノ指導監督機關ヲ設クルコト
3. 女子師範學校ニハ必ズ幼稚園ヲ附設シ且ツ保姆ノ養成機關ヲ設クルコト
4. 女子師範學校卒業生ニハ直チニ保姆ノ免許狀ヲ交附スルコト
5. 市町村其ノ他ノ幼稚園ノ設置ヲ奬勵シ且ツ國庫補助金ヲ交附スル等コレガ保護ノ途ヲ講ズルコト
6. 幼稚園保姆ノ待遇法ニ關シ左ノ通リ改善スルコト
　一、幼稚園令施行規則第十六條ノ但書ヲ削除スルコト
　二、年功加俸給與ノ途ヲ講ズルコト
7. 幼稚園令ノ趣旨ノ徹底ニ努ムルコト

以　上

提出された議題は左の五題であるが何れも熱心討議の上原案可決した。

議　題

一、各府縣女子師範學校ニハ必ズ附屬幼稚園ヲ置キ且保姆養成機關ヲ設ケラレンコトヲ其ノ筋ニ建議スルノ件

帝國教育會　提　出

二、幼稚園保姆ノ養成機關ヲ確立スルコト

香川縣教育會　提　出

三、師範學校規程第七十四條中女生徒ヲ置キタル師範學校ニハ成ルベク附屬幼稚園ヲ置クベシトアルモ「成ルベク」ノ文字ヲ削リ必設スベキコトニ規程ヲ改正セラレンコトヲ文部省ニ建

議スルノ件

和歌山縣教育會提出

四、幼稚園ニ適切ナル三大節奉祝歌ヲ撰定シテハ如何

名古屋市教育會提出

五、市町村立幼稚園保姆年功加俸ノ制ヲ新ニ設ケラレンコトヲ其筋ニ建議スルコト

京都市保育會提出

第五日は再び同會の總會が開かれ午前中に議事其の他の行事を了り茲に五日間に亘る全國教育大會は滯りなく閉會を告げた。

（閉會後出席者一同は京都市立植物園で開かれた島津製作所の會員招待會に招かれ各種の催し餘興等に滿足して解散した）

大阪市保育會會則改正に關する件

昭和三年十月三十一日南區渥美小學校に開催の同會第六十四回秋季總集會に於て同會の會則を別記の通り改正された。改正された主要點を列擧すると左の通りである。

第三條（聯合の單位增加）

大阪市保育會は元舊行政區西、南、東、北の四區保育會の聯合組織であつたが大正十四年四月に行はれた行政區域變更增區の結果浪速區に次いで此花區の二保育會が新に生れ同會に加盟したから六區保育會の聯合組織となつた。

第九、十、十一、十三條（役員の定員減少並に役員名の改稱）

舊則に依れば會長副會長は公選することになつて居たが會長には大阪市長を推戴し副會長には大阪市教育部長を推擧することに定め尙副會長は從來二名であつたが一名となつた。役員の名稱を改めたのに幹事長と評議員がある。幹事長は元理事と稱へてゐたもので評議員は元常議員と云つたものを改稱したのである。尙評議員は從來一區五名の割合で選出してゐたが定員を減じて一區三名となり必要に應じて若干名を會長が囑託することになつた。

第二十二條（各區保育會の負擔金增額）

大阪市保育會の經費負擔として每年各區保育會より金三十圓を支出してゐたが大正十年度より之を五十圓に增額した。

大阪市保育會會則（昭和三年十月三十一日改正）

第一章　目　的

第一條　本會ハ保育ニ關スル事項ヲ研究調査シ其ノ發達上進ヲ圖ルヲ以テ目的トス

第二章　名稱及事務所

第二條　本會ハ大阪市保育會ト稱シ事務所ヲ大阪市役所教育部内ニ置ク

第三章　組織及會員

第三條　本會ハ左ノ各區保育會ノ聯合ヨリ成リ各區保育會員ハ當然本會ノ會員トス

一、大阪市北區保育會

二、大阪市此花區保育會

三、大阪市東區保育會

四、大阪市西區保育會
五、大阪市南區保育會
六、大阪市浪速區保育會

第四條　大阪市保育事業ニ功勞アリ若ハ本會ニ裨益ヲ與フル者ヲ本會名譽會員トス

名譽會員ハ本會役員會ノ決議ニ依リ之ヲ推薦スルモノトス

第五條　本會ノ事業ニ贊同シ會費年額金壹圓ヲ納ムル者ヲ本會贊成會員トス

第六條　贊成會員タラントスル者ハ會長ニ入會ヲ屆出テ毎年五月末日迄ニ當該年度會費ヲ納ムルモノトス

贊成會員中途退會スルモ既納會費ハ之ヲ返還セス

第七條　贊成會員ハ本會ノ刊行スル雜誌ノ無料配布ヲ受クルモノトス

第四章　事業

第八條　本會ハ第一條ノ目的ヲ達スル爲左ノ事業ヲ行フ

但シ他ノ保育會ト連絡スルコトアルヘシ

一、保育ニ關スル諸問題ノ研究調査
一、保育ニ關スル講習會講演會等ノ開催
一、保育ニ關スル視察
一、雜誌ノ刊行
一、其ノ他役員會ニ於テ必要ト認ムル事業

第五章　役員

第九條　本會ニ左ノ役員ヲ置ク

會長　一名
副會長　一名
幹事長　一名
幹事　若干名
評議員　若干名

第十條　會長ニハ大阪市長ヲ推戴シ副會長ニハ大阪市教育部長ヲ推擧ス

第十一條　幹事長ハ大阪市學事關係者ヨリ會長之ヲ指名ス

第十二條　幹事一名ハ會長ノ指名トシ其ノ他ハ各區保育會ヨリ二名宛ヲ選出ス其ノ任期ハ區選出幹事ハ其ノ區保育會ノ任期ニ依リ會長指名幹事ハ貳箇年トス

第十三條　評議員ハ各區保育會々員中ヨリ三名宛ヲ選出シ其ノ任期ヲ貳箇年トス

但シ會長ハ必要ニ應シ評議員若干名ヲ囑託スルコトアルヘシ

第十四條　幹事評議員ニ缺員ヲ生シタルトキハ隨時之ヲ補充スルモノトシ補缺ニカカル者ハ其ノ前任者ノ任期ヲ繼クモノトス

第十五條　役員ノ任務ヲ定ムルコト左ノ如シ

一、會長ハ本會ヲ代表シ會務ヲ總理シ議事アルトキハ議長トナル
一、副會長ハ會長ヲ輔佐シ會長事故アルトキハ其ノ職務ヲ代理ス
一、幹事長ハ會長副會長ヲ輔佐シ會長副會長事故アルトキハ會長ノ事務ヲ代理ス
一、幹事ハ會務ヲ分掌ス

一、評議員ハ本會ノ重要ナル事項ノ協議ニ參與ス
第十六條　幹事評議員ハ任期滿了スルモ後任者決定スルマテ其ノ職務ヲ行フモノトス

第六章　集　會

第十七條　本會ハ毎年春季及秋季ノ總集會ヲ開ク
但シ必要ニ應シ臨時總集會ヲ開クコトアルヘシ
第十八條　總集會ニ提出スヘキ事項ハ會長之ヲ定ム
第十九條　幹事會評議員會及其ノ他ノ諸會合ハ必要ニ應シ臨時之ヲ開ク
第二十條　議事ハ出席者ノ過半數ヲ以テ之ヲ決シ可否同數ナルトキハ議長ノ決スル所ニ依ル

第七章　會　計

第二十一條　本會ノ經費ハ左ニ揭クルモノヲ以テ之ヲ支辨ス
一、各區保育會ノ負担金
一、贊成會員會費
一、補助金、寄附金
一、其ノ他ノ雜收入
第二十二條　本會聯合ノ各區保育會ハ本會ノ經費負担金トシテ毎年金五拾圓ヲ納ムルモノトス
第二十三條　本會ニ於テ毎年一回刊行ノ雜誌ハ實費ヲ以テ各會員ニ配布ス
第二十四條　本會ノ會計年度ハ毎年四月一日ニ始マリ翌年三月三十一日ニ終ル
第二十五條　本會ノ豫算及決算ハ評議員會ノ認定ヲ經ルモノトス
第二十六條　本會ノ豫算決算及庶務ニ關シテハ毎年春季總集會ニ報告スルモノトス

第八章　附　則

第二十七條　本會則ノ變更ハ總集會ノ決議ヲ經ルモノトス
第二十八條　本會則施行ニ必要ナル細則ハ會長別ニ之ヲ定ム

以　上

關西聯合保育會規約（昭和三年一月二十八日改正）

第一條　本會ハ關西聯合保育會ト稱ス
第二條　本會ハ幼稚園教育ニ關スル各般ノ事項ヲ研究シ幼稚園教育ノ普及進展ヲ期スルヲ以テ目的トス
第三條　本會ハ關西各地ニ於ケル保育會又ハ之ニ類スル團体ノ聯合ヲ以テ組織ス
第四條　本會ハ毎年一回京、阪、神、三市ニ於テ交番ニ之ヲ開ク
但シ時宜ニ依リ京阪神以外ノ保育會所在地ニ於テモ之ヲ開クコトアルヘシ
第五條　必要ニ應シ各會二名宛役員ヲ出シテ聯合保育會役員會ヲ開ク但シ其ノ場所期日等ハ其ノ都度協議ノ上之ヲ定ム
第六條　聯合保育會ヲ代表セル文書ニハ當番市ノ會長（會長ヲ置カサル市ニアリテハ主任役員）署名捺印ス
但シ建議書ニ關スル署名方法ハ其ノ都度協議決定ス
第七條　會場會日及開會ノ順序等ハ當番市ニ於テ之ヲ定メ研究題ハ

六箇月前協議題ハ三十日前會場其ノ他ハ十日前ニ之ヲ他ノ會ニ通知スルモノトス
第八條　會議ノ議長及會務ノ整理ハ當番市ノ役員之ヲ擔當ス
第九條　聯合會開會ニツキテノ費用ハ當番市ノ負擔トス
第十條　本會ノ目的ヲ達センカタメニ毎年一回雜誌ヲ發行ス之ヲ關西聯合保育會雜誌ト稱ス
第十一條　雜誌ハ實費ヲ以テ會員ニ需要ノ部數ヲ配布ス
第十二條　本會ニ必要ナル内規ハ役員會ニ於テ之ヲ定ム

内規

1. 規約第三條ニ依ル本會加入ノ保育團體ハ京都市保育會、大阪市保育會、神戸市保育會、名古屋市保育會、吉備保育會ノ五トス
2. 新ニ本會ニ加入セントスル團體ハ役員會ノ承諾ヲ得タル後本會ノ決議ヲ經ルモノトス
3. 聯合各會ハ聯合會ニ於テ決議セシ調査事項ニ對シ責任ヲ有スヘキコト
4. 各會役員ノ交代分擔ノ變更ハ其ノ都度聯合各會ニ通告スルコト
5. 會務ニ關スル往復書類ハ當該會名ヲ以テ庶務擔當ノ役員ニ向ケ發送スルコト
6. 雜誌編纂印刷等ハ當分大阪市保育會之ヲ擔當ス　（以上）

備考　（會名改稱年月日………昭和二年十一月二十三日
規約改正年月日………昭和三年一月二十八日）

昭和四年九月十八日印刷
昭和四年九月廿一日發行　（非賣品）
關西聯合保育會
大阪市西區江戸堀下通二丁目
印刷人　釘澤孝
大阪市西區江戸堀下通二丁目
印刷所　三正堂印刷部
電話土佐堀五九四三番

秋季運動會の御準備とし
て目下高評を忝う致して
居ります弊店特製のタン
バリンの御採用を御願ひ
いたします。

【定價】
小徑六寸 七拾錢
大徑七寸 八拾錢
特別上製 壹圓

幼稚園恩物及家庭用保育品

製造元

營業所 大阪市北區金屋町一丁目三十一番地

戸部保育品製作所

電話北二九一九番

振替大阪三三一八六番

関西連合保育会雑誌　第五三号

昭和五年十月

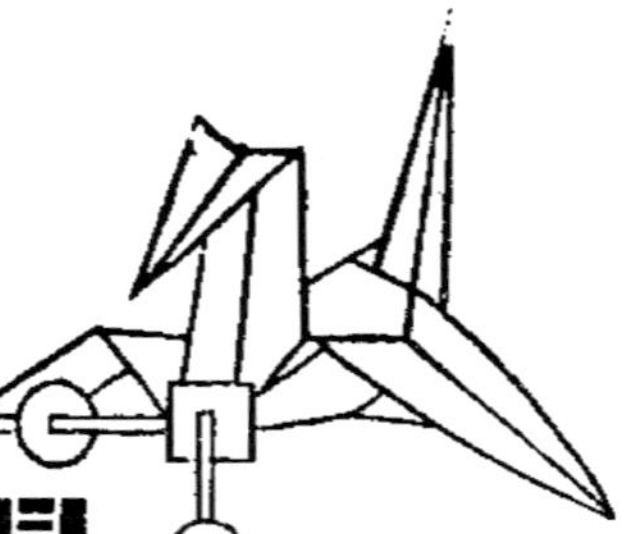

關西聯合保育會雜誌

第五十三號

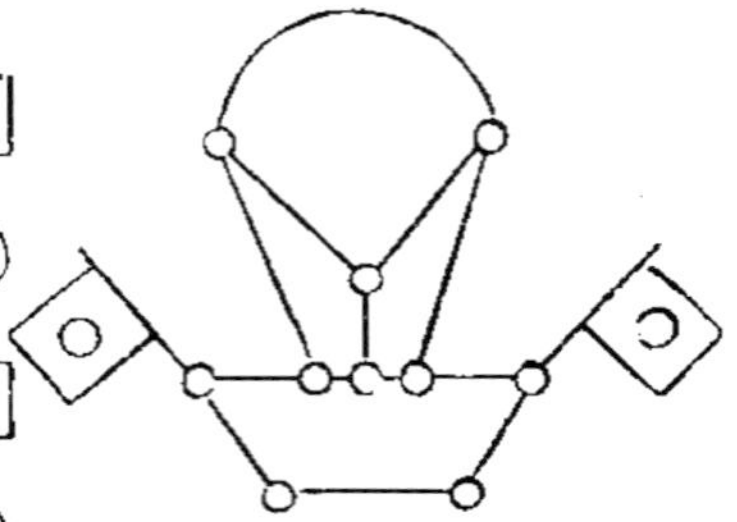

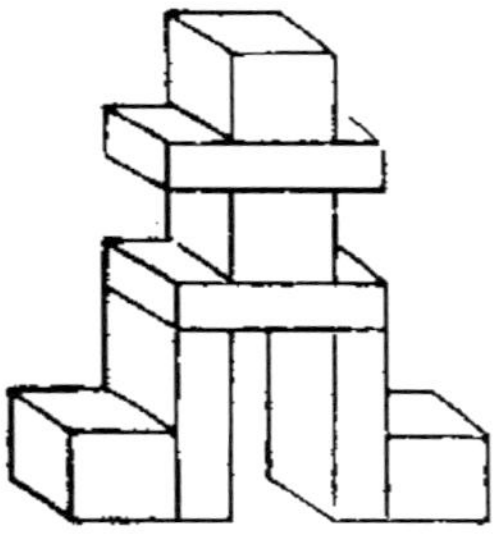

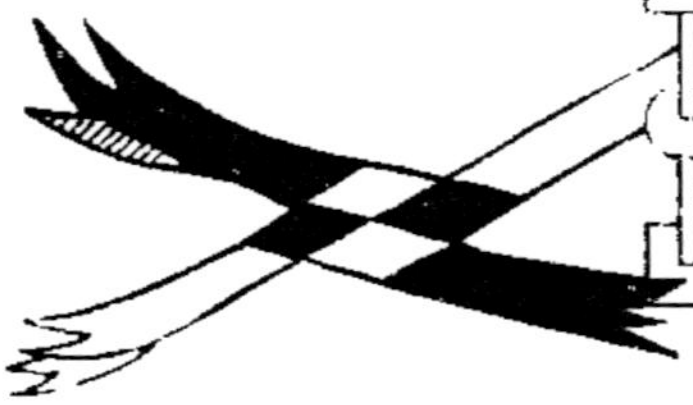

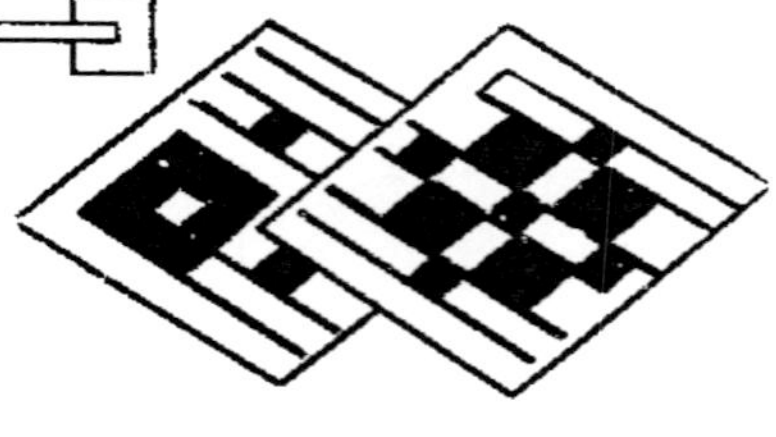

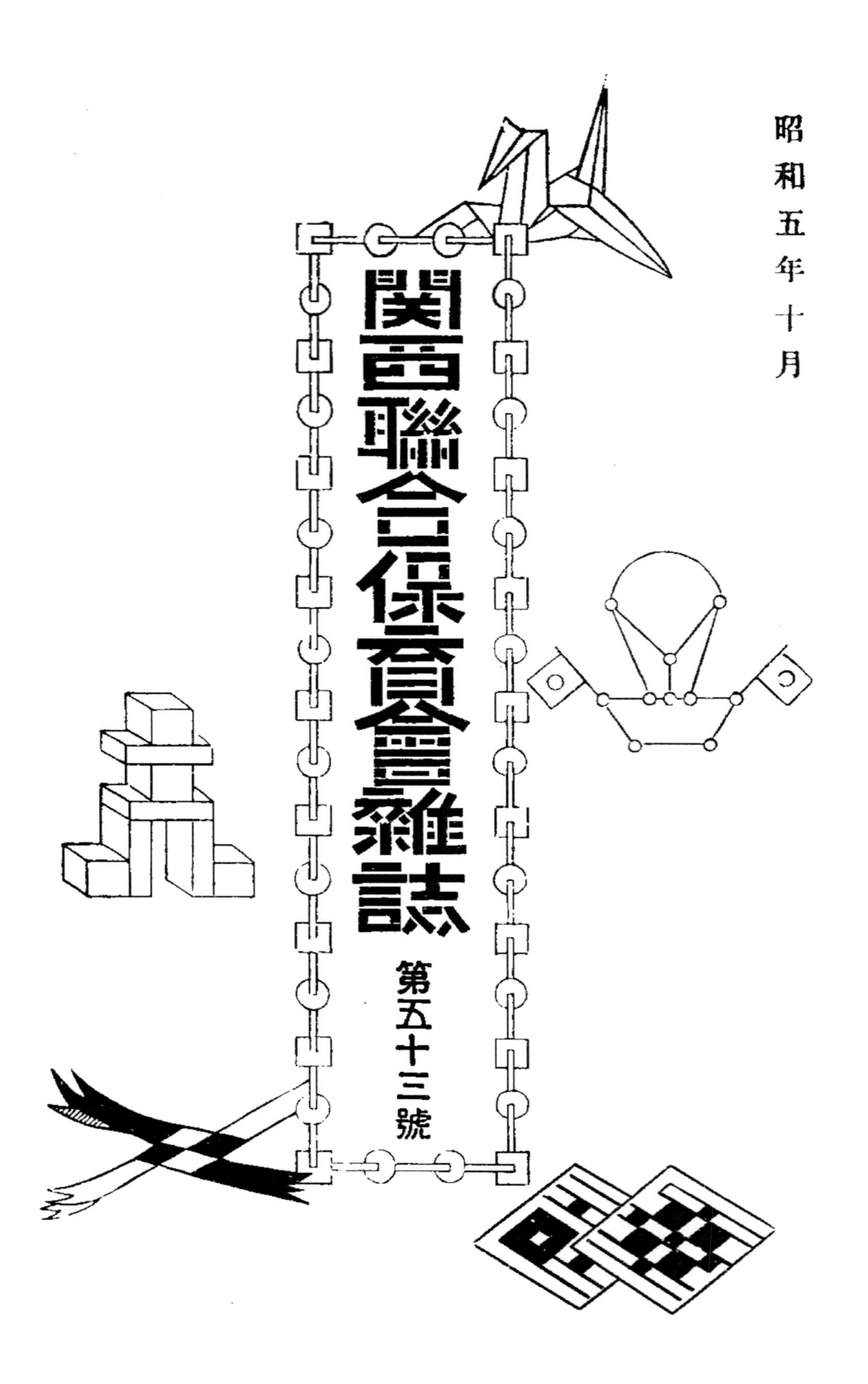

昭和四年六月四日大阪市行幸の際天覧を辱うしたる寫眞
（大阪市露天保育實況）
（其の一）

（其の二）

伯林ペスタロッチ。フレーベルハウスに於ける幼兒の作業

パリー幼稚園のお遊戯

關西聯合保育會雜誌第五十三號目次

五市保育會彙報

雜錄

學藝論說

家庭教育の充實

東京女子高等師範學校教授
倉橋惣三氏

本日は特にお招きを受けまして皆樣にお目にかゝる事の出來ましたのは誠に愉快と致すところであります。先程から此の席に列しまして、私として聊か感慨無量――それ程でもありませんが――と申してよいやうなことを思ひ出してゐたのでありますが、私が幼兒教育に就きまして多少の研究を致して居りました時に、我が國の幼稚園教育のパレスナと申して宜しい此の關西保育界の諸君に初めて引合せて貰ひましたのは、只今から凡そ十八年前、此の神戸市に開かれました三市聯合保育會であつたのであります。十八年と申しますれば相當に長い年でありまして、當時私を特にお招きになりまして種々斡旋の勞をとられた方は望月さん其の他の方であつたと思ひますが、其の望月さんは其の頃は妙齡花の如きお若い方であつたのであります。爾來關西方面に大變に御懇意を續けて居り、當方面の幼稚園教育の先輩の方々が相變らず御壯健に今日の大會にも御盡力になつて居るのを見ます事は私として喜びに堪へない次第であります。殊に其の年月の間に此の會が非常の發展をなさいまして、三市聯合保育會が五市となり關西聯合保育會と云ふ大きな名のもとに一層盛んな會合を續けてお出になるのであります。尙亦其の內容に於きましても今朝程から拜聽して居りましたのでありますが、問題の選び方に就きましても其の御研究の御發表にな

ります態度に於ても益々敬服を致すのであります。

ところで私の今日選びました問題は「家庭教育の充實」と云ふ題目でありまして、幼稚園教育其のもの、實際的內容のお話とは少しく漠然たる題目である様に見えます。併し專門的の御研究は色々進んで居りますし、私も亦此の聯合會や此の五市それ〲の會合に於て屢々卑見を申述べて居りますので、今日は少しく變つた方面からの事を申上げて御靜聽を煩はしたいと思ふのであります。

人間の教育に於て家庭教育が最も大切なものであると云ふ事は改めて申すまでも無い事と思ひます。而も近來の世相全體の傾向を眺めまするど云ふど時代の趨勢は家庭生活其のもの、充實の爲には必ずしも宜しい狀態とはいへないのであります。時代と共に個人の充實は驚くべき發展を至して居ると信じます。又社會生活も立派な進步を致して居ると信ずるのでありまするが、家庭と云ふ問題に就きましては現代の趨勢は必ずしも喜ぶことの出來ない傾向が多いのであります。即ち現代の家庭生活は昔に較べまして甚だしく脅かされて居ると申して宜しいかと思ひます。先刻どなたかのお說の中にもありました様に色々の事情が家庭生活の充實を害つて居るのであります。而して家庭教育と申します事は家庭に於て行はれる教育と云ふよりは家庭生活其のものに依つて實現さるべき教育と解釋すべきものであると私は考へて居りますが、今日父母の我が子の教育に對する理解、熱心、それに必要なる知識、それ等は勿論昔と較べまして進步した筈でありますけれども、家庭生活そのものが斯くの如き動搖不安なる狀態になつて居ると致しまするど、其の生活其のものから與へられます此の家庭教育も頗る又動搖不安の狀態にあると云はなければならんと思ふのであります。茲に於きまして現代に生きて居る教育者は即ちそれ〲從事致して居ります教育の各方面に就て專門の心配努力を致しますと共に、各教育者悉く共に一致致しまして此の家庭生活と家庭教育とを如何にして此の危機から救ひ以て十分に充實し得べきかに就て、最も深刻な心配を持たなければならない次第であると考へます別けても學齡前の時代に於ては其の家庭教育なるものは分量的にも本質的にも兒童生活の中樞を占むるのでありますから、幼兒教育を職分としてをりますところのお互は他の教育者以上に家庭教育の事に就きまして心配を致さなければならぬ次第であ

ると思ふのであります。

ところで我が國の幼稚園令は先刻來からお話の中に既に出た事でありまするが、此の點を頗る考慮致して居る譯であります幼稚園教育の保育の實際に就きましては新令は必ずしも、さう新しく非常なる變化を示して居りません。併し乍ら幼稚園と云ふもの、社會的職能、社會的意義と云ふ事に就きましては古き幼稚園の觀念とは非常に進んで居る事と思ふのであります。其の點を極く端的に摑んで申しまするならば古き幼兒教育は幼兒個人の爲に教育的の立場から努力を與へました。今日の幼稚園もそれを重要と考へますが、社會的情勢に基いて其の幼兒の住まつて居る家庭、其の家庭の缺陷を憂慮する事から、その切迫せる急務を感じて居るといへます。卽ち此處に非常なる差別があるかと思ふのであります。斯う云ふ風に新幼稚園令は力強く其の方向に凝視を向けてゐまして、幼稚園設置の必要主點を何れに置くかと云ふ事、それに伴ふ施設及び方法に就ても、さう云ふ事を主張して居る譯であります。ところで所謂幼稚園を家庭教育の缺陷に對して必要なりと考へます考へ方は、更にもう一つ進んで考へますならば二段に分けて考へられるかと思ひます。其の一つは家庭に於て適當なる教育を十分に受けさせる事が出來ませんから、之に代つて其の缺陷を補ふ所の機關が必要であると云ふ考へ方であります。幼稚園令の言葉には家庭教育を補ふを以て幼稚園の目的とすと書いてあります。幼稚園令第一條は繰返しますまでも無く幼兒の心身の健全なる發達、善良なる性情の涵養、斯う云ふ事をしまして家庭教育を補ふを以て目的とすと書いてあります。ところが幼兒心身の發達及び善良なる性情の陶冶といふ事は、之は必ずしも幼稚園の、幼稚園と云ふ社會的施設のみの目的では無いとも申せます。卽ち家庭其のもの、目的であります。親に「貴方の子供は如何に育てようとして居られるか」と云ふ事を聞いたならば、中には適當の言ひ表しの出來ない人もありませうが、要するに「私の子供には心身を健全に發達させ善良なる性情を涵養したい」と云はれるに相違ないのであます。して見ると幼稚園の教育内容はそれに相違ないのでありますが、其の特有の任務卽ち社會的意義としては家庭教育を補ふを以て目的とすと云ふ所に其の意義があると考へるべきであります。そこで或は託兒所、或は保育所、或は保育學校――私共はそれ等一切を包括しまして現代的意味に於ける幼稚園と考へたいのでありますが――兎に角それぞれの名前

に於きまして家庭教育の缺陷を補ふ所の施設が生れて來るのであります。而も忌憚なく申しますれば、其の家庭教育の缺陷を補ふと云ふ事の意味が、之に代へるに相當のものを持つて補ふ。足らない所だけを何か他のもので補ふ。と云ふ狹い意味に或は誤解されて居る事がありはせんかとも心配されるのであります。而も、もう一歩進んで其の家庭教育そのものを充實して行く任に誰か當らなければならんのぢやないかと思はれるのであります。此の點に就きまして外國の傾向を申しますれば皆さん御承知のことでありますが、初は其の缺陷ある家庭の爲に託兒場と云ふものが出來まして所謂デー、ナーセリー即ち晝間幼兒保育所と云ふものが社會事業として出來ました。此のデー、ナーセリーは子供が家庭に於きまして十分の教育を受けないからと云ふよりは、家庭生活其のものに缺陷があるからと云ふので、それを補ふと云ふ意味で生れたのであります。ところが段々其の傾向が變化して參つて單に家庭生活の缺陷を補ふばかりではいかぬ。どうしても家庭教育に就て其の家庭教育的意味を入れて置かなければならぬと云ふので、デー、ナーセリーが教育性を段々帶びて參りました。其の教育性を帶びて參つたのが即ち保育學校と云ふやうなものになる譯でありますが、而も其の保育學校は更にもう一つ進んで、其の子供をあんな不完全な家庭ではいけないから、い丶ところへ連れて來て世話をすると云ふばかりでなく、子供を預る其の事に依つて、其の家庭の教育性を進めて行かう、其の家庭そのもの丶教育性を充實して行かうと云ふ事を强調してゐる譯のものであります。從來の幼稚園又託兒所とは違ひ、保育學校は家庭そのものを充實する事に就て色々心配して居るのでありますが、之は私共大いに考ふべき事でないかと思ふのであります。但し保育學校の場合は非常に缺陷のある家庭、即ち子供が殆ど朝から夕方まで親の傍に居る事の出來ない樣な場合が主でありますが、斯うした意味の家庭充實は必ずそんな場合のみに限りません。所謂普通の家庭生活を致して居りまする子供をお互の所謂幼稚園が保育する時に、之が果してどう云ふ意識を持つて行はれてゆくべきでありませうか。先程から皆さんの御研究を伺つて居りますと云ふと、家庭生活が子供の上に及ぼす影響の實に偉大なる事はよく認められて居るのであります。身體の健康といふ樣なことにも家庭の職業が如何に影響を及すか、況んや智能の發達に就きまして親の職業の關係がどうであるか、殊に情緒の問題等に就きましては一層どういふ風であるかと云ふ事を細かにお示しになつてる

るのであります。さてさう云ふ事を研究致しまして其の點が明かになつたと致しまして、我々はそれをどう實際の保育に考慮してゐるでありませうか。忌憚なく申しますれば從來はまだ〳〵そこへ觸れてゐないのではないかと思ふのであります即ち從來の幼稚園は子供をたゞ其の年齢に於て漠然と取扱つて居り、又細かに行き屆いたとしても子供を個性に於て差別して取扱ふだけで——それもなか〳〵出來てゐませんが——もう一歩進んで其の個々の家庭狀態を考慮することは殆んど出來て居りません。而もそれで無くして所謂家庭教育を眞實に充實する事は出來る譯のものではないのであります。今日の幼稚園が子供の心理的個性調査をしておいでになる事に就きましては昔日の狀態の比にあらずと申してよいと信じます。併しながら其の家庭に於て其の子供がどう云ふ親の教育を受けて居り、どう云ふ生活をして居るか、卽ちどう云ふ特殊の境遇にあり、どう云ふ特殊の缺陷を受けて居るかと云ふ事實を明かにして、其の點を補つて行かうと云ふ事はまだ殆ど行はれて居ないと思ひます。而も之が幼稚園の一つの重大なる任務なりと考へますならば、子供の家庭調査がもつと十分に行はれる必要もある譯であります。今日御承知の如く社會事業として子供を取扱ふ場合に於きましては、家庭調査と云ふ事が最大問題になつて居ります。家庭調査なしに一人の子供をも適當に世話することが出來ません。從つて家庭調査を基礎としない兒童保護は社會事業として全然非科學的だと云はれて居りまするが、幼稚園の場合に於ても、それが家庭教育を基として適切の事をして行くべきものである以上同樣の事ではないかと思ふのであります。先程保育時間の問題が出ましたが、之は洵に現代の幼稚園が現代の社會生活と云ふものに觸れて來た事を的確に示す誠に進步的な問題であると敬服致した次第でありますが、それに就て色々のお話の中にもありました如く、又出題者の方面に於きましても御同樣の考へでありました如く、各個の子供の事情、即ち家庭情況に應じて時間數を延ばすのは當然の必要と思はれます。卽ち幼稚園といふもの、又各幼稚園の時間の全體で無くして、各個の子供の問題なのであります。而して之は卽ち其の子供の心理的條件に基くのではなくして、家庭的條件に他ならぬのであります。更に詳しく申せば各家庭の必要に應じて幼稚園は其の子供を個別的に取扱ふと云ふ事になる譯であります。そこで時間數に於てさう云ふ事が云へますならば更に進んで生活の內容の事に就きましても單に心理的原理としてのみ、家庭の狀況に基ける個別的

保育を實現してゆくことを、今日の幼稚園に於て大いに徹底すべきものではないかと思ふのであります。

私はドイツ、ペスタロッチ、フレーベルハウスを見て居りました際に、特に目に着いた一つの事がありました。一つの組に幾人かの子供が居りまして、さうして其の部屋の中で何かして居りましたが、或時間が來ると云ふと先生は牛乳を何本か持つて來て其の中の或子供だけに飲ませて居りました。十何人かの組の中でホンの五六人の子供でありましたが、それだけに牛乳を飲ませて居る。斯う云ふ事は我が國の幼稚園に於きましてはナカ〳〵困難な實際上の問題でありませう。實際上に於て困難であるのみならず我が國の幼稚園の觀念に於ては、さう云ふ事が許さるべからざる事の樣な感じもあるかとさへ思はれます。先程幼稚園教育には色々の傳統があつてと云ふやうな事でありましたが、私はそんな所にも觸れて居りはせんかと伺つて居りました。即ち一つの組の子供を教師は其の家庭生活の境遇に應じて差別的に取扱ふと云ふ事は我が國幼稚園の傳統に於て、どうも穩當でないやうな感じがあるのでないか。其の牛乳を或少數の子供に飲ませて居るのを聞くと、其の子供だけが家庭に於て十分營養を採つて居ない子供であります。他の子供は家庭に於て普通の營養を採つて居る。其の營養を採つて居る子供までにも幼稚園が牛乳を提供する必要はない。其の子供の家庭生活に於ける缺陷を幼稚園が充實すると云ふ意味に於て牛乳を飲ませるのに何の不思議も無いのでないかと云ふ答でありました。又我が國の幼稚園ならば他の子供が羨むか知りませんが、そこでは別に羨みませんでした。我が國ならば飲ませぬ子供の家庭の方から何か云つて來るか知りませんが、それも云つて參りません。實に其處に幼稚園と家庭が違ふと申しますか、幼稚園の方が家庭の缺陷を其の個々の場合に充實する事をやつて居ると斯う云ふ事に見られるのであります。斯う云ふ牛乳を飲ませると云ふやうな事は營養の問題でありますから比較的簡單に圖り得る問題でありますが、其の他色々の問題に就てさう云ふ事が必要かと思ふ。

我が幼稚園に於ける宗教教育と云ふ問題に就て屢々色々のお方からお尋を受ける事もあり又色々御意見を承る事もありますさて此の宗教教育と云ふ事に就ては、我が國に於きましては公に建てられたる教育機關に於ては一定の宗教を取扱ふ事は許さて居りません。而も近年教育家として宗教の基本的教養の必要なる事は今日の有識者の誰も認める所であります。そこで幼稚

園だけよいと云ふ問題は起らない。學校も同じであります。假に幼稚園に限つて問題を考へて見るならば私は何でも無く之を解決さるべきものと私は思ふのでありますが、保姆の方は其の子供の一人々々の家庭の情況をよく知つて居りましたならば、それで解決が出來て行くのでは無いかと思ふのであります。其の家の宗教を明かにしないで宗教教育をしようと云ふ事になりますと云ふと、或一定の宗教を持つて來る事は困難であります。漠然たる宗教觀と云つた樣なものは、それは所謂情操教育の一部分に屬する事で大して宗教教育と云ふ程の事にもなりますまい。併しながら保姆の方が一人々々の家庭の宗教をよく明かにして居りまして、或子供の家ではキリスト教でありますならば、其の子供に限つて土曜日に歸ります時に「明日は貴方のお家では安息日として皆さんお詣りになる日ですネ」と云つてもよいでありませう。或は佛教の信仰をして居る御家庭の子供でありましたならば、其の佛教のそれ〴〵の宗教行事に對しまして之を忘れずに其の子供に適當に話してやる。或は後で「昨日のお彼岸はどうしましたか」「昨日のお盆はどうしましたか」と云ふやうな事を其の子に就て個別的に云つてやればよい。子供を集めて宗教と云ふやうな事を取扱ふと致しますから其處に實に問題がむつかしくなりますが、其の宗教は子供の宗教で無くして家庭の宗教であります。成年になりましたならば之れ又別でありませうが、幼兒の場合に於きましては子供の宗教でなくして家庭の宗教であるのでありますから、其處にたゞ個別的に取扱ふて行けばよいと思ふのであります。牛乳をやるとかやらぬとか云ふやうな極く簡單な事と、宗教の問題の樣な奥深い所、其の間に斯う云ふ心掛を以て取扱つて行くべき事は澤山にあらうかと思ひます。例へば私は家庭教育の重要なる一つの要素としまして、家庭の職業に對する子供の理解と申しまするか何んと申しまするか、さう云ふ風な事が非常に必要なものだと考へて居るのであります。一体家庭生活其のものから、にじみ出て來るものが家庭教育とするならば、其の家庭生活の根底になる家庭の職業、父の職業或は母の職業、さう云ふ事が其の子供の家庭教育の上には洵に重要な現實的な基礎を成して居るものであります。そこで其等の事に就て幼稚園は矢張りよく理解して居りまして、其の家庭の職業の問題に就きまして個別的に適當の處置をして其の子供の職業に相應しい所の話も致しますれば、又色々な指導もすると云ふやうな事に就きまして、家庭の職業に適應する取扱ひ方が餘程出來る餘地があるかと思ふの

であります。親が子供をごう取扱ふかご云ふ事は先程の問題に出ました子供の情操の上に大變な關係を持つて居ることも申すまでもない事であります。子供自身の情緒、之は子供自身の情緒ご云ふものは本能的心理的のものでありますが、それがごんな風に助成されて居るかご云ふことは家庭に依るのであります。あの家庭ではお父さんが癇癪持である。あの家庭ではお母さんがメソ〳〵して居る。ヒステリーのやうな人である。或はあの家庭は非常に迷信深い家庭である。色々さう云ふ事などが其の子供の情緒を色々支配されます。さうしますならば、其の家庭の情況に就て明かに吾々が知つて置きますならば、それに對する適當なる取扱を子供にしてやるご云ふことは、卽ち家庭の缺陷を、幼稚園に於ては其の子供の爲に其の家庭敎育の缺陷を適切に補ふご云ふ仕事になるのでないかご思ふのであります。

　更に幼稚園は其の子供を育てますご共に、其の家庭敎育其のものを適切に充實して行く上に努力して行かなければならぬご云ふ問題がモウ一つ大切になるかご思ひます。先程色々承つて居るご家庭ご協力してご云ふやうなお言葉が屢々出まして、之も洵に結構な事ご思ふのでありますが、之も忌憚なく私の所感を申述べて見ますご、今日の幼稚園はまだ〳〵家庭生活に向つて敎育的に何か役立つて行く働ご云ふものが甚だ少いご申しますか、弱いものである。斯う考へてよいかご思ひます。先程申しましたナーセリスクールの場合に於きましては、ナーセリスクールのある事に依つて家庭が働く事が出來る。ナーセリスクールに依つて子供が良くなつたご云ふのみでなくして、ナーセリスクールがあつた爲に家庭敎育が進歩して來たご云ふことが實現されなければナーセリスクールの範圍を脫しないご考へて居るご云ふ、之は吾々幼稚園の場合に於ても矢張り同樣の事が多少程度が違つて居つても云ひ得るかご思ふのであります。そこで私は斯う云ふ事を考へます。幼稚園の職能は勿論其の預りました子供を、預りました年限内に於て出來るだけの敎育をする事でありますけれども、併しながら、それは先程或方の申されましたやうに幼稚園のお方が微力ご云ふ譯では決してありませんけれごも、併し何分にもあの小さい子供を幼稚園ご云ふやうな場所に二年なり少ければ一年位しか預らぬごしますれば、其の事自身から與へられた所の敎育効果ご云ふものは、さう非常に顯著なものである事はむつかしいご申してよいかも知れません。これは世間の方に申しましては誤解があるかご思ひます

が、我々幼稚園の効果を根本的に信じて居ります者の話こ致しまして、而も其の子供を教育しようこする無限の希望を基こして考へる時に、幼稚園に於て私共が直接なし得る教育こ云ふものは、吾々の希ふ教育の全体こ云ふここは申せない。そこでどうしても其の子供の生活根底である家庭を良くしなければ其の子供の教育が徹底も完成もしない譯になります。そこで吾々は幼稚園こ云ふ職能は其の預つて居られる子供を献身努力に依つて教育をするこ云ふ外に――それは勿論大事な事でありますが――それに加ふるに、家庭教育充實の機關こして色々他の働をして行かなければならぬこ思ふのであります。それに就ては色々の事があるこ思ひますが、先づ第一にモウ少し幼稚園は其の子供一人々々の研究を緻密に致しまして、之を母の方に適當に傳へまして、さうして家庭教育の科學的充實を圖る事も必要なことであらうかこ思ふ。勿論さう云ふ事も既に行つて居られる處も澤山にあるこ思ひますが、又さう云ふ事に就て幾等も澤山な餘地があるのでないかこ思ひます。更に私は幼稚園こ云ふ所で折角大事な子供を世話して居るのでありますからして、それを人質こ云ふ譯ではありませんがそれを本こしまして、モウ少し母其の者を教育して行く事を幼稚園が努力してよいかこ思ふのであります。幼稚園に保護者會こか母の會こ云ふものをお持ちになつて居る所が隨分あるこ思ひますが、此の問題を幼稚園の附屬事業こしないで、幼稚園こ云ふもの丶一つの主要な仕事こして考へるやうになりたいこ思ふのであります。但し其の母の會こ云ふやうなものは所謂當り前の社會的の通俗的な講演會こ云ふやうなものこは勿論違ふのでありまして、幼稚園が本になりまして其の母をミツチリ教育して行くのでありますから、此處に極めて適切な堅實な方法を採つてやつて行く必要がある譯になります。時々母を集めまして家庭教育の缺陥を語つて、さうして「御注意になつたらよからう」こ云ふやうな事を申渡すこ云ふやうな事だけではなくして、ミツチリしたものにして行くのであります。私は數年前からして或事が私の動機になりまして、さう云ふ事を色々試みて居るのであります。色々な幼稚園のお母さん達の中から、必ずしも多數でなくこも宜しいのでありますが、熱心な方の會合を求めまして、さうして其の人員は多くも五十人以下位に限りまして、さうして其の人達の爲に一定の期間連續的に母の會を開くのであります。さうして其の母の會で取扱ふ事は所謂一般的の指導研究こか教育學こ云ふやうな講義でなくして、其の來て居ります母達の子供の實際問

題を根底として連續的に母の會を催して行くのであります。アメリカで今から三四十年前に彼の有名なエシカル、カルチユアアソセーション即ちアドラ博士が主宰して居ります會で、初めて母の會と云ふものをやつて、それ以來アメリカではさう云ふ母の會と云ふことが行はれて居るのでありますが、それと似たことを幾つかやつて居るのであります。さう云ふ會をやつて見ますと云ふこと、忙しい家庭の人が連續的に十回或は十二三回續けて其の會に出席することは困難なやうに初は考へたのでありますが、實際やつて見ると之が立派に行はれます。さうして二三回連續致しますと云ふと抽象的の科學的の研究と云ふやうなものは何處かへ行つてしまつて、實際我が子に對する問題を其處で打明話も致しますれば、苦勞話も致しますれば、失敗の話も致しまして云はゞ涙を流して血の出るやうな親の心持をお互に話し合ふと云ふやうな會合になつて來るのであります。之も其處らの人達を唯集めてすると云ふことではありません。其の子供の爲に日頃心配して下さる幼稚園の先生方がさう云ふ事をやつて下さると云ふ關係でありますから、洵にうまく行はれて行く譯なのです。

即ち私の趣旨は、子供を幼稚園によこすことを以て其の子供を敎育されて、家庭敎育の缺陷を外的に補つたと云ふだけではなしに、我が子を幼稚園にやつた爲に家庭敎育其のものが實質的に進步し充實して來まして、それに依つて我が子の敎育が益々よく行はれて行くやうになつた。斯う云ふやうな意味にしたいものだと考へるのであります。今日社會的に兒童健康相談所と云ふものが出來まして、心ある親が子供の健康を觀て貰ふ爲に連れて參ります。さうして一日か二日位科學的の方法で調べて貰ひまして、それが「非常に家庭の參考になる」と一般に喜んで居るのであります。況んや若しも幼稚園と云ふものが一年も二年も連續的に其の子供を扱つて居る見地から、十分其の子供の心身の得失缺陷を明かにして、それに應ずる方法も色々親と共に苦心して親の參考資料に供すると云ふことが出來ましたならば、初めて幼稚園の社會的意義と云ふものは充實的のものになるのではないかと思ひます。皆樣が幼稚園敎育に於て其の子供を其の幼稚園の中で敎へ下さつて居りますだけで實に大きな仕事である。社會は非常な感謝を之に致して居るのでありますが、併しながら或見方をしますならば皆樣の折角のお骨折を本當に意義あらしむる爲に、もう一つ家庭充實の方に入つて頂かなければ折角のお骨折が家庭の方で始終薄めて來るのでは

ないかと思ひます。幼稚園敎育の効果の擧がる擧がらぬと云ふことは幼稚園内に於ける折角のお骨折を家庭にまで擴げて行かない爲に起つて居るのではないかと私は心配して居るのであります。更に家庭敎育の充實と云ふ意味に關聯してモウ一言申上げて置きたいと思ひます事は、さう云ふ意味で幼稚園が家庭を色々導き家庭の敎育能力を充實して行くと云ふ事を致します時に、其の受ける利益は勿論家庭が受けるのでありますが、更にそれが纏つて來た時、幼稚園の方に又利益が與へられて來ると云ふ事は勿論のことであると思ふのであります。此の點を私をして極く忌憚なく纏めた言葉で云はして頂くならば、今日の幼稚園敎育の色々な原理原則と云ふやうなものは、一体何を根據として生み出されて來るかと申しまするに、幼兒の心理的得失に基いて其の幼稚園敎育の原理原則を立てゝ來ると云ふことが云はれて居るのでありますが、勿論之は科學的にさうでなければならぬし、私共もさう云ふ見地で幼稚園敎育の原理原則を考案して居る譯でありますが、併しながら幼稚園敎育の總ての調子と申しまするか態度と申しまするか、其の基本的には家庭敎育の其の調子に基いてやつて行くべきものであると信じます。フレーベル先生は幼兒敎育の方法は子供に學べと云はれましたが、私はそれに併せて、家庭敎育の本義に學べと言はるべきものぢやないかと思ふのであります。而して此の點に於ても幼稚園がもつと〳〵家庭に接觸し、此の子供が家庭でどんな生活をして居るかを、よく熟知する事に依つて初めて誤なく行はれてゆくものではないかと思ふのであります。大層急いでいろ〳〵のことを詰めて申上げましたが、要するに幼稚園がそれ自身の内部のことゝ共に家庭敎育其のものを充實しゆくべき諸點に就て、お考を煩はさうと思つた次第であります。

（本稿は昭和四年十月十七日神戸市保育會主催の下に開催の第三十六回關西聯合保育會に於ける倉橋惣三先生の講演を筆記したもので文責は編輯者にあり。）

アメリカの子供と日本の子供

大阪市西天滿尋常高等小學校長
椋本辰治郎

私共のやうに朝から晩まで子供の渦の中に埋れてゐるものは、たまに子供の顔が見られなくなると何だか寂しくて仕方がない軍艦のやうな大の男ばかりの中間に交つて幾日か波の上を走つてゐると、もうたまらなくなつていざ上陸といふとまつしぐらに子供の群へと驅け付ける。アメリカの子供は人懷こくあつさりしてゐるから直ぐに手を握つて多年の友人の樣になる。房々した黄金色の髮、林檎のやうな頬、薔薇のやうな唇、男の兒でさへ髮を七三に分け長いヅボンに折襟中折といふ姿、見るからに生々として秋空のやうに晴れやかに小鳥のやうに無邪氣で直ぐ寫眞を撮れとか名刺を與れとかボール投をやらうかといふ學校や幼稚園などへ行くと見付り次第飛んで來てグッドモーニングをやり手を携へて先生の所へ連れて行く。園長さんや校長さんに案内されて教室や保育室に入ることも嬉しさうにグッドモーニングをあびせかける。そして日本の字を書けとか富士山の話をせよとかお前の國では何でご飯をたべるとか問ひ、唱歌の時間などには一緒に歌へといふ。私もこう〳〵君が代を歌はされたりした。部屋を出る時には又一齊にグッバイをやる、中には俄仕込のお早う左樣ならをやつて與れる。とても氣持がよい。私がワシントンのある幼稚園に行つた時丁度六つ位の男の兒がツカツカつと自分の席から出て來てポケットから懷中電燈取出し不意に私の眼をの先に突き付けてピカツとやつた。傍に居た園長先生ニッコリ笑つてその兒の頭を撫でてゐる。中には茶目さんも多いが萬事はかういふ風にのんびりと朗らかな調子であるから泣いてゐる兒も喧嘩してゐる兒もなく、書取や圖畫や手工などの成績品を見ても皆大きく明るく餘り苦しんだ跡が見出されない。實際入學試驗の心配もなく煩しい宿題のなやみもなく自然にスク〳〵と伸びておのがじし自己の世界を樂しんでゐる樣はほんとに羨しく思はれる。

それに比べると我々日本人の子供殊に大都市の子供はどうであらう。皆が皆迄とはいはぬが、どうも內氣でむつちりして無

邪氣さとか快活味とかいふ子供らしさが乏しい樣な憾がないであらうか。年の割に早く大人じみて恥しがつたり容子をしたりする癖に氣が弱くて夜分などには一人で便所へさへ行けぬ位だのに一寸した事に腹を立て喧嘩をしては直にべそをかく。お行儀はよいといふが隅つこの方で一人ぼつちでつくねんとしてゐる。殊に顔色と來ては何時も青黑くてさえ切らず體が小さく細くて肉が弱く晴々とした生氣が乏しくはないであらうか。米國とは事情も違ふが晝尚暗い家の内で食事、服裝、入浴、用便、何から何迄お世話になりその上小さい時から世智辛いいろ〱の波風にもまれ一寸でもおいたをやれば直ぐにおばけが出たり鬼が出たりする。兄弟喧嘩は日々の仕事で人を見れば泥棒と思へと教へられる。これではどうして天眞爛漫な元氣に滿ちた子供が生れようか。子供こそ小さいながら我々祖先の生命と傳統とを宿し更に一層の洗練擴充を加へて之を永遠無窮に創造發展せしむべき重大な使命を負へる大事な大事な中繼者でありとするならば、そして私達は世の總ての親達と共にこの大切な子供の薫育培養に當つてゐるものとするならば、色々の事情に因り早急には行かぬとしても何とかもつと明るくもつと大きくもつと強く育て上げることに滿幅の努力を獻げねばならぬのではなからうか。由來民族の特質とか個性とかいふものは動かすことの出來ぬ大自然の影響や長い歴史傳統に依つて次第に築き上げられたもので一朝一夕には改めたり直したりすることが六つかしいものに違いないが併し米國に生れて米國に育つた我が同胞の子供即ち日系第二世を見ると、その體格に於てその氣分に於て我々の子供即ち日本生れの日本育ちの子供とは餘程違ふやうに思はれ私達の子供も必ずしも体の小さい陰氣者になるといふ宿命を持つてゐるものとも思はれない。生活の方法なり教養の如何に依つては益々固有の美を成長せしめながら缺点短所を補ふ事は相當可能なことと信ぜられるのである。

　御承知の通り米國は世界各國からの寄り合ひでその幼稚園や學校は丁度世界中の人種の競進會のやうになつてゐるが、その中に在つて世界の最優種族と定評せられてゐる西北歐系即ちノルド種に比べて優るとも劣らぬ成績を示してゐるのは實に我が日系第二世のみであつて、就中數學理科圖畫手工などに至つては斷然彼等の追隨を許さぬ程の勢を示し現に各學校では黃色の日系が餘りに首位を占め過ぎるので白人間の問題となつてゐるといふ位である。その上彼等は片時も祖先傳來の意氣精神を捨

てず名譽を貴び信儀を重んじ禮儀に厚く規則に遵ひ忍耐勤勉で義務に忠實であるから操行も常に善良と賞められものになつてゐる。殊に私共の大に意を强うする事は彼等の体格であつて膚こそ黄色を帶びてゐるが其の身長体重胸圍も白人の子供に伍し最早大した遜色がなく而も白人との距離は年々近づきつゝあつて野球の選手などには何時も眞先に入選する位であるといふ事實である。之は我が同胞の最も多くゐるワシントン州カリホルニヤ州や英領カナダのブリチッシュコロンビヤ州などで數年に亘り廣く細かく行はれた調査と州保健局の調査と對照しても明かで、又之を我が文部省の統計と比較すると其の体位は優に一年半乃至二年位優越してゐるとの事である。同一人種でありながら氣候風土や衣食住などの生活樣式や敎育衛生狀況の相違が斯く迄身体の發育に影響し引ひては性情氣分の育成に迄及ぶといふ事は私共の決して見のがしてはならぬと思はれる。そして是等智能の素質性行身体等の事實は從來數々行はれた各種の精密なる實驗調査や又その實際に依つて最も明確に立證せられてゐるのであるから我々日本民族は缺點も無いではないが又大にその意を强うするに足る長所をも具へてゐるのであると斷言して憚らない。私共は宜しくその希望を大にし長を助け短を補ひ何處から見ても世界最優秀の民族たらしむべく大なる信念と抱負とを以て進んで行かねばならぬ。それに就いて最も大切なる目標は何といつても体育衛生の振作向上に在ると思ふ。

我々人間は元心身相關の實在であるが肝腎な生命を支へる内臓諸機關なり肉体の總べてを精神の命ずるまゝに統制活動せしむる爲にも又人が人としての價値を表はす精神の作用を敏活健全ならしむる爲にも体育は最も主要な手段であると思ふし殊に世界最優秀民族に比し見劣りする最も著しいものは我々の体位体力に在るのであるから私共は愛國心を滿足させる爲にも何はさて措き更に大に小國民の健康增進と体位の向上とに努め眞に健全强盛なる日本國民の完成を期せねばならぬ。

彼の米國は歴史は若いが全世界の六パーセントに當る廣大なる國土の上に五〇パーセント以上の豊富な資源を藏し而も人口は七パーセントで國が新しい丈萬事に生々として榮え、子供の榮養改善健康增進の爲にも至れり盡せりの施設を有する子供公園、子供運動場、子供プール、子供病院、子供健康相談所、牛乳配給所、巡回看護婦、博物館、圖書館、兒童村等社會的施設は羨しい迄に整つてゐる上に乳幼兒を持つ家には每月公私の團体から小兒科醫や看護婦などが訪れ回つて子供や母親の身体檢

査をやり必要に應じて醫療を加へ牛乳を給してゐる。幼稚園や小學校の年少組などへ行くと部屋中に盆栽盛花水槽鳥籠や油繪の額や遊び道具などを並べ小犬や兎などが馴れ馴れしく靜に歩き廻つてゐるといふ有樣で巧に自然其の物を取り入れてゐる。そして先生と子供とが兎やサボテンを圍んでは樂しさうに問ひつ答へつしてゐる。時が來るとお八つが出る牛乳、サンドヰッチ、バナナ、リンゴ、オレンジジユースなどが日毎に公給される。そしてお休みの時間になるとそのまゝ机にもたれたり敷物の上に臥したりして半時間程の休眠を與へる。和やかな空氣は何時も部屋中一杯に流れてゐる。

又紐育には兒童健康増進協會の本部があつて子供の食事、睡眠、入浴、運動などに付有益なる研究を發表しポスター、パンフレットや映畫や展覽會などに依つて盛に全國的の大運動をやつてゐる。新しひ空氣、鮮かな日光、淸い水、眞夜中前の深い眠、戶外運動、入浴、薄着などは健康增進の主要材料として直接子供に對し又は母親や保姆敎師や世の識者などに鼓吹してゐる。今その中からアルハベット歌の樣なものを少しばかり抄出して見ると

A、皆さんには林檎と同じく空氣が必要です。而も廣々とした所で餘分に採らねばなりません。

B、パンにバターが必要と同じく皆さんには入浴が必要です。入浴は体を緊張せしめ頭を柔かにします。

C、子供は快活でなければなりません。彼女は每朝女王のやうに新鮮な感じがします。

D、喜を與へて吳れるダンスが必要です。子供のダンスは最も幸福な光景です。

E、一日に少くとも一個の新しい卵が必要です。又寢るのは早く決して晚くなつてはいけません。

F、生のでも干したのでも煮たのでも果物が必要です。乾したのは乾物屋にあります。

G、体重を計ることが必要です。賢い子供は自分の体重がいくらあらねばならんかを知つてゐます。

H、身長を度々計らねばなりません。重く且高いことは人を健康な丈夫な人にします。

I、ほうれん草や卵と共に鐵の運動具が必要です。それは赤い血や健やかな筋肉を作つて手や脚を丈夫にします。

J、皆さんを愉快にするよい調子の音樂や遊と共にジャムやジェリーが必要です。

K、健康の鍵たる智識が必要です。富よりも如何に健康を保つべきかを知らねばなりません。

L、學校で暖い辨當を食べる事が大切です。總ての先生が此の法則に從つて子供を世話して下さることと思ひます。
M、肉や骨を作る爲のミルクが必要です。それは時々魔術師のやうに皆さんの氣分を溶かします。
N、手や体を綺麗にする事が大切です。汚いものは最早許されません。又健康の必要を書いたニュースを讀みなさい。
O、戸外を樂しむことが大切です。それは皆さんに健康と自由とを同時に提供して呉れます。
P、乾桃やジヤガ芋や豌豆が必要です。愛國者は好んでこんな食物を食べます。
Q、時々靜かなことが必要です。殊に食後急激に走つたりなどしてはなりません。
R、圓いバラ色の顏と共に休息が必要です。休息なしにはベストはつくせません。
S、熟睡は强さをもたらします。併し少し窓を開けることを忘れないやうになさい。
T、齒を磨くことが大切です。綺麗に白くする爲に朝な朝なに磨き夜な夜な磨かねばなりません。
U、結束は吾々國民の義務であると同じく生活には理解が必要です。
V、若し痩せ形のものなら野菜が必要です。野菜は精力と活力を與へます。
W、食事の時でも何時でも水を飮みなさい。水は皆樣の內も外も綺麗にします。
X、皆さんを絹よりも綺麗にする爲に特別にスープとミルクが必要です。
Y、あなたの若さの保存の爲に健康と丈夫との眞理を學ぶことが必要です。
Z、皆さんを丈夫に健康に且自由にする爲の体育に熱中し且眞の熱狂者にならねばなりません。

私は牛の涎のやうにだらくと書いて來ましたが要は私共幼稚園關係者並に廣く父兄母姉の方々が眞に健康は人生幸福の母で健全な身体は同時に健全な精神の宿舍であるから最愛なる子供への最高の贈り物は只健康な丈夫な躰であるといふことを强く認識して子供の榮養運動に絕えず留意しながら機會さへあらば郊外へ郊外へと進出せしめ大に氣力体力の根源を培はんことを欲する外ないのであります。メキシコといふ世界の五六等國でさへ其の國の乳幼兒が一般に羸弱で夭折するものが多いのを憂へて全國民の協力に依り乳幼兒健康增進切手ともいふべき壹仙の切手を發行し國內丈を復往するあらゆる郵便物には正式の郵

便切手の外、義務として必ず之を貼用せしめ其の收入一ヶ年約七十五萬圓を以て榮養不良兒、病弱兒の保健衛生に努めてゐる位である。私は曩の旅行に於て眼に見える物の力の強い國に對抗するには眼に見えぬ心の力を以てせねばならんと思ひましたが心物二つながらその源は健全強盛な体に在ることを痛感するものであります。

（本篇は昨年六月練習艦淺間に便乘して米國に渡り同地の教育視察を了へられた大阪市西天滿尋常高等小學校長椋本辰治郎氏に乞ひ御寄稿を願つたものである）

第三十六回關西聯合保育會狀況

第三十六回關西聯合保育會記事

第三十六回關西聯合保育會は昭和四年十月十七日（神嘗祭）午前九時より神戸市保育會主催の下に兵庫縣立第二神戸高等女學校に於て左の通り開催、京都市、大阪市、神戸市、名古屋市、吉備の各市保育會々員其の他各關係者並に傍聽者等約千五百名の出席者ありて頗る盛會であつた。

（會の進行順序）

一、一同着席
一、開會ノ辭　神戸市保育會長
一、國歌合唱
一、祝辭　兵庫縣知事　神戸市長
一、會務報告
一、議事

1、建議案協議

左記事項を其の筋に建議するの件

一、恩給法第九十九條第二項を削除せられたきこと
二、市町村立幼稚園保姆年功加俸の制を新に設けられたきこと
三、幼稚園令施行規則第十六條但書を左の通改められたきこと
「但シ月俸額ニ付テハ園長及保姆ハ本科正教員ニ準ズ」

2、談話題

一、幼兒に適應せる最新の製作物に就て承りたし　（名古屋市保育會提出）
二、幼兒教育上如何なる方面に力を注がれつゝあるか　（吉備保育會提出）

3、協議題

一、保育上情緒の教育を如何に取扱ふべきか　（京都市保育會提出）
二、保育時間の延長に就て　（大阪市保育會提出）

休憩、晝食（午後一時再開）

一、研究發表

1、幼兒の訛言に就て　大阪市保育會
2、圖畫の取扱に就て　吉備保育會
3、幼兒の言語發達に就て　名古屋市保育會
4、智能檢査に就て　京都市保育會
5、幼兒の身長、体重、胸圍の標準評點に就て　神戸市保育會

一、講　演

家庭教育の充實　倉橋惣三氏

一、遊戯交換

1、花摘み　2、お早う　名古屋市保育會
1、あてごっこ　2、月の夜　吉備保育會
1、秋の野　2、騎士　京都市保育會
1、ヘチマ　2、野球　大阪市保育會
1、ニコニコ兎　2、銅像　神戸市保育會

一、閉會の辭　神戸市保育會長

會の狀況左の如し。（進行順序に依り記す）

出席者一同の國歌合唱を終り神戸市保育會長の開會の辭あり次いで兵庫縣知事、神戸市長より左の祝辭があつた。

祝辭

兵庫縣知事　高橋守雄氏

玆ニ關西聯合保育大會ヲ神戸市ニ開催セラルヽニ當リ此ノ席ニ列シ聊カ祝意ヲ表スルコトヲ得タルハ余ノ最モ欣快トスル所ナリ抑モ兒童ノ心身ヲ健全ニ發達セシメ善良ナル性情ヲ涵養セムトスルニハ幼時ヨリ之ニ着手スルヲ以テ優レリトナスコレ家庭教育ヲ裨補スベキ幼稚園施設ノ必要アル所以ナリ殊ニ社會生活日ニ複雜ヲ加ヘ一家ノ事情意ヲ子女ノ教養ニ專ラニスルコト能ハザル者漸ク多カラントスル今日ニ在リテハ幼稚園ノ任務ハ益々重要ノ度ヲ加フルニ至レリ近時都鄙到ル處幼稚園保育所ノ設置增加シ其ノ內容亦著シク進步ノ跡アルハ洵ニ所以ナキニアラズト信ズ。

惟フニ本會ハ創立以來三十有餘年回ヲ重ヌルコト爰ニ三十六次々トシテ熱心研究シ斯道ノ振興充實ニ力ヲ致シ其ノ成績亦顯著ナルモノアリ宜ナル哉本會ノ活動ハ延イテ關西ニ於ケル斯道ノ發達ヲ促進シ今ヤ又全國ニ重キヲ爲セルニ至レルハ是レ本會員並ニ當事者各位ノ努力ニ因ラズンバアラズ冀クハ至純ノ愛ト至誠ノ力トヲ以テ保育ノ業ニ當リ切磋研鑽ノ功ヲ積ミ以テ本會ノ隆昌ヲ期スルト共ニ益々斯種教育ノ進展ニ貢獻セラレンコトヲ。

祝辭

神戸市長　黑瀬弘志氏

今回神嘗祭ノ佳辰ヲトシテ第三十六回關西聯合保育大會ヲ本市ニ開催シテ各般ノ事項ヲ研究シ其ノ普及進展ヲ期セラレントスルハ寔ニ斯界ノ盛事デアツテ本市ニトツテモ裨益スル所亦甚大ナルベキヲ思ヒ私ノ衷心欣快トスル所デアリマス。

惟フニ保育事業ノ神聖ニシテ且ツ國民文化ノ源泉ヲナスコト

ハ今更言ヲ俟タナイノデアリマス隨ツテ之ニ從事スル者ガ眞ニ幼兒ヲ愛護シ善導シ之ヲ適切ナル環境ニ置イテ其ノ天眞ヲ自由ニ伸張シテ保育ノ完璧ヲ期スベク萬ユル研究ニ全力ヲ盡スト云フコトハ實ニ本事業ニ對スル重大ナル使命デアルト確信致シマス。

今ヤ吾人ハ宜シク我國現時趨勢ヲ洞察シ進ンデ時弊匡救ノ任ニ當リ醇厚中正ノ美風ヲ作興シテ堅實ナル國民精神ヲ振作シ擧國一致以テ益々國本ノ培養ニベストヲ盡スベキ時ニ際會シテ居ルノデアリマス。

冀クハ保育ノ大任ニ當ラル、諸君モ亦須ラク時局ニ鑑ミテ常ニ心ヲ是ニ致シ先以テ自己ヲ内省シ自己ノ修養ヲ重ネラレ家庭教育ノ充實ト相俟ツテ將來愈々本事業ノ進展ヲ計ランガ爲メニ更ニ一層奮勵努力セラレンコトヲ切望スルト同時ニ本日ノ會合ヲシテ大イニ有意義ナラシメラレンコトヲ祈ル次第デアリマス。大會ニ當リ本會ノ隆昌ヲ祝福シ一言希望ヲ述べテ祝辭ト致シマス。

●會務報告

神戸市保育會幹事　安井八十二氏

會務報告こして特に申上げる事項がありませんから省略する事に致します。

右の祝辭こ會務報告を終つて直に議事の進行に移つた。（議長は神戸市保育會副會長橋尾繁六氏）

●建議案協議

一、左記事項ヲ其ノ筋ニ建議スルノ件

（神戸市保育會提出）

一、恩給法第九十九條第二項ヲ削除セラレタキ事

二、市町村立幼稚園保姆年功加俸ノ制ヲ新ニ設ケラレタキコト

三、幼稚園令施行規則第十六條但書ヲ左ノ通リ改メラレタキコト

「但月俸額ニ付テハ園長及保姆ハ本科正教員ニ準ズ」

（說明）　神戸市保育會幹事

本建議案は第一恩給法中改正の件、第二年功加俸の件、第三俸給令中改正の件であります。是等は本會に於て再三建議した問題でありますが、今尙實施せられない爲に重ねて建議したいこ思ひまして御協議を煩はす次第であります。

第一、恩給法第九十九條第二項を削除せられたき事

恩給法（第四十二條第四項）は准教職員の勤續年數をも一定の條件の下に恩給年限に加算するを本則こす。こありますが第九十九條第二項に於ては之が否定されて當分通算は認められない事になつて居ますから小學校の准教員が引續き正教員こなつても、幼稚園令施行前の保姆（准教職員）が其の後引續き教職員の資格を得るこことになつても從前の勤續年數は全然通算されない事になつて居ます。然るに准

教員と正教員のとる職責には多少の相違はあつても其の國家の爲育英に盡す精神には何等の變りあるものではありません。殊に幼稚園令施行前の保姆(准教職員)と後の教職員としての保姆との仕事に劃然たる區別があるかと言へば何等の區別變化あるものではありません。凡ての公務員がお互に在職年數を通算されて居るのに比べて獨り教職員のみが従來の規定に依る現今の制度は甚だ不合理の嫌がありますから過去の努力に對しても相當恩給の恩典に浴せしめたいと思ひ本建議を提出して第九十九條第二項を削除する様望んで居るのであります。

第二、市町村立幼稚園保姆年功加俸の制を新に設けられたき事

現今小學校教員は勿論中等學校職員、師範學校附屬幼稚園保姆に對しては此の年功加俸は已に給與せられ近く私立學校の教職員にも之を給與する様準備されつゝあると聞きますのに獨り市町村立幼稚園保姆に對して此の制の無いのは小學校教員に比して著しく恩典を均しくしない怨があります。此の不合理な点を速に除去し本制として之を發布し現今就職して居る保姆をして在職年數に對しては幼稚園令施行以前に遡り直ちに此の恩典に浴せしめ幼稚園教育發展上遺憾なき様希望する次第であります。

第三、幼稚園令施行規則第十六條但書を左の通り改められたき事

「但し月俸額に付ては園長及保姆は本科正教員に準す」

幼稚園令施行規則第十六條中「但し月俸額に付ては園長は本科正教員に保姆は專科正教員に準す」とありますが保姆が專科正教員と其の列を等しくして居ることは保姆を本科正教員よりも低級なものと認めるの誤解を招く嫌がありまして甚だ遺憾と思ひます。保姆の仕事と致しましては今更申上げるまでもありませんが幼兒教育の任重且大で其の行ふ處は決して專科的なものではありません。又待遇如何に依つては保姆の優良なる者を集むる点からして甚だ不利な立場にあります。次に幼稚園令施行規則第十一條に規定されて居ます様に其の資格は專科的のものではなく明らかに小學校本科正教員と同等以上の内容を有して居ます。又之を大都市幼稚園に於ける保姆資格の實情から見ましても文部省教員免許狀を有する者、小學校正教員の資格を有する者が漸次增加して居ます。是等の事情から考へましても少くとも保姆の待遇を本科正教員と同様に取扱はれたいと思ひます。

以上の三項目は幼兒教育に携はる者の均しく要望する所でありますから重ねて本案を提出した次第であります。御賛同を希望します。（拍手）

議長　此の建議案は説明にあります様に再三建議せられたも

のを重ねて建議しようと云ふのでありますから質問も御異議も無いと思ひますが、これで即決致しまして宜しうございますか。(拍手)御異議ないやうでありますから滿場一致で可決と致します。

大阪市保育會　大河原　琴氏

唯今の建議案は滿場一致で以て可決されましたが大變喜ばしい事と存じます。私は玆に緊急動議を提出したいと思ひますそれは私が幼稚園に席を置きまして三年目になりますが毎年此の會議に出席致しまして毎年聞いて居る此の建議案が毎年斯う云ふ樣にして建議する／＼と云ふだけで皆さんの御贊成で建議せられて居る事を知つて居りますばかりで何時之が當局に於て聽き容れられるかと云ふ事も未だ目當もついてゐない樣に存じますので此の際唯文字の上で建議して頂くだけでなく從來私も恩給俸に於きましても年功加俸に於きましても小學校に居ります時は年功加俸も戴いて居りましたけれども同じ資格を以て幼稚園に入つて年功加俸を減ぜられて居る樣な次第でございますので何卒力強いものを以て實行方法に移つて頂きたいと思ひます。其の實行方法はこちらの主催地の役員さんなり各地方の役員の方なりの御協議にお任せすると致しまして唯今は直に實行方法に移つて戴きたいと云ふことを申上げます。(贊成)

議長　唯今此の建議案が滿場一致で可決されましたが大阪の大河原さんから緊急動議として「文書に依る建議ばかりでなく何か力強い實行方法をとつて貰ひたい。其の方法は各市保育會の役員にお委せをする」と云ふ御意見が出ましたが如何でございますか。(拍手)滿場御贊成の樣でありますから左樣取計ふ事に致します。建議案協議はこれで終りましたから次の談話題に移ります

●談　話　題

一、幼兒ニ適應セル最新ノ製作物ニ就テ承リタシ

(名古屋市保育會提出)

(說　明)　名古屋市保育會　木　村　り　ん氏

名古屋市より提出致しました問題は「幼兒に適應せる最新の製作物に就て承りたし」と云ふのでございます。此の標題だけではお解りにくい點がございませうと存じますから一應御說明申します。

幼兒に適應せる製作物と申しましたのは幼兒の生活及能力に適したるもの、最新と申しましたのは最近最も新しく試みられたものでありまして、最近と云ひますのは少くも過去一ヶ年位を指したいと存じます。製作物に就てと致しましたのは單に作品の名稱のみでなく其の材料、取扱等に亘つて委しく御發表願ひたい希望なのでございます。かうした面倒な問題を提げて罷り出ました事は外ではありません。手技以外の他の項目に就ては夫々專門家の手に依り豐富に其の材料を提供

せられて居りますが獨り手技の事は參觀等に御邪魔致しました節僅かに其の一面を窺ふ事を得るのみでございます。又一つには我が名古屋市は至つて刺戟の少い靜かな町でございますから幼兒の創作力、工夫力は確に乏しい事と存じます。以上二つの点に考慮致しまして本問題を提出するに至りました次第でございます。

吉備保育會　折井瑠留枝氏

此の問題の最新の物に就ての最新の程度が一向に分りません又私共の新しいと考へた事も皆根本の或物が一つあつて夫に手足を附けたといふ位の事で全然新しいものを作るといふ事は不可能であります。又もとより何もかも新しいのみがよいとも言へません。以前からあるものを繰返し〳〵して行く中に新しい事が生れて來るものであると存じます。誰やらが言つた「改造は創造なり」と言つたのはこの事であります。

此の頃の世間一般に唱へられつゝある公私經濟緊縮運動の要旨を幼兒に適應せる製作物や其の他玩具類に至るまで實行致してみたいと存じてゐます。さうして知らず〳〵の中に幼な心に自然的興味の中に此の精神を培養致し尚その上に幼稚園保育の使命をも果したいと考へてゐます。其の種類を申上げますと多數ありますが時間の都合で全部に渡つて申上げる事を得ませんが只ほんの二三を申上げて御批評を頂きたいと思ひます。

一、活　動　寫　眞

黑の紙に白のクレオンにて自由畫を各兒が思ひ切つて描き御互に一枚づゝつなぎ合せ廢物の古箱の中央を切拔きまして其の兩端に穴を明け細竹を心棒として夫に卷きつけ一方はもとけてテーブルの上に置き段々卷いて參りますと、自分で畫いた繪が次から次へと現れて參ります。或者は飛行機、飛行船戰爭ごつこ、軍艦、動物園、お花畑など實に相互に愉快を極め、組の差別なしに見物に參るものが多くて中々盛大であります。始まり又終りと自分で書記してあつて全く子供の考から起つたものであります。此の紙や箱は皆醫科大學から頂きましたもので箱はレンズを入れる爲に使用したもので黑い紙はレンズを覆ふために使つたものであります。何れも舶來品で立派なものです。之を製作する爲には一錢をも費さず全く廢物を利用したものです。

二、ボートや舟

此の製作用紙もレンズを包んであつたもので海老茶色の油紙で製作致します。さうして池や水の流れに浮べて樂しげに遊びます。使用後日光にさらしますと元の樣になりますので永久に用ひられます。使用すればする程興味が深くなつて益々愛用致してゐます。

三、竹　製　作

我が國でも隨分竹の多い處でありますにも拘らず餘り使用致

しません様ですから一寸試みた次第であります。其の材料は日々使用致します竹箒の柄やトキど箒の柄や門松に用ひた切竹などの廢物を使用致します。其の丸竹に所々に小穴をあけます。さうして長さは一尺五寸、又は一尺、八寸、五寸、三寸、二寸位に切つて有ります。又夫には適當な細い丸竹を連繋したり且製作する爲に一尺五寸、一尺、八寸、五寸、三寸位のものを用ひます。さうして椅子とか腰掛とか大砲とか寢台や飛行機や梯子や其の他色々の物を拵へ人形ごつこ等に用ひます。ほんとうに思ひのまに〱製作が出來ます。尚一層研究を重ねたいと思つて居ります。從來の手技は多く餘りに微細に過ぎて粗笨なる幼兒の心理には、かなりに不適當だと考へてゐます。かゝる大きな物を作らせる事は此の意味からも有效なものであると思つてゐます。

四、新聞紙の巻心棒

長さ五尺三寸、廻り三寸五分位の木製の丸心で中は刳貫いてあり割合に輕い物であります。大積木（一尺四方の立体と長方体の物）と折衷していつも使用させて居ります。子供一人で擔ぎ廻る者二人にて擔ぐ者其の他その儘の長さの物と半分切一尺或は五寸位に切つてあります。無論大積木で軍艦の船体を作り其の上に煙突やマスト又大砲を幾つも据えます。砲彈はマッチ箱の削あとの心棒（長さ五寸廻り一寸五分位の物）を用ひます。其の他砲台を築き大砲幾門も並べて繋ぎ合ひ等を致します。其の眞劍に時の移るのも知らず相互の遊が出來ます。尚汽車や飛行機、家等も作ります。

五、組立動物玩具

之とても新しい事はありません。元から馬とか、ライオンとか、犬とか、キリン等の玩具はあります。大抵固定的になつてをりまして最早完成せられたものでありますが今申上げる物は例の新聞紙の心棒（五尺三寸の物）を二つ切にした物を胴体として其の棒に穴をあけてあります。夫に四足をはめられる樣になつてをります。極く長い物、中位の短い物を澤山箱に入れて置き又一方には馬や犬や、キリン、象、ライオン等の首を箱に入れて置く、胴体も澤山積み置く、そこで子供の欲求に依つて馬とかキリンとかを撰ぶ時は自分の見計で首や足等も夫に適當した長さの物をより出して直ぐ組立てるのであります。出來上るや否や夫に打乘り嬉しさうな得意然とした顔をして常に喜んでをります。此の純眞な天使の樣な涙ぐましい有樣は私共保姆のみがみる事を得るもので御座いませう。此の遊の際に足の長短を厭はず直ぐつける者又始に足を揃へる者凡作り上げて自己矯正する者夫等の處に子供の尊い個性の現れが發揮されるのであります。此の製作は子供に適應したものとみえ日にあきず繼續的に愛用されてをります。其の間に幼兒の最も尊い想像の世界は次第に展開せられて行くものであるとひたすら喜にたへません。

只今御目にかけました通り出來得るだけ廢物を生かしてなるだけ費を省いて豐富に且幼兒の個性をどこ迄も發揮させて其の中に何物かを得たいと思ふのであります。又なるだけ大きな物を使用させて共同生活を充分させたいのであります。無理に高價な、きまつた物を少數求めるよりも寧ろ保育材料は自然に與へらる・自然物や又廢物を幼兒に適應する樣に活用して行けば何でも結構と存じます。互に常に活眼を開いて天與の自然物や省みられない廢物等から材料を取り其の利用方法を工夫致しますならば充分幼稚園保育の使命を果し得るのみならず目下の國難打開の一助ともなると思ひます。

以上誠に臆面もなく申述べましたがまだ何れも研究の中途にあるものでありまして何等御參考にならないものでありますが多少でも其の間に新味がありましたらどうか御研究下さい誠に恥かしい次第で御座います。どうか斯道の爲充分批評御指導を得たいと思ひます。

大阪市保育會　城村富美子氏

私は「幼兒に適切なる最新の製作物に就て」のお尋ねにお答へ仕樣と存じます。先づそれに先つて何う言ふ事を適切と申せませうか又何う言ふ事が最も新しい事か、それから考へて見たいと思ひます。適切と言ふ事は幼兒の「年齡と發達の程度に相當したもの」と言ふ事でありませうし、最新といふ事は「時代に順應して生み出された潑剌たる生命を持つたもの」と言ふ事だと考へます。

さてフレーベルの恩物は五十年後の今日も猶幼兒に適切なる保育事項として誰も疑ふ人は無いでせう。然し時代の要求する大なる生命の力は何時迄も五十年前に停滯して居るものではなく其の間には時代の推移と共に發達の芽、進歩の足跡がなくてはならないと信じます。さうして其の時代文化と併行して生れ出たもの、それが最も新しいものではないでせうか蓋し「最新なる製作物」をお需めになる所以のものであらうと思ひます。しかし、其の最新なるものも鄕土即ち環境によつて差異あるものである事は申す迄もありません。是は環境による人々の日常生活が異なつて居るからであります。故に此の問題とされて居る「最新の製作物」に就ても時代の色彩と鄕土色、即ち地方色を含有して居る事は勿論であります。されば私共大大阪の子供を對象とする者には現代の大阪を背景とした色彩が充分に現れて居なければならないと思ひますですから私の園の如き大阪の中心に位する商業繁華の地域であり、所謂歡樂境を目睫の間に控へて居る幼稚園では、さうした色々の事物に促されたる表現の多い事は獨り製作物のみに止まりません。

併しそれと同時に斯う言ふ場所にある幼稚園として是非考へなければならね大切な他の半面が御座います。それは刺激の多い爲に自然神經過敏になり勝ちな子供達をしても原始的な

素朴な、静寂な、飾りけの無い自然に歸らしめるこいふ事が必要であります。所謂自然の中に遊ばしめ自然を友こして生活せしめる事であります。卽ち保育をして自然こ同化せしめなるべく野趣の多い生活狀態に置く事であるこ信じます。故に私共は時代に適應した地方色の多いものを與へる一方極めて原始的な素朴な自然物を應用したものを數多く取入れたいこ努めて居ります。

以上の事を考慮し四季及社會の年中行事などに關聯して作製致しました當園の手技の保育要目を御目に懸け同時に「其の適切にして新しいもの」に就ては特に實物を造りまして別室に陳列致しました。幸に御高評下さいますならば、よき参考指針こもなる事こ存じます。

手技保育要目

大阪市立御津幼稚園

		四月	五月
年中行事	社會的事項	修了兒入學 神武天皇祭 入園式 保護者會 幼兒体格檢査 天長節	小學校運動會 海軍記念日 御津ノ會総會
	特別保育事項	入學兒見送リ及引率 入園兒取調 園外保育（年長）	園外保育 海軍記念日遊（運動競技）
粘土細工	年長	自由製作（自然物利川）	自由製作（自然物利用） ○木ノ葉皿（桐、八ッ手、無花果）
	年少	自由製作（用具取扱方指導） 團子 サクラ餅（葉櫻ヲ與ヘテ） 串ニ團子	皿 皿ニ團子 菓子皿 自由製作 人（ヒゴ使用）
豆細工及紮方	年長	花ニ蝶 梯子 彌治郎兵衛 櫻ト蝶 （交互ツナギ）	籠 ボートニ旗 門 ○鯉幟 屋根ニ鯉幟 机
	年少	園旗ツナギ 櫻ツナギ ダンゴ 櫻ト蝶	鳩ツナギ 家 彌治郎兵衛 鯉ツナギ 弓ト矢 ○吹流
摺織貼切紙	年長	（摺）籠 蒲團 （貼）日ノ丸ノ旗 櫻ニ蝶 （蝶ヲ仙粒銀杏ノ葉ニテ）	（摺）奴 ○カブト （新聞紙ニテ實用的ニ） 龜 （貼）紋形 家ト鯉幟 金太郎トヨキ カゴニ花 金魚鉢ニ金魚 （織）三行市松
	年少	（摺）小サイ山 富士ノ山 船 （貼）日ノ丸ノ旗 風船 櫻チラシ 櫻ニ蝶	（摺）襦袢 蝶々 軍扇 鳩 兜 （貼）マサカリト 菖蒲、鯉幟 （切）四ッ折貫 自由製作

六月	七月	八月	九月
端午ノ節句 時ノ記念日 入梅 住吉神社御田祭 夏至 （舊地久節）	幼稚園創立記念日 八幡宮夏祭 土用入 天神祭	夏季休暇 七夕	大震災記念日 二百十日 新學期始 秋季皇靈祭 仲秋觀月
節句遊 （活動寫眞） 田植遊	祝式 氏神參拜 園外保育	開放 七夕遊	始業式 觀月遊
自由製作 （自然物利用）	自由製作 （自然物利用）		自由製作 （自然物利用）
八百屋ゴト （二回） リンゴ 夏蜜柑 ナタ豆 南瓜 自由製作 花瓶	八百屋ゴト 桃 胡瓜 芋 瀬戸物屋 茶碗 皿鉢 （葉ヲ模樣ニ） コップ 人形 ハシ 箱庭用具（合作）		瀬戸物屋 チョボ焼道具 カンテキ皿 菓子ノ色々 月見團子 自由製作
眼鏡 花籠 團扇 西洋館 風車	洋傘 祭提灯 椅子（洋式） 如露 ○帆掛舟 （イカノ甲）		虫籠 馬 蜻蛉 桔梗ツナギ
風車 扇子 手拭掛 バケツ 魚	祭提灯 金魚 ガス燈 蜻蛉		旗 簾 舟ニ旗 門 桔梗ツナギ
（摺）扇子 團扇 （貼）皿ニ枇杷 （皿ヘ葉） 紋形工夫 田植 （切）家 自由工夫	（摺）屋形舟 蟬 （貼）星ト家 祭提灯 七夕祭用品 輪ツナギ 紋形 鵜		（摺）兎、蓮ノ花 （貼）月ト兎 朝顔 （織）五行市松 （切）三角戸棚 ○椅子 バック 兎ノ耳 （實用的） ○リノリユーム 細工
（摺）傘 着物 塵、取 金魚 （貼）鳩 汽車ト飛行機 田植 紋形工夫	（摺）蟬 七夕衣 （貼）星ト月 祭提灯 七夕祭用品 輪ツナギ 色紙ツナギ 星ツナギ 着物		（摺）兎 洋傘 二双舟 （貼）月見 （切）紋形 暖簾 山ニ家 兎

十月	十一月	十二月
八幡宮祭典 神嘗祭 奪文拂	明治節 新嘗祭	事始 年ノ市 冬至 終業式 大正天皇祭 冬季休暇
氏神參拜 園外保育	祝式 動物園觀覽 新穀供御式	年ノ市遊 終業式
自由製作 （自然物利用）	自由製作 （動物園） （自然物利用）	自由製作 （自然物利用）
八百屋ゴト 松茸、栗 蜜柑、柿 ブドウ 大根、玉葱 芋 履物屋 下駄、草履 自由製作	玩具屋 飛行機 達磨 オ宮 鳥居 橋 八百屋 大根 芋、蕪、柿 蜜柑 動物園	臺所ノ道具色々 摺鉢 練木 俎板 庖丁 菊花造リ 植木鉢 自由製作
机 椅子（工夫） ブランコ 銀杏ツナギ 紅葉ツナギ	家 燈籠 勲章 獨樂	汽車 自動車 飛行機 ○花輪造リ 餅花造リ
ラッパ 肋木 砲 菊花ツナギ 紅葉ツナギ	飛行機 家 獨樂 机 輪ツナギ	竹馬 風車 藥玉ノ房 （ツナギ方） 餅花ツクリ
（摺）電車 菊皿 錢入レ ホート 屋根ツキボート （貼）桔梗 菊 雀ト鳴子 ○案山子 （菊ノ葉） リノリユーム細工	（摺）鶴、足付三寶 菊ノ花 箕 （貼）雁 紅葉 籠 （織）四行美麗式 五行全 リノリユーム細工	（摺）箱、福助 （貼）クッション 羽根 簪サシ 名刺入 下駄 傘 花輪 （切）○凧、羽子板 風船 ○紙カレンダー
（摺）三寶 パック 股引 （貼）稲ニ案山子 ブランコ （切）テーブル掛	（摺）奴、座布團 紙人形 （貼）案山子 紅葉ニ鹿 水ニ落葉 （切）獨樂造リ	（摺）籠 （貼）反物、袷 家 タケナガ オ土産袋 貯金通帳 （切）達磨 反物 ○オペラバック（三角）

一月	二月	三月
四方拜、元始祭、新年宴會、始業式、小寒、戎祭、大寒	節分、立春、紀元節	上巳節句、地久節、陸軍記念日、春季皇靈祭、卒業式、學年末休業
拜賀式、始業式	節分遊、祝式	節句遊、競技會、保育修了見、記念旅行、保育修了式、遊嬉會、全展覧會
動物ノ色々、標本ヲ示シテ(動物園)	動物ノ色々、自由製作(自然物利用)	節々月ヨリ製作ノ動物其他製作品ニヨリテ、動物園遊ビヲナス
鏡餅、火鉢、動物ノ色々(仝上)	自由製作(自然物利用)	玩具屋、汽車、電車、自動車、飛行機、飯事道具、雛道具、色々
反橋、机ノ工夫、蓄音機、紙凧	塵取、大砲、雪見燈籠、梅ツナギ	手籠、西洋館
火鉢、ポスト、羽子板、自由製作	魚釣、雪見燈籠、弓ト鳶	犬小舎、椅子(工夫)
(摺)羽織、萬歳、(切)圖案模様、○机、(貼)雪達磨、(織)五行工夫、七行市松、○鬼トオ多福	(摺)狐ノ面、鶯、勲章、(切)○ビルデイング、六角箱、○オペラバック、雪達磨、(織)七行工夫、(貼)梅ニ鶯	(摺)○オ雛樣、(切)自由製作、(織)七行工夫、(貼)ヒナ人形
(摺)兎、鳥、香箱、(切)四角ト丸ノ模様、人ト兎、絵本、着物、(貼)家トポスト、鏡餅ニ三寳	(摺)狐ノ面、(貼)平和ナ村、梅、(切)パック(鞠式)、人形ノ顔、橇ノ上ノ雪ダルマ	(摺)馬、ヒナ人形、(切)絵本、椿、(織)三行

備考

一、自然物利用ノ平面的ヨリモ立体的即チ粘土ニ之ヲ應用スレバ幼児ノ創造力ヲ一層養フ事ヲ得(○印ハ特ニ實物ヲ造リ別室ニ陳列ス)

一、材料ノ蒐集ハ主トシテ園外保育職員ノ旅行先或ハ庭園郊外其他隨處ニテ得タルモノヲ各種多様ニ貯蔵シ置キ製作ノ際之等ヲ全部提供シテ幼兒ノ自由ノ選擇ニ任セテ工夫セシム

一、材料

貯蔵シタルモノ(貝類、木ノ葉、木ノ片、木ノ根、枯枝、麥稈、薄ノ穗、豆類、松葉、松ノ皮、松カサ(チーリン)、花瓣(仙檀ノ葉、桐ノ實、銀杏ノ實、樫ノ實、茶ノ實、落花生、栗、玉蜀黍、椿ノ實、烏賊ノ甲、珠數玉等

季節ニヨルモノ(人参、芋、(赤芋ノ指大ノモノ)蠶豆、草花、茗荷、金柑、密柑ノ皮、柿(小)

京都市保育會　坂本田鶴氏

この問題に就て先づ考へられます事は二樣ありまして一つは幼兒を保育するに最も便利な、保姆が考案した新しい製作物といふ意味かとも思ひました。京都市保育會にも二三さういふ物が無いでもありませんが茲では幼兒自身で製作し得られる程度の物即ち幼兒自身の考案した最新の製作品といふ意味であると解釋してお話したいと存じます。次に最新といふ事に就きましては其の製作物の材料が從來用ひられて居なかつた樣な珍奇な物を使用した製作品といふ意味か又は材料は從來の物を用ひても其の考案が今までの誰もが表現し得なかつた樣な新しい試みをしたといふ意味であるかといふ事に就てもそのどちらであるか私には少し不明瞭でありますが從來幼稚園で製作された物は其の根據となるところは幼兒保育の目的に立脚して其の目的を果す爲に各種の材料が多種多樣な手技製作法によつて表現され盡して居る樣に思ひます。それで今までの材料以外に最新と言はれる樣な製作物は殆ど無い樣に考へられます。只在來の物に多少の改良を加へるとか又は各種の製作法を都合よく應用鹽梅して從來の製作物に目新しい變化を與へる、その變化して現れた製作物をでも最新と言ひますなれば京都市で最近行はれて居ります物を二三申上げたいと存じます。

一つは粘土でありますが大阪の幼稚園でも既に御使用になつて居るとか伺ひましたが在來の普通の粘土に硬化劑を混ぜまして色々の細工をしますと出來上つた物は非常に固くなりまして其の儘水繪具で彩色をして上に防水劑を塗りますればなか〳〵立派な保存の出來る物が出來上ります。例へば中にインキの空瓶等を利用して外にこの粘土を塗り彩色しますと結構使用の出來るよい花瓶が出來上ります。又この粘土で壁掛の額ぶち等を作りましてもリボンを通したり豆や竹や木等をはめこんだ模樣をつけても在來の物の樣に燒く必要がありませんから其の儘使用する事が出來ますし硬化劑の價も安いものであります。多少の缺點もありますが保存しようと思ふ物には非常に便利であります。

次は油粘土を豆細工の豆の代に使用する事でありますが從來は豆を水につけて置いたり又は煮たりして用ひて居りましたが割れ易くて隨分幼兒が困つて居るのを見受けましたが油粘土にかへましてからは、その心配がなくなりその上可愛いおだんごを多く作るのを非常に喜びますし、ひごを多くさゝねばならぬ點、例へば飛行船を作る時などに尖端の大切な點は大きな玉を作つて之にさせば樂にひごがさせますし又家庭に持つて歸つて又他の物を考案するのに用ふ事も出來ますし、こはして保存する事も出來て大層便利で御座います。色は綠を用ふるのが最も美しう御座います

次に自然物を使用することでありますが

一つは彫刻であります。薩摩芋、南瓜、なすび、大根等を輪切にしたり多角形に切つたりした物に太い釘又はペン先の古いのなどで彫刻をします。幼兒は非常に面白がつてなりを靜めて製作にいそしみます。之を以て着物の模樣を考案したりも出來ますし費用もリノリュームを使ふより遙に安くてよいと思ひます。

其の他各種の豆類を並べて模樣を作つたり之を平面的に並べるだけでなく先程申上げました粘土細工に應用したり箱類の模樣として考案したりさせれば中々面白い物を製作します。

又種々の花や葉の汁を以て紙やきれを染めて遊ぶのも中々面白い物が出來ますし型紙の上からすりつけても綺麗な物が出來ます。

尚其の他自然物の形を利用して製作する事例へば

銀杏の葉の扇、蓄音器のラッパ、くちなしの花の水車、へチマの飛行船、きうりの馬、なすびの牛、いんげ豆の雛、箱の手桶等吾々が子供の時から知つて居る物もありますが幼兒自身が思ひつく樣に指導したら其の子供にとつては一つの新しい發見であると言ひ得るかとも思ひます。

要するに幼兒の製作物は幼兒自身の生活に立脚した生活其のものの表現でなければならんと思ひますが故に幼兒の生活の一部、言換へれば經驗の一部を發表するのに自分の周圍にある各種各樣の物を大膽に利用し應用して表現した物こそ之を鑑賞する者に一種の感動を與へる樣な引きつけられる樣な内容の充實した力強い製作物となるのであると思ひます。只吾々はそれを表現する時の助手であり相談相手であり得れば好いと思ひます。でありますから豆は何時でも竹にさゝれ色紙は何時も畫紙にはられる必要はなく粘土に色紙がはられてもひごに粘土がひつついて居ても木に竹がついであつてもよいと思ひます。其の意味に於て竹で舟が出來木の葉の帆がはられ、きびがらの船頭が色紙の着物を着て居ても、それが昨日經驗した遠足の印象を表現したものであれば、よし其の出來上りは拙くとも立派なものであり其の子にとつて最新の製作物であると言ひ得ると思ひます。

神戸市保育會　小林まさゑ氏

只今幼兒に適應せる最新の製作物につきまして提出者の御說明によりまして他市保育會の方々の御意見をも伺いまして誠に結構で御座いました。此の問題を考へますのに幼兒の適應せる製作物には幼兒の製作致しました物と保姆の製作致しました物との二つになります。ここに手技の方面を簡單に申上げます。

保姆の製作致しました物は室内の裝飾、幼兒に觀察せしめる物、模倣せしむる物等色々御座います。當市では各園の現況

又は環境により保姆の考案に基きそれ〴〵趣を異に致して居ります。故に甲の幼稚園では最新の製作品であつても乙の幼稚園では別に新しい製作物とも感じられない場合もあります今茲に二三の例を上げて申上げますと

一、自然物の應用

例へば郊外保育で蒐集致して參りました木の葉、木の實又は貝類等の材料を使用した製作物、人形、鳥、魚ノ形、汽車、電車等。

一、廢物利用

例へば木箱、紙箱、幼兒の飼育致しました蠶の蛾の出ました繭等で箱庭、汽車、鞄、菊の花等種々の物を製作致します。

一、木工

鋸、錐等を使用せしめて、箱、舟、亀、其の他木型等簡單な物を作らします。又新しい材料によりまして製作致しました物卽ち時代の進歩に隨いまして出來て參ります飛行船、飛行機或は自動車等形の變つた物を作らせる時も御座います。

一、人形作り

土地柄外國の人々の出入の多い處で御座いますから小さい時から國々の人をしらせるため色々の人形を作らせる時も御座います。社會遊、まゝ事遊等の時は家、卓、椅子等遊に必要の物を製作さして實生活を模倣させる時も御座います。尙詳しく申上げたいと存じますが時間の關係も御座いますから別室に陳列致してあります實物を御目にかけたいと存じます。終りに臨みまして子供の生活は終始遊戯的の製作であります。故に砂遊の時でも、動物飼育の時或は植物栽培等の時にも珍しい且面白い製作を致します。依つて保姆は平素之を誘く方法と材料を揃へておく事が必要と存じます。以上申上げました製作物は申すに及ばず子供の創作力を滿足せしめて實生活に誘導する事が私共の最も緊要な事と存じます。

大阪市保育會　佐藤滿壽氏

既製玩具は最初のうちは子供から大變歡迎されますが、どうも融通が利かない爲に直きに打壞されたり打捨てられたりします。又少し興味があり面白い物になりますと馬鹿に高値で安い物になりますと質が粗雜でとても子供の玩具として適しません。この樣な意味で私の園では子供の用ふる玩具を出來るだけ保姆や園兒の手で作つて行きたいものと力を注いで居ります。然し實際に於ては中々むつかしく只其の内容に多少の興味と必要を感じて努力致して居るのみで其の現れたものは極めて微々たるものです。いかに子供からヒントを與へられたもので御座いましても、どうも考が過ぎて凡てに批判的に頭が働き、さて出來上つたものを眺めますと最初の考へたものとすつかり變つてゐる樣な事が多々あり又私達がこれならば子供を喜ばせる事が出來るだらうと思ふと案外歡迎されない場合がよくあります。是と比べて子供自らの手になる物

を見ますと實に驚かされる場合があります。技術こそ未熟ですが何んとなく着想が面白く實に無邪氣で而も勇敢に其の目的に努力が拂はれてゐて子供の純な生活がはつきりと表現されてゐます。ですから自然子供間にも共鳴する所も多く大變役立つので御座います。茲に私達が大變嬉しく感じ又教へられる所が多くありました子供の作品の一つを御紹介致しますそれは今日一般に使用されてゐます『いろはかるた』で御座いますが『いろはかるた』は實に興味深いもので又多數の者が同時に樂しむ事が出來ると云ふ點から今日は其の種類も非常に多くなり廣く用ひられる樣になりました。私の園でも是を用ひたいものと思ひましたが、どうも是と云ふ適當な物が見つかりません。そこで私達の考の及ぶ所まで園で一つ作つて見たいものと考へたので御座います。まづ最初保姆達の頭で作つてみたので御座います。そして簡單にして要を得た興味のある物と思ひまして色々三四人の者が集つて頭を練つてみましたところ中々むづかしく中にはこじつけ文句までが出來まして兎も角一通り作り上げました。然し是を勇敢に子供の前へ出すのは少々はづかしく、試みにまづ一字々々示して其の言葉を子供から求める事としました。ところが出ると〳〵大變な騷ぎです。

▽石をけつて、石けりしませう。

▽ろうそくたて、行きませう。

▽りんごのやうな、赤い顏。

等々次から〳〵と幾らでも苦痛なく出て來ます。そこで私達は大變な喜を以て其の多數の中から面白さうなのを選んで纏めて行きました。中には

▽へそはみんなに、ついてます。

▽ふるへると、さむがり。

▽蟻は小さい、近くそよ。

なども奇想天外なものまで飛出しました。そして出來上つてから私達の作りましたものと比べてみますと其の狙ひどころが餘りにはつきりと違つてゐるので御座います。それは一言を以て申せば私達のものは凡て堅苦しく教訓的で何の興味もなく、子供のものになりますと實に面白く、率直な言葉を以て叫ばれた純眞な子供の生活記錄であり觀察記錄となつてゐます。かうなると私達のものは全く問題ではありません。然し『教訓かるた』となればとるべき所もありませうが廣い意味における『興味的かるた』となれば子供達の作つたものは滿點です。

かやうにして言葉が出來ましたので續いて是にふさはしい畵を描かせたので御座いますが是も子供達は大變な喜びで中には一氣で一人で全部の畵を描いたすばらしい子供もありました。又平素餘りに畵を描く事に興味を持たなかつた子供までが得意となつて描きました。これには意外な經驗を得たので

御座います。然し何れも簡單ではありましたが其の言葉の説明が相當に表されてゐました。諧の發表は困難で御座いますが兎も角其の言葉だけを御紹介申上げ御批判を仰ぎたいと存じます。

いろはかるたの言葉

い。石をなげて石けりしませう
ろ。ろうそく立てゝ行きませう
は。花に水をやりませう
に。人形だいて遊びませう
ほ。ほんを澤山よみませう
へ。へそは皆についてます
と。父さんの帽子かぶりませう
ち。ちちやのちちをのみませう
り。りんごのやうな赤い顔
ぬ。ぬれた着物を干しませう
る。るりちやんのやうにおとなしく
を。おててをきれいに洗ひませう
わ。輪をまはして遊びませう
か。歌留多遊はおもしろい
よ。夜の道は暗いみち
た。たらひに水をくみませう
れ。れんげ草を摘みませう
そ。空には飛行機とんでます
つ。積木をつんで遊びませう
ね。ねずみはチュ〳〵啼いてます
な。なはをつないで電車ごとしよう
ら。ラヂオを聞いて遊びませう
む。昔話の浦島さん
う。歌をうたふてをどりませう
ゐ。井戸の水汲んで遊びませう
の。野原に行つて花摘みませう
お。おくわしもろたらうれしいな
く。栗を買ふてたべませう
や。休まず鳩巣園に參りませう
ま。まけても勝つても面白い
け。けん〳〵して遊びませう
ふ。ふるへるとさむがり
こ。子供は仲よく遊びませう
え。繪ほんを讀んで遊びませう
て。手品をして遊びませう
あ。蟻はちひさなマメクソよ
さ。さやうなら又いらつしやい。
き。汽車に乗つて行きませう
ゆ。雪が降つたら雪だるま

め。めでたい日にお旗をたて
み。みんな仲よく遊びませう
し。シッカリすまうをとりませう
ゐ。ゐひがさして行きませう
ひ。火鉢で手をあぶりませう
も。桃から生れた桃太郎
せ。せみがミン／＼啼いてます
す。砂で山をこしらへませう
京。京の五條の橋の上

議長 談話題の第一はこれで打切りまして吉備保育會提出の第二の問題に移ります。

二、幼兒教育上如何ナル方面ニ力ヲ注ガレツツアルカ

（吉備保育會提出）

吉備保育會　馬場千代乃氏

（説明）

此問題に就て説明致します。此幼兒教育と申しましたのは幼稚園に於ける教育、託兒所に於ける教育の意味でございます第一には申すまでもございませんが幼稚園教育としての教育が一般教育の範圍外に存在しないと云ふことは勿論でございますが一般教育を完成致しまする上におきまして幼兒期のこの時代の教育に於てこそ是非共なさなければならぬものとして最も主力を注がなければならない点がございませうと存じます。その方面は如何なる点でございませうか。是は一般幼稚園、一般託兒所として考へました譯でございます。

第二には少し小さく限定致しまして一幼稚園一託兒所として考へました譯でございます。之は土地の情況により或は色々の事情によりましては此の幼稚園此の託兒所としては此の方面こそ主力を注がなければならないと云ふ点がございませうと存じます。是は一幼稚園一託兒所として考へました譯でございます。第三には今一段小さく考へまして個性教育とでも申す事になりませうか各異つた個性の持主であります幼兒を預つて居ます幼稚園託兒所に於きまして各個人性に適應した教育を施すにつきましては各種各様に主力を注ぐべき点も異つて參りませうと存じます。それをお伺ひ致します。

以上大小によらず如何なる方面如何なる範圍でも宜しうございますから御自由にお考へ下さいまして他の方面はさておき此の方面丈は是非共と云ふ点がおありになる事と存じます。それに就きまして實際お取扱になつてゐられます御様子を御腹藏なくお聞かせ下さいます様お願ひ致します。

大阪市保育會　佐藤富子氏

學童の教育に於ても「兒童身體の發達に留意して」といふ事が法令の冒頭に明示されてあります。之を積極的に解釋致しますれば全教育の地盤としての體育が如何に重視されなければ

ばならぬかを念ふのであります。されば幼兒保育上殊に都市に於て現は實から申して勿論のこと幼稚園令第一條に照しても一層體育に主力を注がねばならぬものと信じます。

「健全なる精神は健全なる身體に宿る」誰もが口にする陳腐な言葉でありますが矢張り永久の眞理だと考へます。地盤を培はずして建築の完全は望まれません。保育の實績は體育の向上に據つて發展を遂げるものと申しても敢て不當でないと考へます。

さて大阪市が逐年人口増加の現象から産兒多しと見るのは即斷であつてその實は地方より移住し集中する爲であります。乳兒の死亡率が全國第一位といふ香しからぬ成績は明に一般市民の健康如何を物語るものといふべきです。今本市兒幼の健康度を示す身體檢査の狀況を見ますに先づ體格に於て身長體重は稍可なるも胸圍の劣つて居るのは憂ふべきであります胸圍の狹小なのは即ち內臟重要機關の劣弱を示すものでありその由來は幼兒日頃の生活に身體練習の不足殊に懸垂筋使用を怠るにありと見做されます。斯の如き體格の持主として活動凡てに永續性が乏しい、根氣力が劣るといふのは當然の事であります。次に保健に最も影響する齒の强さを調べると之亦悲觀の狀態を示して居ります。其の他間食の著しい習慣凡て健康度を低くする事實であります。尙幼兒の健康を損ふ環境の概況を述べ是が招來する缺陷に對し如何に對策を講じて居るか申上げようと存じます。

一、大阪市の環境と幼兒生活

幼兒生活から見て大阪市の環境は望ましきものでなく幾多の缺陷が認められます。其の內身體上に及ぼす環境の缺陷を擧げますと

A、家庭及社會の齎す缺陷

先づ住宅は狹隘といふのが世間並であります。偶々常用に供しない一室があれば、それは客間であつて子供の部屋には當てられません。且又前栽といふが如きも廣狹を問はず彼等の遊び場所としては許されません。尙櫛比せる家並に採光換氣ともに不充分といふ憾が加はるのであります。然らば街路に出て遊ばうとすれば八千餘臺の自動車に二十萬臺の自轉車が東西縱橫に馳驅する脅威に亦心安くもありません。殊に電車路に面せる居住は全く幼兒の運動が阻まれ絕間なき喧騷に安靜を妨げられます。又商家商業地の常として夜ふかし朝寢の弊は幼兒もお相伴の已むなき風に立到るのであります。惟ふに文化の統制整備が未だ完全でない過渡期として幼童生活上家庭に缺陷を免れぬ計りでなく社會施設にも遺憾な点が尠からずあります。幼童に供する遊園、市內最寄に散在する小公園の不足は保健の爲に最も憂ふべき事と思ひます。

B、大都市の生活は自然に遠ざかるものでありますから自然

を最も必要とする幼兒には不利不幸な事と言はねばなりません。煤煙と塵埃とに混濁する不純な空氣は彼等を弱く育てます。衞生に必要な樹木は少なく文化を誇る舗裝路面は土壤を斥け高層の洋館は白日に點燈を餘儀なく致して居ります。交通機關の發達は脚力を奪ひ運動不足に陷らしめるのであります。

C、幼稚園の設置は幼兒の惠まれざる家庭的社會的の生活を裨補する上に特に都市には緊要でありますがその設備の實際は理想に近づけ難く矢張り運動場は狹隘であり草木花卉に乏しく園舍の構造亦作爲に終始せざるを得ないのであります。

二、環境に害はる、幼兒の身體的考察

以上の環境に常住する人々が運動不足の狀態から虛弱に赴くのは自然の數であつてその最も甚だしい影響を蒙る者は發育盛りに在る幼童である事は言ふ迄もありません。ともすれば消化不良を起し可惜美食滋養物も營養價値が減殺されます。閭巷の喧騷と業態の習慣は睡眠不足となつて生氣を殺ぎ神經過敏に陷らしめるのであります。斯くて心身抵抗力の貧弱となり發育が不充分といふ結論に達するのであります。

三、幼兒保育に主力を注ぎつゝある方面

以上申述べました見地から我が大阪市に於ける幼兒保育には須く健康增進をモットーとして保護者の覺醒を叫び協力其の途に適進せなければならぬものとの信念から不斷に是が省察に怠らずその實行に精進して居るのであります。

四、幼稚園に於ける體育養護の設備及施設

家庭社會共に幼兒の躍動を阻止する大都市の環境に於て幼稚園の設備及施設は及ぶ限り體育的であり養護の實が擧がる樣考究せねばなりません。既に限定された園舍なり遊戲室運動場を十二分に利用の適ふやう運動、遊戲の種類を選び之に要する器具機械を取揃へさうして是が指導奬勵に怠らぬは勿論のこと進んで完備せる交通機關を便して園外保育をより多く實施するのが大切であると思ひます。郊外に遊ばしめるといふ事は自然及自然物觀察の機會にも利用出來る事であり旁々望ましい保育行事であります。

運動と相俟つて人體に最も必要なのは日光であります。太陽光線の人類に及ぼす力の偉大な事は今更申す迄もありませんが植物が光線なくては育たぬと同樣色々の意味に於て有効に働き、人類の生命教育を司るものであります。されば幼兒を出來るだけ多く郊外に連出し徒歩を重んじ遠足登山に馴れしめるやう導く事が肝要であります。本市に近來家なき幼稚園又は露天幼稚園が設置されつゝありますが此の傾向は眞に必要から生れ出るものであり都市特有の保育として適切なものと考へます。寒暑の甚だしい季節でない限り雨天の日である外は屋外で保育を行ふを可とするのであります。次に保健上

最も研究を要するは營養問題であつて食物は可成營養價の多い物を選ばねばなりません。美食必ずしも營養價の高いものでなく尙最も心すべきは偏食であります。元來虚弱兒程偏食に傾き易いのでありますが權威ある醫師の話では「强壯ならんと欲せば必ず樣々のものを雜食せよ」と申されます。かゝる事は幼稚園のみでは實行し難い事でありますが家庭と相提携して幼兒の食物に對する好嫌を克く調査し努めて偏食をさけしめ且食事の時間を規則正しくなさしむると同時に一定度以外の間食も禁ずる樣に躾けねばなりません。

更に幼兒の營養を害ふ寄生虫驅除の爲、月一回海人草を服藥せしめ排便檢査を行ふ事も亦保健上大切であります。其の他身體的治療處置も緊要な施設であります。毎月身體檢査を行ひ健康狀態を眺めるのは普通の事として眼耳鼻等の專門的檢診を行ふこと特に齲齒の治療は等閑にせぬやう保護者を促すべきです。かくして幼稚園時代より衞生的訓練に馴れしめる事が肝要と思ひます。之を要するに保育上精進すべき途は多岐に亘るも心身相關の理より言ふも先づ健康增進に主力を注ぐべく特に大都市の保育は家庭幼稚園が協力同心以て環境の缺陷を免れしめなければならぬものと考へます。

京都市保育會　江川スメ子氏

先づ幼兒教育の使命はどこにありませうか。身體諸器官の發育を助長しその自然の輝いて居ります純眞な全體的活動を尊重し幼兒の發達階段に適應した健全な發達を圖るにありますことは今更申上げる迄もありません。如何な方面をも忽に出來ない事は勿論如何な方面にも細心の注意と用意周到な教育者の研究的態度と母性愛にも等しい所の保姆の愛がありましてこそ、よくその幼兒教育の使命を果し得るものと思ひます この樣に申しますれば、どの方面を重くどの方面を輕くとは云ひ難う御座いますが先づ幼兒の身體的養護こそ第一に主力を注がねばならぬ事と信じます。

親は子供に對して先づ何を考へますでせう。我が子の健かに生育する事ばかりは瞬時も忘れないで御座いませう。軈ては第二の國民として國家を雙肩に擔つて劇しい世界の生存競爭場裡に立つて活躍せなければならない幼兒は健全なる心身の所有者でなくして、どうしてその必勝を期待し得られませうか。翻つて現今都市の幼兒の健康狀態を見ますにこの幼兒期の死亡率はほんとうに戰慄すべき統計を示して居るではありませんか。誠に憂慮に堪へない次第で御座います。その發育の道程にあります幼兒期に於て充分な養護により心身の健康を圖り其の自らもつて居りますものを殘らず發展せしめる事が幼兒教育者の任務で御座います。人類の健康問題、これこそ教育の出發すべき第一歩では御座いませんか。今迄申述べました樣な考から京都市は先づ身體養護に注力を注いで居ります。其の具體案を大略申しませう。

1、市　保　育　會

囑託の醫師を置き常に幼兒身體の發育狀況及病的狀況に就て指導を受けて居ります。

2、保　姆

幼兒の保健並に看護法に就て常に修養致して居ります。

3、父兄との聯絡を圖つて常に幼兒の保健並に健康狀態に就て談合して居ります。

4、父兄の衞生思想及び育兒法の一般的知識を養ふ爲に母の會或は刷物に依り又は當市保育會主催の講演會等に依つて努力して居ります。

四、保育上の方法及注意

1、齒牙の衞生、殊に乳齒と永久齒の生え變る時期ですから常に清潔にさせる爲食後に嗽をさせて居ります

2、腺病質の子供に對しては、殊に疲勞の程度、脈膊、體温等に注意して居る。（室内遊戯を避けさせて外氣に觸れさせる）

3、發育不良な異狀兒に對しては、同じく疲勞、脈膊、體温等に注意し全體的に身體を使用させる樣にして居ります。

4、衣服＝薄着の奬勵、家庭と聯絡する。

5、食物＝消化を良くするため食事中の氣分を愉快にさせ且よく咀嚼する樣に注意し分量と副食物に就ては家庭と連絡する。

6、清潔の習慣＝食事前には必ず手を洗はせ不潔を厭う習慣を附ける。

7、日光浴＝新鮮な空氣に接する機會を多くする園外保育を度々行ふ。

8、幼兒日常の生活中、遊戯的に種々の勤勞作業をさせる。

イ、草花の栽培、庭園の掃除。

ロ、小動物の飼育。

ハ、園内遊戯後の後片附、掃除、椅子、テーブルの運搬。

總べて子供各自の發育狀況によりまして斟酌しなければならない事は勿論でありますが末梢神經作用よりも四肢の筋肉を使用させる事に重きを置いて居ります。健全な身體には健全な精神が宿ると古語にも申されて居ります如く身體の健全であります事は外界に對する順應生活が順調に行はれて居ります證據であり、心身の健全なのは心身生活の調和的に進行して居ります事を證明して居ります。どんな論理的理想的な教育も薄弱な心身の幼兒には勞して効なしと云ひましても敢て過言ではありますまいと存じますので主力を注いで居ります次に心身の健康を圖ると共に感情生活の善導に努めて居りま

す。近來頻出致します不良性の少年少女の多くは幼兒期に於ける感情教育の缺陷が原因されるものと致しますれば誠に教育上重大な事で幼兒教育者の責任の一層重きを感ずる次第であります。單純であつて原始的な感情生活から高尙な道德的情操の萌芽、宗教的感情の萌芽を幼兒期に於て培養すべきでありませう。委しくは本市提出の協議題に於て御說明申上げます。

名古屋市保育會　日沖てつ氏

全世界を通じて生き永へる年齡の餘りに短い私達同胞のその原因は遠く幼兒期にございますとの事、即ち未だ身體的の發達が充實して居りません爲に身體的缺陷が多いのでございますそれなのにその障害をなほざりにしておかれる。それが直接或は間接に將來の病のもとゝなると識者の方々より常に〳〵戒の鐘を打たれて居りますので國家百年の計を思ひます時健かに剛健にと主力は體育に注がれるのでございます。この問題にお答へ致すべく名古屋市各幼稚園が持寄りました實行案は事柄が凡て健康第一をモツトーとする事ばかりで之を織り混ぜました處此處に一つの假空の幼稚園が出來上りました。

一、即ち積極的と致しましては

出來得る限り大氣のうちに生活させる事お仕事もなるべく明い心地のよい場所を與へる樣又都合の許す限り園外の保育を試みて居ります。運動用具は時にはワクノボリ或は大きな積木の使用により建築遊等の樣な大筋肉の運動、全身的の活動をも盛にし大陸的な剛健な身體を築き上げる樣にして行くのでございます。

一、消極的には

衞生に注意し塵埃のたつ事を避ける爲に室内の床はキルク張りに之は保溫をも兼ねて工合よく又冬期は室内にスチームを通じて溫度をいつも一定に致しおき戶外に出る場合は各兒備附けの袖なしセーターを纒ひまして體溫の調節をはかる樣に致します。戶外へ足を踏出しますと其處には靑々とした芝生が或は小砂利が敷かれざく〳〵と心地よく幼兒の樂しい遊を補けてくれます。又さうした設備のない處は撒水車で子供が交互に水撒を始めて適當な濕氣を與へて塵をしづめる樣致します。

一、身體的方面の觀察

又入園當時より身體的方面の觀察を行ひ先づ家庭よりは幼兒の既往症、遺傳、血族關係、哺乳時、出產時狀況即ち早產兒か等出來得る限り此處に報告を集めておきまして參考に致します。又園に於きましては毎月一回醫師を招きこの時は必ず保護者が同席致しまして微に入り細に渡つて檢査されます樣子をみて發育狀態及び異常等を知りそれに依つて保姆ともに適應した處理をする樣心掛けるのでございます。この他特に傳染し易い眼科、皮膚科の如きは各專門醫のお手を煩してト

ラホーム等は特に徹底的に撲滅を圖つて居るのでございます

一、結　尾

この樣にして來る朝毎にはちきれる樣な眞赤なリンゴの類こ元氣に滿ちたつぶらな眼が私達の眼に映じる時この道に携はる者こして之にこした悦はありません。健全な小國民が軈て次の世を双肩に擔ひ世を飾るべく大切な任務にある者である之が健康第一體育に主力を注ぎたいこお答へする譯でございます。

神戸市保育會　川野錦水氏

幼兒敎育上如何なる方面に主力を注ぎつゝあるかこ云ふ事に就きましては之を一般的方面こ特殊的方面こに分けて考察しなければならないこ思ひます。

茲に一般的特殊的こ申しますのは各園に共通的なものを一般的こし各園毎に異なつたものを特殊的こ致しました次第でございます。その樣な意味に於きましての一般的に主力を注いで居ります方面は幼稚園令第一條に示されました目的の達成にある譯でございまして特殊的方面は同じく神戸市こ申しましても園の所在地の狀況や幼兒の環境によりまして種々の變化が有る事でございますから一般的方面からは多少異なつた方面に主力を注がねばならぬ園もあらうこ思ひます。で一般的方面に於きましては先づ第一に身体を健全に發達せしめる事に主力を注いで居るのでございます。其の方法こしては定時又は隨時に園醫の來診を受け個人的に注意を拂ひ屋外保育に重きを置き毎日幾時間づゝかは自由に生活をさせつゝ自然的に保姆は之を保育する事に努めます。猶當市に於きましては事情の許す限り或時は山に或日は海濱に連行きまして清淨な空氣を呼吸し充分に日光に浴し身体の健康を增進する事に努めて居ります。其の他家庭こ成る丈接觸する機會を多くしまして衣食住に就き適宜の注意を與へ特に衛生に害ある間食(路店に賣つて居る粗雜なベロ〳〵など)をやめる樣に努力して居ます。かくして身体の健全な發育に主力を注ぎますると續いて情意方面に力を向けて參ります。そして次は智能の方面の順序こなつて居ります。

情意の方面の中で情的部分は申す迄もなく情緒の敎育でありまして之は後刻「情緒の敎育を如何に取扱ふべきか」の協議題に就き詳細御協議せられる事こ存じますから茲に省きます意的部分は當然意志の陶冶こなる譯で幼兒の意志の陶冶は其の情緒を行爲に現し其の實行を繰返す事に依つてなされるものでございますから從つて情こ意は相共に關聯して居まして美しい圓滿な情緒を養護し强固な意志の陶冶をなさしむる事は主こして幼兒の環境の整理に依つて行はれる事こ考へますそこで多種多樣な環境整理の中で幼兒にこりまして非常に感化力の强い保姆自身の修養に最も力を注いで居るのでございます。保姆は健康は元より自ら修養を怠らず(當市にては廿

四五年前より音樂の講習を開始し兒童研究、圖畫講習、動植物の研究、遊戯會等種々の施設每月あり）豊かな情操と周到な理智とを持ち、いつも元氣快活にして眞に慈母の如き愛情を以て幼兒に接したいと思ひます。

次に智能の部分は單に敎へると云ふ事よりも幼兒自身の發見による智識の收得に重きを置きたいと考へます。幼兒の發見と云へば自然其の環境に關係のある事でございますが幼兒に取つては其の周圍の殆ど凡てが智識收得の材料になつて居るのでございますから其處に保姆は宜しく適當な考慮と幼兒に滿足を與へる丈の指導とを加へて參ればよいと思ひます。

之を要するにフレーベル先生が傳へられました「敎育はなき物を造るに非ず外部より注入するに非ず全く自己活動性によりて各人内部に有する諸力の發達を指導する事なり」との要旨に添ひ倉橋先生が「幼兒の生活をよく理解せよ」と仰せられましたお言葉に基き幼兒の生活そのものを以て麗しき環境の中に生活せしめつゝ以て保育の目的を達して參りたいと存じます。

議長　談話題はこれで打切りまして次の協議題に移ることに致します。

●協　議　題

一、保育上情緒ノ敎育ヲ如何ニ取扱フベキカ

（京都市保育會提出）

京都市保育會　鹽崎多眞氏

（說　明）

幼兒の感情敎育問題は本會に於て絶えず形をかへて繰返し研究せられた問題の樣にも思ふ。此度も亦更に重ねて愼重審議御考究を仰がんとするは幼兒敎育の中心問題は養護と感情敎育であつて本題に特に情緒としたのは幼稚園時代の感情中最も活動して居るものが情緒であり此の時期に於ける情緒を立派に取扱はないと軈て取扱の對象となつて來る情操の敎育が完全に行ひ難いと思ふ。依つて特に情緒として提出したが、もつと廣義にとつて情緒のみに限らず感情敎育と解さるゝも差支なし。要するに幼稚園に於て如何にして感情敎育の素地を築かうか如何にすれば誤つた感情敎育に陷らないであらうか此の邊の御考究を願へば結構である。

意見發表

1、保姆の態度

感情敎育は愛の敎育で愛あれば方法は少々拙くとも大丈夫豊かな感情敎育をうけるとさへ云へる。が一歩を進めて我々保姆は常に正常な感情が働くか否かを反省しつゝ取扱ひたいものである。

2、環境の整理

明るく、晴やかな、喜びに滿ちた、生き〳〵した氣分で子供が悅と光を充分にうける感情敎育場たらしむ。

3、感情と感情の觸合ひの教育
物や方法よりも人と人との接觸が第一と思ふ。
4、項目の取扱に就て考へて見たい
イ、恐怖
1、個体保護、本能的のもの(雷など)は唱歌遊戯等により紛らしてやる。
2、想像聯想を働かすもの
頭が鋭敏な爲なる場合多ければ卑怯者などゝして冷笑せずに徐々に馴してやる
ロ、忿怒
1、私忿
A、人が過つて傷けたる場合快く受け傷のをさまると共に晴やかに
B、人が故意に害した時
保姆は一應は其の子が仕返をしても認むべきである。但しそれ以上はこらへて而も卑屈にならない樣導きたいものである。
2、公忿
公忿の芽生既に有り。殊に男兒に多く見らる。依つて之を認め遊戯の中に男性的なものを加へてやる。或は勇しい談話で淨化してやる。
ハ、普通の喧嘩　力比べ的のものは其の儘に、全生活が喧嘩であるものには保姆や友達が嫌ふ感情を表す。
ニ、同情心(保姆の温情をうつす)
1、泣く事を彌次るのは普通である。保姆が同情親切にすれば模倣す。
2、人の喜を自分も喜ぶ
人の心持に對し同じ心持をもつといふ樣な事は凡て保姆の温情其のものが子供にうつると考へてよからうと思ふ。
5、家庭との協力
入園前に於て感情の素地が造られて居る事を思はねばならぬ。赤子の抱方と感情教育。感情教育の高唱。兩親の理解を高む。

名古屋市保育會　片野ひで氏

本問題は誠に結構な問題で御座いまして私共が幼兒に接する間屢々現れる事項で御座いますから餘程注意をしなければ幼稚園教育に悖るといつてもよい位で御座います。
さて情緒は幼兒期に於て最も多く起る精神活動で是を程よく教育されましたならば人の人格を造る最も高尙な情操になるのでございます。情緒とは喜ぶ心、恐怖の心、憤怒の心、物を愛する心、希望の心、樂しみの心等數へ上げれば數かぎりもないのであります。是は皆本能より出發してくる大切なもので御座います。たとへ大人の考から見ましてよくない現れでありましても是を抑へつけるといふ事は教育上面白からぬ

事で御座います。よい現れは其の儘伸してやり惡いと思はれるものは幼兒の意識にのぼせないで善い方へ導いてゆかねばならないかと思ひます。

嬉しがる心、喜の心が現れました時には喜も嬉しさも其のものを充分發揮させ愛の心の現れました時もその儘どこ迄も發揮させてやりたいと思ひます。恐怖の心や憤怒の心は自分を保護する爲に起つて來るのでありますから一寸位はほつて置いてもよい樣に思ひます。けれ共幼稚園と致しましてはその儘ほつて置く事は出來ないかと思ひます。

先刻申しました通り大人の考から見まして惡いと思ふ怒の心が現れました時には是はいけません等といはないで紛らす爲の繪本なり玩具なり變つた所で面白く遊ばせる等して怒から遠ざける樣にし又恐怖の心、例へば雷の鳴つた時に恐れる事があつた時には是等の幼兒を遊戯室にでも連れていつて「さあ之から雷にまけない樣に雷のお歌を唱ひませう」とか、動作で元氣をつけるとか、雷の面白い童話を聞せるとかして恐怖心其のものを打消さないで興味あるこころへ誘導してゆきましたならばよいかと思ひます。又競爭心の起りました時は競爭心其のものによつて將來の向上發展するものでありますから他を踏みつけるといふ事のない限り競爭を遊戯化して滿足させてやり品性をけがす樣な競爭心ならば前の如く適當な方法で展開させてやりたいと思ひます。

以上の如く如何なる情緒が現れましても、うまく導へてゆきましたならば、よい性情を造り上げる事が出來るかと信じます。以上日頃の方法を一言申上げる次第で御座います。

吉備保育會　三戸花子氏

保育上情緒の教育を如何に取扱ふべきか。といふこの問題につきまして簡單に申させて頂きます。

一、情緒は身体とよほど密接な關係があると思ひます。

身体と精神とは常に併行して發達するものであると思ひます。左樣でありますから身体發育狀態のよい幼兒はその精神方面なる情緒生活に於きましても亦極端な情緒を發現する事は殆どないと思ふのであります。極端な情緒を發現する幼兒は身体によくない所があると思ひます。それは主として神經系統及内臟諸器官の不健全に基くものであります神經症、消化不良、腸の異常、心臟血行の障害、一般虚弱疲勞性、不眠性等は凡て重大な關係をもつてゐるのであります。斯樣に身体殊に神經系統及内臟諸器官に障害をもつてをります幼兒は多くはその情緒生活の上に何等かの障害を示すものでありますから情緒の教育には身体諸機能の健全を圖るといふ事が第一であります。故に身体養護を幼稚園と家庭と協力致しまして注意して行きます事は幼兒の情緒教育上最も基礎的な條件であると思ひます。

二、情緒の個人差に注意致しまして保育して行く事でありま

す。

情緒は智能に比べまして個人的相違が遥に大でありますから日常保姆は幼兒の個人的相違に留意致しまして情緒の陶冶をして行きませねば充分にその目的を達する事は出來ません。幼兒の中には情緒の過敏な者もをりますれば又遲鈍に過ぎるこいふのもをります。斯樣なのを一樣に見做して保育して行くこいふ事は全く不可能な事であります。左樣でありますから情緒の教育は個人個人の差を充分に呑込んで保育しなくてはその目的を果す事は出來ません。

三、幼兒の情緒生活は出來るだけ之を穩かにさせねばならぬこいふ事であります。

幼兒の情緒を極端な情緒、强烈な情緒にしてはなりません左樣でありますから身体的にも精神的にも、なるだけ過激な刺戟を與へる事を避けねばなりません。幼兒を感動させよう、感激させようこして餘りに情緒を刺戟する樣な保育方法は努めて避ける方が適切であるこ思ひます。

四、幼兒の協同生活に於きまして自己本位な我儘な情緒を陶冶して行く事であります。

幼稚園の保育では社會的な協動生活こいふ点にも留意致しまして利己的な我儘な情緒を出來るだけ陶冶しなくてはなりません。それには個人的な遊でなく出來るだけ協同的な遊、例へば兵隊遊、大積木の協動遊、砂場の協同遊、飯事遊等、斯樣な協同遊をさせましてその協動生活を通じて個人的な我儘な情緒の現れます餘地のない樣にしなければなりません。

五、情緒こ環境こいふ事であります。

幼兒はその環境より絶えず身体的にも精神的にも何物かを吸收してゐます。故にこの吸收する中へ幼兒の正常なる情緒の養分こなるべきものを出來るだけ多く含ませて置きたいこ思ひます。それには日常保姆は自己の生活に注意するこ共に幼稚園總ての設備に注意しなければなりません。そして出來るだけ幼兒に正常なる情緒を發現さす樣努めたいこ思ひます。

以上の諸点を注意して幼兒の情緒教育を取扱つて行きたいこ思ひます。

大阪市保育會　稲葉むめ氏

人間の情緒は詳細に種別致しましたら澤山になる事だらうこ存じますが此處では主こして園齡時代の幼兒達に著しく發動するもの丶取扱に就きまして私共の實際を申述べ御示教を願ひたいこ存じます。

園齡時代は精神も身体も至つて薄弱なるもので御座いますから其處には造化の保護的配劑が行はれまして幼兒には多分の主我的情緒が發動致します。卽ち幼兒は何を措いても先づ自分を護衞する樣に自然こ心が働くので御座います。例へば入

園當初の幼兒は往々幼稚園生活の全部を彼等發達の第一資源たる喫食に興味づけて考へます。そして其の考が又單直で一克で目的を達する迄は容易に紛れないものである事を知ります。此等の子供は朝幼稚園に來るなり「お辨當は未だか」こ尋ねる。斯くて食時の來る迄是ばかりを思ひ續け、續け餘りては「まだか」こ尋ね遂に食事を了れば何の遠慮會釋もなくさつさこ歸宅致すので御座います。幼兒は其の生活の大部分斯樣な主我的情緒の單直一克的なる發動によりて能く其の薄弱なる存在を維持しながら人生の第一歩を開拓致すので御座います。此の開拓の方向を幼兒將來の存在上、有利に手引致すのが幼稚園教育の重なる仕事で本問題は正に此の手引法の研究であるこ存じます。御示教を仰ぐには好個の機會こ敢て所信を述べさせて頂きます。

一、恐怖　　是は來らんこする苦痛を豫想して起る情緒で御座います。從つて生活經驗の至つて淺き幼兒達には恐怖の對象を持つ事も事象の結果を考ふる觀念も甚だ乏しう御座いますから所謂盲蛇に怖ぢざるものでこの恐怖こいふ情緒の發動する場合は甚だ稀である可き道理で御座いますのに實際にはなか〳〵多いので御座います。是はつまり幼兒の恐怖は多くの場合本能的に發動するからで御座いまして無智蒙昧なる弱者に對する天の配劑を味ふ事が出來ます。扨て此の恐怖こいふ情緒は其の發動狀態が本能的であらうこも、情緒的であらうこも人格の養成には大いに重實なる性情でございまして教育者の幼兒に教育を試む可き好箇の機會を作出致します。今其の教育機會をなす二三の場合を擧げて見ますれば

1、嚴肅なる室内は勿論少し改まつた場所に入る事を拒む子供がございます。例へば祝賀式こか終了式こか又は自分の保育室等に入る事を拒む幼兒がございます。此の場合其等の室内には何等幼兒の恐怖を誘ふべき對象物はないのでございますが本能的に不安を感じて其の室内に入る事を拒むものこ見えます。

此の場合保育の眼目は恐るゝに及ばざる恐を幼兒から取除く事でございます。其の爲には強ひて室内に入らしむる事を致しませず其の子供の安全地帶こ思ふ所から室内の狀態を見させておき、多くの友人が――敬虔なる態度で式に處する――光榮の狀態や又喜んで教師こ談笑の間に種々の稽古事を爲す有樣を觀察せしめまして然も式の終りには忘れ難いお饅頭（蓋し此お饅頭は一般の子供にも擧式の全意義を籠めて重要視してゐます）の分配にも浴せしめ保育室觀察の場合ならば其の手技品等の餘惠にも與らしめて大いに最初の不安氣分を喜の狀態に轉換致させるのでございます。この取扱法を繰返します程に一般兒こ同樣に躊躇なく室内に入る樣になります。

2、衆人の前に出て唱歌談話遊戯等を爲す事を拒む

此の場合の保育眼目も前に同じく無用の恐怖を除去するにご

ざいます。取扱は矢張り強ひても無効でございますから他の活潑なる友人に代らしめて其の發表を稱揚し與へて大いに光榮なりし事を観察致させ機會ある毎に其の兒に出動を勸誘して止めませねば遂に成功するものでございます。然しながら此の場合は單に外部の安定や光榮のみを知らしむるだけでは効果は少うございます。一面に於て教師は其の子供の實力を養ふ事に努力し其の兒をして自信を持たしむる事が大切でございます。

3、友人に惡しき事をなし訴へられて教師の叱責を恐るゝ場合

此の場合の恐怖は事件の結果を恐るゝものでございますから複雜なる感情で大いに情緒性を帶びて居ります。さて此の場合の保育眼目は大いに幼兒の道德感情を養ふ事でございます即ちかゝる場合は幼兒の憂苦はかなり大きなものでございますから教師は注意して裁決を明瞭簡單にし速に謝罪せしめて友人並に教師の寬恕を得しめ罪の憂苦に對照して赦免の喜悦を味はしめ罪惡の如何に恐るべきものであるかを知らしむる様に致したいと存じます。

4、コレラ等の流行病、幼兒誘拐者の頻出等に對する恐怖

此の場合の保育眼目は恐る可きものを正しく恐れしめて人事の限を盡し其の上は神佛の守護に頼る可き事を暗示するにあります。敢て暗示と申しましたのは幼兒の淺薄なる智識と經驗とは死の意味を解せず隨つて此の種の恐怖に鈍感で又神佛の存在感も至つて朦朧的でございますから、只教師の有する心境が働く事に任するのみのものでございます。然しながら事理に疎き幼兒等は其の補缺作用として暗示には頗る敏感でございます故、教師の眞情は必ず此の種の恐怖と神佛の守護とを暗示致します。依つて飲食物の注意、手先の清潔、豫防注射等の話、子取の誘拐にかゝらぬ用心等を語り神佛を禮拜する事に及びます。恐るべきを恐れしむる事は一面恐るゝに及ばざる事を恐れしめぬ様教ふる事を意味します。幽靈、化物等を恐るゝ眞似ごと遊等は折を得て實在せざる事を話し其の遊び事を止めさす様に仕向けます。

二、希望　是は恐怖と反對に、來らんとする幸福を豫想して起る所の情緒でございます。幼兒は生命の上にも運命の上にも豊なる將來を惠まれて居ります。從つて彼等は常に暗示的希望を感じて居ります。是が即ち幼兒一般の生活を快潤にして欲求的、活動的ならしむる大原因でございませう。而して幼兒生活が斯様な著しい幼兒特有の傾向を現します事は彼等を向上進歩せしむる上に缺くことの出來ない關係を有して居ります。それ故幼稚園教育上一つの大切なる事は幼兒の生活に希望を與ふる事でございます。卽ち絶えず幼兒の要求する生活目的の表示を致さねばなりません。此の表示された目的に到達致す迄が希望の生活で其處に活動は一層快潤を加

へ目的の達成に必要なる勇氣、忍耐、努力等の教育上重要なる情意が活躍致します。是に依つて幼稚園の若草は身体的にも亦營養作用が盛になります樣な譯合で斯樣に教育の合理的狀態に置かるゝ幼兒達は心身共にぐん／＼成長致して參ります。而して幼稚園教育の四項目卽ち唱歌、談話、手技、遊戯等は幼兒の要求する幼稚園生活の立派なる目的表示でございます。それ故教師の教導さへ宜しければ幼兒等は隨分希望を感じつゝ目的に向ひ追求して進むものでございます。が、日々の事でございますから變化こいふものが乏しくなりますので屢々此等四項目の目的表示の外に新しき表示を致す事が必要でございます。今左に私共が試みて居りまする所謂新しき幼稚園生活を列擧致しますれば

三五節句の祝、新嘗祭、四大節祝賀、幼稚園創立記念日祝賀、氏神祭、園外保育、觀月遊戯會、年の市事、終了日遊戯會、茶話會等

勿論此等行事中、四大節の奉祝、新嘗祭、幼稚園記念日祝賀氏神祭、園外保育、保育終了式等の如きは此等の行事が固有する本來の重要なる教育意義の爲に擧行せらるゝ所のもので生活目的の表示は其の副次的意義である事は申す迄もございません。

三、忿怒　　此の情緒は自分の受けた苦痛により害を加へた者に對する不快の情でございます。而して露骨なる主我的生活の行はるゝ幼兒間には頻々こして此の情緒の發動する事を餘儀なくされて居ります。從つて幼稚園教育の大半は此の情緒の始末をする事になつて居ります。扨其の取扱でございますが忿怒は衝動力が强く直に動作を起さしむる所から往々激越の行動に出て自他共に危くする結果を來すものでございますから古から此の情緒に對しては之を抑制する事で教育を致しました。然しながら此の情緒は元來人類自衛の必要上賦與せられた本能が根本になつて居りますから之をむげに抑制せしむる丈では不合理であり又恐る可き結果を招來して人を呪ひ世を咀ふ樣な性向を造り出す事は社會の事象に徵して知る事が出來ます。子供の正しき怒は自衛上、品性の修養上必要のものでございますから大いに之を認めねばなりません。其の認め方は矢張り只今の國家が認めまする方法に傚ひたいこ存じます。卽ち國家は此の情緒の激越性から生ずる危險性を防ぎ又弱者の正しき忿怒をも認めまする爲に個人相互の應酬をば許さないで加害者には第三者である國家が代理して冷靜なる判斷の下に處罰する事を致して居ります。幼稚園に於ても此の法に傚ひ子供同士應酬喧嘩する事は禁じて其の代りに腹立つ事あれば何事でも教師に訴へしめ教師が之を正しく裁判して惡しき者をして詫をせしむる法に依りたいこ存じます。實際子供は此の方法で滿足して相互に道德觀念を養ふもの、樣に見えます。唯此の際注意すべき事は幼稚園に於ける

此の情緒の發動即ち訴訟事は日々多數に上り然も怒れる子供は教師の判斷のみを唯一の慰安と致して居るのでございますから其の訴訟が實に目にも擧げ兼ねる一些事に過ぎぬものであつても子供に取つては容易ならぬ事であれば判檢事たる教師は能く之を聽取りて隨分勉强することでございます。

四、喜悦　是は精神上物質上の幸福利得に對する快感でございます。子供を喜悦の狀態に置く事は教育上最も有利ならしむる要件で子供が此の狀態に居ります間は總ての教育命令は易々として受入れられます。人間の美しい寛容なる性格を造るには幼兒時代に於て此の喜悦の生活を惠む事が肝要であると存じます。而して彼等幼兒の希望する所のものは小さき人格の存在を認むる事、生活樣式に變化あらしむる事、御馳走事等でございますれば希望の取扱と關聯して大いに注意を要する次第でございます。

五、悲哀　之は精神上物質上の不幸損失に對する不快の感で救助を求めたり受けたりする利便の無い心の有樣でございます。つまり自分のみが心の痛みに堪へねばならぬ心情でございますから其の原因が何うあらうとも同情すべき譯でございます。斯樣な場合に優しい同情の慰を蒙る事は他のあらゆる場合よりも嬉しく、有難く、人の情といふものを深く身に染みて覺え其の極み神佛の實在に迄も考へ及ぶ樣になるのでございます。古歌にも

「落ぶれて袖に涙のかゝる時
　人の情ぞ思ひ知らるゝ」

とありましたが幼稚園に於ける子供の悲哀を見る場合例へば

1、朝餘りに早く來過ぎて淋しき境地を感じ家が戀しくなり、しく／＼悲しさうに泣き出す場合
2、退園時に自分獨り迎へが來ず取り殘されたる場合
3、雨など降りてうそ寒く慈母の懷戀しきにその感情を訴ふる術もなくやる瀬なき場合

教師はかゝる時最も優しく同情して之を慰め子供の悲哀の程度によつては其の戀しき家庭に送り屆けます。

六、自己感情　之は自分の評價に對する所感で二つの場合がございます。自己の評價の强大優秀を感ずる場合は自尊自重、自負、傲慢等の心境態度となり自己の評價の弱少劣敗を感ずる時は羞恥、意氣消沈等の心境態度となります。此の情緒が中庸を失して極度に達すれば得意の方向は遂に誇大妄想狂等、失意の方向は自殺を計る等の變態的心境に陷りますそれ故に此の情緒の教育は注意して自己の評價を正しく知らしむることでございます。幼稚園の組織は同年輩の友人が最も多くあり又教育の機會は均等にして些の特權といふものを認めませんから從つて各自赤裸々の實力を比較し得て自己の評價を正しく知りますには此の上も無い屈竟の場所でございます。其れ丈に教師の言行は餘程此の評價の判斷に重きをな

す關係がございます。それ故教師は幼兒の評價に關しては細心の注意を拂はねばなりません。例へば少しく鈍感に屬する子供を發奮せしむる爲に他の子供よりも度數を多く賞めたり致しまするこ同席の子供等は敏感に之を見逃さず「誰さんは何遍も賞められて得や〱」など申します。幼稚園に於ては彼等子供は自己の評價を知るに主こして四項目の出來榮えをて致します。教師は常に此の情緒に訴へて彼等に實力を以養はしむるこ同時に其の評價を正しくし與へて傲慢こ卑屈こに傾かしめぬ樣用心致さねばなりません。

以上述べました處は顯著なる幼兒の主我的情緒でございますが幼兒には又相當に主他的の情緒も發露する事を認めます。即ち彼等は友人の怪我其の他の悲境に同情致しまして急を教師に告ぐ可く四方に奔走斡旋を致しますし又能く是を慰安する事にも勉めます。此の情緒は人類特有なる心の働で品性の修養、人格の高大を致すに最も必要なるものでございますから教育的取扱こしては此の情緒の發露する機會を逸せざる可きは勿論苟も之に導く可き機會の生ずる毎に同情慰安すべき事を獎勵致したいこ存じます。

次には同情が一層深厚を致しまして全く自分の喜憂かの樣な感じを覺ゆる處の愛情をも發露致します。慈母弟妹年少の園兒等に對し眞實より愛撫する事を認めます。此の情緒は德性の涵養上亦密接の關係がございますから常に此の種の行爲を尊重獎勵致すべきは勿論教師自身も幼兒愛着の對象こなるべく修養致したいこ存じます。

幼兒は前述の如く他人に對し愛情を感ずるは勿論又凡て優秀なる者に對し之を尊敬するの情緒をも明に發露致します。嘗て一女兒が其の尊敬する教師の、道路に印したる足跡を拾ひて自分も亦其の足跡通りに步行する事を勉めますから何故ぞこ問へば大きくなつたら先生の樣な人になりたいからこ申しましたこか人間の純眞性の洗練せられたものを情操こ申しまして最も貴い性情こする所でございますが是も此の尊敬から出發致さねばなりません。希くば教師たる者幼兒の尊敬を起さしむるに足る存在でありたいものでございます。幼兒は又他人の自分に與へたる恩惠に對しても感謝するここを致します。

此の情緒は道德的感情にも宗教的感情にも大關係がございます故教育上からは益々此の情を養ひたいものでございます。實際の躾こ致しましては教師の親切に對しては何事に依らず感謝の禮を言はしめ時折野菜、果實、花卉等に就て觀察せしむる際には自然農作の賜、園丁の勞作をも話し聞かせ此の情緒を養ふ事を致します。

神戸市保育會　大久保智敬氏

なるべく簡單に申させて頂きます。

一、第一に保姆が何こも言へぬニッコリこした態度で幼兒に

接すると言ふ事が大切であります。先生の顔を見たら悪戯も喧嘩も出來なくなつてしまふと言ふ態度でございます。

二、次に美に關する方面から申しますと色の調和又は音の調和と言ふ事は最も大切な事であると考へます。例へば保姆の衣服の色合又は保育室の裝飾の色合等は最も注意を拂はねばなりません。又良い音樂良い繪畫に親しませる事も大切な事で度々美に接しさせる事は總て幼兒に激情の起る事を少くするものであります。都會の子供は音の調和を缺いた所の噪音に常に惱まされるものでありますから幼稚園におきましてはなるべく調和のある世界を與へてやらねばなりせん。

三、形式美を愛すると言ふ事も良い事でありまして形式美とは蝶形の左右の整ふた形美麗式の上下左右のよく整ふた形等の樣に均齊のとれた形からくる美しさの事であります。形式美を愛すると言ふ事は其の背後にある規則性を愛すると言ふ事になります。そしてこの規則性を愛すると言ふ事は幼兒がまがつた事、はづれた事を嫌つて正しく眞直な事を好むと言ふ良い習慣を養ふ事が出來るのであります。

四、次に激情の取扱に就て申しますと怒の情をなくしてしまふと言ふ事は困難な事でございます。又愛國心等はこの激情から迸り出るものでありますから此取扱には充分注意を拂はねばなりません。激情の起りました場合には他の情緒の方へ移してやると言ふ事が大切な事であります。之には一つの作業又は一つの團体的競爭遊戯と言ふ樣なものを與へてやるのも面白い試みでございます。又幼兒は時々喧嘩を始めますがこんな場合には先づ初に「あなたは良い子だからね」と言つて宥めてやります。然しそれでも止めない時には「あなたのお手々を良いお手々にしませう」と言つて話してやります。それでも猶止めない時には今度は靜かに別室につれて入りまして仲良く遊ぶ子供は良い子供であると言ふ事に就てよくわかる樣に話してやります。かうすればもう大抵の子供は落着いて和やかな氣分になるものでございます。

五、次に童話に就て申しますと正しい喜を喜び正しい悲を悲しむもので又常に明るいものを選ばなければなりません。そして殘忍性を帶びたもの等は注意致さねばなりません。又繪本も常に明るく正しいものを與へねばなりません。次に

六、同情心を養ふと言ふ事も大切な事であります。幼兒の持つ同情心は本能的衝動的なものでございますから一歩々々理性的にして行く事が大切であります。例へば幼兒はよくカマキリ等の足をちよつと取つたり致します。こんな時には「カマキリはきつと痛いでせうね。あなただつて足にちよつと血が出た位でも泣きたい位痛いんでせう」等と申してやりますと默つてをります。この默つて考へてゐる事は幼兒の小さき理性に訴へてゐる證據なのでありまして大變良い事であります。又幼兒は首領本能を持つてをりますからこの本能を利用

して理性的同情心を培つて行く事も出來ます。例へば常に大將になりたい、かしらになりたいと思ふものでありますから之を利用して「かまきりは家來になりたくてあなたに捉つたのだから、あなたは大將になつて家來を可愛がつてやりませうね。桃太郎さんも犬や猿や雉を可愛がりましたね」と申しますと幼兒は大變にこやかにフンと大きく頷いてくれます。次に同情すべき機會を澤山與へてやる事も大切な事でありま す。之は童話の中におきましても又は繪本の觀察におきましても園外保育におきましても常に注意を拂はねばなりませんそして幼兒が共同生活を致します中に色々同情心を培ふに適した機會が出來て參りますものですから其の機會を逸しない様に致さねばなりません。

七、次に敬虔なる態度を養ふ事も大切でございます。我が神戸市に於きましはは小學校幼稚園に國旗の揭揚塔を造り國旗を揭揚致しまして之に敬禮をなして敬虔の情を養ふと言ふ計畫が出來てをりますが實現の曉にはほんとうにつゝましやかな感情の湧出るものであらうと存じます。私共も皇室に關しまする御繪をお部屋の正面に揭げておきまして毎朝幼兒と共に最敬禮を致してをりますが何とも言へぬ敬虔なる感じの致しますものでございます。

議長 本問題は協議題でありますので普通でありますならば何等か之を纏めるのが普通である樣に思ひますが又今日の御發表は各方面に渉りまして色々參考になる有益な御發表が多い樣でありますから纏りましたら相當參考になる資料が出來ると思ひますけれども本會では時間の關係上さう云ふ暇がないのでありますから此の位の程度に止めまして纏める事は各自の頭の中で致す樣にしたいと思ひますが提出者の御方である京都市保育會はそれで宜しうございますか。

京都市保育會幹事　結構でございます。大變よい立派な案をお持ちになつて居る御方もありますから次の雜誌に載せて頂く樣に願ひましたら結構と思ひます。

議長 承知致しました。左樣取計らひます。それでは第二の問題に移ります。

二、保育時間ノ延長ニ就テ

（大阪市保育會提出）

大阪市保育會　米山るん氏

（說明）

幼稚園教育の問題に就ては多方面に多大の研究と調査とを要する事は申上ぐる迄もありませんが今日は幼稚園教育中、時に關する問題につき現時の家庭、社會の狀態に鑑みて考察致す事も緊急な事と信じます。かゝる問題は其の市、町、村の事情によりそれ〴〵研究し延長の要ある處は既に御實施にな

つて居られる向もあると信じます。こんな大會にまで提出致さなくてもよい問題の樣に考へられますけれども之を深く考へますと昔からの永い傳統を破つて行はなくてはならぬ点もありますので本大會に提案致しました次第で御座います。何分の御指導を願ひ上ぐると同時に私共の考のある處も御聞き下さいまして御批評の上色々御協議下さいます樣願ひ上げます。

一、思想の變化

國を擧げて西洋文化に流れ殊に近來アメリカ主義の侵入著しく社會の思想の變化は實に甚だしく是がひいて家庭教育の上にも影響のある事は申す迄もありません。卽ち社會は婦人の手をまつ事日に日に多きを加へこの結果家庭の教育は等閑に附せられ婦人自身も又進んで家庭外に生活を求むるが如き傾向になりつゝあると信じます。是が爲、家庭生活上不都合の點益々多きを加へて參りこの缺陷を代辨するものは、やはり幼兒保護機關を置いて他にないと信じます。

二、經濟上

當今の經濟上から見ても非常な難局に直面して居ると思ひます。外債は實に六十億その利子が年に三億圓とは今更ながら心細い事であります。その上年々輸入が超過するばかりであります。輸出先の地盤は他國に侵害されるとかにて産業の不振を來し引いては是が國民生活の逼迫となり一家を擧げて働けども猶足らぬ狀態。子女の教育に迄は到底餘裕のなきこと家庭にあつて是が生産能力のある程の者は皆それ〴〵の業に從事する事を促す有樣です。從つて家庭教育の缺陷も又大なるものがあると信じます。

三、大都市が共通にもつ缺陷

人間の密度の多き爲小家屋がたてつまり三尺の空地すらなき住宅で遊戲場は人家の軒下若しくは街道で日光の惠にも浴し得ずほこりだらけの空氣を吸ひながら遊んで居ます。殊に遊戲場のない事は幼兒の心を間食に導き易い事であります。これ保健上、又体育上精神教育上甚大な影響を與へつゝあると存じます。彼れや此れを考へて參りますと茲に現幼稚園の保育の時間では物足らなさを感じて來るのは當然であつて從つてもう少し長く置いて貰ひたいと云ふ希望も多く現時漸く託兒所の要求が盛になり又社會も是を認めて來て居ます。が只その取扱の上から之を幼稚園に比し稍々異つて居る爲無理をしながら幼稚園へ出される方があります。この点からしても十分に兩者の關係を考へて見たいと存じます。

考へますのに今後いかなる事業にても社會民衆の要求に沿はぬものは亡び行くの運命に立至ると存じます。新法令もこの点に十分なる注意が拂はれてあります。文相の訓令中、早朝より夕刻云々とある事と三歳未滿の幼兒を收容する点等又今後の幼稚園の增設發展もかゝる意味に於て成されなくてはな

らぬと示されてあります。我々の幼稚園に於ける一日の時間は可成りの精根を盡し努力して居ますがその過半は隠れたる働てあります。何等か合法的のよりよき手段によつて自己も社會も共に認め得られる滿足を持ちたいものであります。曩に大阪市に於きましては新令發布當時直ちに家庭調査を行ひました。その結果

八、七五六人中女子の教育に遺憾多き家庭が一、三五三人ありました。又最近周園部の幼稚園七〇〇人の家庭に就て調査致しました。その結果は三五〇人は長時間保育してほしい旨希望して參りました。

私共は幼兒自体の幸福の爲に懸命の努力を致すは申すに及ばずその家庭に對しても便利幸福を圖り合法的の教育手段によつて幼兒をより健かに又賢く致したいものであります。

京都市保育會　新宮拙子氏

保育時間の延長に就ての可否は幼兒個々の家庭生活の情況によつて違つて參りまして一般に云ふ事は出來ない事だと思ひますが幼兒が歸宅しました時に不自然でない相當な家庭が待つて居りますならば現在の保育時間で決して惡くはないといふよりは却つて幼兒の生活として自然であると思ひます。京都市の各園現在の保育時間は晝食を挾んで四時間乃至五時間でありますが是位で丁度適當であり家庭の方の希望もその程度である樣でございます。（此の點に就て具体的に調査して見たかつたのでございますが時日がなく出來なかつて殘念でした）若し假に現在より延長致します必要があると致しますならば先づ設備の上にも保育の方法の上にもよく考慮して休養とか家庭的な寛ぎとかを充分に與へる樣にしなければなるまいと思ひます。そして又其等が充分に設備されて居り完全な保育が行はれて居ると致しましても善き家庭以上に幼兒にとつてそれが必要であるかないかといふ事は餘程考へなければならない事だと思ひます。

以上は幼兒が家庭から惡影響を受けない場合でありますが是に反して父母が居なくて適當な保護者がないとか其の他家庭におく事が惡い樣な場合であるならば適當な設備なり方法の下に保育時間を延長するといふ事も亦必要であると思ひます

神戸市保育會　池組まさの氏

普通の幼稚園では保育時間を四時間或は五時間にしてゐる樣である。併し之は唯傳統的に行はれてゐるので何等の根據がない樣に思はれる。惟ふに提出者は保育時間延長の必要を認めて提出したものであらうと思ふ。この問題は保育時間の長短を何によつて解決すべきかの問題である。法令をみると保育時間に就いて何等の規定もない。惟ふに是は土地の狀況、家庭の都合（特に保護者の職業）幼稚園の事情等によつて任意適當に保育時間を定めよといふ精神であらう。してみればこの問題は保育時間の延長は何等差支なしと答へるのみで事足り

るのであるが併し保育時間の長短は保育の効果に影響する事が多いから唯確實な根據なくして是を決定する事はいけない然らば如何なる事實根據によつて保育時間を決定するかこいふに私は精密なる實情調査を行つてその結果を考へて決定するがよいこ思ふ。實情調査こは科學的に次の方面を調査しそれに基づいて保育項目こ保育時間こを決定する方法である。

一、通學區域の家庭の類型

(一) 類　型

イ、都市に於ける郊外の住宅區域であるか。
ロ、衛生的の土地か。
ハ、家族の職業は何か。
ニ、教育程度はごうか。
ホ、子供を監督する時間があるか。
ヘ、幼兒の教育に必要な設備(玩具雜誌等)をなし得るか。
ト、一家の生活程度。等

(二) 類　型

イ、家屋の密集してゐる郊外地か。
ロ、遊園地が近くにあるか否か。
ハ、衛生的の土地であるか。その他

(三) 類　型

イ、田舍であるか。
ロ、部落の散在が容易に數名の友達を得る便があるか。
ハ、家庭の人は幼兒を監督するひまがあるか。等

二、幼兒調査　　精神身体の發達狀態の調査

三、幼稚園の實情調査

1、幼稚園の位置　　2、通學距離
3、幼稚園の設備　　4、保姆の數

右の調査を精密に行つて是を保育の目的即ち衛生的方面、社會的道德的方面、智的方面、美的方面より考察して調査實情の長短を發見しそれに適當な保育項目を決定しなければならん保育項目の作り方に就ては茲にのべない。唯保育項目を授くるに必要なる時間を考へなくてはならぬ。その時間は特に土地の狀況、保護者の職業、通學距離の遠近等を考察して定めるがよい。以上の方法によつて保育時間を如何に延長すべきか自ら決定し得る事が出來るこ思ふ。要するに保育時間は幼兒保育に必要あれば延長し又は短縮してよいのであつて傳統的時間による必要はない。

議長　此の問題に就ての御意見御發表の通告は二つだけであります。大阪市御提出の此の問題に就ては大阪市から詳細な御調査の結果を御發表になりまして各市共非常に參考になりました事こ思ひますが他の都市の御意見によるこ未だ一般的時間を延長するこ云ふ樣な事に就ての御考が纏つて居らない樣であります。又此の幼稚園の保育時間に就ては幼稚園令に於ても何等時間に制

限はない。各幼稚園の園則を適當に決めれば宜しいと云ふ樣な事になつて居りまするので大体に於て四時間乃至五時間と云ふ事になつて居るだらうと思ふのでありますが本日は各都市の情況を御伺ひすると云ふ程度に止めて置きまして尚大阪市の御意見を參考として他日又斯う云ふ御意見が纒まる時期があれば纒めると云ふ程度に致したいと考へますが如何でございますか、大阪の方で御異議ございませんか。

大阪市保育會　稻葉むめ氏

大阪市としては只今神戸市から頂きました樣に規則的に延べようと云ふ主義ではございません。矢張り家庭の情況に應じて延べて欲しいと云ふので色々御經驗もございませうから皆樣に大体の御意向を伺ひますれば大變結構でございます。幸に反對の御意見がございませんければ此の機會に於て皆さんの御敎示を受けたいと存じます。只今議長さんの御取纒の樣に今後段々と此の問題に就てお考を願ふ位で結構でございます。幸に反對の御意見が出ません事を感謝致します。

議長　それでは左樣にして本問題は打切る事に致します。午前の議事はこれだけに致しまして休憩する事に致します。（午後零時十分）

（午後一時より引續き再開）

●研究發表

一、幼兒の訛言について

大阪市保育會　富はま子氏

近來幼兒教育の長足なる進歩と共に幼兒の言語に就ても識者の間に色々の意見が起つて參りました事は誠に彼等の爲に喜ばしい事と存じます。今回私の訛言に就て申述べます前に先づ言語に就て一言申させて頂きます。

言語　凡そ吾人々類の他動物よりも優越して居ます重要な一點は言語を有する事で御座います尤も動物にも言語を有して居ると語る學者もありますが併し彼等は一音一語であつて人類の樣に精練された調節された言語は持つて居ません。誠に吾人の言語は民族に依つて其の形式は異にして居ますが何れにしても是に依つて吾々の思想感情を發表し傳達するに必須なものである事は論ずる迄もない事で是の正しく使用されると否とは生活上の有利と不利とを分れさせる本でありますから之を正しく使用する事は最も有意義な事であると思ひます

言語の習得　先づ言語の習得に就て簡單に申しますと子供は出生から漸次自然的に模倣によるか近親者の口授によつて言語を習得致します。さうして學齡に達する迄には可成多數の言語を習得し彼等幼兒相互間の生活に不自由を感じない程度迄進んで參ります。皆樣は已に御承知では御座いますが學齡に達する迄の子供の發育を次の如く三期に分けて考へますと

第一期　嬰兒期

第二期　幼兒前期

第三期　幼兒後期

となります。第一期の嬰兒期には言語と云ふ形式を備へて居ませんで單に發聲に止まるので御座います。即ち泣く事と叫ぶことから始ります。最初は母音が多くアーウーオー等からバーマー等に進んで行きます。さうして次第に是等が結合せられて「うま〳〵」とか「いや〳〵」とか云ふ樣になる。かうして嬰兒期の終りには漸くやゝ言語らしい片言を語る樣になります。即ち言語の發達から申しますと呼喚期から片言期に移るので御座います。さうして第二期幼兒前期は片言期から言語期に入り初めて要領を得た言語を語る樣になります。第三期幼兒後期の幼兒は全部言語期に入つた子供と云へるのでございます。以上の點から申しますと吾々の取扱ふ幼稚園時代の幼兒は特に發育不良の幼兒でない限り全部言語期にある子供なので御座います。（しかし年少兒に於てはラ行、サ行は大分困難でございます）で我々の取扱ふ幼稚園の幼兒は正しい言語を使用し得る可能性を持つてゐる筈で御座いますがそれが案外正しく行はれず樣々の音韻の誤謬によつて訛言を形造つてゐます。私が訛言と申しますのは單に「なまり」といふ意ではありません。種々の原因によつて起る言語の誤謬の總稱であります。

訛言の原因　その原因には種々ありますが例を擧げて申しますと

1. 個人の發育狀態によるもの　2. 環境によるもの
3. 模倣不完全によるもの　4. 勞力節減によるもの
5. 人種の接觸によるもの

等で御座います。

1. 個人の發育狀態によるもの、中には發育不良、身体的缺陷、精神的缺陷あるもの等。
2. 環境によるものには土地の狀況、氣溫の關係、家庭の教育近隣の關係、友人の關係等。
3. 模倣不完全によるものは身体的、精神的、缺陷其の他の爲に云ふ者の言語を正しく受取れぬ場合と又自分が正しく云つた積りでも相手に正しく聞えない場合とある。
4. 勞力節減はなるべく簡單にしたい平易にしたいと云ふ考から起る。
例へば「ベースボール」と云ふより「野球」、「プロパガンダ」と云ふよりも「宣傳」、「ステーション」と云ふよりも「驛」と云ふ方が簡單であるため折角の輸入語の廢れて來た等。
5. 人種の接觸によるものには樣々の人種が接觸すると彼我の音が混同する樣になる事がある。

以上の理由によつて言語が亂れて參ります。尤も言語は時勢と共に變化して來るもので御座いまして誰しも難より易につくのは自然の理法でありますから絶對的のものではありませ

んが併しそれであるからと云つて誰も〳〵が云ひ易い言葉に従つて各自勝手に語る様になつたならば國語が亂れてしまひますから或程度迄其の時代に於ける一定の法則に従はねばなりません。で斯様な色々の理由から誤つて居る言葉をその儘に放置致します時は成人の後迄も習慣となつて誤つた言語に無關心となるのであります。

當地方の訛言　先づ當地方の訛言の例を申し上げますと數の多いばかりでなく種類に於ても多数でありますから滑稽味を感ずるのでございます。大人の人が平氣で會話中に身体の事を「カダラ」又は「カラヽ」と云ひ輕業を「カリバタ」戸棚を「トナダ」狐を「ケツネ」水を「ミル」喇叭を「ダッパ」等々で是を無關心に云つて居ります。大人でさへこの通り、まして幼兒は甚だしいので御座います。若し吾人が社交をせぬ者ならば知らず、社交するに於ては隨分物笑の種とならうかと存じます。それで先づ言語矯正の第一歩として訛言を調査する事に致しました。

方言との區別　尤も訛言は方言ではありません。方言ならば或一地方には正語として通ずるのでありますが訛言に於ては何れの處にも正しい言葉として通用せられないのであります。

訛言調査の標準　次に調査の標準と致しましたのは簡單な幼兒の常に目撃するもので日常生活に關係ある事物の中、訛言になり易い名詞十語を選んで幼兒一人〳〵に就て調査を致しました。

調査の方法　其の方法と致しましては平生からその事物を幼兒の目に觸れさせて無意識的に又は意識的に知らしめ置き調査者たる保姆の前に幼兒を一人づゝ連れて來て一々實物により又は模型によつて其の名稱を平易な使用し馴れた言語で質問致します。この際調査をする者は必ず一人でなければなりません。大勢で致しますと調査者の個人差によつて誤差が多くなりますから。さうして十語中一つも誤なく言はれたものを完全然らざるものを不完全として表記致しました。昭和三年度及四年度の分を統計としてこゝに記載する事と致します。

調査語　即ち調査語は左記の通りであります。

一、	電車	デンシャ	六、	戸棚	トダナ
二、	喇叭	ラッパ	七、	身体	カラダ
三、	水	ミヅ	八、	子供	コドモ
四、	手拭	テヌグヒ	九、	蠟燭	ロウソク
五、	人參	ニンジン	十、	先生	センセイ

以上の中にはザ行ダ行ラ行の混同し易きもの、以上の混同に加へて音の轉換し易きもの、同一行中の一音の變移し易きもの、拗音になりやすきもの、全然不規則の間違を起し易きもの等があります。その誤謬を調査の結果年齢性別等によつて完全と不完全に分け次に記載いたします。

第一表（六歳兒について）　昭和三年度

	男	女	計	備考
調査人員	六五	四九	一一四	
完全	三	三	六	十語トモ正ナルモノノミ
不完全	六二	四六	一〇八	一語ニテモ不正ナルハコノ欄ニ入ル

第一表（五歳兒について）　仝上

	男	女	計	備考
調査人員	三六	二四	六〇	
完全	〇	〇	〇	第一表甲ニ仝ジ
不完全	三六	二四	六〇	第一表甲ニ仝ジ

以上の表によれば五才兒には完全なるもの全くなく六才兒と雖も僅に六名であります。之を調査人員全体の一七四名に對して見る時は丁度 $\frac{1}{29}$ と云ふ小數になります。年長の方は $\frac{1}{19}$ 年少の方は0であります。

第二表（六歳兒について）　昭和四年度

	男	女	計	備考
調査人員	七九	五九	一三八	
完全	二	三	五	十語トモ正ナルモノノミ
不完全	七七	五六	一三三	一語ニテモ不正ナルモノ此欄ニ入ル

（五歳兒について）

	男	女	計	備考
調査人員	三五	二一	五六	
完全	三	一	四	仝
不完全	三二	二〇	五二	右

以上二表を通じて完全なもの九人全体の一九四人に對して非常な少數ではありますが前年の分に比較すれば完全なものが多くなつて參りました。即ち全体としては $\frac{9}{194}$ で一割に滿たないのであります。次に是を不正語數によつて表すと次の表となります。

第三表（不正語數表）　昭和三年度

年齢性別	調査人員	完全	一語不正	二語不正	三語不正	四語不正	五語不正	六語不正	七語不正	八語不正	九語不正	十語不正
六年男	六五	三	四	九	一五	九	一五	六	一	一	二	〇
六年女	四九	三	五	九	一〇	一三	四	三	一	二	〇	〇
五年男	三六	〇	四	二	六	一三	五	三	四	〇	〇	〇
五年女	二四	〇	二	四	三	五	六	〇	四	〇	〇	〇
計	一七四人	六	一五	二四	三四	三八	三〇	一三	一〇	三	二	〇

第四表（不正語數表） 昭和四年度

年齢性別	調査人員	完全	一語不正	二語不正	三語不正	四語不正	五語不正	六語不正	七語不正	八語不正	九語不正	十語不正
六年男	七九	二	八	一三	一七	一五	一八	二	二	一	一	〇
六年女	五九	三	九	一一	一三	九	一三	二	一	〇	〇	〇
五年男	三五	三	四	六	七	五	六	三	一	〇	〇	〇
五年女	二一	一	一	八	七	三	一	〇	〇	〇	〇	〇
計	一九四人	九	二二	三八	四四	三二	三八	七	四	一	一	〇

以上の三、四表を見ると大体に於て三、四語の誤が最も多く六語の誤は非常に少くなります。昭和三年度の平均一人の訛言は約三語、六となり同四年度の分は平均一人に付約三語、四となります。まづ二年間を比較致しまして四年度の方が少し少くなつて居ります。

更にこれを職業別によつて表したものが第五、六表であります。

第五表（職業別による不正語數表） 昭和三年度

六歳兒

太文字…男兒
細文字…女兒

語數／職業別	商業	工業	官公吏會社員	醫師	職人	無職	勞働者	其ノ他	計
完全	一二	—	—	—	一	—	—	一一	3 3
不一語正	一一	—	一	—	—	二	一三	一	5 4
不二語正	二五	二	—	—	—	二	五一	二一	9 9
不三語正	二五	三一	一	—	一	一一	二五	一三	10 15
不四語正	七二	一三	—	—	一	—	四五	一	12 9
不五語正	一六	一一	—	—	一	二	一五	一	4 15
不六語正	一二	一	一一	—	—	—	一二	—	3 6
不七語正	—	一	—	—	—	—	—	一	1 1
不八語正	一	—	—	—	一	—	—	一	2 1
不九語正	一	—	—	—	—	—	一	—	0 2
不十語正	—	—	—	—	—	—	—	—	—
計	一六 二三	五八	二三	—	二五	三五	一四 一九	七六	四九 六五

五歳兒

語數＼職業別	商業	工業	官公吏會社員	醫師	職人	無職	勞働者	其ノ他	計
完全	｜	｜	｜	｜	｜	｜	｜	｜	｜
不正一語	一	一	一一	｜	一	｜	一	｜	2 4
不正二語	一	一	一一	｜	｜	｜	二	｜	4 2
不正三語	一	一	五	｜	｜	一	二一	｜	3 6
不正四語	二二	二五	五	｜	一	｜	一二	一	5 12
不正五語	三二	｜	一一	｜	｜	｜	一三	一	6 5
不正六語	一	｜	一	｜	一	｜	｜	｜	0 3
不正七語	二	｜	三	｜	一	｜	一	一	4 4
不正八語	｜	｜	｜	｜	｜	｜	｜	｜	｜
不正九語	｜	｜	｜	｜	｜	｜	｜	｜	｜
不正十語	｜	｜	｜	｜	｜	｜	｜	｜	｜
計	五 一〇	四四	六 一〇	｜	四	一	七六	一二	二四 三六

第六表

六歳兒

昭和四年度

太文字：男兒

細文字：女兒

語數＼職業別	商業	工業	官公吏會社員	醫師	職人	無職	勞働者	其ノ他	計
完全	一	一	｜	｜	一	｜	一一	｜	3 2
不正一語	四五	一一	二一	一	一一	一	一	｜	9 8
不正二語	四六	四	一六	｜	一	｜	三	一	13 13
不正三語	四七	一	二五	｜	一一	一一	一五	｜	10 17
不正四語	三五	二四	五	｜	二一	｜	二五	一	9 15
不正五語	二六	二二	三二	｜	二二	一	二六	｜	12 18
不正六語	｜	一	一	｜	一	｜	｜	一	2 2
不正七語	一	｜	一	｜	一	｜	｜	｜	1 2
不正八語	｜	｜	｜	｜	｜	｜	｜	一	0 1
不正九語	｜	｜	｜	｜	｜	｜	一	｜	0 1
不正十語	｜	｜	｜	｜	｜	｜	｜	｜	0 0
計	一七 三一	一一 八	八 一九	〇 一	七 八	二 三	一〇 一四	二二	五九 七九

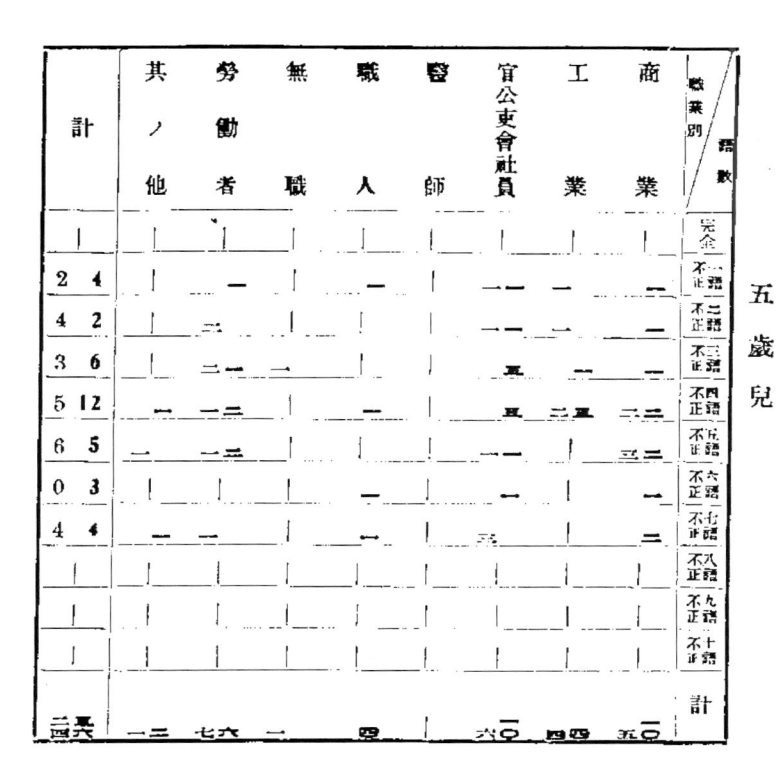

五歳兒

職業別＼語數	完全	一語不正	二語不正	三語不正	四語不正	五語不正	六語不正	七語不正	八語不正	九語不正	十語不正	計
商業	一一	二	一五	三二	一四	五	―	一	―	―	―	一六六
工業	一	三一	一	―	一一	一	―	―	―	―	―	五四
官公吏會社員	一	―	二一	二二	一	一	二	―	―	―	―	五七
醫師	―	―	―	―	―	一	―	―	―	―	―	一〇
職人	―	一	―	―	―	―	―	―	―	―	―	一〇
無職	―	―	―	―	―	―	―	―	―	―	―	〇〇
勞働者	―	一	二一	一五	―	一	一	―	―	―	―	三七
其ノ他	―	一	―	―	―	―	―	―	―	―	―	〇一
計	1 3	1 4	8 6	7 7	3 5	1 6	0 3	0 1	0 0	0 0	0 0	三三五

以上職業別によつて訛言の多少を見ますと何れの家庭に於ても訛言は行はれて居る事を證明するのでありますが併し二ヶ年間を通じて官公吏、會社員、醫師、工業等智識階級の家庭には八語も九語も誤る樣な者は少い事が證明せられるのであります。（併しこれとて正確にいふ事は出來ません寧ろ素質の問題の方が重いのでありますから）尙今年度は前年度に比較して年少兒の訛言が少いので御座います。次に前記十語中何語が最も訛言が多數であるかといふ事に就て調査した結果を次表に記します。

第七表（語によつて訛言の多少を表したるもの）

細文字…昭和三年度
太文字…**昭和四年度**

不正語 ＼ 年齢・性別・人員	六年 男	六年 女	五年 男	五年 女	合計 男	合計 女	合計
人員	六六・**七九**	四九・**五九**	三六・**五五**	二四・**二一**	一〇二・**一三四**	七三・**八〇**	一七五・**二一四**
デンシヤ不正	四・**五**	〇・**一**	二・**〇**	一・**〇**	六・**五**	一・**一**	七・**六**
ラツパ不正	二六・**二七**	一六・**一二**	一六・**一三**	一三・**三**	四二・**四〇**	二九・**一五**	七一・**五五**
ミヅ不正	二・**一**	三・**三**	四・**一**	三・**〇**	六・**二**	六・**三**	一二・**五**
テヌグヒ不正	一三・**二五**	一二・**一四**	一〇・**八**	八・**一**	二三・**三三**	二〇・**一五**	四三・**四八**
ニンジン不正	三二・**三八**	二〇・**二二**	一三・**八**	九・**八**	四五・**四六**	二九・**三〇**	七四・**七六**
トダナ不正	五一・**五八**	二九・**四〇**	三四・**二六**	二〇・**一七**	八五・**八四**	四九・**五七**	一三四・**一四一**
カラダ不正	四九・**六四**	四二・**四五**	二九・**二五**	二〇・**一七**	七八・**八九**	六二・**六二**	一四〇・**一五一**
コドモ不正	一四・**二一**	一三・**一三**	一〇・**一三**	八・**三**	二四・**三四**	二一・**一六**	四五・**五〇**
ロウソク不正	四七・**三二**	二六・**二八**	二四・**一八**	一五・**六**	七一・**五〇**	四一・**三四**	一一二・**八四**
センセイ不正	八・**二**	〇・**一**	五・**一**	一・**〇**	一三・**三**	一・**一**	一四・**四**

以上の語中誤の多きものより順次に記載すれば次の如くなります。

昭和三年度

語	人員
カラダ	一四〇
トダナ	一三四
ロウソク	一一二
ニンジン	七四
ラツパ	七一
コドモ	四五
テヌグヒ	四三
センセイ	一四
ミヅ	一二
デンシヤ	七

昭和四年度

語	人員
カラダ	一五一
トダナ	一四一
ロウソク	八四
ニンジン	七六
ラツパ	五五
コドモ	五〇
テヌグヒ	四八
デンシヤ	六
ミヅ	五
センセイ	四

となつて大体に於て前年度も本年度も似た樣なもので御座います。更に是を男女別とし百分比に直してグラフに表したものが次の第八表であります。この表によると女兒の方が多少誤謬が少い樣であります。然らば如何なる言葉を如何なる訛言にするかを調査して見ると第九表の樣になります。

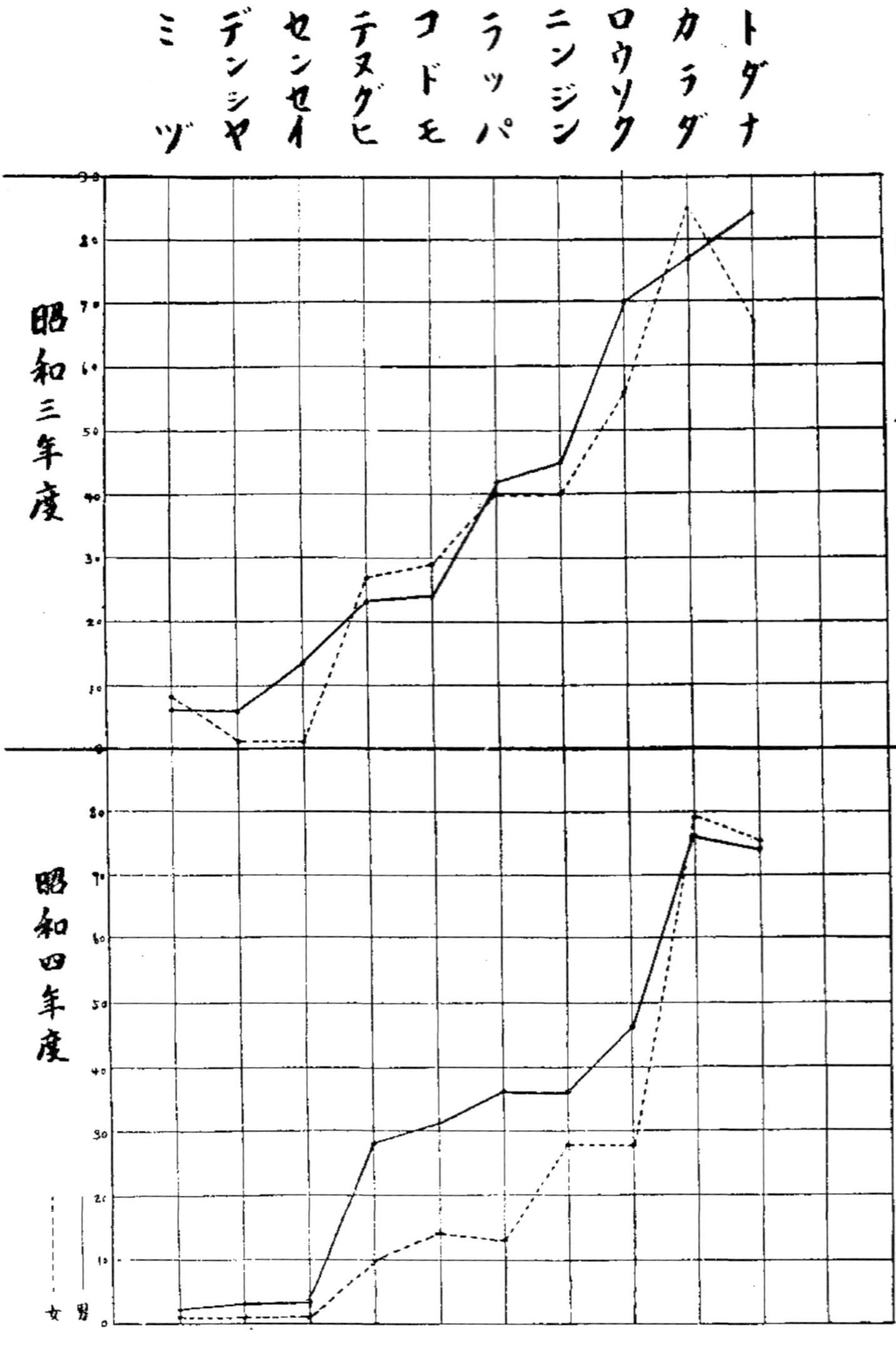

第八表（語によりて訛言の多少を百分比に表はしたるもの）

第九表（正語を如何なる訛言にするかを示したる表）

細文字：昭和三年度
太文字：昭和四年度

正語	訛言	六年男	六年女	五年男	五年女	計男	計女	合計
デンシヤ	デンキヤ	四 四	一 〇	〇 二	〇 一	四 六	一 一	五 七
	デンタ	一 〇	〇 〇	〇 〇	〇 〇	一 〇	〇 〇	一 〇
ラツパ	ダツパ	二六 二五	一二 一六	一三 一五	三 三	三九 四〇	一五 一九	五四 五九
	タツパ	〇 〇	〇 〇	〇 一	〇 〇	〇 一	〇 〇	〇 一
	パツパ	一 一	〇 〇	〇 〇	〇 〇	一 一	〇 〇	一 一
ミヅ	ミル	一 二	三 三	一 四	〇 三	二 六	三 六	五 一二
テヌグヒ	テノグヒ	四 五	〇 八	〇 〇	〇 〇	四 五	〇 八	四 一三
	テノゴヒ	一一 七	一三 三	七 九	一 六	一八 一六	一四 九	三二 二五
	テグヌリ	三 〇	一 〇	〇 一	〇 〇	三 一	一 〇	四 一
	テヌゴヒ	三 一	〇 〇	一 〇	〇 一	四 一	〇 一	四 二
	テヌヒ	五 〇	〇 一	〇 〇	〇 〇	五 〇	〇 一	五 一
	テナグヒ	一 〇	〇 〇	〇 〇	〇 〇	〇 〇	一 〇	一 〇
ニンジン	ネンジン	五八 三一	一九 一八	六 一〇	八 七	六四 四一	二七 二五	九一 六六
	ネンリン	〇 〇	一 一	〇 〇	〇 〇	〇 〇	一 一	一 一
	ニンリン	〇 一	〇 一	一 一	〇 一	一 二	〇 二	一 四
	リンジン	〇 一	〇 〇	〇 〇	〇 〇	〇 一	〇 〇	〇 一
	ジンジン	〇 〇	二 〇	一 一	一 一	一 一	三 一	四 二
トダナ	トラナ	二一 一四	五 五	六 一四	五 八	二七 二八	一〇 一三	三七 四一
	トザナ	〇 〇	一 一	〇 一	一 三	〇 一	二 四	二 五
	トナナ	一一 四	二 〇	七 三	三 一	一八 七	五 一	二三 八
	トララ	六 二	四 〇	一 五	二 四	七 七	六 四	一三 一一
	トナラ	六 二二	一一 一三	二 六	一 〇	八 二八	一二 一三	二〇 四一
	トナザ	〇 一	一 〇	〇 〇	〇 〇	〇 一	一 〇	一 一
	トナダ	一三 七	一二 一〇	七 五	五 三	二〇 一二	一七 一三	三七 二五
	タナラ	〇 一	四 〇	〇 〇	〇 一	〇 一	四 一	四 二
	トダダ	〇 〇	〇 〇	一 〇	〇 〇	一 〇	〇 〇	一 〇

		1	2	3	4	5	6	7
	トダノ	一 〇	〇 〇	〇 〇	〇 〇	一 〇	〇 〇	一 〇
	トダラ	〇 〇	〇 〇	一 〇	〇 〇	一 〇	〇 〇	一 〇
	トラダ	〇 〇	〇 〇	一 〇	〇 〇	一 〇	〇 〇	一 〇
カラダ	カラザ	二 一	〇 一	二 三	一 六	四 四	一 一	五 六
	カララ	五二 三七	三五 三〇	一八 一三	一四 八	七〇 五九	四九 三八	一二九 九七
	カダラ	九 八	九 八	四 二	二 八	一五 一〇	一二 一六	三四 二六
	カダダ	〇 〇	〇 〇	〇 一	〇 〇	〇 一	〇 〇	〇 一
	カザラ	一 三	一 三	一 一	〇 二	二 四	一 五	三 九
コドモ	コロモ	二 一四	三 一三	三 九	三 八	三三 三	一六 二一	四九 四四
	コソモ	〇 〇	〇 〇	〇 一	〇 〇	〇 一	〇 〇	〇 一
	コモチ	一 〇	〇 〇	〇 〇	〇 〇	一 〇	〇 〇	一 〇
ロウソク	ドウソク	五二 四四	三八 三六	一三 二三	六 一五	四五 三六	五四 四一	七七 一〇七
	ドウトク	一 一	〇 〇	一 〇	〇 〇	二 一	〇 〇	二 一
	ドウロク	〇 〇	〇 〇	一 〇	〇 〇	一 〇	〇 〇	一 〇

		1	2	3	4	5	6	7
	ロウトク	〇 二	〇 〇	〇 二	〇 〇	〇 四	〇 〇	〇 四
センセイ	チエンチエー	一 二	〇 〇	〇 一	〇 〇	一 三	〇 〇	一 三
	テンテイ	一 六	一 〇	一 四	〇 〇	二 一〇	一 〇	三 一〇
	テンチエ	〇 〇	〇 〇	〇 〇	〇 一	〇 〇	〇 一	〇 一

結論●● 以上で十語の調査を終りましたがその中如何なる間違の訛言が多いかと申しますとラ行、ダ行の混同が最も多く次にはザ行、ダ行の混同であります。それから同行中での音の變移轉換及音の轉換に加へてダ行、ラ行、ザ行の混同及拗音の使用又は全然不規則な誤で御座います。これ等が凡ての訛言を形成するので尙此の外通常使用致します言語の中に耳障りな訛言が隨分御座います。例へば淀川が「ヨロガハ」となり、蜆が「シリミ」となり、キモノが「キリモン」又は「キロモン」となり、茶碗が「チヤマガ」となる。等で例を擧げますと限がありません。非常に多數であります。訛言の種類は地方的にも隨分特色を持つて居ます。東北地方へ參りますと「シ」と「ス」の區別が不明瞭で東京では「ヒ」と「シ」北陸では「イ」と「エ」の區別が不明瞭で東北で「すす、すんぶん」と云へば「すし、しんぶん」の事だとはこの邊の人は思ひませんがこの邊では斯樣な間違は殆どありません。

保育者と訛言　最後に吾人の立場からこの訛言を如何に取扱ふかといふ事は多々御意見ある事と信じますが私共は單に是を「幼兒のかたこと又は可愛い〻言葉」として見逃す事は出來ません。尤も以上の表中にもあります拗音は發育によつて多少訂正する事が出來ますが他の誤はさほど簡單には訂正されません。それで私共は保育の間に或は自由遊戯の間に折にふれそれ等の訛言に接した場合直ちに訂正して何度も幼兒に聞せて反復させる樣に致します。それには先づ保姆が正確に語つて範を示さねばなりません。さうして幼兒に正しく云はしめ正語と比較して自分の誤に心付く樣致します。然し一語を一度に言はせますと訂正が困難でありますから一字づゝ分解致します。もし「カラダ」を「カダラ」といふ兒があります時是を「カー、ラー、ダー」といふ樣に發音させて漸次に速度を早めます。すると終りに「カラダ」に到着する樣になります。併し訛言の矯正はまだなか〳〵困難でございます。獨り幼稚園のみが骨を折つても家庭と連絡を取らねば効果はありません。幼兒中訛言を多く有するものは隨分家庭教育にも責任があるのでありますから家庭に通知してその反省を促し幼稚園と協力して之が訂正に努力して頂く樣致したいと存じます。かくして幼兒の訛言を矯正する樣保育者が注意致しましたならば是を自然に放置するよりは勿論訂正されませうし又將來の國語教育をうける基礎の一端に資すべきものと確信するので御座います。

二、圖書の取扱に就て

吉備保育會　奥本富子氏

フレーベルは「幼稚園教育は幼兒の自發創造の心理を中心としてゐる。」と言つてゐる。この自發創造の心理を中心となすと言ふ事は獨り幼稚園教育のみならず教育の全般に亘つて決して間違のない又かくあらねばならぬ事だと思ふ。が之はさておき幼兒の自發的に物を造り出さんとする即ち自發的に物を構成せんとする本能は常に何かの形式により外に現れんとする強い傾向をもつてゐる。その形式の中最も著しきものは手技、唱歌、遊戯、談話等である。

幼兒が之等の形式により表現せんとする時例へば粘土製作をなすに同じ象、同じ犬を作るにしても一つは動物園の爲に作るのである」といふが如き目的結果を豫想して作る場合がある。否常に生活の目的を意識してなされるべきである。然し實際その時の幼兒の狀態をみると初め目的に向ひて幼兒の生活が方向づけられてもその生活の各瞬間には目的結果を豫想する事は少く、その表現生活の過程それ自身に興味を感じそれに沒頭する。即ち幼兒は自我の全部を打込んだ創作生活を營むのである。この樂しみて創作する、喜びて創造する生活程幼兒にとりて重要なるものはない。この創作生活を、充實したものに又完全なものにせんとするにはその根本の潑剌た

る表現力を有せる創造性それ自身を種々なる方面に活動させ又活動する機會を與へてやらねばならぬと思ふ。即ち種々の表現形式に向ひて活動せしめなければならぬ。圖畫もこの表現形式の造形的方面で缺ぐべからざるものである。故に圖畫は幼稚園敎育に於ても取除く事の出來ないものだと思ふ。

次に幼兒の全生活は廣義の遊戯であると思ふ。從つて幼兒の圖畫も一種の遊戯生活に外ならない。故にこの指導に當りては種々多方面の環境刺激を與へて生活そのものに興味を感じ滿足な沒頭生活をなさしめ而してこの進展擴充に努めなければならぬ。この點を考慮し我が幼稚園にて試みたる圖畫の取扱の一端を述べよう。

一、自由畫。　幼兒の個性を尊重し内容も表現法も自由に描かしむ。指導上注意すべき點は

▲幼兒の創作活動は幼兒の生活の表現、思想の表現である故に指導の際先づ幼兒の畫かんとする思想の如何をすばやく保姆が知つてやる必要がある。その思想を察知するを得れば適當の指導法も生れる譯である。

▲積極的な干渉や指導法は避け疑問又は暗示を與へる。

▲然し畫かんとする思想はあつても表現法を知らない幼兒に對してはその方法を知らしめる。

▲表現する事に興味を持たざる者に對しては何かの方法で興味を惹起してやる。

自由畫は幼兒にとりて最も重要なるものであるが各幼兒により環境が異る爲、一方に偏し易き傾向がある。故に常に自由畫をやらしめるのみならず、時には幼兒の經驗内容の或一部分、一方面のみに限定して即ち方向を示してやらねばならぬ然し是とても後は各個性により異るものが出來る。即ち自由である。

一、事象、物象又は人物等に對する記憶又は想像を表現せしめるもの

▲運動會、遠足、祭禮、家庭日常（日曜の出來事）、等

▲汽車、美しい花、ポスト、等

▲お父様、お友達、等

一、寫生＝景色、靜物、人物、等

一、お話による圖畫＝談話の後時々幼兒の最も興味を感ぜし點を各自自由に表現せしめる。是を集めると繪本、繪がるたが出來上る事もある。

一、うつし繪＝薄き半紙と繪本とを與へ繪は自由に選擇せしめて繪どらしむ。

一、模　　様

▲簡單なる圖案の輪郭のみを取れるものを與へそれ以上は幼兒に工夫せしめて塗らせる。

▲一定の形を與へそれに圖案を畫かす。例へば紙にて洋服振袖、元祿の着物、エプロン等の形をとれるもの又は粘

土にて製作せる人形、家、器等に模様を畫かしめる。
一、型を用ひて＝板製はめ繪（果物、動物）にて型をとりそれにより暗示を得て他は各兒の自由なる想像に任せて畫かせる。
一、古繪本の切取＝古繪を自由に切取りて畫紙に貼り同じくそれを基として一枚の繪となす。
一、人物動物等畫けるものを與へて＝繪本にあるのは、でたらめなものを用ひてなさしめるのであるが之は幼兒と交渉の深いもの、興味あるものを保姆が選擇して與へるのである。方法は繪本の切取と變りはない。
一、文字によるもの＝單文、語句、歌これ等を繪にて表現せしめる。
幼兒も學齢期前になると文字慾がつき新聞紙の假名、看板の假名を拾つて讀む樣になる。故に優秀兒のみにこの文字を取扱ひし圖畫をなさしめる事も興味を湧起せしめる上の一方法である。
一、或形を畫けるものを與へる＝圓、三角、四角等を不規律に畫けるものを與へ各兒獨特のものになさしめる。例へば同じ圓でも或幼兒は傍にそれと同等の大いさの圓を畫き添へて自轉車となし或幼兒は太陽に又は人の顔になす等である。
一、臨畫＝創作といふ事に拘泥し過ぎて模倣を否定する者があるが眞に深い根強い獨創は他を容れず他は一切學ばないといふ事からやつと生れるものではなく他と出來得る限り交渉し他の長を知つて之をとり尙獨自でなくてはならぬ。この意味に於ても臨畫は必要だと思ふ。
次に各種用材によるものを擧ぐれば
一、太クレオン、鉛筆等は最もよい。其の特徴は
▲自由に描寫、表現がなし得られ子供の美に適合してゐる
▲或一種の強い味を出し安價で使用が便利である。
一、筆毫＝この用紙は新聞紙でもい丶と思ふ。
一、自然物汁＝美しき色の草花の汁で畫く。
一、砂繪＝糊を筆につけそれにて畫紙に繪を畫き砂をふりかける。
一、桐、柳、ポプラ等燒けるもの＝太クレオンが出來たので木炭の必要は余りなくなつたが是等の木が落ちるとそれを燒き木炭に代用する。
一、水彩畫＝エナメル。
一、色鉛筆も必要に應じては使用さす。
その他塗板畫、土、コンクリートの上に蠟石にて畫くもの、稀硫酸を用ひて冬の日の室内遊の一つになすもの等も幼兒の興味ある圖畫となるであらう。

以上は表現の方面即ち創作方面に就て述べたのであるが今一つの鑑賞方面の幼兒にとりて重要なる事は言ふまでもない。

然らば之に用ふる繪畫は如何なるものが適當なりやといふに

之は甚だ困難なる問題であるが極めて抽象的に一口に言へば幼兒に智的に判り易いといふ範圍内に於てその藝術價は最高なるものがいゝと思ふ。次に肝要なる事は保姆の鑑賞態度であらう。繪の說明等をくど〳〵する必要は更にない。唯何となくその繪に惹きつけられて、ぢいつと見入つてゐる態度、これこそ幼兒に深き感動大なる感化をいつとはなしに與へずにはおかないであらう。この兩者相俟つてこそ鑑賞敎育も眞に意味あり價値あるものとなるのではないかと思ふのである

三、幼兒の言語發達に就て

名古屋市保育會　市川たま氏

右研究發表は原稿を紛失したので名古屋市保育會に更に送附方を依賴したが發表者市川氏は汎太平洋婦人會議に出席のため多忙を極め起稿の暇なきに付今回は掲載を見合す樣と同會より通知があつたから乍遺憾省略することゝした。

四、智能檢査について

京都市保育會　藤波和氏

只今名古屋市から御立派な御發表がありました事と今私が申上げます事とは重複する事がございますので理論はぬきましてざつと內容だけを申上げます。

京都市に於きましては昨年の七月から本年三月末迄に市內の幼稚園及び託兒所共通の印刷物によりまして二回づゝ幼兒の智能檢査を行ひました。その材料は此處に示します樣な印刷物で(印刷物を示す)皆樣も御存じのアメリカのデトロイトのキンデルガルテン及びファーストグレードに於ける幼稚園入園の際に用ひましたテストの材料をその儘に或は稍改良して編成したものでございます。その內容に就てざつと申しますとテスト一は記憶から來る抽象の觀念、テスト二は數に對する概念、テスト三は左右の比較によつて異同分別を認めること、テスト四は手先を通じて直線斜線を模倣すること、テスト五は大小の差別觀念、テスト六は異同分別により無きものを指出する稍複雜なる抽象、テスト七は概念より來る誤謬の指摘法等でありまして一般に簡單なるものから複雜なるものに移ります。

さてその方法はいつも同じ一人の保姆が靜かな明るい室に一人づゝ、落着いて而も優しく遊戲的にお話的に行ひました。その結果男女別年齡別或は幼稚園と託兒所別の統計が現れましたがそれは普通一般の統計と大差がありませんから略しまして茲に掲げました保護者の職業とその幼兒との智能の關係に就て申上げます。

即ち公務自由業商業工業に從事して居る家庭の幼兒が智能優れ筋肉勞働業に從事して居る家庭の幼兒の智能が低劣であります。是はこの材料が保育上最も關係の深い抽象的智能の檢査によりましたからでもありませうが併し是は先天的にかゝる智能的素質があるのでありますから我々その保育に携はつ

て居ります者は只幼稚園のみに止まらずその家庭にもつとく〳〵理解して貰つてその個人々々の智能を尊重し益々家庭と共力して共に〳〵その短を補つてゆかねばならないと思ひます。時間の都合で委しい理論は先程の御話と重複する處がありますからこれで終ります。

保護者職業別幼兒の智能關係（百分率）

職業別＼成績	優	上	中	下	劣
公務自由業	五、七	三六、五	三三、五	一八、六	五、七
商業	三、四	二七、六	三八、三	二一、六	九、一
工業	四、三	二九、四	二七、四	二三、六	一六、三
筋肉勞働業	一、〇	六、一	三三、七	二九、六	二九、六

テストの内容は左の通りであります。

幼年智能檢査用紙

姓　名　　　　男　女

生年月日　　年　　月　　日生

幼稚園名　　幼稚園　　組

住　所

檢査日　　年　　月　　日

備　考

	滿點	採點法	點數
テスト I	4		
テスト II	4		
テスト III	5		
テスト IV	5		
テスト V	4		
テスト VI	4		
テスト VII	6		
合計	32		

（京都市保育會）

テスト　一

説明　(1) 此等の繪の內(指示)空を飛んで居るものはどれですか。

(2) 此等の繪の內(指示)燈《あかり》がつくものはどれですか。

(3) 此等の繪の內(指示)木の上に出來るものはどれですか。

(4) 此等の繪の內(指示)食べられるものはどれですか。

（各問題共に、三つの內一つ丈け撰ばせ、二つを指した時は再度同じ問ひを發す。指示した圖上に〇印を付ける。）

(1)

(2)

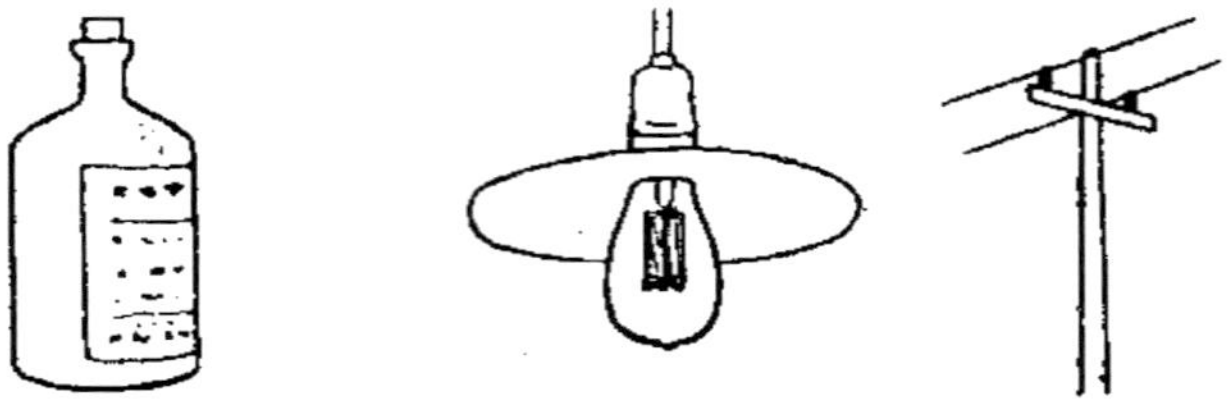

(3)

(4)

テ ス ト　二

説明　(1) 此處に（指示）椅子があります、此の内の二つに丈け○をして御覧
　　　(2) 此處に（指示）鈴があります。此の内の四つに丈け○をして御覧。
　　　(3) 此處に（指示）旗があります。此の内の八つに丈け○をして御覧。
　　　(4) 此處に（指示）兎が居ます。此の内の十一に丈け○をして御覧。

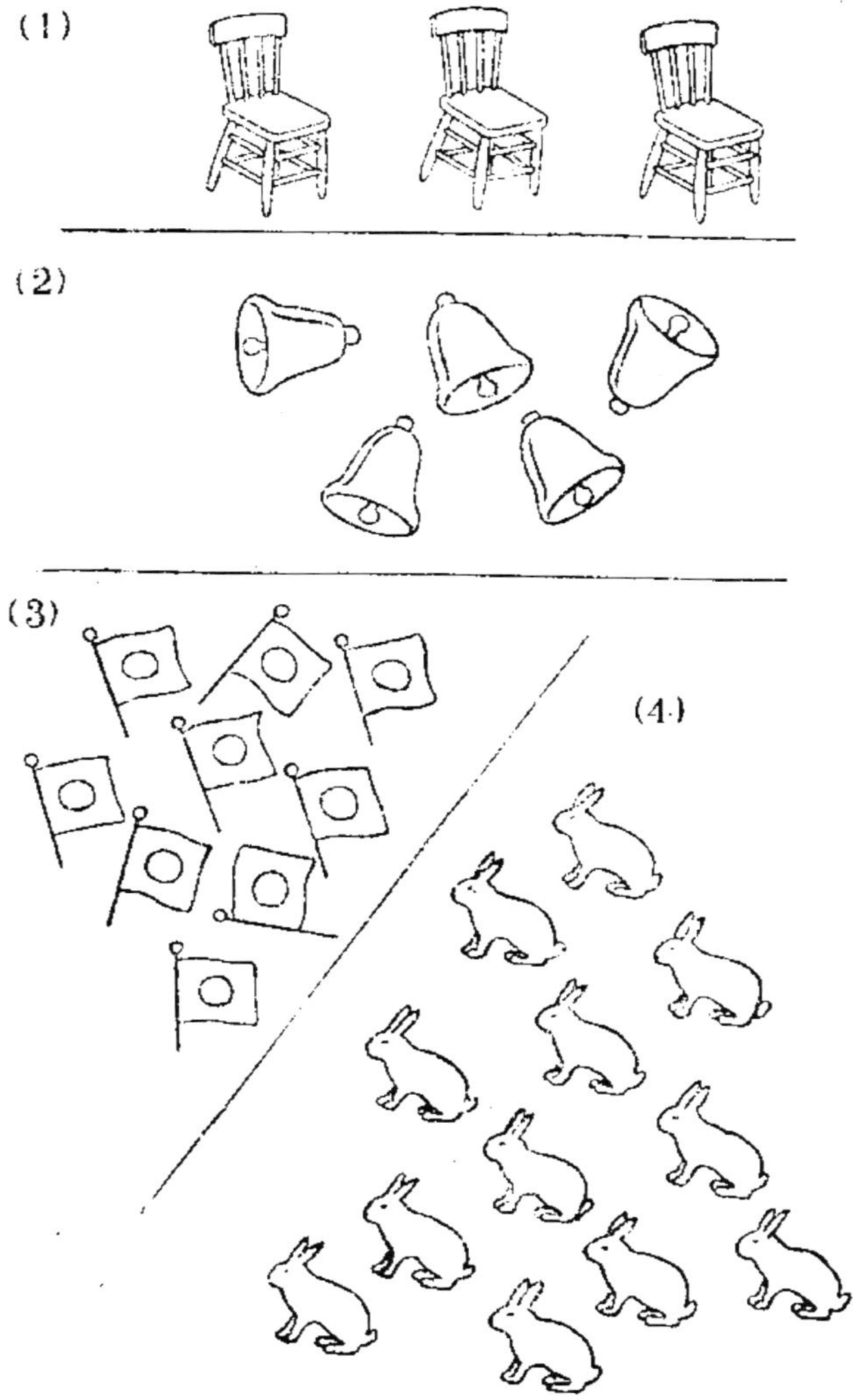

テスト　三

説明　(1) 左側のもの(指示)と同じものを此の内(右の四圖を指示)から撰んで御覽。

(2)、(3)、(4)、(5)何れも(1)と同樣。

(各問題中二つを撰んだ時は再度同一問ひを發す、撰びたる圖上に○をつける)

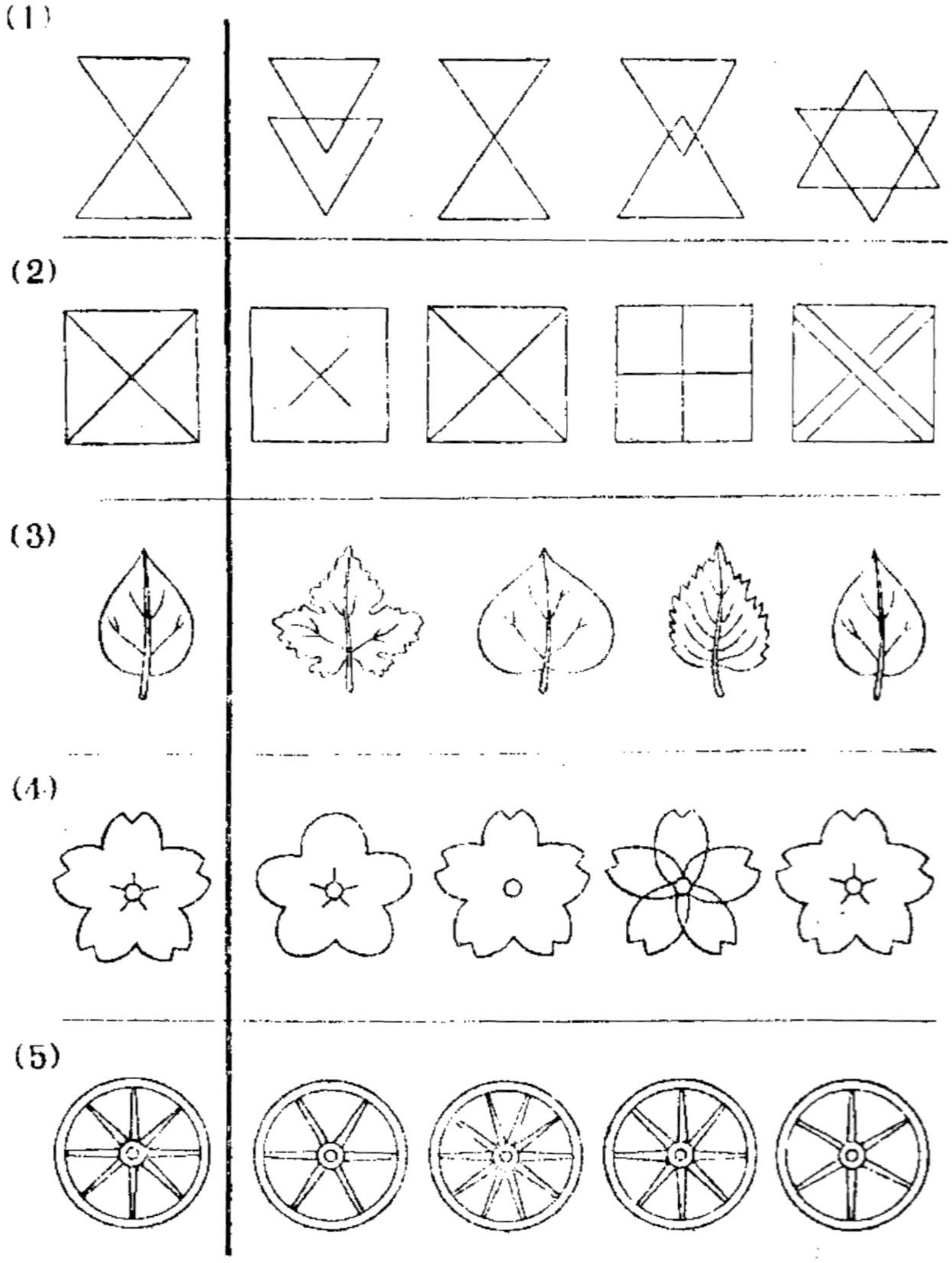

テ ス ト　四

説明　(1) 左側と(指示)同じになる樣に右側(指示)のものに鉛筆で線を書き入れて御覽。

(2)、(3)、(4)、(5)、は(1)と同樣。

(1)

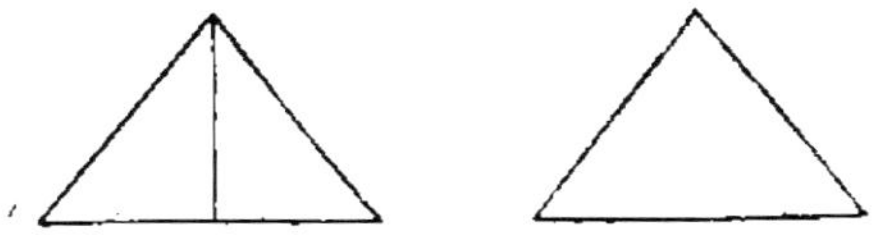

(2)

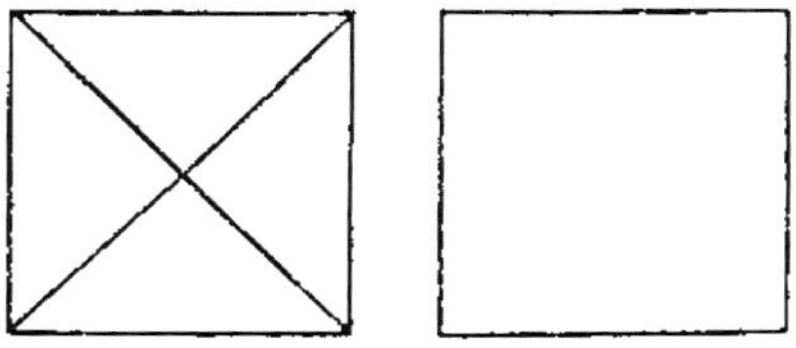

(3)

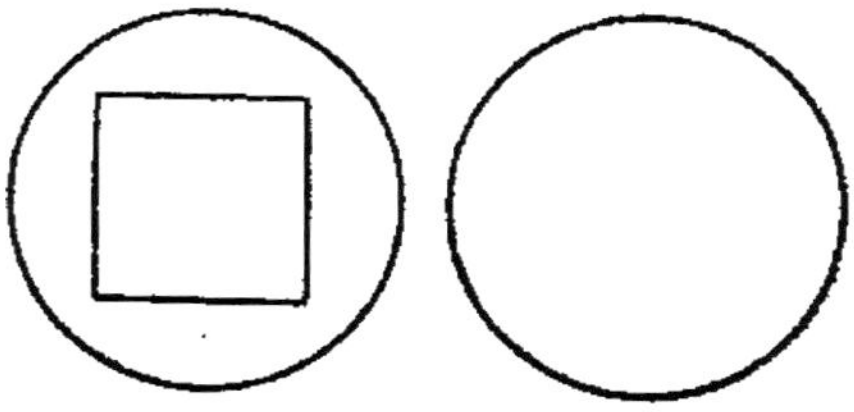

(4)

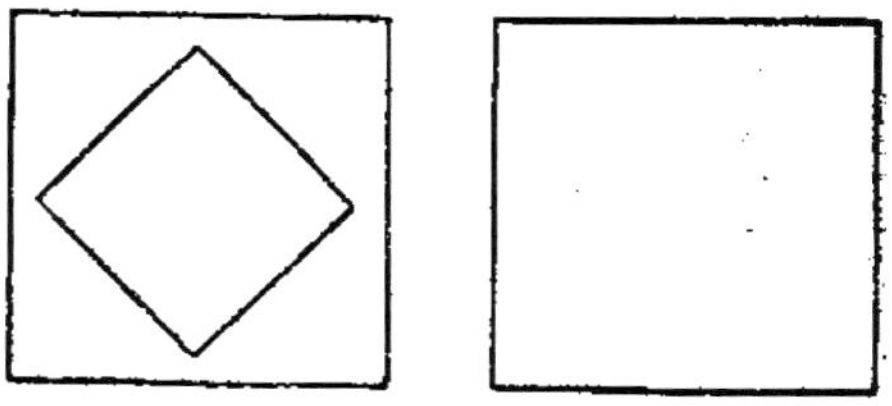

(5)

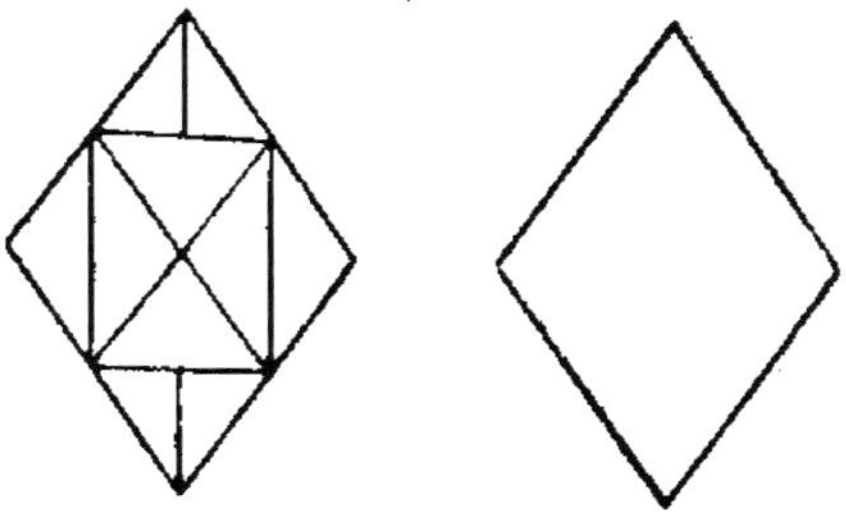

テスト　五

説明　(1) 此等の内(一々指示)どれが一番大きいか？
(2)、(3)、(4)、何れも(1)と同様。
(指示は、各問題共に左から右へ。一つ撰べば、再度繰返す。撰んだ圖の上に○をつける。)

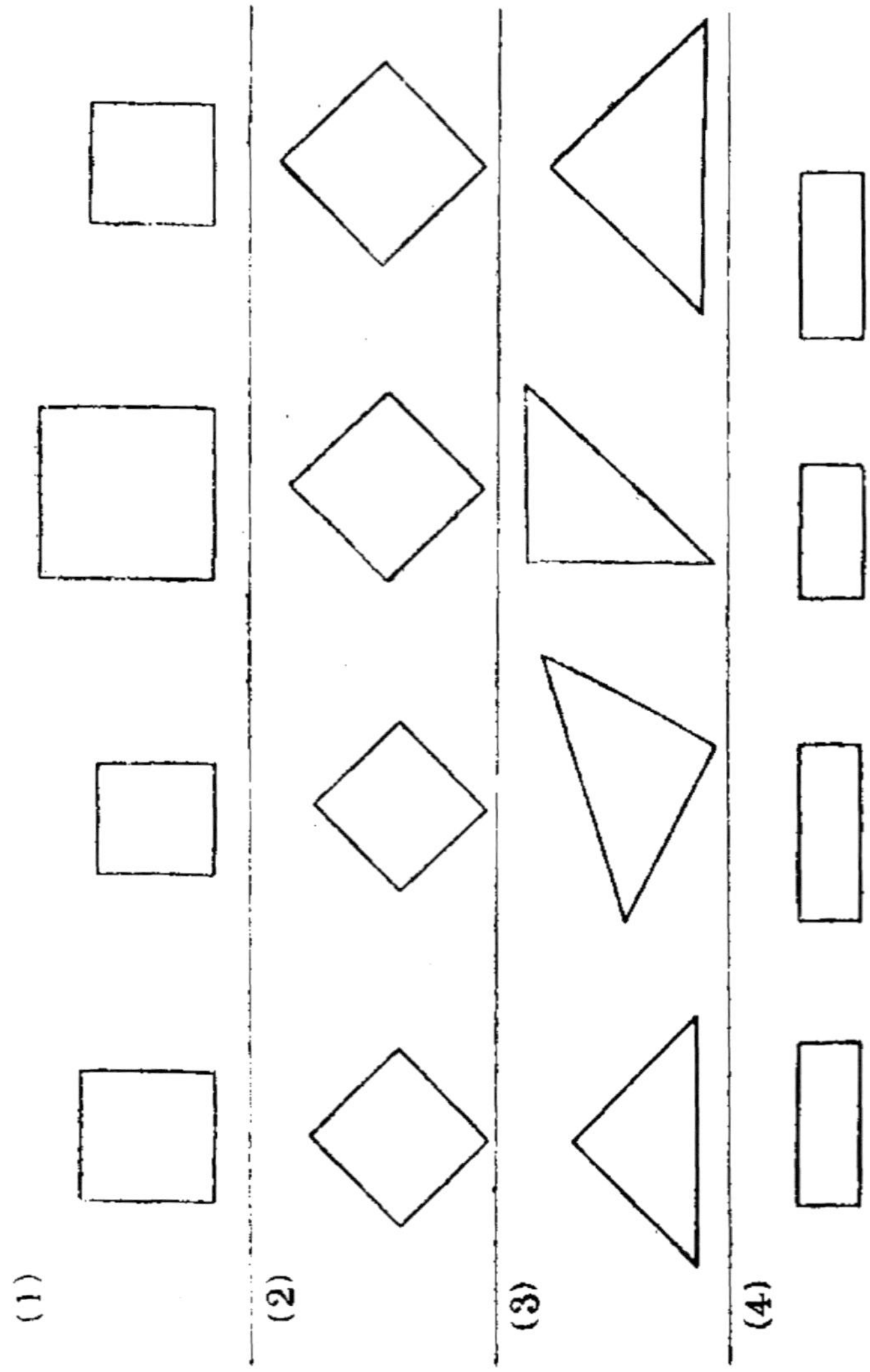

—〔 75 〕—

テスト　六

説明　(1) 此處に(最上段の圖を指示し)鳥が居る。此の下(1)(指示)にも鳥が居る、そして此の内には(指示)最上の段(指示)に居ない鳥が居る、どれですか？

(2)、(3)、(4)、何れも(1)と同様。

(二つ撰べば再度繰返す。撰んだ圖上に○をつける。)

(1)

(2)

(3)

(4)

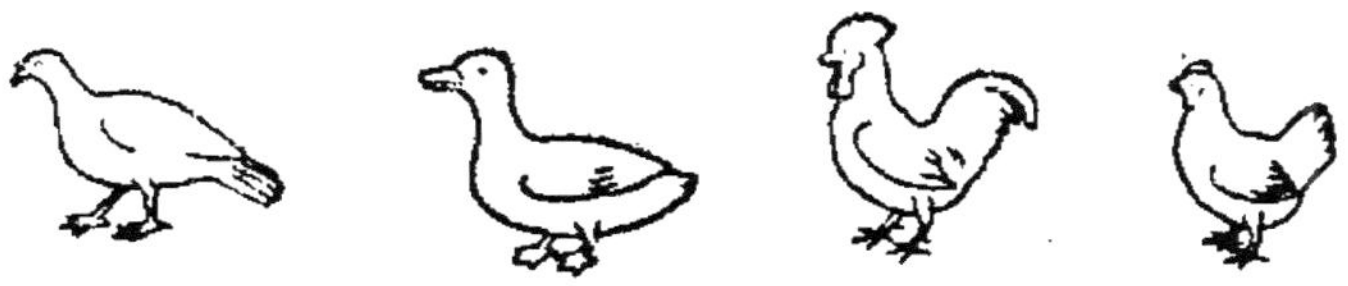

テスト　七

説明　(1) これ(指示)は何の繪ですか？此の繪の內に間違つた所があつたら其處を指示して御覽。間違つて居なければ居ないと云ひなさい。

(2)、(3)、(4)、(5)、(6)は(1)と同樣。

(指示した場所が曖昧なときは聞き直して正確にせしめる。指示せる部分に○をつける。)

(1)

(2)

(3)

(4)

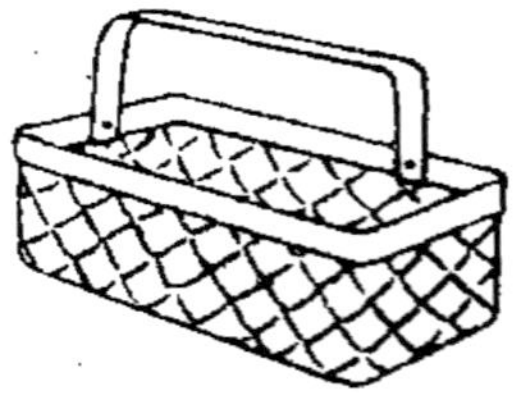

(5)

(6)

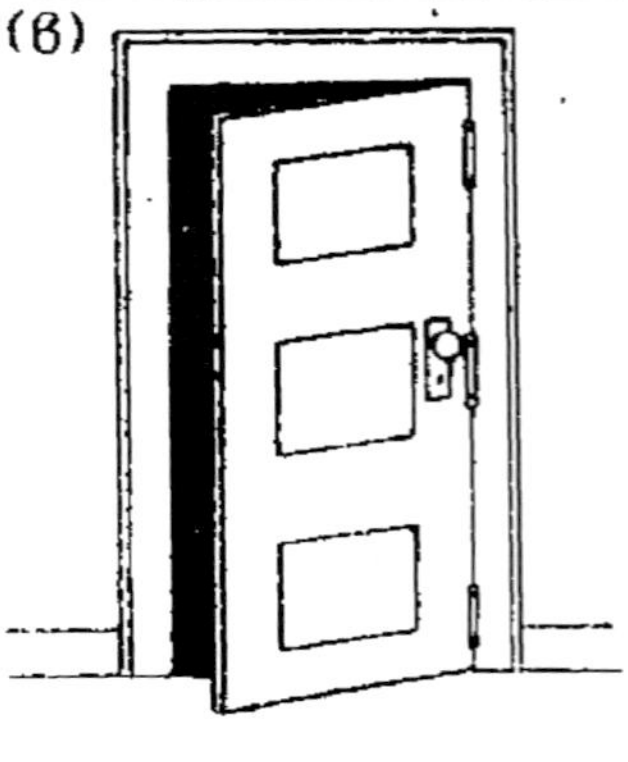

五、幼兒の身長、体重、胸圍の標準評點に就て

神戸市保育會　石塚千代子氏

私共保育に携はる者が各々の兒童に對して其の身體の發育狀態を詳に知りたい事は誰しもが思はれる事であらうと思ひます。一体どう言ふ風にすれば容易に而も精密に之を知る事が出來るか、簡單であつて而も精密に計れる物指の樣な物があればと多年熱望して居た次第で御座います。處が今回幸にも野村研究所長の大友先生の御指導の下に近頃用ひられつゝある標準評点法に依つて之を知る事が出來ましたので私共多年の希望が漸く達せられた譯でございます。

この方法によつて成つたものは次の說明の如く非常に合理的で而も實用的でございます。

合　理　性

1、標準錯差に依つて等分する時は最も合理的に等分する事が出來ます。
2、標準錯差は公式に依つて求むる事が出來る。
3、之と同時に平均点を求む。
4、平均点を中央にして左右に0.3標準錯差を取る。之を標準評点一〇〇と名づけます。
5、かくて0.6標準錯差を等單位としてこの左右に五段階を設定する。
6、それ故に最下の 50 より 60 70 80 90 100 110 120 130 140 150 の各段階は0.6標準錯差等を單位とする最も合理的なる標準尺度となる譯である。

實　用　性

1、每一ケ月に設定されてゐる。
2、男女別に設定されてゐる。
3、每一ケ月每に一つの標準でなくて十一段階に設定されてゐる。
4、この表を用意すれば最も容易に品等する事が出來る。
5、身体發達が全体的に統合的に理解する事が出來る。

次に研究の實際を申上げますと

調査期間

大正三年度より八年度迄六ケ年間
（神戸、楠、兵庫、御影、眞成、各園）
大正九年度より昭和二年度迄八ケ年間
（神戸、楠、兵庫、各園）
前後通じて十四ケ年間

調査人員

五年男　七三一人　女　五七五人
六年男　一、六五一人　女　一、三五〇人
計　四、三〇七人

年齢計算法

身体検査は每月一回宛全部の幼兒に致しますが本調査に於きましては五年六年の各個人の生れ月即ち滿年に達しまし

た時のみを採用致しました。

單　位

此の調査の大部分は尺貫法を用ひて居りましたので身長と胸圍とは分を單位とし体重は匁を單位と致しました。

方　法

先づ同一年齢の被驗者群の身長、体重、胸圍の各々の部分に於て、第一に平均點と標準錯差を出しこの準標錯差を基礎として平均點即ち標準錯差〇を中心として其の左右に標準錯差＋0.3　－0.3をとつて之を標準評點一〇〇とし是と同じ單位の標準錯差即ち0.6標準錯差を等單位とし中央より以下に五段階、中央より以上に五段階併せて十一段階に分けました。そこで最も中央の段階が一〇〇となり、最高が一五〇最低が五〇となる譯であります。かくて五〇、六〇が最も發育の悪しきもの。七〇、八〇がそれより稍々良好なれども普通以下のもの。九〇、一〇〇、一一〇が普通の發育程度のもの。一二〇、一三〇が普通よりも發育の宜しきもの。一四〇、一五〇が最も發育佳良なるもの。と言ふ風になつて來るのであります。例へば別表(掲載省略)の六年男子の身長によりますと最低が九五、八糎、最高が一一七、〇糎でございます。さうして此の最低九五、八糎から九八、四糎迄の身長は標準評点で申しますれば、五〇より六〇に當ります。そこで之は最も發育の悪いもので百人中一人半の割合になるのであります。九八、五糎から一〇二、八糎迄が七〇より八〇に當りまして百人中一六人半の割合になります。一〇二、九糎から一〇九、九糎迄が九〇より一一〇に當りまして普通發育程度のもので人數の最も多く、百人中六四人の割合になります一一〇、〇糎から一一四、五糎迄が一二〇、一三〇に當りまして普通よりも稍々良ろしきもので百人中一六人半の割合になり、一一四、六糎から一一七、〇糎迄が一四〇から一五〇に當りまして發育最も良ろしきもので、百人中一人半の割合になるのであります。

斯うして滿五年と六年を作りまして尚五年以上六年迄の各月の標準評點を作りますと宜しいのですが時日がございませんでしたので試に六年と五年の差を十二等分致しまして一ヶ月の差を出しそれを基礎として各月の標準評點を作りました。何れは前述の方法を用ひまして全部作り出す考へでございます。そこで身長、体重、胸圍の各標準評點は五年〇ヶ月より六年〇ヶ月迄、毎一ヶ月毎に最も合理的な基礎による十一段階の品等を以て設定された譯であります。

次にこの表の使用方法を申上げますと茲に一人の幼児があると致します。そして其の身長の評點が一三〇と致しました場合に發育程度は普通以上に當つて居りますが胸圍が一〇〇で普通、体重が八〇で普通以下と成つて居ましたら是は脊の高い痩せた子供であると言ふ事がこの表によつて明に示された

譯であります。この時に私共はこの子供に對して体重の増す工夫をするこ共に又内面的に何か疾病を以てゐるのではなからうかこ言ふ風な注意を思ひ起す事が出來るこ思ひます。

是に基づきまして當市の五年六年の兒童の一人一人の身体發達につき私共保育に携はる者の參考こ致しますこ同時に益々其の發達增進に留意してゐる次第でございます。尤も都會こ田舎こでは其の發達に幾分の差違はございませうがこの表は全体的に致しましたのですから幾分は御參考になるこ思ひます。御利用下さいましたら幸でございます。尚最も良い事は御地方〳〵で此の標準評點表をお作り下さいまして御利用下さいましたら結構でございます。そして地方〳〵によつて其の評點に如何樣な違を來して居るかなご研究し其の他にもこを礎こする色々の研究が出來ますれば大變保育上に貢獻する事が出來るこ思ひます。最後に私共が兒童の体格檢査を行ひます時に特に注意してゐる事を箇條書こ致します。

1、測定時間は午前九時より十一時迄こ一定致しました。

2、ハカりには特に注意して、卷尺は常に鋼鐵製の物こ比較し、カンカンは絶えず檢査し、身長計のグラ〳〵したのなごは特に注意を致しました。

3、檢査の時の室内の温度は冬季で二〇度こ定めました。

4、排出物は体重に大變關係深く七五瓦の差を生じますので檢査前に凡ての排出物を排出させて置きます。

5、頭のリボンをこる事を忘れない樣に、幼稚園では丸裸にして計る事に致して居ります。

6、身長を計る時についうつかりして足袋靴下等をはいた儘或は踵が下に着かなかつたり膝をまげた儘計る事があります。

7、胸圍を計る時には肩胛骨の下から兩乳房の上に當て、「イチ」の號令で兩手を上げ「ニィ」で下した時瞬間に動かない時がありますからその時にす早く計つてしまひます

私共大正二年度の調査材料は此の一部分の過失の爲に全然捨てなければなりませんでしたので大變殘念に思つて居りますのでわかりきつた事こは思ひますが御注意までに申上げた次第で御座います。

（神戸、楠、兵庫の三幼稚園調査の「身長、体重、胸圍、標準評點表」は印刷の都合により遺憾ながら茲に載せる事を省略しましたから本表御入用の方は神戸市保育會へ御照會下さい。）

以上の研究發表を終つて倉橋惣三氏の「家庭教育の充實」と題する講演に移つた。（同氏の講演筆記は冒頭の學藝論說欄に掲載）次で遊戲の交換を行ふ筈であつたが會場の都合により後廻しこなり議長横尾繁六氏より主催者としての閉會の挨拶を述べられた。是に對し大阪市保育會幹事金谷增氏は各市出席會員一同を代表して感謝の辭を述べられ引續き左の遊戲の交換を行ひ午後三時十七分盛況を極めて閉會した。

●遊戲交換

（交換遊戲中吉備保育會の「おてごつこ」は掲載を省く）

花摘

名古屋市保育會

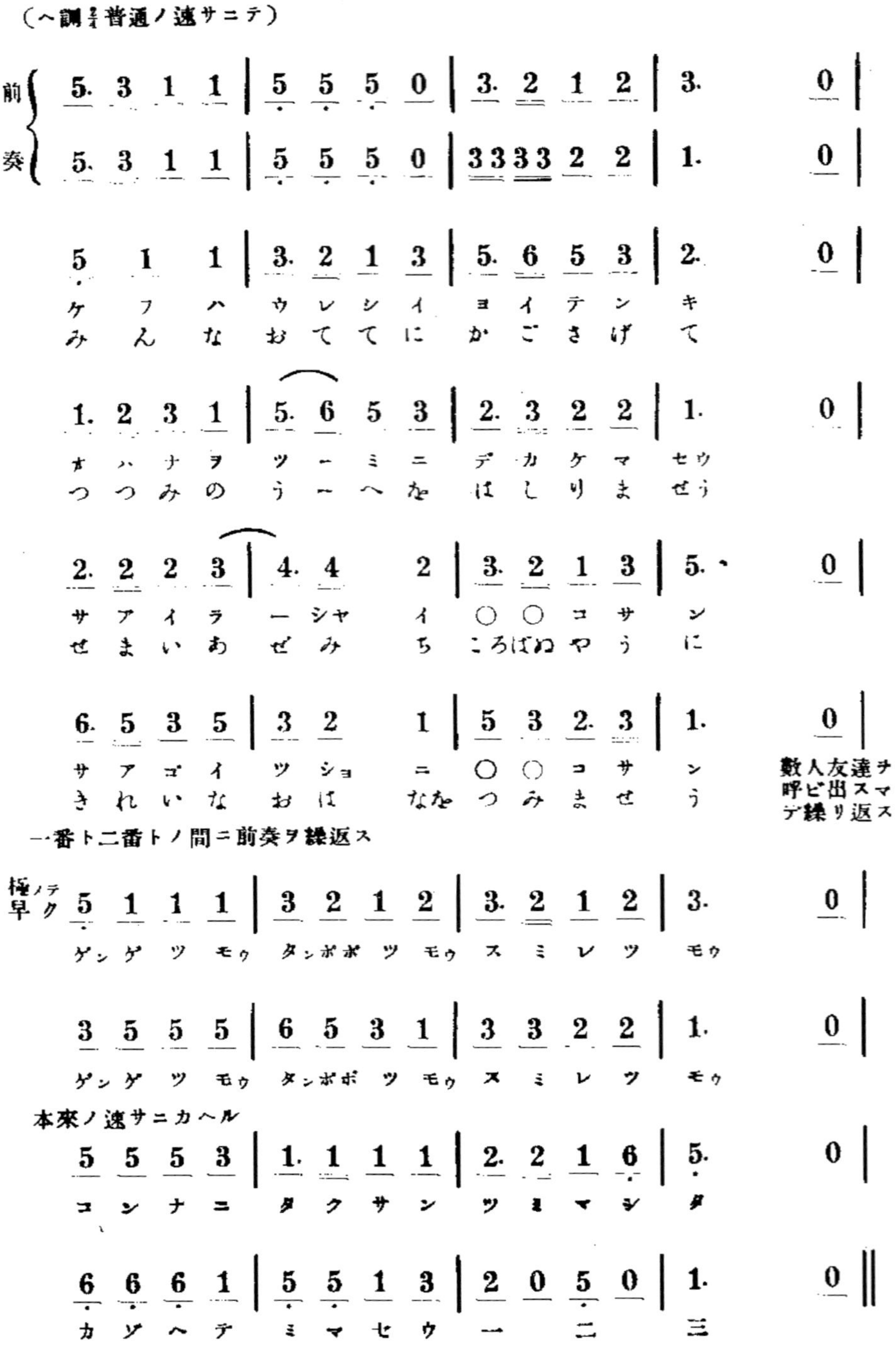
（へ調 2/4 普通ノ速サニテ）
前奏
ケフハウレシイヨイテンキ
みんなおててにかごさげて
オハナヲツーミニデカケマセウ
つつみのうーへをはしりませう
サアイラーシヤイ○○コサン
せまいあぜみちころばぬやうに
サアゴイツシヨニ○○コサン
きれいなおはなをつみませう
數人友達ヲ呼ビ出スマデ繰り返ス
一番ト二番トノ間ニ前奏ヲ繰返ス
極メテ早ク
ゲンゲツモウタンポポツモウスミレツモウ
ゲンゲツモウタンポポツモウスミレツモウ
本來ノ速サニカヘル
コンナニタクサンツミマシタ
カゾヘテミマセウ一二三

花摘ニツキテノ動作

目的

イ、實物ト色彩トノ觀念ヲ明カニセシム
ロ、競技ノ興味
ハ、數ノ觀念ヲ明カニセシム

材料

イ、籠
ロ、花ニ模シタル六原色ノモノ

用意

イ、圓陣ヲ作リ中ニ花ト籠トヲバラ撒ク

歌詞	動作
けふはうれしい	全兒兩手ヲ上方ニ上ゲ日輪ノ形ヲ作ル
よい天氣	五指ヲ動カス（キラ〳〵）
お花をつみに	一幼兒他幼兒ノ前ニ行ク
出かけませう	禮ヲスル
さあいらつしやい〇〇さん	握手シテ圓中ヘ出ス、コノ幼兒ハ籠ノ前ヘ立ツ
さあ御一緒に〇〇さん	握手シナガラ　同前
さあいらつしやい〇〇さん	握手　同前
さあ御一緒に〇〇さん	握手　同前
間奏	籠ヲモツ
間奏	足踏
間奏	跳躍左右
みんなお手々に籠さげて	右ヘ向キ前進
つゝみの上を走りませう	走ル
狭いあせみちころばぬやうに	一歩〳〵注意シテ歩ム
きれいなお花を摘みませう	摘ム準備
ゲンゲ摘まうタンポヽ摘まう スミレ摘まうゲンゲ摘まう タンポヽ摘まうスミレ摘まう	色ヲ見分ケテ摘ム（ゲンゲハ赤・タンポヽハ黄・スミレハ紫）
こんなに澤山摘みました	摘ミタル籠ヲ持チ二三歩後方ヘ
かぞへてみませう一二三	一二三數ヘテ見ル

中ノ幼兒ト共ニ全兒一ツヅツ數ヘテ一番多ク摘ミタル幼兒ヲ勝利トス。

おはやう

名古屋市保育會

（ト調 ほがらかに）

3. 3 5 3	2 12 3 0	3. 5 3 2 1 0	2 4 3 2 0
ヒ ガ シ ノ	ヤ マー ニ	オ ヒ サー マ	ノ ボ ツ テ
す ず め が	に さ ん ば	お や ねー に	な ら ん で

5. 5 1 5	3. 2 1 0	3 0 5 0 2 0 3 0	5 6 7 1 0
ミ ン ナ ノ	ハ ウ ヘ	ニ コ ニ コ	オ ハー ヤ ウ
お ひ さ ま	む か へ	チユン チユン チユン チユン	お はー や う

おはやう

（準備……一列圓陣ヲ作ル）

東の山に　両手ヲ両側ヨリ頭上ニアゲ圓ヲ作リ上ヲ見ル

お日様のぼつて　両手ヲ左右側ニ下シ手ヲ繋ギ両側ヨリ頭上ニアゲツヽ左ヨリ三歩前進

みんなの方へ　拍手シツヽ左足ヨリ四歩後退

ニコ〳〵　両肱ヲ肩ノ高サニ左右ニ張リ前膊ヲ曲ゲ掌ヲ耳ノ後方ニテ前ニ向ケ其ノ儘「ニコ」ニテ右下ヲ見ル次ノ「ニコ」ニテ左下ヲ見ル

お早う　両手左右肩ノ高サニアゲ、左足ヲ一歩引キテ左下ヲ見ル

両手ヲ下ゲルト同時ニ頭及左足ヲ元ニ復ス

雀が　両手ヲ左右肩ノ高サニアゲ上下ニ軽ク動カシツヽ屈膝二回

二三羽　両手左右ノマヽ、右足一歩右、右跳躍一回

同上左一回

お屋根に　右食指ニテ左上ヲ指ス

ならんで　左食指ニテ左上ヲ指ス

お日様迎へ　右向キ圓陣ニ沿ヒテ右足ヨリ三歩前進

体前ニテ圓形ヲ畫キ最後ニ両肱ヲ横腹ニツケテ前膊ヲ（掌ヲ上ニシテ）上ゲ

チユン〳〵　右足ヲ引クト同時ニ両手ヲ左右肩ノ高サニ上ゲ頭左ニ向ケル

チユン〳〵　同上頭右ニ向ケル

お早う　前ノ「お早う」ト同様

頭ハ左上ヲ見ル。

月の夜

1

〔合唱隊〕ーの歌　　　　吉備保育會

むかしむかし　そのむかし
おやまの　おくの　すぎのき　の
またその　おくの　ほらあなに
かあさん　だぬきと　子だぬき　が

2

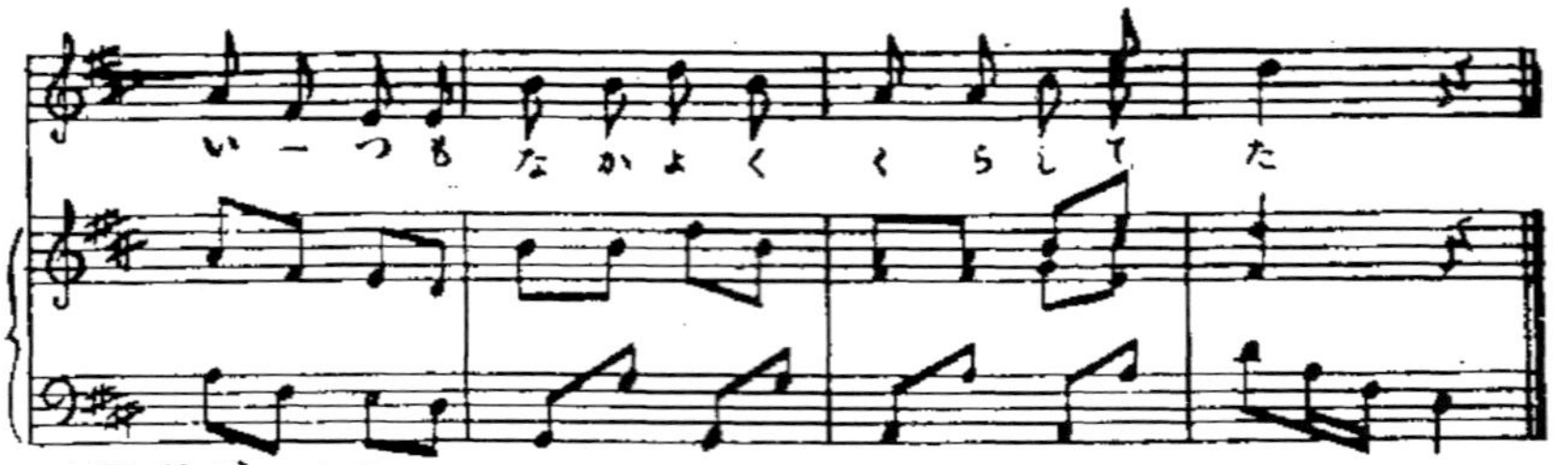
いーつもなかよくくらしてた

〔狸親子〕二の歌

おほさむくさむきーむいよゞ
つきよのくにのひめさまに
つづみをおしへてあげるのか

かあさん だぬきの おやくめ よ
〔狸と兎のかちかち〕三の歌

4

〔狸と鬼の踊〕四の歌

う ち ま は は ね ま は お も し ろ く
そ う し て う た つ て お ど り ま せう
つ か れ て た ふ れ て し ま ふ ま で
ポコ ポン ポコ ポン ポコ ポン ポン

〔栗鼠と狸と兎〕五の歌

5
ポンと たたこか たぬきの おなか
グッと ひっぱろか うさぎの おみみ
そしたら みんなで おとろいて
びつくり ぽんと おきるだらぅ

6
いやいやまてよ それよりも
かうしておこしてやりませう
一二三で アハハ アハハ
アハハハ ハ

7

(山の動物全部の踊) 六 の歌

あれあれあがったぎんのつき
ぎんぎらぎんぎらぎんぎらら
おやまのむかうのおそらから
ぎーんのおすずがシヤラシヤンシヤン

8
、きあさ まひまは まよなか までも
つきのおやまにはいるまで
8va

月の夜

場所　　山の上
出て來るもの　狸、兎、鼠、栗鼠、梟

合唱隊

むかしむかしそのむかし
お山の奥の杉の木の
その又奥のほら穴に
母さん狸と子狸が
いつも仲よく暮してた

ほら穴から出て來た親子の狸、山の上を歩みながら美しき月にみされて左の謌をうたひ乍ら岩の上に腰をおろす

大寒小寒寒い夜も
月夜の國の姫樣に
鼓を敎へてあげるのが
母さん狸のお役目よ

子狸「お母さん今夜のお月はいいお月ネ」
親狸「ほんとにいいお月樣ネ　松の木の間からお顔がちよろつと見せるのが
面白いのネ
お前も大分大きくなつたから鼓をうつのを敎へてあげよう」
子狸「それぢやこゝでネ」
親狸「かうしてお腹をしつかりふくらしてポン」
子狸「ペン」
親狸「ポン〳〵」
子狸「ペン〳〵」
親狸「ポン〳〵ポーン」
子狸「ペン〳〵ペーン」
かくして親子狸互に腹鼓を打合ふ
親狸「お前も大分上手になつたからこれから一緒に打ちませう」
曲（適當なもの）に合せ乍ら狸は腹鼓をうつ。この時兎達も登場　月にうかれて踊つてゐるが鼓を打つてゐる狸達と偶然出遇つて何れもビツクリ
兎　「ヤア狸さん」
狸　「ヤア兎さん」
兩方「ヤア今晩は」
狸兎互に第三の歌を謌ひながらからかい遊ぶ。最後に疲れて山上で寢てしまふ。
右踊りの最中に小栗鼠登場
走つて來て月の下の踊にびつくりあはてゝ引返す。
鼠登場「同樣を繰返す。
梟登場「同樣にびつくりして一同を寄せ集め額をつきつめて相談。」踊り疲れて寢てゐる兎と狸とを起してやることにする。
鼠、梟、栗鼠共に狸と兎の群中に入り左の謌をうたひながら起す。

ポンと叩かうか狸のお腹
グツとひつぱろか兎のお耳
そしたらみんなで驚いて
びつくりポンと起きるだろ
いや〳〵待てよそれよりも
かうして起してやりませう
一二三でアハハハ〳〵アハハハ

兎、狸もびつくりして飛起き
アハハ〳〵アハハハハ（一齊に笑ふ）
一同月の下で最後の歌を謌ひながら夜更くる迄踊つて遊ぶ。

秋の野

京都市保育會

秋の野（動作）

準備　圓形　1.　2.　の番號を附す。

八呼間　右手頭上に、左手左斜下、左右四回振りつゝ、ツーステップにて、
右向圓にそふて四歩進む。

八呼間　圓心に向き、右手頭上に、左手を躰前に、左右交互シヤツシをする。

八呼間　1.　2.　向ひ、右手をとり、左手輕く、上下に振りつゝ、ツーステップにて、
六呼間右廻轉、二呼間にて元の位置になり、三回足ふみをなす。

八呼間　右手胸前に、左手左横に上げ右の方へパーテパックをなす。
左右四回交互になす。

騎　　士

京都市保育會

騎士（動作）

各自槍ヲ右小脇ニ抱ヘル。

二列横隊（約三メートル程間隔ヲトリテ相對ス）

一、二、ノ番號ヲ附シ相對スル四人ヅツヲ一組トナス。

準備

甲 2. oo　oo 2. 乙
甲 1. oo　oo 1. 乙
甲 2. oo　oo 2. 乙
甲 1. oo　oo 1. 乙

1.（八呼間） 甲乙各々右側ヲ通リ、駈足ニテ位置ヲ交換シ相向ヒ合フ。

2. 〃 甲乙向ヒ合ヒ槍ヲ持チ構ヘ、（右手ヲ向フ左手ヲ手前ニ持チ添ヘル）

甲乙互ニ突合フ樣ヲシナガラ、右足ヨリ前進ス。（最初ノ一歩ハ強ク床ヲウチ、左足ヲ右足踵ニツケルト同前ニ右足ヲ前進）カクスルコト四回ニテ甲乙接近ス。

3. 〃 甲ハ前ノ動作ヲ續ケ乙ヲ追ヒカケル。

乙ハ槍ヲ右手ニ穗先ヲ甲ノ方向ニ向ケ、左手ハ左耳ノ下ニ擧ゲ左足ヨリ駈足ニテ反對ノ方向ニ甲ヲ見ナガラ逃ゲル。（最初ノ一歩ハ強ク床ヲウツ）

4.（八呼間） 甲ハ反對ノ方向ニ逃ゲル。（前乙ノ動作ニ同ジ）

乙ハ甲ヲ追ヒカケル。（前甲ノ動作ニ同ジ）

5. 〃 甲ハ乙ヲ追ヒカケル。

乙ハ反對ノ方向ニ逃ゲル。

6. 〃 甲ハ反對ノ方向ニ逃ゲル。

乙ハ甲ヲ追ヒカケル。

7. 〃 甲ハ各々一回轉シテ 1. 2. ノ者ニテ門ヲ造ル。

乙ハ各々槍ヲ右小脇ニ抱ヘ、ソノ門ヲクグリ甲ノ外側ヲ通ル。

甲乙各々同時ニ槍ヲ兩手ニテ頭上ニ擧ゲ、各々一廻轉シテ四人一組ノモノ穗先ヲ高ク合スト同時ニ右足ニテ強ク床ヲウチ、左足ハソノ勢ニテ後ヘ蹴出シ穗先ヲ見ル。

ヘ チ マ

大阪市保育會

オニーハノ ヘチーマヘ
カハーイイー ナ マイーニチ オミーヅラ タクサン カケ
テ ダンーダン オホーキクナリーマシ タ
カアサン トチーマ ブラブラ アカチヤン

ヘチヲ
ブラブラブ ラブ
ラ
スズーシイ
スズーシイ
ヘチマノカゲデ
ミンナデ
オユウギ
イタシマ
セウ
ラララララ ラ
ラララララ ラ
ラララララララララ
ラララ
ラララララララ
ラララララララ
ララララララララ
ラララ

へちま

歌詞	動作
体型	一列正面圓陣（一、二ノ番號ニヨリ一甲生ヲ母サンへちま。二乙生ヲ赤チャンへちまト豫メ定メオク）
お庭のへちまは	右手ヲ上方稍斜ニ指シツ、右へ四歩
可愛い、な	左右左ト頭ヲカシゲツ、拍手三回
毎日お水を	右へ四歩コノ際左手ハ水桶右手ハ杓ニ擬シ水ヲ汲入レル動作二回
澤山かけて	正面蹲踞左側方ヨリ兩手掌ヲ上ニシ中央ニ向ツテ水ヲマクコト二回
だん〳〵大きく	兩手ヲ頭上ニ伸シ掌ヲ内方ニ向ケへちまノ形ニ擬シ左右ニ動搖シナガラ次第ニ直立
なりました	頭上ノ兩手ヲ左右ニ開キ下スト共ニ上方ヲ觀ル
母さんへちま	甲生前進四歩ニテ乙生ノ前ニ對立 乙生ハ蹲踞シ兩手ヲ胸ニ交叉
ぶ ら 〳〵	甲生兩手ヲ頭上高ク擧手シ大キク動搖スルコト三回 乙生ハ甲生（母さんへちま）ヲ見上ゲナガラ同ジク頭ヲ動搖
赤ちゃんへちま	乙生立ツテ圓心ニ向ヒ四歩圓形ヲ作ル 甲生ハ舊位置ニ歸リ蹲踞シ手ヲ腰ニトル
ぶら〳〵〳〵〳〵	乙生音律ニ合セテ兩手ヲ前後ニ動搖 甲生ハ乙生（赤ちゃんへちま）ヲ眺メテ頭ヲ左右ニユルク動搖
涼しい〳〵	乙生後退四歩一歩毎ニ兩手ヲ斜下右左ニ流シナガラ舊位置ニ歸ル 甲生ハ立ツテ右足ヲ後ニ引クト同時ニ体ヲ右向ケ右手ヲ体前ヨリ高ク半圓形ノ擧手次ニ左向キ同上動作
へちまの蔭で	兩生向合ヒ甲生ハ直立ノマ、乙生ハ蹲踞シ兩生兩手ヲ体前ヨリ側方ニ高ク擧ゲ稍圓形ヲ作ル
皆でお遊嬉	拍手四回（コノ時乙生ハ立チナガラ）
致しませう	全生兩手ヲ相互ニ肩ニ載セ合フト同時ニ初メ甲乙頭ヲ傾ケテ顔ヲ見合セ更ニ又隣生ト顔合セス
ラ、、、第一節	全生徒ヲツナギ右方へ四歩四歩目ハ跳躍
同　第二節	左方へ同前
同　第三・四節	跳躍二回
同　第五節	足踏三回
同　第六節	圓心ニ向ツテ前進四歩
同　第七節	後退四歩
同　第八・九節	兩手ヲ高クへちまニ擬シテ一廻轉
同　第十節	二回拍手元氣ヨク兩手ヲ擧ゲル

野　　球

（ベビーポルカ）

大阪市保育會

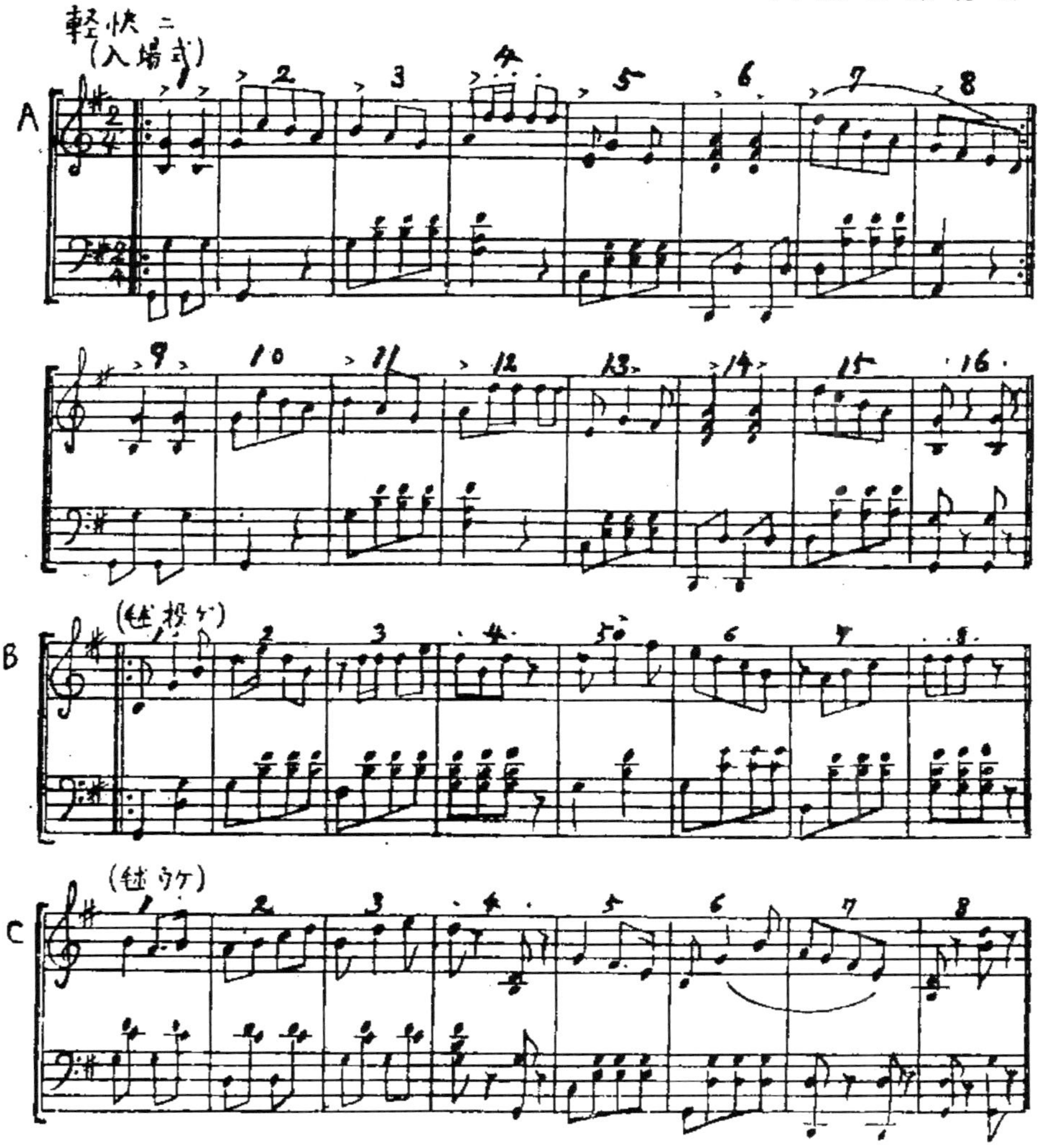

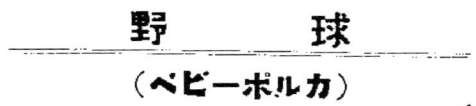

D
(バット)
E
(スベリ込み)
F
(応援拍手)
G
H
(萬歳 唱)

「野　球」　説　明

曲譜A　　入　場　式

1回目　二列縦隊ニテ前進シ向合ツテ止ル。

挨拶　2回目　1.　2.　3.　前進シ　4.　握手

5.　6.　7.　後退　8.　目禮

9.　ヨリ　16.　マデニテ全部右向キトナリ圓形ヲツクル。

曲譜B　　ボール投　動作

1.　2.　3.　4.　(下圖ノ加クナゲル)

5.　6.　7.　8.　繰返ス。

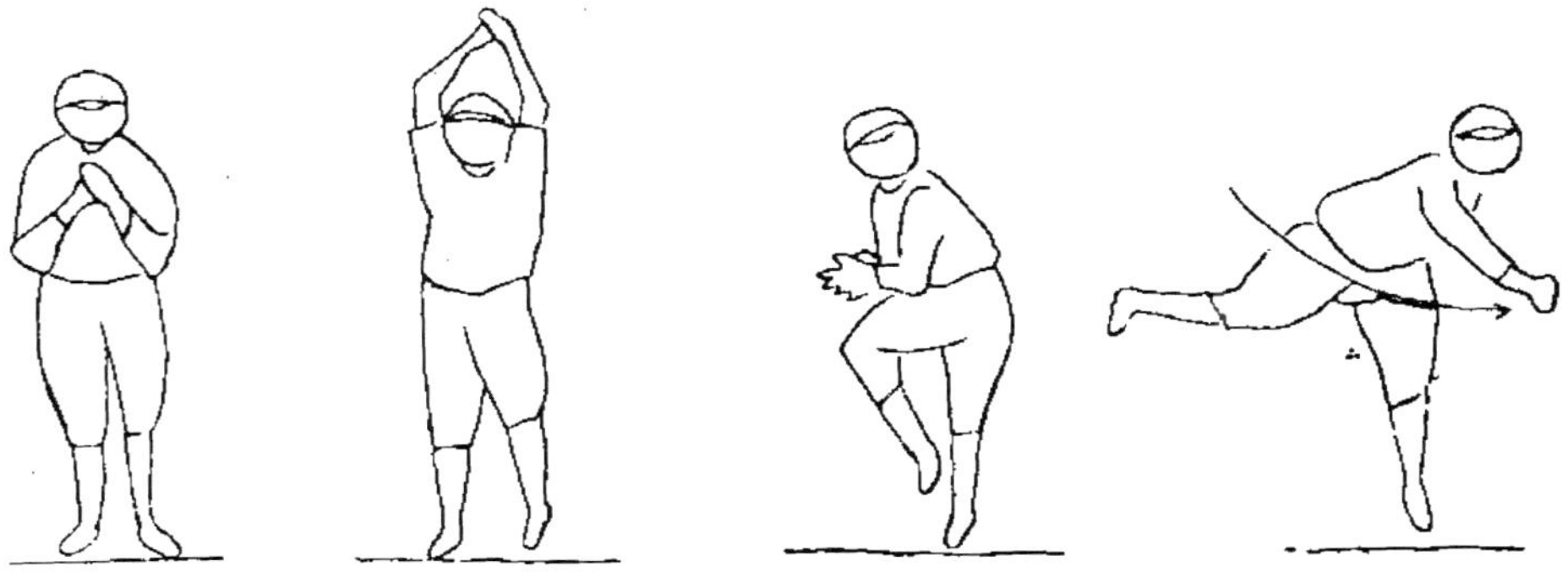

曲譜C　　ボール受　動作

1.　2.　3.　4.　(下圖ノ如キ動作ヲ飛ンデ形ヲ變ヘル)

5.　6.　7.　8.　繰返ス。

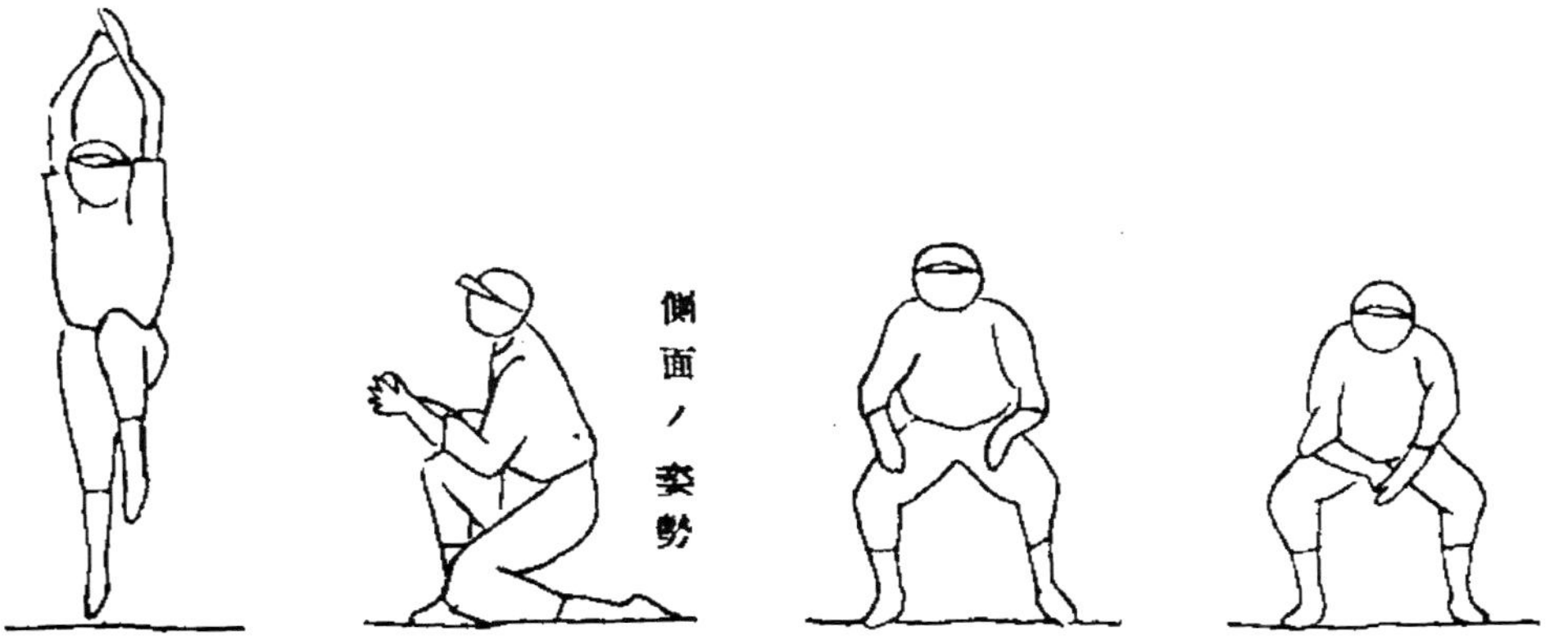

曲　譜　D　　　　　ボール打　動作

1. ト 2. 輕ク振リテ　3. 力ヲ入レ　4. 打ツ

5. 6. 7. 8. 繰返ス。（バットハ持タズ）

曲　譜　E　　　　　スベリ込　動作

1. ト 2. 足フミ　3. 右ヘ走リ　4. 辷リ込ム

5. ト 6. 足フミ　7. 左ヘ走リ　8. 辷リ込ム

曲　譜　F　　　　　應　援

1. 足ヲ開キ上体ヲ半バ右前ニシテ拍手三回。

2. 仝ジク左ニテ拍手三回、以上繰返ス。

以上ノ動作ヲボール投ヨリ繰返ス。

曲　譜　G

1. 2.　圓心ニ向ツテ前進

3.　頭ヲ右ニ目禮

4.　仝ジク左ニ目禮

5. 6. 7. 8.　後ニサガリ圓ヲ解キ二列横隊トナル

曲　譜　H

1.　跳躍シテ右足ヲ前ニ

2.　仝ジク左足ヲ前ニ

3.　仝ジク足ヲ左右ニ開キ

4.　仝ジク兩足ヲ閉ジ仝時ニ兩手ヲ上ニアグ

5.6.7.8. 以上ヲ繰返シ　8. ノ時ニ萬歳ヲ唱フ

ニコニコ兎

神戸市保育會

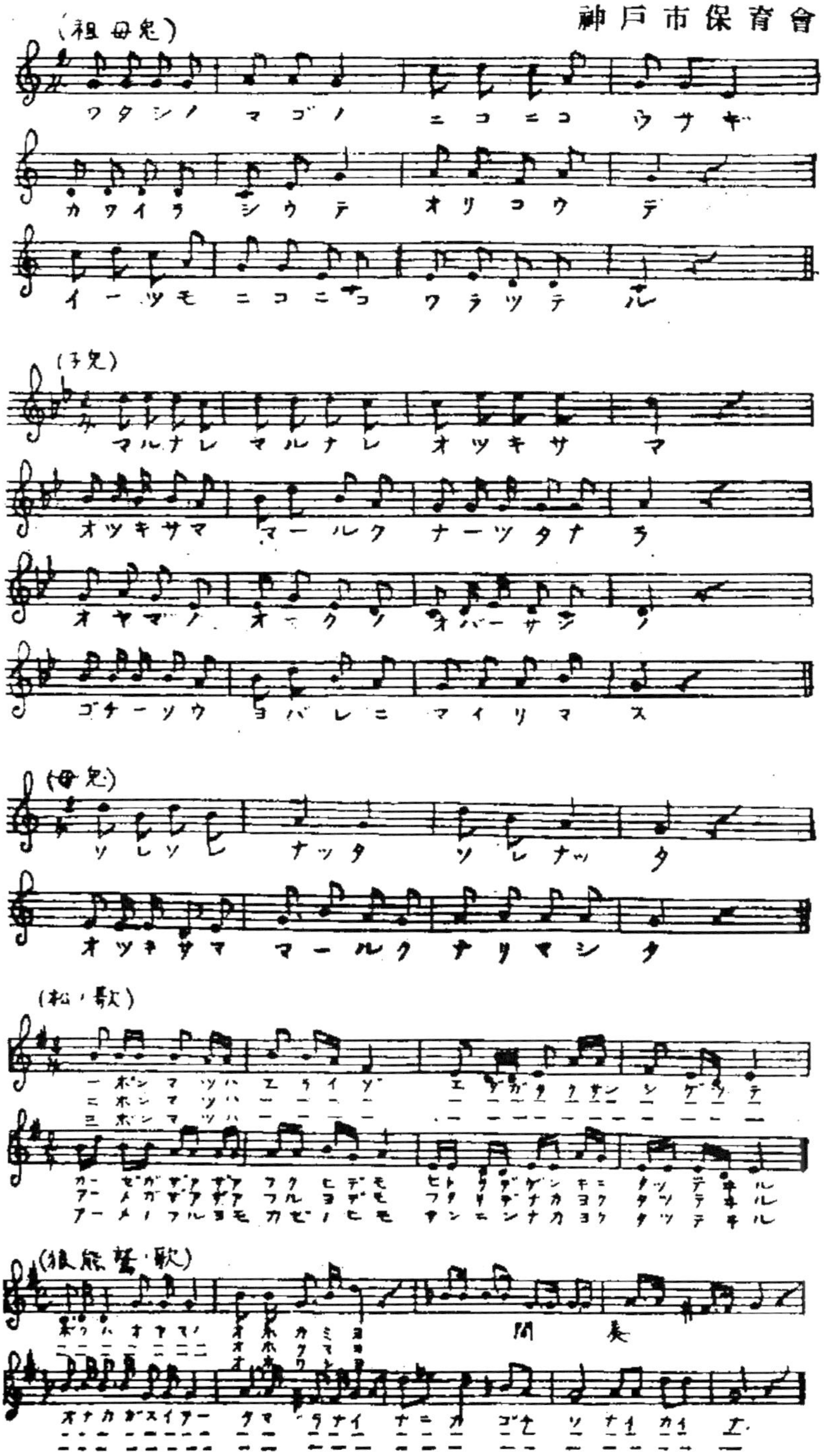

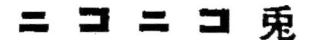

(子兎)
ワタシハ コレカラ オバアサンノ
ゴチソウヨバレニマイリマス
ゴチソーヨバレテカヘルトキ
ワタシハフトツタオホウサギ
オホキイウサギガオイシイカ
チイサイウサギガオイシイカ
(お山の御馳走)
オヤマノオクノゴチソーーハ
オイモニコンジンサヤマーメーヤ
トウモロコシノイリイリヤ
タクサンタクサンイターダイテ
オナカガオホキクナリマシタ
(合唱)
オホキクナッタオホキクナッタ
ニコニコウサギカワイラシクテ
オリコウダカラダモオホキク
ナリマシタ

にこ〱兎

第一場

向つて左の方に母兎と兒兎さゐる。
右の方より祖母兎うたひながら出て來る。

祖母兎歌　わたしの孫のにこ〱兎　可愛らしうておりこうでいつもにこ〱してゐます。
此の歌にて中程に止る。

祖母兎詞　あの兒はほんさによい兒だけれど、なんであんなにちひさいかしら、久しうあはぬから、たづねてやりませう。
と云ふて又あろき出す、前の歌を繰返して歌ひ、よき程にて止る。

祖母兎詞　アにこ〱兎の宅へ來た、カラ〱（戸をあける音）御めん。
兒兎飛んで出。

兒兎詞　お山のお祖母さんがいらした。
お祖母さん、よくいらつしやいました、サーどうぞ、おあがり下さいませ。

母　兎　祖母兎座席につき兒兎の頭を撫でながら

祖母兎詞　おまへはよい兒だけれど、いつ見ても小さいな、お祖母さんの處へいらつしやい、御馳走を澤山たべさして、大きな兎にしてあげよう。
兒兎手をたたきよろこぶ。

兒　兎　うれしいな〱、お祖母さんいつゆきませう。

祖母兎　あのお月樣がまろくなつたらいらつしやい。

兒　兎　それでは十五夜お月樣の出た時參ります。

祖母兎　待つてゐますよ、お祖母さんはモー歸ります。

母　兎　マー御ゆつくりなさいませ。

祖母兎　また參ります。　と門口をあけて出る。

兒　兎　お祖母さん、さやうなら。

祖母兎　ハイさやうなら。

母　兎　またいらつしやいませ。
祖母兎は又わたしの孫のと歌ひつつ退場、兒兎まん中に出る、空を見ながら手拍子取りつつ歌ふ。

兒兎歌　まろなれ〱お月樣　お月樣まろくなつたらば
お山の奥のお兎母さんの　御ちそうよばれに參ります。
母兎出て來て月を指して歌ふ。

母兎歌　それ〱なつたそれなつた　お月樣まろくなりました。

兒　兎　お母さんお月樣がまろくなつたから、お祖母さんの處へゆきますよ。

母　兎　アヽいつていらつしやい、路をよくきをつけていらつしやい。

兒　兎　ハイ〱。

母　兎　お母さんが途中まで送つてあげます。
と母兎兒兎共にピョン〱と飛びながら退場。

第二場

一本松の後に狼附き、二本松の後に熊附き、三本松の後に鷲附き、三本松を左に順次よき程に間を置いて立つ。

一本松歌　一本松はゑらいぞ枝が澤山茂つて　風がザー〱吹く日でも　ひとりでげんきに立つてゐる。

二本松歌　二本松はゑらいぞ枝が澤山茂つて　雨のザー〱降る夜でも　ふたりで中よく立つて居る。

三本松歌　三本松はゑらいぞ枝が澤山茂つて　雨の降る夜も風の日もさんにん中よく立つて居る。

狼　歌　ぼくはお山の狼よ　おなかがすいてたまらない　なにか御ちそうないかいな。
さ歌ひながら左右を見まはす。

熊　歌　ぼくはお山の大熊よ　おなかがすいてたまらない　何か御ちそうないかいな。

鷲　歌　ぼくはお山の大鷲よ　おなかがすいてたまらない　何か御馳走ないかいな。

と背景の歌一通り行渡りて兒兎ピョン〳〵と飛びながら出て來る、一本松の近くに來し頃。

狼　コラ待て、おれの御ちそうになれ。

兒兎驚きし樣にて手拍子取りながら歌ふ。

兒兎歌　わたしはこれからお祖母さんの　御馳走よばれに參ります。御ちそうよばれて歸るとき　わたしはふとつた大うさぎ大きい兎がおいしいか　ちひさい兎がおいしいか。

狼うでを組みながら考へ

狼　それは大きい兎がおいしかろ、歸りまで待つてゐるから早く、大きい兎になつて來い。

兒兎　ヤレ〳〵たすかつた。

と又ピョン〳〵と飛びながら二本松の前に行く。

熊　前に同じ。

鷲　前に同じ。

これにて背景の松の木は下に居て休息す、兒兎は背景の前を通る時は右より左に行き、通り終れば又左より右に向ふて行く、祖母兎の門口に來し心持。

兒兎　カラ〳〵(戸をあける音)、お祖母さん來ましたよ。

祖母兎　チチにこ〳〵兎さんよく來ましたね。

兒兎席に着く。

祖母兎　御馳走を澤山こしらへて待つて居ました、サア〳〵おあがりなさい。

祖母兎は御ちそうを出す形をしつつ歌ふ。

祖母兎歌　お山の奥の御ちそうは　おいもににんじんさや豆や唐もろこしのいり〳〵や。

兒兎歌　澤山〳〵いただいて　おなかが大きくなりました。

と兒兎は御ちそうをたべる形をなす。

兒兎　お祖母さんこんなに大きくなりました。

祖母兒　それでは歸つてお母さんに見てもらひなさい。

兒兎　歸り路にこわいものが待つてゐます。

祖母兎　それは困つたね、アアよいことがある、納屋に樽があるから、その中へはいつてお歸り、今出して來ますよ、サー此の中へおはいり。

樽は二三人の子供手をつなぎまろくなりしもの、兒兎はその中へピョンと飛込む。

兒兎　お祖母さんさやうなら。

祖母兎　ハイさやうなら。

背景の松の木立つて元の如くなる。

樽はゴロリン〳〵と徐に廻りつつ三本松の前に向ひ行く。

鷲　モーあの兎が戻りさうなものだ、アア戻つた〳〵。兎かと思つたらナンダ樽か、樽ではたべられぬからほかの御馳走をさがして來う。

と云ひて退場。

熊狼同樣になす。

樽背景の前を過ぎ終れば又左の方に向ふ。

母兎前の所に出てゐる。

樽母兎の門に止り、その中より兒兎の聲にて。

兒兎　お母さん只今。

母兎　アアにこ〳〵兎の聲がする。

と立ちて門口をガラ〳〵とあける。

母兎　にこ〳〵兎が歸つたのかと思つたら、へんな樽があるよ

兒祖　お母さん此のたるの中ですよ、あけて頂戴。

母兎　オヤ〳〵此の中ですか、今あけてあげます。

と樽のふたを取る、兒兎ピョンと飛出で

兒兎　只今歸りました。

母兎　こんな大きな兒はうちの兒とちがひます。

兒兎　よくお顔を見て頂戴。

と母兎に顔をさし出す。

母兎　ほんにやつぱりわたしのにこ〳〵兎。

歌　大きくなつた〳〵にこ〳〵兎　かあいらしうておりこうで

からだも大きくなりました。

終の歌は登場全員合唱。

(終)

銅　　像

神戸市保育會

歌

(1)
銅像が出來た
お山の上に
櫻が咲いたら辨
當持つておいで
すみれたんぽ、
よめなつみ
おもしろいな。

(2)
木々の青葉に
蟬の聲高い
竿がとゞかにや
高下駄おはき
下じやはだしで
とんぼつり
おもしろいな。

(3)
しげる草むらに
七草咲いて
月のすむ夜も
雨降る日でも
蟲の樂隊
にぎやかな
おもしろいな。

(4)
たてた銅像は
お山の大將
雪が降つても
寒くはないか
かさもさゝずに
白いべゝ
おもしろいな。

振

（樂譜ノ上ノ番號ニヨル）

前奏と間奏

(1) 左足を前に出し、右食指にて前方を指す。右足を前に、左食指にて前方を指す。

(2) 兩手を左右左右にさ迯りて拍手しつつ右に回轉す

歌

(3) 左足を左へ出し、右足を左へ振り、兩手を左上に振上げる。右足を右へ、左足を右へ振り、兩手を右上に振上げる。

(4) 左足を引き、兩手を開き(掌下に)前に上體を傾け下を見る。起きて左足を右足に揃へ、兩手を右上方に開き、兩手を體前によせ來りて拍手一回。

(5) 右向右足一歩前に右手を右上方にかざす。左足一歩前に左手を左上方にかざす

(6) 繰返す。

(7) 一歩前に兩手を右下に流す。一歩前に兩手を左下に流す。

(8) 兩手開掌のまま頭上にあげ手先を回轉しつつ右にまはる。

(9) 拍手一回左足前兩手を上にひらく。

研究發表

○誕生會の贈物から見出された紙製作品に就て

大阪市立精華幼稚園

一、動機（誕生會とは毎月一同其の月生れの幼兒の爲に誕生祝をする會です）

當園では昨年四月から誕生會を催し幼兒の贈物として紙を主にしての製作物を作つて來た。昨品其の物は早速幼兒の生活に滿足を與へる玩具となつて現れるから非常な興味を持つて取扱ひ、使ひ方迄も工夫をこらして喜んで作る樣な有樣で過程を喜び且結果をも樂しんで活動する狀態は、とても拙き筆に表す事の出來ない程、從來の製作に比し價値ある事を認め此の實現によつて指導者にとつても一層心强く感じた。淺薄な研究ではあるが發表して御批正を賜りたいのである。

二、選擇

イ、自由製作中から適當と認めたもの。
ロ、廢物を利用し、指導者と共に考案せるもの。
ハ、家庭で、幼兒の好んで求める玩具等の中から。
ニ、多くの幼兒が、興味を持つて弄べるもの丶中から。
ホ、玩具店などで觀察した中で、簡單で活動的なものから。

三、製作材料

イ、紙類——折紙の廢物、組紙、廣告紙の殘物、外に摺紙、色畵用紙、紙テープ等
ロ、紐類——毛糸、木綿糸、赤白の撚糸、細麻糸等
ハ、雜——竹籤、細竹、莨、粘土、黍殼、麥稈、針金鳩目、ゴムバンド等
ニ、用具——鋏、糊、手工板、クレオン等

四、指導方法

目的決定しての自由製作、目的決定しての模倣製作。

五、保育上の價値

イ、沒頭性によつて、性格の良習慣を作る。
ロ、工夫創作の力を養ふ。
ハ、情操を養ふ。
ニ、色彩の調和と美感とを養ふ。
ホ、物品を大切に取扱ふ習慣の養成。

誕生會の贈物から見出された紙製作品一覧表

月	組別	品目	材料	方法	保育中の所感
四、五月	保姆	軍配團扇	畫用紙、組紙、打拔型紙	保姆製作	幼兒の製作出來得る範圍のものを作つた。
	紫組	家	畫用紙	模倣(指導)	出來上れば砂箱の上に配置して遊ばうと、種々目的を以て喜んで製作にかゝり、容易に仕上げた。
	綠組	かぶと	新聞紙、色紙、打拔型紙	同	幼兒の半數はすでに會得して居た。大きく出來上つた物を被つて武者振る兒もあつた。皆々大滿足で仕上げた。
	樺組	箱	摺紙、組紙	同	製作容易、手は保姆がつける。
	黃組	かばん	摺紙、打拔型紙	同	摺方は全兒たやすく出來たれど、切り方に於て四、五名間違へた者があつた。
	赤組	日の丸旗	ザラ半紙、葭	實物模倣	祝祭日に門前に出した國旗の記憶を喚起して仕事にかゝつた。全兒容易に仕上ぐ。作品を以て旗行列を行ふ。
六月	保姆	籠型手提袋	畫用紙、打拔型紙	保姆製作	第一行に同じ。
	紫組	手籠	畫用紙、毛糸	模倣(指導)	毛糸を通す事が困難の兒が多かつた。中に入れる物を想像したりして、非常に喜んだ。
	綠組	蝙蝠傘(開)	摺紙、竹籤 麥稈 豆	同	竹籤を通す穴を、小さくあける事に注意。模樣を貼る糊は、要所丈けつけさせた。
	樺組	コップ	畫用紙、打拔型紙	同	自分の持つて居る湯呑の格好と同じだと云ふて大喜び。終まで一生懸命であつた。模樣は打拔型紙を與へて隨意につけさせた。
	黃組	こま	畫用紙、竹籤、豆、打拔型紙	同	豆のつかひ方が未だ充分慣れて居ない爲、大ぶん潰れたのがあつた。竹籤を通す畫用紙の穴は保姆が手傳ふ。
	赤組	巾着	摺紙、毛糸、打拔型紙	同	容易に出來た。各兒腰にさげて喜んだ。紐附は保姆が手傳ふ。
七月	保姆	月星圓型袋	畫用紙、組紙、打拔型紙	保姆製作	第一行に同じ。
	紫組	團扇	畫用紙、竹籤、色紙、打拔型紙	模倣(指導)	畫用紙の極薄手が適當。竹籤と紙との糊つけが困つた。然し乾いた後骨を切る時は非常に喜んだ。模樣は隨意。

	緑組	盆提灯	摺紙、厚紙、葭 針金、打抜型紙	同	最初製作品を見て幼児は「むつかしいな―」と言つた。然し容易に出來上り非常に喜んだ。上の口を貼る時ゆがまない樣に注意した。
	樺組	七夕綱	色紙	同（自由）	左右差し違へて剪る事がなか〳〵困難であつた。やつと出來上つた時は大へん喜んだ。七夕の歌を歌つて振り歩いた。
	黄組	蝙蝠傘（開）	摺紙、毛糸 葭	同（指導）	紙の先を鋏でつむ所が大きすぎる心配がある。模様の畫き方がむつかしかつた。出來上りが擴らぬのが物足らぬ憾があつた。
	赤組	金魚	摺紙、糸 葭	同	頭と尾の切込み、並に釣糸を竿に附ける事は、保姆が手傳つた。
八、九月	保姆	白兎袋	畫用紙、毛糸 打抜型紙	保姆製作	第一行に同じ。
	紫組	蜻蛉	畫用紙 葭、糸	模倣（指導）	背と胸を間違へて糸をつける者あり注意した。出來上つた物を振かざし空中を色々謠ひ乍ら野原の樣に馳廻つた。
	緑組	色紙挾み	畫用紙、毛糸 摺紙、打抜型紙	同	表紙の意匠は各兒隨意。製作方法を會得して後、家に歸り大小種々拵へて自己の色紙を整理して居るのを見受けた。
	樺組	動搖兎	畫用紙	同	仕事を二回にした。製作後動かして遊んだ。
	黄組	鯛釣	畫用紙、糸 針金、葭	同	塗方容易。剪方に於て鰭を剪落した者があつた。左右二枚貼合す時困つたから其のわけを悟らせた。
	赤組	かご	畫用紙 組紙	同	製作品を見て、幼兒は一齊に市場行きのかごと呼んだ。中の品物を連想して、家の買物の內容を發表した。
拾月	保姆	菊花袋	摺紙、畫用紙 組紙	保姆製作	第一行に同じ。
	紫組	動搖犬	畫用紙	模倣（指導）	臺と四肢との間の剪抜く箇所で困つてゐる兒には、各切目を入れて手傳つた。馬ライオン虎等を工夫した。
	緑組	勲章	摺紙、打抜型紙 安全ピン、色紙	同	二雙船の折方を、充分練習した後着手、緣は保姆が剪る。
	樺組	小箱	畫用紙 打抜型紙	同	玉手箱を追憶して製作す。
	黄組	日の丸風車	白紙 籤、麥稈、打抜型紙	同	豆の使用方に注意を要す。旗を反對側に貼付ける事を忘れる者がある。
	赤組	椅子	畫用紙	同	先月の籠と同剪方で、椅子の出來る事を工夫させた。然し少々困難の樣子を見受け遂に指導した。それから玉手箱炭箱の工夫が出た。

拾一月	保姆	鳴子袋	ラシヤ紙、組紙 打抜型紙	保姆製作	第一行に同じ。
	紫組	風船	色紙 打抜型紙	模倣(自由)	最後の折込む箇所を、きれいにする樣注意した。糊付をていねいにする程使用中にくろひが來ない。
	緑組	ハンドバック	摺紙	模倣(指導)	以前カバンを作つたから折方は無難、然し剪方に於てやはり間違があつた女兒は非常に喜んだ。
	樺組	桃太郎目鬘	謄用紙 細紐、ハトメ	同	製作容易。保姆は目の打拔及鳩目附をなす。鬼が島征伐の意氣を以て大いに活動した。犬猿雉鬼等の目鬘の製作を希望した。
	黄組	紙鐵砲	ザラ半紙 打拔型紙	同	大部分の兒は、すでに家庭で折方を會得して居た。然し非常に喜んで製作した、後で戰爭ごつこに使用した。
	赤組	人形座ぶとん	千代紙 摺紙	同	一枚で滿足せず。全兒二枚宛は容易に作つた。早速、あね樣ごつこに使用してよく遊んだ。
拾二月	保姆	手提袋	謄用紙、組紙 打拔型紙	保姆製作	第一行に同じ。
	紫組	越後凧	美濃紙、テープ 麻、麻糸	模倣(指導)	全仕事を二回に區切つた。保姆は細糸を附ける丈けを手傳ふ。幼兒は寒風をおかして、三日も屋上に昇り、凧上して喜んだ。
	緑組	カレンダー	謄用紙、毛糸 色紙、打拔型紙	同	全仕事を二回に區切つた。表を重ねて臺紙に括り付ける仕事は保姆がした。
	樺組	こま	謄紙、空箱、麻 摺紙、漆殻	同	非常に喜んで、一生懸命仕事に沒頭した。保姆はただ穴をあけてやつた。
	黄組	あねさま目鬘	謄用紙、ハトメ 細紐	同	鳩目付は、保姆が手傳ふ。
	赤組	正ちやん目鬘	同	同	自由に塗らせたが、先づ眼、眉、リボン、帽子、の順に塗つた。要領よくなつた。鳩目附は保姆が手傳ふ。
一月	保姆	四ツ切組込かご	謄用紙 組紙	保姆製作	第一行に同じ。
	紫組	簔	謄用紙 打拔型紙	模倣(指導)	かどの折目を強くする樣注意した。
	緑組	犬の家	謄用紙 色紙	同	最初正方形の謄用紙に折目を入れ、それに切込を入れて製作す。次に作圖した用紙で、再製作した入口を貼る時困つた兒もあつた。

	椿組	水鳥	畫用紙、色紙	同	頭部は保姆が作つたものを用ふ。尾をつける時に、三角形を間違へて貼る者あつた。注意を要す。
	黄組	落下傘	薄紙、小石、糸	同	全仕事を三回に區切つた。紙を剪るのに困つた兒があつた。つけた糸に、小石を括るのを保姆が手傳つた。
	赤組	飛行人形	馬糞紙、ゴムバンド	同	馬糞紙は極薄手がよい。
二月	保姆	年越袋	畫用紙、ハトメ	保姆製作	第一行に同じ。
	紫組	鶏のおもちゃ	グロリー煙草空箱、厚紙、糸	模倣（指導）	最後の糸附は保姆手傳ふ。出來上れば自分が使ふより、弟妹に與へようと考へて製作した。
	緑組	お多福目鬘	畫用紙、細紐、打拔型紙	同	極容易に仕上げた。之を玩ぶ中に面白い劇を仕組み、永らく遊んだ。
	椿組	組紙風車	組紙、葭	同	三筋組合す事が困難、半數の兒は個人指導をした。
	黄組	四角目の丸凧	色紙、葭、緒、テープ	同	仕上を樂しんで製作した。糸附は保姆が手傳つた。
	赤組	鬼目鬘	畫用紙	同	容易に出來た。
三月	保姆	トランク	畫用紙、打拔型紙	保姆製作	第一行に同じ。
	紫組	桃花箱	畫用紙	模倣（指導）	塗方は非常に巧になつた。花びら及蕊の五片をねぢ込む事に大ぶん工夫した。
	緑組	櫻と橘	摺紙、麥稈、粘土、打拔型紙	同	一本は保姆指導し、二本目は練習の意味で、各自由に作らせた。仕事を二回に區切る。
	椿組	内裏樣	畫用紙、摺紙	同	顔面は保姆の作つたものを使用す。製作は極めて容易。
	黄組	かご	畫用紙、組紙、打拔型紙	同	四隅の接目に困つた兒があつた。
	赤組	屏風	畫用紙、打拔型紙	同	案外たやすく出來たが興味は少かつた。然し贈られた兒は非常に喜んだ。

備考

1、鋏、クレオン、手工板、糊は毎回準備す。
2、製作時間の永びく場合は、二回又は三回に區切る事がある。
3、組別年齢
　紫綠桃組（年長兒）
　黄　　組（年長兒年少兒合併）
　赤　　組（年少兒）

〇模倣遊戯具組立屋臺店の考案（附、商ひ遊）

大阪市立精華幼稚園

人間生活の最も純眞な所はグループを作つて出過ぎず又他を侵さず而も心と心との相互作用に依つて一人では出せぬ新しき力とも云ふべきものを産出す事である。幼兒が五六人集つて畫き方、粘土細工、商ひ遊等をなす時一兒が他兒の活動を見て眞似るでもなくして、それより受ける影響感化で本然の具体生活を現す事が出來る。此の力は保姆が模範を示して導かんとする事に比べて其の質及強さに於て餘程の相違がある

（一）動　機

當園幼兒は自由遊戯の際製作品或は玩具等を並べて盛に商ひ遊をする。殊に誓文拂後の遊は眞劍である。自分の机を利用し時には古机を適當な所に持出して屋臺店を作り得意になつて遊んで居る。此の遊からヒントを得て幼兒の手にてなし得る簡單な組立屋臺店を考案した。

（二）用　具

	寸法	數量	材料	價格
床板	巾三〇糎 長一二〇糎	二枚	米杉	
隅方立	角四糎 長四八糎	四本	同	
臺輪	四糎 三糎 角 長五三糎	二本	同	
	同 同 角 長一〇四糎	二本	同	
土臺	四糎 三糎 角 長五三糎	二本	同	
	同 同 角 長一〇四糎	二本	同	
柱	三糎 角 長一一〇糎	二本	同	
腕木	三糎 一・五糎 角 長一二〇糎	二本	同	
天幕		一張	白木綿	
裝飾用赤布		一枚	赤ナフトールモス	
計		一六本 三枚 一張		約六圓

但し幼兒が組立に要する時間、約二〇分（初めて組立てた（時間

（三）商ひ遊の實況

賣手＝約五人（金錢出納係、販賣係、外交係等各自に定む）

買手＝多　數

お金＝打拔の五錢白銅、一錢銅貨、並におはぢき貝等を用ふ。

（四）指導上の注意

指導者は賣手買手の間に立ち干渉なくして相互生活を可能ならしむる事は幼兒敎育者として特に注意を要する事で即ち幼兒をして私の遊に共鳴して呉れるのは此の先生だと感ぜしなる事が出來る樣に努力して居る。

（五）保育上の價値

イ、物品を、整理する良習慣を養ふ。

ロ、遊びの中に、數の觀念を養ふ。

ハ、適當な言語の練習。

ニ、公德心の養成。

ホ、幼兒の生活内容を容易に直觀し得。

ヘ、お互の交渉を適當に處置する能力。

ト、物の調和及配置等に氣をつける。

五市保育會彙報

京都市保育會（昭和四年度）

一、總　集　會

昭和四年十二月七日午後一時より平安女學校に於て左記の通り總集會を開催す。

一、開會の辭

二、國歌合唱

三、會長挨拶

四、會務報告

五、議　事

六、講　演　子供の育て方に就て　高森富士氏

七、幼兒演技　遊戲、噺き方、手技、

八、閉　會

九、余　興

一、幹事會及主任會

每月一回以上開催幼兒敎育研究及會の事務進行をはかる。

一、評議員會　二　回

一、遊戲研究會

第一學期間は二三の講師に就き研究、第二學期より每月一回創作的遊戲及各自遊戲取扱研究發表等をなす。

お星様、荷車　待　賢　園

奈良の大佛、オモチヤノマーチ　楊　梅　園

雨ふり雲、オイチニの兵隊　下　總　園

エンピツ、ねぎ坊主　楊　梅　園

兎と狸　待賢園
リスと風　平安園
春雨、オリエンタルダンス、かちどき　京都園
片ゑくぼ、さくら　翔鸞園
御　門
入園當初の子供の保育手段としての
遊戯研究　城巽園

一、講演會
五月
牛乳の良否判別法及飲方
肉の判別及喰べ方　京都市畜産組合
四月
家庭教育、感情教育　高森富士先生
一月
歐米の幼兒教育狀況　大關先生

一、講習會
四月
遊　戯　島田先生
五月
舞踊基本練習　石井先生
七月
子供の舞踊　楳本先生
九月
兒童心理　野上先生
衛生講話　和田先生
（毎月一回以上聽講繼續）

一、見　學
十月
前年度來繼續の府下皇陵巡拜終了
二月
日本レース會社
二月
芦屋三田谷教育治療院
二月
大阪十三博愛社

一、出　張
五月
名古屋市保育狀況視察、保姆幹事共三十三名
九月
京城教育大會へ幹事一名
十月
神戸市關西聯合保育會出席百四名
三月
東京市へ幹事三名

一、講師派遣

京都府託兒事業協會主催保育講習會へ保姆三名を派遣す

一、現在役員

會　長　土岐嘉平氏

副會長　竹上藤次郎氏

幹　事　池野藤太郎氏、岩井ツタ氏、岡本アイ氏、小幡小長氏、上柳平三氏、山岡篤氏

評議員　猪野辨吉氏、岩井榮之助氏、岩内誠一氏、磯邊宇之助氏、稲畑富美子氏、稲垣たい氏、井上諦語氏橋川正氏、鳥越道眼氏、岡村秀太郎氏、大澤幸子氏、奥村與三郎氏、和田彌三郎氏、河村秀雄氏、金谷勝太郎氏、田中泰輔氏、田村保太郎氏、丹治直次郎氏、内藤丈夫氏、村田確郎氏、中島友三郎氏、後藤龍太郎氏、澤田稔氏、滿田豊弘氏、南至女氏

神戸市保育會（昭和四年度）

一、會

1、總　會

昭和四年五月廿七日午後二時より神戸幼稚園に於て左記の如き順序によりて開催す。

一、末正會長開會の挨拶

一、國歌合唱

一、庶務及會計報告

一、役員改選

一、講演　苦爪惠三郎氏

2、役員會

幹事會　二十一回　評議員會　一回

3、關西聯合保育會役員會　一回（神戸市に於て）

二、講習會

1、『秋の虫と秋の草花』講習會

講師　野田高等女學校　樺谷明吉氏

十一月十一日より三日間、毎日午後三時開會にて神戸幼稚園に於て開催す。聽講會員九十名

2、『應急手當法』講習會

講師　兵庫縣立神戸病院　松岡醫學士

一月二十五日午後二時より楠幼稚園に於て開催す。聽講會員八十五名。

3、『精神檢査法』講習會

講師　神戸兒童相談所　加藤文學士

二月一日二月八日の兩日午後二時より楠幼稚園に於て開催す。聽講會員百餘名。

4、聲樂講習會

講師　縣立第一高等女學校　田中銀之助氏

前年來より引續き毎週一回火曜日を定日として開催す。會員約四十名。

三、講演會

講師　明石女子師範學校　及川平治氏

演題

1、幼兒教育上如何なる方面に主力を注ぐべきか。

2、保育上情緒の教育を如何に取扱ふべきか。

3、保育の根本的体系に就て。

九月六、七兩日午後一時より神戸幼稚園に於て開催す。

聽講會員百二十餘名。

四、現在役員

會長　末正久左衛門氏

副會長　横尾繁六氏

幹事　大崎源三氏、義則嘉氏、内匠ちゑ氏、長塚政子氏
安井八十二氏、山崎さきの氏、吉田義一氏、平戸八重氏、望月クニ氏、末澤隆次氏

評議員　三十一名(氏名省略)

名古屋市保育會（昭和四年度）

一、會　合

1、總　會

昭和四年六月一日午後一時半より松若幼稚園に於て左記順序によつて開催す。

一、開　會

一、君が代合唱

一、坪内幹事長開會の挨拶

一、大岩會長の御挨拶

一、庶務及會計報告

一、講　演

幼兒言語の發達について　石川七五三二氏

一、會員研究發表

各園創作遊戯

一、閉會の辭

2、幹事會　十四回

3、親睦會　一回

二、講演會

1、遊戯講習會

土川先生の御來名を機とし御東幼稚園に於て新遊戯の實習を受く。市外よりの出席もありて臨時の會としては盛大なりき。

2、心理學講習會

講師　愛知縣兒童研究所長　石川七五三二氏

一月より一年間の豫定を以て第二、第四の土曜日を定日として開催す。

三、講演會

講師　岡崎双葉幼稚園長　安間公觀氏

演題　歐米に於ける幼稚園教育視察談

會場　御東幼稚園

四、其の他の事業

1、幼兒の言語發達につき形式内容兩方面に亘りて調査す。

2、愛知縣保育會へ全會員出席す。

3、愛知縣婦人聯盟へ加盟申込、發會式には全會員出席す。

4、關西聯合保育會へ會員二十四名出席す。

5、敎化動員の事業として保護者會を開き敎化節約に關して實行申合懇談會を開く。

五、現在役員

會長　名古屋市長　大岩勇夫氏

副會長　名古屋市敎育部長　黑金泰信氏

幹事　石田馥氏(幹事長)　加藤しやう氏(庶務)　内藤しき氏(會計)　佐藤觀學、市川たま氏、木村りん氏奧田鶴龜氏、朝倉けい氏、高橋みさを氏、田中しげ氏、山中たみ氏、北山ナホ氏、寺田奈良菊氏、片野ひで氏

……………………

吉備保育會（昭和四年度）

一、昭和四年六月八日　春季總集會

岡山市博愛會幼稚園に於て定期總集會を開きたり。出席會員壹百四拾餘名。擧行事項左の如し。

一、開會の辭　副會長　片岡定四郎氏

一、博愛會幼稚園の實際保育參觀

一、前年度庶務及び會計報告

一、意見交換

幼稚園に於て保育要目を制定するの要ありや否や。

一、講　演

幼稚園に於ける人格敎育　博愛會幼稚園長　オールツ夫人

一、新遊戲の實習

イ、スコール　ロ、どなたがわたしと一緒に遊ぶ

ハ、お砂場遊。

二、昭和四年十一月十七日　秋季總集會

岡山市立内山下幼稚園に於て開會せり。出席會員壹百六拾餘名。當日は午前中を總會とし午後は會場を隣接岡山市公會堂大ホールに移して公開したり。擧行事項左の如し。

午前　會場　内山下幼稚園

一、國歌合唱

一、報　告

第卅六回關西聯合保育會狀況

一、講　話

敎化動員と保育につきて　會長　國富友次郎氏

一、新遊戲練習

イ、へちま　ロ、野球　ハ、ニコ〳〵兎

午後(公開)會場　岡山市公會堂

二、講　演

生活を主とする教育

講師　神戸市神戸幼稚園長　望　月　ク　ニ　氏

一、開會の辭

公開講演には八百餘名の婦人聽講者と三十餘名の男子傍聽者ありたり。望月講師は多年の蘊蓄を傾けて循々説明せられ更に最近米國各地の幼稚園並に彼地家庭教育の實見談を交へて最も熱心に又極めて平易に殆ど三時間に渉りて有益なる講演をせられたるが百六十餘名の會員は固より八百餘名の婦人聽衆もこの有益なる講演の一語をも聞洩すまじと耳を聳て時の移るを忘れて一同感激傾聽せり。

望月講師は三十餘年前岡山縣師範學校附屬幼稚園主任保姆として數年間勤務せられ其の間保姆養成の大勳を樹てられたる岡山縣幼稚園教育の先覺者なりければ本會幹部並に當時の保姆科出身者、舊知など講演終了を待ち東山、吐月樓に迎へて歡迎晩餐會を催し懷舊談に花を咲かせ和氣滿々、情景掬すべきものあり。午後十一時岡山驛に師の萬歳を祝福しつゝ見送りたり。

三、雜　　事

1、昭和四年十二月十七日神戸市に開かれたる關西聯合保育會役員會に副會長片岡定四郎幹事岡政、折井彌留枝の三氏出席せり。

2、昭和五年三月下旬　幼稚園保姆待遇改善促進の爲幹事折井彌留枝、佐々てつ二氏上京せり。

3、岡山市立伊島幼稚園長吉田重氏は明治三十三年本會創立當初より幹事に就任せられ本會發展の爲、多大の貢獻を致されしが昭和四年三月末日退職せられ同時に大阪市(令息の許)に移轉せられたれば記念品を贈呈して感謝と惜別との微衷を表したり。

四、役員改選

昭和五年三月三十一日幹事及び評議員の任期滿了し新に選任せられたる氏名左の如し。

幹　事　（いろは順）

倉敷市立倉敷幼稚園長　岩　田　艶　子　氏
岡山市立弘西幼稚園長　馬　塲　千　代　乃　氏
大　林　孫　治　氏
岡山縣女子師範學校保姆　岡　　政　氏
岡山市立深柢幼稚園長　折　井　彌　留　枝　氏
仝　内山下幼稚園長　高　原　　寅　氏
仝　深柢小學校長　妻　井　一　郎　氏
仝　出石小學校長　中　村　信　琪　氏
仝　清輝幼稚園長　行　田　敏　子　氏
仝　石井幼稚園長　小　松　多　賀　氏

英賀春子氏
岡山市立旭東幼稚園長　佐々てつ氏
仝　御野幼稚園長　結縁省子氏
仝　伊島幼稚園長　三戸花子氏

評議員

大飼楢太郎氏　今井田綾子氏　馬場保太氏
原野亮爾氏　兒子喜六氏　西山富佐太氏
西岡千代子氏　土光午次郎氏　岡本壽代氏
長江眞一氏　中尾韶俊氏　長崎末野氏
氏平啓子氏　小寺かつ氏　里見保平氏
笹井德五郎氏　佐々井ハガ氏　阪井ヌイ氏
酒井オユキ氏　櫻田壽野氏　御牧義太郎氏

大阪市保育會（昭和四年度）

一、昭和四年四月九日
南區精華幼稚園に於て幹事會を開催し昭和三年度決算、昭和三年度庶務報告、昭和四年度豫算に關する件並に第六十五回春季總集會開催に關する件に就き協議す。

一、昭和四年四月十七日
西區日吉小學校に於て評議員會を開催し昭和三年度決算昭和三年度庶務報告昭和四年度豫算に關する件に就き協議す

一、昭和四年四月二十日
北區菅南小學校に於て第六十五回春季總集會並にフレーベル祭を左の通り開催す。

一、開會の辭
二、君が代　（一同合唱）
三、フレーベル先生祭典　（一同敬禮）
同先生履歴朗讀
四、報告
1、昭和三年度庶務ニ關スル件
2、昭和三年度決算ニ關スル件
3、昭和四年度豫算ニ關スル件
五、講演　南洋ゲコル村
講師　大阪毎日新聞社事業部長　西村眞琴氏
六、餘興
講演「桂小五郎と夫人」　旭堂南陵
七、閉會の辭

一、昭和四年九月十三日
東區久寶幼稚園に於て幹事會を開催し神戸市保育會主催第三十六回關西聯合保育會各市提出問題に關する件並に同出席者等の件に就き協議す。

一、昭和四年九月十九日
北區中の島幼稚園に於て幹事會を開催し第六十六回秋季總集會開催に關する諸般の件並に關西聯合保育會提出問題等の件に就き協議す。

一、昭和四年九月二十一日
第五十二號關西聯合保育會雑誌を發行す。

一、昭和四年十月一日

東區集英小學校に於て第六十六回秋季總集會を左の通り開催す。

一、開會ノ辭

二、君が代　（一同合唱）

三、報　告

1、昭和四年度開催神戸市保育會主催第三十六回關西聯合保育會ニ關スル件

四、協　議

1、第三十六回關西聯合保育會各市提出問題ニ對シ發表ノ意見ニ關スル件

2、第三十六回關西聯合保育會ニ本會ヨリ提出ノ研究發表ニ關スル件

3、第三十六回關西聯合保育會ニ本會ヨリ提出ノ交換遊戲ニ關スル件

五、閉會ノ辭

一、昭和四年十二月十一日

南區御津幼稚園に於て幹事會を開催し神戸市保育會主催關西聯合保育會役員會提出問題並に同會出席者等に就き協議す。

一、昭和四年十二月十六日

浪速區敷津幼稚園に於て幹事會を開催し創作談話集出版契約等に就き協議す。

一、昭和五年二月二十一日

此花區下福島幼稚園に於て幹事會を開催し幼稚園保姆待遇改善建議委員選定の件、創作談話集出版に關する件、並に鈴木前幹事長に記念品贈呈の件等に就き協議す。

一、昭和五年三月十日

西區本田小學校に於て幹事會を開催し幼稚園保姆待遇改善建議委員の件並に大阪幼兒教育研究會考案に係る綴縮帖に關する件等に就き協議す。

一、昭和五年三月二十二日

前幹事長鈴木治太郎氏に記念品を贈呈す。

一、昭和五年三月二十四日

幼稚園保姆待遇改善に關する建議のため建議委員大道、藤本兩幹事上京す。

役員異動

（昭和五年十月調）

幹事長	鈴木治太郎氏	昭和五年二月二十日辭任
幹事長	齋藤藤吉氏	昭和五年二月二十日就任
幹事長	齋藤藤吉氏	昭和五年十月　六日辭任
幹事長	岡　嶌郎氏	昭和五年十月　六日就任

役員氏名

（昭和五年三月末日現在）

會長	大阪市長	關　　　一氏
副會長	大阪市教育部長	細川義方氏
幹事長	大阪市視學	齋藤藤吉氏

幹事（以下校閲順）

北區　曾南幼稚園長　川崎貞一氏
　　　中ノ島幼稚園保姆　辻ソノ氏
此花區　上福島神子田幼稚園長　長野隆義氏
　　　下福島幼稚園保姆　森本ヨシヱ氏
東區　浪華幼稚園保姆　廣瀬ヒイ氏
　　　久寶幼稚園保姆　藤本ツギ氏
西區　靱幼稚園保姆　橋井和榮氏
　　　本田幼稚園長　稲葉俊治氏
南區　金甌幼稚園保姆　沼田輝子氏
　　　御津幼稚園長　大道輝氏
浪速區　櫻川幼稚園長　重田定治氏
　　　敷津幼稚園長　榮木行道氏
大阪府女子師範學校附屬幼稚園保姆　佐藤富子氏

評議員

北區　堀川幼稚園保姆　渡よしの氏
　　　櫻宮露天保育所長　田淵利一郎氏
　　　安治川幼稚園保姆　浦上悦氏
此花區　芦分幼稚園長　藤本貞二氏
　　　西野田幼稚園長　板谷堅治氏
　　　西九條上通二丁目　中澤積治郎氏
東區　集英幼稚園保姆　赤羽吉子氏
　　　船場幼稚園保姆　金谷增氏
　　　愛珠幼稚園長　稲葉むめ氏
西區　東江幼稚園長　佐藤壽夫氏
　　　西六幼稚園保姆　今村ヒロ氏
　　　日吉幼稚園保姆　若井きみ氏
南區　金甌幼稚園長　大塚三次郎氏
　　　道仁幼稚園長　稲垣國三郎氏
　　　久左衛門町　伊藤佐助氏
浪速區　難波元町幼稚園保姆　圓城寺靜子氏
　　　榮幼稚園長　栗屋宗一氏
　　　榮幼稚園保姆　米山エン氏

大阪市北區保育會（昭和四年度）

一、本年度末に於ける本會々員數左の如し

種別	推薦又ハ入會者	退會又ハ死亡者	現在員
名譽會員	一人	一人	三人
終身會員	二五		二〇六
特別會員	二七一	二四三	五三四
通常會員	七三六	六七三	一、〇七三
合計	一、〇三三	九一七	一、八六一

一、本年度末に於ける本會役員數左の如し

會長　一名
副會長　一名
收入役　一名
幹事　八名
評議員　二十四名

本會選出大阪市保育會幹事　二　名
仝　　評議員　三　名

一、四月九日　安治川幼稚園に於て遊戲研究會を開催す。

一、四月十日　堂島幼稚園に於て仝研究會を開催す。

一、四月二十日　本會收入役前川喜三太氏逝去に付卽日後任者に森本清太郎氏を推薦したり。

一、四月二十五日　安治川幼稚園に於て通俗講話會を開催す

一、五月六日　中之島尋常小學校に於て定期總會を開會し本會々則中改正の件を議決、其の他昭和三年度會務並仝年度歲入出決算及仝四年度歲入出豫算の各報告を是認、次で副會長評議員の改選々擧に移り副會長には前任山村仙一郞氏を推薦したる處滿場異議なきを以て當選者と決定し評議員二十五名の選擧は之を五名の詮衡委員に附託、以上終了後府立女子師範學校敎諭西脇りか女史の講演、當園兒の遊戲及旭堂南陵の講談を催し午後五時閉會せり出席會員等約四百名なりき。

一、五月六日　常務幹事及收入役の囑託を爲し何れも直に就任したり。

一、五月八日　堂島幼稚園に於て通俗講話會を開催したり。

一、五月十日　總會の委託となりたる評議員二十五名の選擧に就き北區役所に於て之が詮衡委員會を開會し各當選者の決定を見るに至りたるを以て直に此の旨を通知したり

一、五月十一日　堀川幼稚園に於て通俗講話會を開催したり

一、五月十五日　北區役所に於て評議員會を開會し本會幹事八名並に本會選出大阪市保育會幹事二名の互選をなしたり。但し後段選出役員の氏名は卽時仝會長へ之を報告したり。

一、五月十五日　仝所に於て幹事會を開會し本年度事業の實施計畫に就き協議したり。

一、五月二十二日　中之島幼稚園に於て遊戲研究會を開催す

一、五月二十四日　北區役所に於て幹事會を開會し映畫會開催に關する打合をなしたり。

一、七月三日　西天滿尋常高等小學校に於て發聲映畫活動寫眞會を開催したり。

一、七月六日　愛知縣下臨地講演會を開催、參加職員等四十九名なりき。

一、七月二十日　菅南幼稚園に於て遊戲研究會を開催す。

一、八月三十一日　本市保育會費昭和四年度負擔金五拾圓を本日仝會へ納付したり。

一、九月五日　北區役所に於て幹事會を開會し幼稚園聯合大會施行に關する協議をなしたり。

一、九月六日　中之島幼稚園に於て遊戲練習會開催す。

一、九月十六日　菅南幼稚園に於て遊戲研究會を開催す。

一、九月二十六日　西天滿幼稚園に於て仝研究會を開催す。

一、九月二十八日　幼稚園聯合大會施行地に於ける諸準備の爲幹事出張實地視察をなしたり。

一、九月三十日　菅南幼稚園に於て遊戯研究會を開催す。

一、十月九日　關西聯合保育會雜誌第五十二號二十六部を購入し之を各園へ配分したり。

一、十月十一日　副會長山村仙一郎氏より辭職屆出ありたり

一、十月十四日　北區役所に於て幹事會を開會し幼稚園聯合大會實地調査の結果に付委員より報告の上之が實施方法の打合をなしたり。

一、十月十七日　神戸市保育會の主催にて第三十六回關西聯合保育會を本日仝市に開催に付出席本會員に對しては一人金參圓宛の旅費を支給したり。

一、十月二十八日　幼稚園聯合大會に併せ本會臨時總會を本日奈良市に開催し前副會長山村仙一郎氏の辭職報告に次で其の後任者並に評議員一名の補闕選擧を行ひ副會長に本市立櫻宮露天幼稚園長田淵利一郎氏を、評議員に中之島幼稚園長小畑三郎氏を推薦したる處滿場異議なきを以て當選者と決定、夫より一行春日神社に參拜して順路三笠山に出て各園所定の位置に着きて休憩晝食後解散天氣晴朗にして盛會なりき、參加人員二千二百名。

一、十一月一日　北區役所に於て評議員會を開會し前副會長山村仙一郎氏に對する記念品料贈呈の件を議決したり。

一、十一月一日　右仝氏を本會名譽會員に推薦したり。

一、十一月六日　北區役所に於て幹事會を開會し幼稚園聯合大會費の清算報告をなしたり。

一、十一月八日　堂島幼稚園に於て通俗講話會を開催す。

一、十一月十五日　西天滿幼稚園に於て遊戯研究會を開催す

一、十一月十九日　中之島幼稚園に於て通俗講話會を開催す

一、十二月十三日　仝園に於て遊戯研究會を開催す。

一、十二月二十三日　本會名譽會員岡村增太郎氏本日逝去せられたり。

一、十二月二十五日　本會幹事八木きくゑ氏より評議員並幹事辭職の旨屆出ありたり。

一、昭和五年一月十六日　菅南幼稚園に於て通俗講話會を開催す。

一、一月二十四日　仝園に於て遊戯研究會を開催す。

一、二月二十五日　西天滿幼稚園に於て仝研究會を開催す。

一、三月一日　仝園に於て通俗講話會を開催す。

一、三月六日　安治川幼稚園に於て仝講話會を開催す。

一、三月二十二日　堀川幼稚園に於て仝講話會を開催す。

以上の外保育事業視察の爲、各幼稚園職員に對し隨時各市に出張方を囑託したり。

大阪市此花區保育會（昭和四年度）

一、集　會

一、定時總會　昭和四年五月二日堺市大濱公會堂に於て開催し併せて各幼稚園兒の遊戲旗行列を擧行せり。
二、定時總會　昭和四年十月二十六日第一上福島尋常高等小學校に於て開催し會則一部の改正並に役員選擧を行ひ併せて幼兒の遊戲、教育映畫の映寫を擧行したり。
三、役員會　幹事會　三回　評議員會　三回
一、見學旅行其の他
一、六月十六日　關西線笠置方面へ見學旅行す。參加各會長幹事並に各幼稚園保姆等二十一名。
二、十月十七日　神戸市に於て開催の第三十六回關西聯合保育會へ幼稚園長及保姆三十一名出席。
一、役員異動　役員の任期滿了に付改選又は互選の結果左の通り就任せり。

副會長　桑田利太郎氏
評議員　小田仙太郎氏　外二十九名
幹事　長野隆義氏　外十名
市保育會評議員　板谷堅治氏　外二名
同幹事　長野隆義氏　外一名

一、會員
一、五月四日　元本會副會長岡本邦敬氏を名譽會員に推薦す。
二、昭和五年三月末日現在　名譽會員三名、終身會員一七名、特別會員二二五名、通常會員五五三名、

此花區保育會役員氏名（昭和四年十一月改選 評議員中○印ハ幹事）

會長　小林壽夫氏　○同　久我とし氏
副會長　桑田利太郎氏　同　西安野氏
常務幹事　和田元治郎氏　同　中野間トラ氏
收入役　長尾久助氏　同　佐藤芳子氏
○評議員（神子田）　長野隆義氏　○同（西九條）　森下喜之助氏
○同　小原照惠氏　○同　富はま子氏
同　岡崎萬壽龜氏　同　栗本鈴氏
同　小田仙太郎氏　同　中澤禎治郎氏
同　遠藤忠五郎氏　同　奥野德太郎氏
○評議員（下福島）　三輪忠雄氏　○同（四貫島）　國生駒路氏
○同　森本ヨシヱ氏　同　新屋敷ヨシノ氏
同　上田トミ氏　同　中西ふさ氏
同　松岡宅兵衛氏　同　中尾輝子氏
同　平田松三郎氏
○同（芦分）　藤本貞二氏
○同　大河原琴氏
同　川上務氏
同　山田龜太郎氏
同　渡部觀造氏
○評議員（西野田）　板谷堅治氏

市保育會役員

評議員　板谷堅治氏
同　藤本貞二氏
同　中澤禎治郎氏
幹事　長野隆義氏
同　森本ヨシヱ氏

大阪市東區保育會（昭和四年度）

一、幹事會
四月廿六日　於中大江園保姆養成講師招聘其他協議す。
四月二十七日　於愛珠園保姆養成科の件に付協議す。
五月十四日　於愛珠園昭和三年度決算及四年度歲入出豫

算に付協議す。
六月十七日　於中大江園市保育會雜誌寄稿に付協議す。
六月二十日　於久寶園幹事の事務を引繼ぐ。
十月七日　於愛珠園講習會開催の件に付協議す。
十二月十六日　於浪華園新年總集會に付協議す。

一、主任會

五月三十一日　於北大江園奉迎に關する打合。
六月廿一日　於久寶園本年度の觀察見學等に關する件。
七月二日　於浪華園朝鮮に開催の教育大會に出席の件。
九月五日　於愛珠園久保講師渡歐の件。
九月十二日　於北大江園保姆養成科講習生無試驗檢定に關する件。
十二月十九日　於愛珠園新年總會の講師其の他の件。

一、評議員會

四月十八日　於愛珠園上京委員の報告及保育大會の件。
五月廿四日　於東區役所昭和三年度歳入出決算、昭和四年度歳入出豫算に付協議す。

一、研究會

七月廿四日　於愛珠園會員の研究發表。

一、座談會

九月廿日　於愛珠園保姆養成講習會に關する件。

一、講演會

一月廿四日　於愛珠園講師大阪府女子師範學校長能勢先生
　演題　皆樣方の生くる道
三月十日　於愛珠園講師東京体操學校長藤村先生
　演題　体育に就いての雜感
四月廿五日　於愛珠園講師淺野和三郎先生
　演題　心靈學に就いて

一、講習會

十月七日　於中大江園講師東京本鄕第一幼稚園長小向先生
　遊戯の實演指導を受く
其の他會員各自遊戯、粘土、木工等の講習會に出席す。

一、見學

十二月五日　日本ゼネラルモータース株式會社に自動車組立工程を見る。
五月三日　六甲郊外學園見學す。（昭和五年度の分）

一、觀察

五月廿二日　奈良女子師範學校附屬幼稚園及縣立女子師範學校附屬幼稚園を（五園六名）參觀す。
六月四日　私立京都幼稚園市立城巽幼稚園を（一園五名）參觀す。
六月五日　同園、同上を（一園四名）參觀す。

一、出張

九月廿七日　朝鮮に開催の全國教育大會に出席並に滿鮮

十月十七日　保育狀況視察の爲、三名出張す。
神戸市に於ける關西聯合保育會へ會員大多數出席す。
三月廿五日　文部省へ建議案に關する運動の爲、委員一名出張す。

一、報告會
七月廿四日　於愛珠園參觀報告
十月廿四日　於愛珠園滿鮮視察報告
四月十八日　於愛珠園上京委員の報告

一、總集會
六月十三日　於中大江幼稚園會務報告、講演、其の他
一月十一日　於愛珠園新年總會

一、保姆養成講習會
九月廿八日　第三回保姆養成講習會修了式擧行、修了生二十六名。
十月一日より繼續第四回生を養成しつゝあり。

大阪市西區保育會（昭和四年度）

一、昭和四年六月二十四日　理事會を開會し昭和四年度豫算編制並に總集會を開催に關する打合をなしたり。

一、昭和四年六月二十九日　理事會を開會し常議員會に提出すべき昭和三年度決算書につき審議したり。

一、昭和四年六月二十九日　常議員會を開會し昭和四年度豫算及昭和三年度決算の議定並に承認を經たり。

一、昭和四年六月二十九日西六幼稚園に總集會を開催し會務並に會計に關する報告をなし更に役員改選を行ひたり。

一、昭和四年六月二十九日　總集會に次て講演會を開催し川原喜作氏の『アメリカ女性』の觀察談を聽きたり。

一、昭和四年九月二十日　加藤博士經營の大阪聾口話學校を見學したり。

一、昭和四年九月二十九日　植物採集を兼ね主として宇治川ライン地方に見學旅行をなしたり。

一、昭和四年十月二十一日より同二十五日まで五日間東江幼稚園に於て草加春陽氏を聘し粘土細工の講習をなしたり

西區保育會役員（昭和五年六月改選）

副會長　野本仁平氏

常議員　佐藤壽夫氏、鈴木よし氏、仁木正一氏、三宅キクノ氏、中山勘太郎氏、橋井和榮氏、竹田菊五郎氏
菅野タキ氏、武田晴夫氏、中林ウラ氏、青木仁作氏、
今村ヒロ氏、菅沼松彦氏、華岡文子氏、保田たか氏、
川原喜作氏、若井きみ氏、永井久胤氏、牛島トメヨ氏
稻葉俊治氏、仲梅の氏、山本源三郎氏、以上二三名

理事（常議員互選）
佐藤壽夫氏、稻葉俊治氏、菅野タキ氏、華岡文子氏、
今村ヒロ氏　以上五名

市保育會評議員（常議員互選）
中山勘太郎氏、保田たか氏、牛島トメヨ氏、以上三名
市保育會幹事（理事互選）
稻葉俊治氏、華岡文子氏、　以上二名

大阪市南區保育會（昭和四年度）

一、總　會

昭和四年六月十三日金甌尋常小學校に於て左記の通り春季總集會を開催す。

一、開會の辭　　二、君が代合唱
三、庶務會計の報告　　四、功勞者の表彰
五、閉會の辭
　　余　興

一、理事會、評議員會

五月二十日南區役所に於て昭和四年度歲入出豫算議決。

一、功勞者表彰調査委員會

五月二十三日南區役所に於て開會。

一、常議員會

本會事業遂行の爲、協議の必要上常議員會を開催すること八回。

五月三十日　於　道仁幼稚園
六月二十日　於　渥美幼稚園
六月二十九日　於　渥美幼稚園
九月十八日　於　桃園幼稚園
十月二十八日　於　金甌幼稚園
十一月八日　於　道仁幼稚園
一月十四日　於　道仁幼稚園
二月二十二日　於　御津幼稚園

一、研究發表

六月二十九日　渥美幼稚園「昭和四年度の努力點に就て」
九月十八日　桃園幼稚園「遊戲の實際」
十月二十八日　金甌幼稚園「保育細目並に同校園幼兒の口腔衛生の調査概况」
十一月二十九日　精華幼稚園「紙を主としての製作附商ひ遊」
十二月十四日　道仁幼稚園「幼兒と映畫及び劇觀覽に關する問題に就て」
二月二十二日　御津幼稚園「遊技に就て」

一、講習會

七月十五日より同十七日まで渥美小學校に於て大阪市立衛生試驗所長藤原九十郎先生の營養に關する諸問題及び日本割烹講習會長辻德光先生の辨當料理の講習。

一、幼兒デー

昭和四年十一月十九日奈良公園に於て幼兒デーを行ふ、前夜の雨も名殘りなく晴れて理想の秋日和に惠まれなが

ら集る者南區八園の幼兒保護者二千有餘人。

一、保育狀況視察（各幼稚園より一名づゝ參加）

六月十四日　京都府嵯峨園

十二月十一日　京都市生祥幼稚園

三月六日　神戸市、神戸、頌榮兩幼稚園

一、見　學

六月二十三日　武庫郡打出の三田谷治療學院の「母の爲の展覽會」を見學、各園保姆殆ど出席す。

十二月一日　南河内郡瀧谷龍泉寺方面へ紅葉狩蜜柑狩を催す。

一、關西聯合保育會

十月十七日　兵庫縣立第二高等女學校に於ける關西聯合保育會へ各園保姆全部出席す。

一、南區保育會研究報告第三號發行　六月三十日

大阪市浪速區保育會（昭和四年度）

一、春季總集會

昭和四年五月十一日午後二時より榮第一校大講堂に於て春季總集會を開く。會長の挨拶に次で常任幹事より會務の報告，功勞者の表彰あり。終つて曲藝，聲樂の餘興に移り午後五時過閉會す。出席者六百七十餘名。出席會員に文化人形、水鐵砲、鯉のぼりをお土産とし頒ち散會せり。

一、第四回幼稚園合同大遊戲會

昭和四年十一月四日大鐵藤井寺グラウンドに於て大遊戲會を擧行せり。會長の挨拶に次で各園順次に幼兒遊戲を行ふ。遊行列を終りて解散，園兒は滿山錦を織る樹々の間に嬉戲として歸路につく。參加者約七百名。

一、講　演　會

1、昭和四年十二月三日午後二時三十分より榮幼稚園に於て開く。「家庭敎育の要諦」てふ題目の下に淸水谷高等女學校長藤澤茂登一氏が長時間に亘り有益なる講演あり。

2、昭和五年三月十五日午後三時より難波元町幼稚園に於て開く。「幼兒保育に就て」てふ題目の下に大阪市視學齋藤先生が有益なる講演あり。

一、精神檢査法指導講習會

昭和四年五月八日より八回に亘り文部省囑託鈴木治太郎氏を講師として幼稚園に於ける幼兒精神檢査法指導講習會を開く、受講者延九十名。

一、見學旅行

1、昭和四年五月十日　長谷寺へ　全園職員參加

2、昭和五年三月十八日　砂川へ　同上

一、視　察　昭和四年六月十八日　甲南幼稚園へ　三田谷學園へ　同上

一、關西聯合保育會參加

秋季神戸市に於て開催せられたる關西聯合保育會に各園職員全員出席す。

一、其の他集會

評議員會　二回　幹事會　七回　常議員會　十五回

雜　録

神戸市保育會主催關西聯合保育會役員會狀況

昭和四年十二月十七日(火)午前十時三十分より神戸市下山手通六丁目海運倶樂部に於て同役員會を開催し市町村立幼稚園保姆待遇改善に關する建議の件並に關西聯合保育會規約改正の件等に就き協議した。其の結果は左の通りである。

一、市町村立幼稚園保姆待遇改善に關し其の筋に建議するの件

イ、建議書提出の件

右に就ては昭和五年一月十日頃神戸市保育會幹事安井八十二氏が上京し文部當局に提出することゝなつた。

ロ、建議委員上京の件

右に就ては各市保育會より一名以上の委員が上京し五市相提携して文部當局其の他に對し促進運動を行ふことゝなり其の期日、方法等の決定は神戸市保育會に一任することゝなつた。

二、關西聯合保育會規約中一部改正の件

イ、規約第二條中「幼稚園教育」とあるを「幼兒教育」と改正するの件

ロ、規約第五條中「二名宛」とあるを「二名以上」と改正するの件

右は何れも原案を可決し昭和五年度開催の關西聯合保育會に附議することゝなつた。

三、其の他諸申合事項

イ、關西聯合保育會役員會開催の件

右役員會の開催に就ては從來大阪市保育會が一手に之を引受けてゐたのであるが將來は關西聯合保育會開催當番市が當該年度中同役員會の開催を引受けることに申合せた。

ロ、規約中に記載事項並に其の他諸申合事項勵行の件

右は各市保育會の聯絡上又會務進行上成るべく勵行する樣申合せた。

各市保育會より出席した役員は左の通りである。(順序不同)

大　阪　長野隆義氏、稲葉むめ氏
京　都　山岡鶴氏
名古屋　加藤しやう氏、石田馥氏
吉　備　片岡定四郎氏、岡政氏、折井澍留技氏
神　戸　末正久左衛門氏、横尾繁六氏、安井八十二氏、

望月クニ氏、山崎ときの氏

市町村立幼稚園保姆待遇改善に關する建議書提出の件

昭和四年十月十七日神戸市保育會主催の下に開催の第三十六回關西聯合保育會に於て決議した市町村立幼稚園保姆の恩給年功加俸、俸給等待遇改善に關する建議に就ては其の後神戸市保育會が右に關する建議書を作製し關西聯合保育會を代表して昭和五年一月八日付文部大臣に提出した。提出された建議書は左の通りである。（本件に就ては前記の第三十六回關西聯合保育會記事參照）

建議書

別紙恩給法中改正の件は前年本會より建議仕り候次第に有之候處此は洵に幼稚園教育普及發達上特に喫緊の事項なりと相認め候間冀くは速に御實施相成候樣法令改正方御取計被成下度第三十六回本會總會の決議に基き此段及建議候也

昭和五年一月八日

關西聯合保育會代表
神戸市保育會長　末正久左衛門

文部大臣　田中隆三殿

建議事項

一、恩給法第九十九條第二項を削除せられ度き事

恩給法は准教職員の勤續年數をも一定の條件の下に恩給年限に加算するを本則とす（第四十二條第四項）然れども第九十九條第二項に於て「當分の內之を認めず」との規定あるを以て幼稚園令施行前の保姆（准教職員）は其後教職員の資格を得勤續するも從前の勤續年數は全然通算せられざるの結果となり甚しく不合理の嫌あるのみならず延いては幼稚園教育發展上遺憾尠からざるを以て速に恩給法第九十九條第二項の削除されんことを望む之れ本事項を建議する所以なり。

建議書

別紙市町村立幼稚園保姆及び園長年功加俸の制新設の件は前年本會より建議仕候次第に有之候處此は洵に幼稚園教育普及發達上特に喫緊の事項なりと相認め候間冀くは速に御實施相成候樣法令制定方御取計被成下度第三十六回本會總會の決議に基き此段及建議候也

昭和五年一月八日

關西聯合保育會代表
神戸市保育會長　末正久左衛門

文部大臣　田中隆三殿

建議事項

一、市町村立幼稚園保姆及び園長年功加俸制を新に設けられたき事

現今小學校教員は勿論公立學校職員に對しては年功加俸の制あるに拘らず、獨り市町村立幼稚園職員に對して此の制なく小學校教員並に師範學校附屬幼稚園保姆に比し

著しく恩典を均しくせざる怨あるのみならず他の教職員等より市町村立幼稚園保姆として轉勤せんとするものを阻止し人材を得るの途を妨ぐる等幼稚園教育發達上支障大なるものあり。之れ本制の速に設けられんことを希望する所以なり。

建　議　書

別紙幼稚園令施行規則中改正の件は前年本會より建議仕候次第に有之候處此は洵に幼稚園教育普及發達上特に喫緊の事項なりと相認め候間冀くは速に御實施相成候樣法令改正方御取計被成下度第三十六回本會總會の決議に基き此段及建議候也

昭和五年一月八日

關西聯合保育會代表
神戸市保育會長　末正久左衛門

文部大臣　田中隆三殿

建　議　事　項

一、幼稚園令施行規則第十六條但書を左の通り改められ度き事「但月俸額ニ付テハ園長及保姆ハ本科正教員ニ準ス」

現行法規は保姆の月俸額を專科正教員に準ずとなせるを以て本科正教員よりも低級なるものなりとの誤解を招く嫌あり。幼稚園令施行規則の定むる所、保姆の資格內容たるや少くも尋常本科正教員と同等以上なるに對し特に保姆の月俸額を專科正教員と同額ならしむることは甚しく均衡を缺けるのみならず、大都市幼稚園保姆資格の實狀たるや文部省教員免許狀所有者並に小學校本科正教員有資格者の漸次增加しつゝある現況に鑑み速に保姆の待遇を改むるの必要ありと認むる所以なり。

……………………………

市町村立幼稚園保姆待遇改善に關する建議委員上京の概況

市町村立幼稚園保姆待遇改善に關する建議の件に就ては豫てより文書に依る建議を重ねて來たのであるが第三十六回關西聯合保育會に於て書面建議の外に更に實行運動をなす事を特に決議し其の後昭和四年十二月十七日神戸市保育會主催の下に開催の關西聯合保育會役員會に於て本件促進運動に關する諸般の實行方法に就き種々協議の結果各市保育會より建議委員が上京し五市提携文部當局に當る外有力關係者を歷訪して目的の貫徹を期する旨打合を了したがいよ〳〵昭和五年三月二十五日午前九時を期して各市保育會の委員は東京神田一ツ橋帝國教育會館に集合東京側の野口援太郎氏、土川五郎氏、田中三郎氏、小川園次郎氏、千葉ひで氏の應援を得て先づ同館理事室に於て更に議を凝らし大体の豫定と方針を定め即日豫定の行動に移つた。即ち三月二十五日(午後一時半)同月二十九日(午前十時)の前後二回に亘り文部省の篠原局長、森岡督學官、小笠原課長、山桝囑託、船越氏をはじめ其の他有力

關係者に會見して本件建議の理由、趣意等に就き詳に陳情、極力當局の熟考を促したが、これより先田中文部大臣に會見すべく種々奔走の結果兵庫縣教育會頭平生釟三郎氏の盡力により三月二十九日午前九時官邸に文部大臣を訪問した。文部大臣は頗る打解けた態度を以て委員等を御引見、快く建議の内容と説明を聽取せられ、待遇上に不合理の點あらば調査の上充分の考慮を拂ふべき旨を述べられ一同は滿足して退邸したが、委員中の望月クニ、山崎ときの兩氏は更に文部大臣夫人を訪問せんものと三月二十八日、二十九日の兩度に亘り夫人のお出先及び私邸を訪問、面接を得て建議事項に就き詳細説明の上本建議の目的達成の爲に御援助ありたき旨を懇請し一方各委員に於ては各自に手蔓を求めてそれ〲關係諸方面を歴訪する等百方全力を盡して目的達成に奔走した。

上京委員は正式陳情の外に更に文部當局の關係官と懇談せんものと三月廿九日夕、帝國教育會館に關係者を招待して晩餐會を催した。出席者は山桝氏、清水氏の兩氏のみであつたが各委員は其の席上に於て詳に最後の陳情を試み午後九時散會引續き各委員は更に第二次の實行運動に關して協議打合をなすところがあつた。是を以て本件建議に關する促進運動を一先づ打切り各委員は建議委員としての責任を果して各自歸路に就いた。

各市より上京した建議委員は左の十一名で名古屋市の委員は遺憾ながら一名も見えなかつた。

建議委員氏名

神戸市　安井八十二氏、望月クニ氏、山崎ときの氏

大阪市　大道輝氏、藤本ツヤ氏

京都市　早川喜四郎氏、池野藤太郎氏、山岡鶴氏

吉　備　折井彌留枝氏、佐々てつ氏

外に仙臺の橋本よしお氏

……………………………………

大阪市保育會主催關西聯合保育會役員會狀況

昭和五年四月十三日(日)午前十時より大阪市東區久寶幼稚園に於て同役員會を開催し市町村立幼稚園保姆待遇改善促進に關する件並に關西聯合保育會規約中一部改正の件等に就き協議した。其の結果は左の通りである。

一、市町村立幼稚園保姆待遇改善促進に關する件

一、全國保育大會開催の件

右の開催に就ては各市保育會の建議委員が滯京中協議の上取極めたもので同會には各府縣より關係者が出席し幼兒教育に關する各種各般の問題を研究討議し我が國幼稚園教育の進展向上を圖らうと云ふのが目的で帝國教育會に同會の主催方を依賴することとなつた。尙經費の一部分は關西聯合保育會が負擔し開催期日を昭和五年六月上旬或は八月と定め開催に關する依賴交渉

等は大阪市保育會に一任することゝなつた。

二、關西聯合保育會規約中一部改正の件

一、規約第七條中「六箇月前」とあるを「三箇月前」と改正するの件

右は原案を可決し昭和五年度開催の關西聯合保育會に附議することゝなつた。

三、關西聯合保育會提出問題制限に關する申合事項

一、提出問題

毎年各市保育會より提出する問題數には特別の制限なく多きに失するときは時間の關係上充分の研究をなし得ない遺憾があるので提出問題數に制限を附することとした。即ち從來の慣例を改め提出問題が協議研究談話題並に研究發表等何れに屬するものを問はず一市の提出數を二題とし主催者に於て何れか一題を適宜選擇採用することとし問題には1、2、の順位を附して提出するやう申合せた。

二、交換遊戯

交換遊戯は一市に付二題以内とし二題以上を提出しない事に申合せた。

四、其の他申合事項

從來關西聯合保育會開催の際有志者より物品の寄贈を受け之を會場に於て出席會員等に「みやげ」として配布する慣習があつたが今後は是を廢止することに申合せた。

各市保育會より出席した役員は左の通りである。（順序不同）

京都　山崎鶴氏、池野藤太郎氏、小幡小長氏
吉備　片岡定四郎氏、折井彌留枝氏、高原さら氏
名古屋　加藤しやう氏、石田馥氏
神戸　望月クニ氏
大阪　細川義方氏、齋藤藤吉氏、川崎貞一氏、長野隆義氏
藤本ツギ氏、廣瀬セイ氏、橋井和榮氏、大道輝氏、
沼田暉子氏、重田定治氏

關西聯合保育會規約

（昭和三年一月二十八日改正）

第一條　本會ハ關西聯合保育會ト稱ス

第二條　本會ハ幼稚園教育ニ關スル各般ノ事項ヲ研究シ幼稚園教育ノ普及進展ヲ期スルヲ以テ目的トス

第三條　本會ハ關西各地ニ於ケル保育會又ハ之ニ類スル團體ノ聯合ヲ以テ組織ス

第四條　本會ハ毎年一回京、阪、神三市ニ於テ交番ニ之ヲ開ク
但シ時宜ニ依リ京阪神以外ノ保育會所在地ニ於テモ之ヲ開クコトアルベシ

第五條　必要ニ應シ各會ニ名宛役員ヲ出シテ聯合保育會役員會ヲ開ク
但シ其ノ場所期日等ハ其ノ都度協議ノ上之ヲ定ム

第六條　聯合保育會ヲ代表セル文書ニハ當番市ノ會長（會長ヲ置カサル市ニアリテハ主任役員）署名捺印ス

但シ建議書ニ關スル署名方法ハ其ノ都度協議決定ス

第七條　會場會日及開會ノ順序等ハ當番市ニ於テ之ヲ定メ研究題ハ六箇月前協議題ハ三十日前會場其ノ他ハ十日前ニ之ヲ他ノ會ニ通知スルモノトス

第八條　會議ノ議長及會務ノ整理ハ當番市ノ役員之ヲ擔當ス

第九條　聯合會開會ニツキテノ費用ハ當番市ノ負擔トス

第十條　本會ノ目的ヲ達センカタメニ毎年一回雜誌ヲ發行ス之ヲ關西聯合保育會雜誌ト稱ス

第十一條　雜誌ハ實費ヲ以テ會員ニ需要ノ部數ヲ配布ス

第十二條　本會ニ必要ナル内規ハ役員會ニ於テ之ヲ定ム

内　規

1、規約第三條ニ依ル本會加入ノ保育團体ハ京都市保育會、大阪市保育會、神戸市保育會、名古屋市保育會吉備保育會ノ五トス

2、新ニ本會ニ加入セントスル團体ハ役員會ノ承認ヲ得タル後本會ノ決議ヲ經ルモノトス

3、聯合各會ハ聯合會ニ於テ決議セシ調査事項ニ對シ責任ヲ有スヘキコト

4、各會役員ノ交代分擔ノ變更ハ其ノ都度聯合各會ニ通告スルコト

5、會務ニ關スル往復書類ハ當該會名ヲ以テ庶務擔當ノ役員ニ向ケ發送スルコト

6、雜誌編纂印刷等ハ當分大阪市保育會之ヲ擔當ス

（會名改稱年月日　昭和二年十一月二十三日）
（規約改正年月日　昭和三年一月二十八日）

大阪市保育會々則　（昭和六年十月二十一日改正）

第一章　目　的

第一條　本會ハ保育ニ關スル事項ヲ研究調査シ其ノ發達上進ヲ圖ルヲ以テ目的トス

第二章　名稱及事務所

第二條　本會ハ大阪市保育會ト稱シ事務所ヲ大阪市役所教育部内ニ置ク

第三章　組織及會員

第三條　本會ハ左ノ各區保育會ノ聯合ヨリ成リ各區保育會員ハ當然本會ノ會員トス

一、大阪市北區保育會
二、大阪市此花區保育會
三、大阪市東區保育會
四、大阪市西區保育會
五、大阪市南區保育會
六、大阪市浪速區保育會

第四條　大阪市保育事業ニ功勞アリ若ハ本會ニ裨益ヲ與フル者ヲ本會名譽會員トス
名譽會員ハ本會役員會ノ決議ニ依リ之ヲ推薦スルモノトス

第五條　本會ノ事業ニ贊同シ會費年額金壹圓ヲ納ムル者ヲ本會贊成會員トス

第六條　贊成會員タラントスル者ハ會長ニ入會ヲ屆出テ毎年五月末日迄ニ當該年度會費ヲ納ムルモノトス
贊成會員中途退會スルモ既納會費ハ之ヲ返還セズ

第七條　贊成會員ハ本會ノ刊行スル雜誌ノ無料配布ヲ受クルモノトス

第四章　事業

第八條　本會ハ第一條ノ目的ヲ達スル爲左ノ事業ヲ行フ但シ他ノ保育會ト聯絡スルコトアルベシ
一、保育ニ關スル諸問題ノ研究調査
一、保育ニ關スル講習會、講演會等ノ開催
一、保育ニ關スル視察
一、雜誌ノ刊行
一、其ノ他役員會ニ於テ必要ト認ムル事業

第五章　役員

第九條　本會ニ左ノ役員ヲ置ク
會長　一名
副會長　一名
幹事長　一名
幹事　若干名
評議員　若干名

第十條　會長ニハ大阪市長ヲ推戴シ副會長ニハ大阪市教育部長ヲ推擧ス

第十一條　幹事長ハ大阪市學事關係者ヨリ會長之ヲ指名ス

第十二條　幹事一名ハ會長ノ指名トシ其ノ他ハ各區保育會ヨリ二名宛ヲ選出ス其ノ任期ハ區選出幹事ハ其ノ區保育會ノ任期ニ依リ會長指名幹事ハ貳個年トス

第十三條　評議員ハ各區保育會々員中ヨリ三名宛ヲ選出シ其ノ任期ヲ貳個年トス
但シ會長ハ必要ニ應シ評議員若干名ヲ囑託スルコトアルヘシ

第十四條　幹事評議員ニ缺員ヲ生シタルトキハ隨時之ヲ補充スルモノトス補缺ニカカル者ハ其ノ前任者ノ任期ヲ繼クモノトス

第十五條　役員ノ任務ヲ定ムルコト左ノ如シ
一、會長ハ本會ヲ代表シ會務ヲ整理シ議事アルトキハ議長トナル
一、副會長ハ會長ヲ輔佐シ會長事故アルトキハ其ノ職務ヲ代理ス

一、幹事長ハ會長副會長ヲ輔佐シ會長副會長事故アルトキハ會長ノ事務ヲ代理ス
一、幹事ハ會務ヲ分掌ス
一、評議員ハ本會ノ重要ナル事項ノ協議ニ參與ス
第十六條　幹事評議員ハ任期滿了スルモ後任者決定スルマテ其ノ職務ヲ行フモノトス

第六章　集　會

第十七條　本會ハ毎年春季及秋季ノ總集會ヲ開ク
但シ必要ニ應シ臨時總集會ヲ開クコトアルヘシ
第十八條　總集會ニ提出スヘキ事項ハ會長之ヲ定ム
第十九條　幹事會評議員會及其ノ他ノ諸會合ハ必要ニ應シ隨時之ヲ開ク
第二十條　議事ハ出席者ノ過半數ヲ以テ之ヲ決シ可否同數ナルトキハ議長ノ決スル所ニ依ル

第七章　會　計

第二十一條　本會ノ經費ハ左ニ揭クルモノヲ以テ之ヲ支辨ス
一、各區保育會ノ負擔金
一、贊成會員會費
一、補助金寄附金
一、其ノ他ノ雜收入
第二十二條　本會聯合ノ各區保育會ハ本會ノ經費負擔金トシテ毎年金五拾圓ヲ納ムルモノトス
第二十三條　本會ニ於テ毎年一回刊行ノ雜誌ハ實費ヲ以テ各會員ニ配布ス
第二十四條　本會ノ會計年度ハ毎年四月一日ニ始マリ翌年三月三十一日ニ終ル
第二十五條　本會ノ豫算及決算ハ評議員會ノ認定ヲ經ルモノトス
第二十六條　本會ノ豫算決算及庶務ニ關シテハ毎年春季總集會ニ報告スルモノトス

第八章　附　則

第二十七條　本會則ノ變更ハ總集會ノ決議ヲ經ルモノトス
第二十八條　本會則施行ニ必要ナル細則ハ會長別ニ之ヲ定ム

以　上

昭和五年十月七日印刷
昭和五年十月十日發行　（非賣品）

關西聯合保育會

大阪市西區江戸堀下通二丁目
印刷人　釘澤　孝
大阪市西區江戸堀下通二丁目
印刷所　三正堂印刷部
電話土佐堀五九四三番

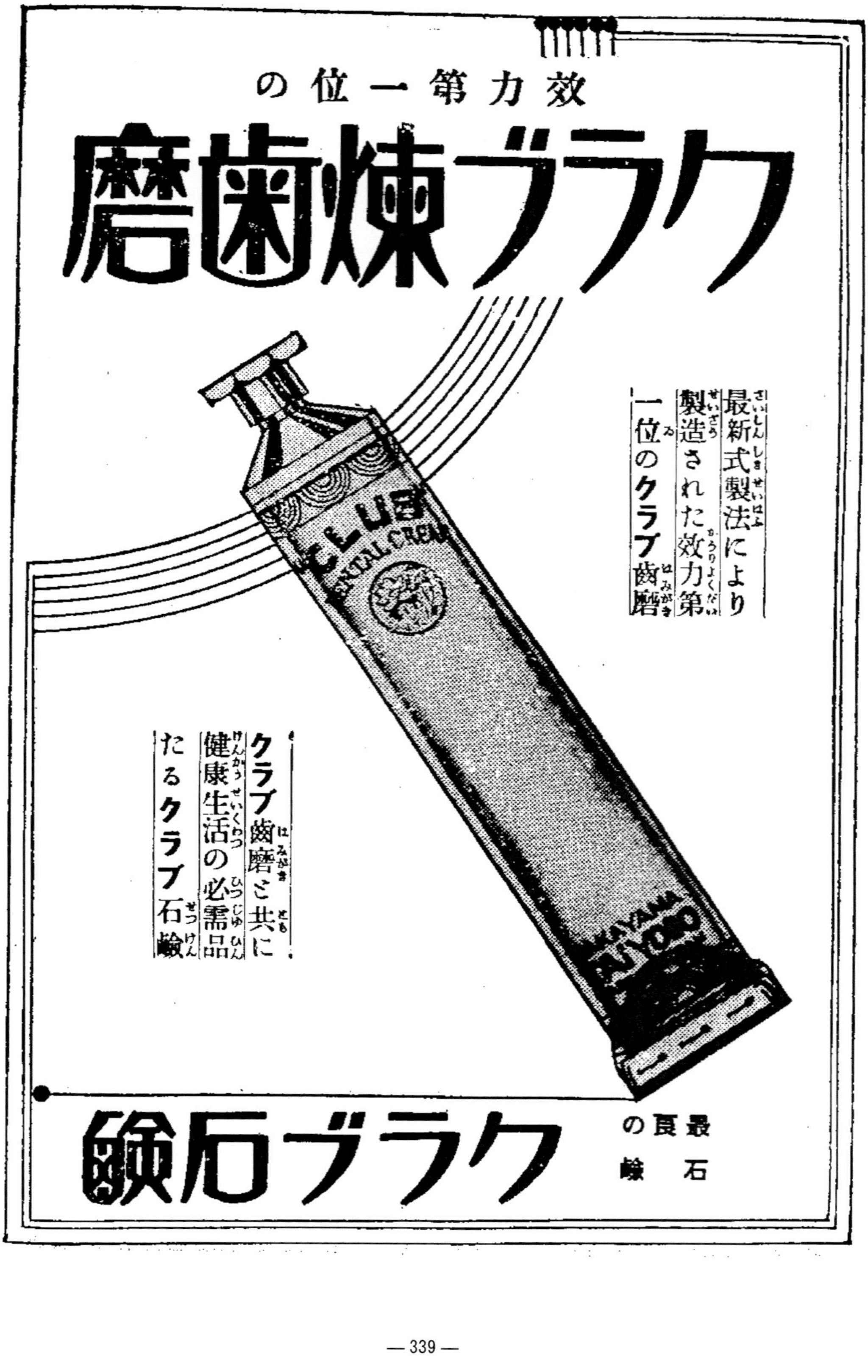
效力第一位の
クラブ煉歯磨
最新式《さいしんしき》製法《せいはふ》により製造《せいざう》された効力《かうりよく》第《だい》一位《ゐ》のクラブ歯磨《はみがき》
CLUB DENTAL CREAM
NAKAYAMA TAIYODO
クラブ歯磨《はみがき》と共《とも》に健康《けんかう》生活《せいくわつ》の必需品《ひつじゆひん》たるクラブ石鹸《せつけん》
クラブ石鹸
最良の石鹸

関西連合保育会雑誌　第五四号

關西聯合

保育會雜誌

第五十四號

昭和七年七月

鶏のお世話
（大阪女師附屬幼稚園）

可愛い兵隊さん
（大阪女師附屬幼稚園）

運動場でのお話
（京都永觀堂幼稚園）

お城が出來た
（大阪市立道仁幼稚園）

關西聯合保育會雜誌第五十四號目次

口繪

學藝論說

大會記事

研究發表

五市保育會彙報

雜　録

學藝論說

京都永観堂幼稚園の實況

京都　永観堂幼稚園

緒言

二月十二日大阪朝日に、山田耕作氏が「幼稚園は是か非か、ウント遊ばせる方針』の見出しで、發表された御意見の中に『私は子供を幼稚園にやらない、それは兒童を早目に智識的な方面に向けて見る必要がないと思ふからだ、母に子供を見る暇があるならば、兒童の性質をもつとよく知つた母が指導し、傍家庭生活の眞髓を知らせた方がいゝ、六七歳の兒童は一にも二にも『體育第一』でなければならない、それも比較的自由に遊べる住宅區から市街地のごみ〳〵した幼稚園に女中をつけて送り屆けするなどは愚の骨頂だと思ふ云々』の事項がある。これは恐らく從來の幼稚園の弊害を指摘されたので、これと同樣の意見を抱く方は獨り山田耕作氏のみではないと思ふ。

抑も保育事業の現況に鑑みる時は、將來益々之が普及と發達を企圖せねばならぬと共に、父兄が幼稚園は人間一生の基本教育をする處で所謂『三ツ子の魂は百まで』の諺をよく〳〵味ひ、幼稚園の必要を充分に理解されねばならぬ時代に於て、斯の如き實際的の御意見を聞くことは、保育に從事する吾々共は、山田耕作氏に對し、大に感謝の意を表さねばならぬと思ふ。今日保育の現狀が、世間から斯の如き非難を聞く樣になつた原因は何れにあるか、吾々共はよく〳〵研究して、其の原因を排除し、以て幼稚園令第一條に示せる

『幼稚園ハ園兒ヲ保育シテ其ノ心身ヲ健全ニ發達セシメ善良ナル性情ヲ涵養シ家庭教育ヲ補フヲ以テ目的トス』

の目的を達成するの覺悟と決心が必要である。

然らば其原因は何れにあるかと云へば、種々あるであらうが、保育主腦者の多くが片手間式で眞劍味に乏しいのと、その基礎が薄弱なるため、施設に缺陷が少くないのとが、その一つの重なる原因ではないかと思ふ。

保育に關する施設の實際を見るに、保育室や遊戯室などは、相當に留意してあるも、必要なる運動場などの施設には周圍の關係その他の事情で、充分なる地域を得る事が出來なかつたゝめ、幼兒が室外で充分日光に浴し、數時間の間樂しく飽かず思ふ存分に遊び得る丈けの、變化に富んだ運動場其他の施設を有し、所謂『キンダーガーデン』の名に對し、充分にして必要なる條件を具備せる處は甚だ少い樣である。斯の如き施設の許に保育を餘儀なくされてきたから、保育の直接當事者は、種々保育方の研究に苦心し、以て施設の不備な點の補足に努力したのに拘らず、室内保育に制せられ、已むなく準小學校式の保育に流れ、遂に今日色々の非難の聲を聞くに至つたのだと思ふ。

次に聊か當園の實況を述べ、將來保育の眞の目的を達成し得る樣、先輩各位のお指導を賜らん事を懇願して止まない次第である。

一、沿革の大要

永觀堂幼稚園は、昭和五年七月下旬、現園長牛島隆則氏主唱の許に、禪林婦人會の事業として、洛東紅葉の勝地たる永觀堂境内の一部に昭和五年八月一日設置申請、同月六日設置認可、大正天皇御大典の御下賜建物（朝拜殿）を再建し、同年九月十日定員六十名を以て開園す。翌六年三月園舍增築に着手し、同年五月增築完成、定員を百二十名に增員し、同年七、八月に亘り夏期林間學園を開催す。

同六年三月第一回修了兒保護者の發意にて保護者を中心とする楓園會を組織せり。

同年四月より自動車通園の途を開き、同七年四月より通園範圍を京都全市に擴張する事にせり。

同六年三月第一回修了兒二十八名を出し、同七年三月に第二回修了兒約六十名を出す事になれり。

二、設備の大要

敷地約千五百余坪と建物約百八十余坪を有し、其大要を示せば

其一、建　物

(イ)、講堂（遊戯室）は朝拜殿を應用し、一側中央に奉安室あり、其西側に附屬室を有し、四十九坪

(ロ)、保育室は東西の二室にて、天上高く採光充分にして、二十四坪

(ハ)、娯樂室は屋根の半部は硝子張り、周圍は全部硝子窓にて、日當よく採光充分にて、全部疊敷約二十一坪

(ニ)、救護室は南面の日當よき、六疊と三疊の二間を有し、其他押入廊下の外に、特に浴室を附屬せり

(ホ)、うがい設備は娯樂室に近く、裝置には意を用ひ居れり

(ヘ)、其他の附屬室として、應接室、園長室、保姆室、同附屬室、湯沸室、便所（一）、倉庫、外に小使の住宅及び附添人控室を有し、廊下は特に留意して九尺と七尺に設計せり。

其二、保育設備

運動場は南、東、北の三ケ所を有し、南運動場は冬期に、北運動場は夏期に、東運動場は四季を通じて適當なり、

(イ)、南運動場は、日當りよく東西に長く、緩なる自然の傾斜をなし、小山あり、小川あり、『プール』あり、芝生あり、花壇あり、樹木は紅葉、櫻つゝぢ、の外に運動場の東北部の高處には椎、樫、椋等の巨木が群立せり、此處には登枠や『ブランコ』等を設置す。

(ロ)、東運動場は南運動場に接續する平坦地で、東側は急斜面で、其斜面には、數百年の樹齢を有する種々の巨木の間に紅葉が點在し、秋などは何とも云へない景色である、運動場の東北の隅には、蔦の瀧ありて、其水は小川となりて、運動場を横ぎり、下流は大きな放生池となり、この瀧や、その流の小川は、夏期に於ける幼兒の唯一の友達である。

此處には大滑臺、大ブランコ、大砂場、固定シーソー、遊動シーソー、等の外に兎の家と水族館（三）を有す

（ハ）、北運動場は檜林に樫、紅葉等を混じたる森林の部にして、緩なる斜面をなし、其西側には祭の瀧の流れを控へ、この流れを利用して自然の『プール』を設備し、夏期に於ては幼兒の唯一の遊び場として賞用されて居る。

（ニ）、東運動場と園舎との間は、長さ數間余の適度の斜阪を以て連絡し幼兒はこの斜阪の昇り降りが、唯一の樂しみの樣に見える。專用運動場としては以上の通り定め居るも、其外境内の廣き場所は何れも自由に幼兒の運動をなし得る處である

（ホ）、朝拜殿の東側には、南運動場の小川の水を利用して、『プール』を設け、此のプールの北側には、粘土作業場並に木工作業場を有す。

（ヘ）、朝拜殿の玄關の正面には長さ四間余幅二間余高さ一間余の大鳥籠を設け、其中には祭の瀧の流れを引き込み、幾多の鳥は自由に飲み自由に水たゝきして、遊んで居るさまを見て幼兒は樂んで居る。

三、保育の主義

健康第一主義の許に、室外自由遊戲を奬勵し、以て心身の健全なる發達を圖り、知恩報德の大道に準由し、一に聖勅懿旨を奉體し、本山境内の環境を利用し、信仰心の萠芽を培養し、善良なる習慣を涵養し、以て人間一生の基本教育の實蹟を擧げる事を主義とす

四、日常保育の大要

本園は雨天其他特種の場合の外は常に室外保育を採用す。日常行事の大要を示せば次の如し。

A、午前十時の朝禮迄は室外で自由遊戲

B、午前十時朝拜殿にて、君が代合唱、御眞影に對し最敬禮、勅語捧讀（式、祭日、其他など ある時に行ふ）して、朝禮を行ひ、其跡で屢々お話をなす。

C、朝禮後室外で自由遊戲

D、晝食（娯樂室で園長以下會食す）には『箸とらば天地御代の御恵み、父母や師匠の恩を味へ』の歌を合唱し、終り頃蓄音器を奏す。

E、食後うがい場にて、口腔のうがいを行ひ、食器類の始末をして後、室外で自由遊戯。

F、午後二時お歸りの朝拜殿で式を行ひ、歸りの用意を整へ、自動車通園の園兒は園庭に待ち居る自動車にて退園す。

G、雨天其他特別の場合には、保育室にて保育を行ふ。

H、毎月二日、二十五日には、全員禪林寺本山に參詣し、本堂に於て、大西管長猊下讀經後、一場のお訓話を拜聽す

I、毎月數回東山登りを行ふ。

五、自動車通園の大要

京都市社會教育課の調査によれば、京都市の兒童の健康狀態は、發育中等以下が頗る多く、決して安心すべき狀態ではないとの事である、又市街地内の保育の施設狀態は、幼兒の健康を增進せしむるには、遺憾の點が少くない樣である、一方幼兒の健康增進と云ふ事は、一刻も等閑に附すべき者でない、依て健康增進に適する、永觀堂境内の環境を、親しく市内の幼兒にも味はしめ、以て心身の健全なる發達に對し、幾分にても貢獻し度き觀念の許に、昨年四月より、或る範圍に限り、自動車通園の途を開いた、處が其後遠距離より通園の申込み少なからざるを以て、本年四月より其範圍を全市に擴張し、左の六班に區分し、各班毎に擔任自動車一輛以上を配置し、萬遺漏なき事に準備せり。

左京班	上京班	中京班
下京班	東山班	山科班

六、夏期林間學園

昨年七月二十二日より八月十三日迄、園兒を中心として之に小學校幼學年生を交へ、總員八十餘名にて、本園內に於て夏期林間學園を試みたり。市內約二十有餘の小學校より集まり、早朝から午後四時迄、永き時間の立つのも打ち忘れ、一同仲よく樂

しく何等の故障もなく、幾多の參考材料を得たのである、遠距離の兒童は、自動車通園の便を與へ、約百有餘の運搬に毎日數台の自動車を使用した、（夏期林間學園の詳しい記事は昨年十月號の幼兒教育を參照）

本年も昨年同樣七月二十二日より約三週間實施の豫定である。

七、本園の職員並に關係者

本園の職員並に關係者は左の通り

園主	禪林寺管長 禪林婦人會總裁	大西玄光
園長	陸軍砲兵大佐 正五位、勳三等	牛島隆則
保姆主任		鶴田しづゑ
同		外參名
園醫	富田病院副院長	富田房子
保育顧問	京都帝大教授、正四位 勳二等文學博士	小西重直
齒科顧問	府立醫大教授、齒科部長 正五位醫學博士	本永七三郎
保健顧問	岡野小兒科病院長	岡部理吉
顧問	富田病院長 醫學博士	富田精
同		田中博
同		六鹿清治
同		白波瀨季次郎

相談役　第三錦林尋常高等小學校長　山田慶太郎

幹事　禪林婦人會主事 養源寺住職　五十嵐準良

同　禪林婦人會幹事　藤田歌子

同　同　竹内千代子

本園の大要は以上の通りにして、創立淺く目下内容の充實と共に幼兒將來の幸福を增進せしむる事に努力し居れり。

將來本園の附帶事業として施設すべき事項は、幼兒健康相談、虛弱幼兒の保護施設、兒童圖書館、兒童藝術館の外に小中學校の機關を附設し、以て永觀堂學園の完成を期し度き希望を有す。

要之京都市は周圍に、他の都市の思ひもよらね、幾多由緒ある環境の地域を有しながら、大切な幼兒保育の諸施設を、市街内のごみ〳〵した、遊び場もない樣な狹隘なる處に設けたのは、今日から考へると、寒心に堪へないのである、依て將來保育事業の重要なる意義を一般に普及徹底せしむる方法を講ずると共に、郊外の環境よき健康地を選定し、充分なる遊び場と之に農園を附設し以て、一種の樂園地たらしめ得る幾多の施設をなし、幼兒は便利な交通機關の助けにより、尤も安全に附添もなく通園せしめ、せめて幼稚園時代なりとも、伸び〳〵した生活を與へ、以て人間一生の基礎的保育を施してやりたいのである。

（昭和七、二、二〇）

美しい、子供の生活

大阪府女子師範附屬幼稚園保姆　清水桔梗

起きて喰べて、遊んで喰べて、寢て起きて、子供の生活はまことに、單純なものである。素朴なものである。

しかし、その單純な生活から、私達が反省を促され、敎へられることが、ほんとに多い。

赤裸々な子供の本性そのまゝを表現としての、遊びの種々想を、こゝに記述して見る事としよう。

▽

梅も散り、山茶花も散つて、青楚な山櫻が幼稚園のお庭を美しく飾つて居た頃の事。

毎日の樣に子供達は、散り敷いた花瓣を拾ひ集めて、飯事遊びを續けて居た。

『飯事しようか』

「お家事しようか』

と、

集まつた同志の面々は、先づ遊びに先立つて、役割をきめる。

『私がお母さんよ』

『私はお姉さんね』

『私はお女中さんよ』

『私も女中さんになりたいワ』

『僕お父さんよ』

『僕は兄さん』

『私は赤ちやんね』

中にはブルドックもあれば、兎も居る。馬になる男の子供も中々に澤山。

『お父さんこ、お兄さんは、會社へ行つていらつしい。』

『いや、今日はお休みだから兎狩りに行つて來るよ。』

『早く歸つていらつしい。』

『姉さん、赤ちやんを動物園へ、つれてつてあげなさいね。』

お母様は、餘程忙しさう。夕方になつたらしい。お父様も、お兄様も、子供達をつれたお姉さんも、皆お家をさして歸つて來る

『さあ、御馳走をおあがんなさい。お風呂は、よし〳〵赤ちやんは母様がいれてあげようね、おや、もう八時よ、皆でねんねしませう。』

と、夕食の後始末もそこ〳〵に、やはらかい春風に髮なぶられ乍ら、筵の上に、子供達はごろ〳〵と眠つて居る。抱きあつた母様と赤坊、頭を重ねあつた兄さんと姉さん、何かひそ〳〵話して居る樣な女中さんとお父さん、性的差異の明かでない幼兒の世界なればこそ、とは云ひ乍ら、何といふ美しい男女の世界であらう。

幼稚園での、この生活をそのまゝに延長された、附屬小學校の子供達の生活は、多少物しる頃になつても如何にも無邪氣に淸く、そして、親しく、つゞけられてゐる。そのまゝで中等學校、高等學校への生活が、續けられるのであつたら、汚らはしい風紀問題に私達が、眉をひそめる樣な事は、恐らくなからうに。

人間同志としての、美しいお互ひの交りに、性的區別をつけ、特殊な意味づけをして、却つて純潔な人を墮落せしめる事がある。

私は思ふ。ひたすら人間としてより高く、より完全に、生きん爲に、求道者として永遠の旅をつゞけねばならぬ。人間が性を超越して、お互ひに相より相助けて、生活出來るのであつたら、如何に人世は幸福であらうと。

▽

『大きな山を作らう』

こゝ、砂場に陣取つた男の子の一群。

『ヨイサ』

『ヨイサ』

の、かけ聲も勇ましく、忽ち大きな山が作られた。

『もういゝ、たゝけ』

と、リーダーの命令一下、スコツプの上げ下げも賑やかに、やはらかい砂はかためられて行く。

『トンネルにしよう』

と、誰かゞ云ひ出したのか、今度は皆が勢よく穴をあけ出した。苦心慘憺、やつとトンネルが出來た。

『さあ、レールをつけて』

今度は軌道工事、砂場中隈なくレールがしきつめられた。煉瓦型の木片を持つた子供達は、早速電車の運轉に取りかゝる。西に、東に、南に、北に、その活動はすさまじいもの、南行きと北行きの電車がトンネルの中で衝突した。

『僕が先や』

『いや、僕や』

押し問答しばし、結果は如何にと思ふ間もなく、北行きの運轉手は持つた電車で相手の頭をゴツンとやつた。

『何つ』

と、云はぬ許りに、こちらも亦、砂だらけの手でピツシヤリと相手をたゝいた。泣き聲は同時に起つた。

『どちらも怪我をなさらなくてよろしいでしたね。違つたレールをお通りになるとよかつたのに、一度お手を洗つて來ませう』

と、云へば、二人はにらみ合ひ乍ら手を洗ひに行く。二人の手を丹念に拭いてやり乍ら、

『どちらも惡かつたのね。自分がさきに通らうとなさるから、それにたゝきあつたりして、お友達をたゝいたりして大變でしたね』

と、云ひきかせて、

『二人ともいけなかつたのだから、どちらもお斷りしませう。』

と、云へば、

『ごめんなさい』

と、

頭を下げあつた二人は、涙にぬれた眼に笑を含んで、今の爭ひは誰の事かと云はぬ許りに、手を組み合つて砂場の方に走り去る。

　こんな時、私は子供の純眞な心を喜ぶのあまり、抱きしめてもやりたい様な心持が湧き出て來る。私利私慾を遂げんがため、地位名譽を得たいがために、轉んだ親友をも踏みつけて歩みゆかんとする社會の人々、一夜眠ればさらりと忘れて仕舞へ相ないさかひを、忘れもせで尊い命を賭しての爭ひをする人々に、この子供の生活を、見せてあげたいと思ふ事が幾度かある。

▽

或る日の中食後の出來事である。

美しく萠え出たお山の芝を敷物にして、私を中心に子供達は繪本の觀察をはじめた。

子供達の好きな、アヒルさんとニハトリさんの散歩の頁を出して、

「先生、ここお話して頂戴」

と、誰かゞ私の膝の上に繪本をのせた。今まで思ひ〳〵に觀てゐた子供達が、皆私の膝に集り息を殺して私の話に耳を傾けた。

北の庭で揺られてゐるブランコの音が耳ざわりになる位の靜けさ、その靜寂を破つて、

「ヒヒヒーーーン」

と、庭の一隅に飼つてある山羊がないた。

「あゝびつくりした。」

「何かと思ふた。」

と、子私達の丸い眼は、異常なおどろきを物語つて居た。しばらくすると一人の男の子が
「僕とこの兄ちゃん羊の年や」

と、山羊のなき聲から思ひ出した様に叫んだ。

「私とこのお兄ちやんかてよ」

「僕は兄さんよ、」

「私も」

「僕も」

百合組の子供が大聲で、

「僕等、虎やぞ」

と、威張つた。小さい子供達はすぐ、

「虎と兎と喧嘩したら兎が勝つぞ」

「虎の方が大きいから虎が勝つよ」

「兎はよう走るから虎なんか一ぺんに負けて仕舞ふよ」

「いや虎よ」

「兎だよ」

と、爭つた揚句、最後の判斷を私に、

「ねえ、先生、兎が勝ちますね」

「虎ですね、」

ニツコリ笑つた私は、

「どちらもお悧巧ですから喧嘩などしませんよ。」

「仲よく遊んで居ますよ。」

と、子供達も顔見合はせてニツコリ笑つてゐた。喧嘩がおさまつて靜かになつたのも束の間、爭ひ足りぬ或る子供が、
と、云へば、

「僕とこのお父さんら馬の年やぞ」

「私とこのお母さんは象の年よ」

と、言下に答へる。

『私の兄さんは牛の年やから强いよ。角で誰でも一ぺんについてしまふよ。』

と、威張れば、或る子供は、

『僕とこの兄さん等錦蛇の年や、虎でも象でも牛でも何でもグツト一まきにして殺して仕舞ふよ。』

と、とても素晴らしい勢ひ。

これをちつと聞いてゐて私の思つた事。

一人が馬と云へば他はそれよりも體の大きい象と答へ、牛が角でつくと云へば一人は錦蛇でまくと云ふ、自分の肉身を他人のそれよりも一歩でも上なもの、偉いものと思はせたく居るその純情。そうした美しい心は、私も過古に於て確かに持つて居た筈だのに。

毎日の新聞紙上に出る、血で血を洗ふ慘酷な記事は一體何としたことだらう。兄を殺し姉を傷つけ、事もあらうに、大恩ある親をさへなきものに仕様とする不幸の子がある。

私は子供を成長させたくない思ひが切にする。何時までも美しい今のまゝの子供として、生活させて行きたい。

▽

つい二三日前の出來事、我が幼稚園、一日最初の行事としての朝會の折、子供達は例の通り可愛い口を開けて、

『君が代』

をうたつた。

急に加はつた暑さに、子供達の身も心もゆるみ出したのであらう。調子はさがり、拍子はのび、如何にもだらけた感をあたへられた。歌ひ終つた時、私は暫く沈默の時間をおいた後、除ろにたづねた。

『君が代はどなたのお歌?』

『天皇陛下』

『お天子様つてどんなお方でせうね』

『お偉いお方』

『お國中で一番もついたないお方』。

『そうでしたね』

『神様と同じ程にお偉いお方ですね』

『子供達は今それを忘れてゐましたね。

さあ、もう一度お天子様のお歌をうたひませう。』

と、云つた時、子供達の動きやすい體は不動の姿にかはり、眼は美しく輝いた。勿論拍子も調子も正しい。

『おゝお上手でした。先生は大變嬉しいです。』

と、云つたきり朝會は終つた。

『お天子様！

お國中で一番やんごとないお方』

と一天萬乘の大君を思ひ出した時、多くを語られずして改めた子供達の態度、矢張りそれも私達大人の過古の姿である。

由緒ある名門としての一家を亡ぼし、父を憤死せしめ、兄を蟄居せしめた、悪逆無道難波太助も、かつてはかうした尊い心の持主であつたらう。

誤つた教育の罪か、社會の罪か、
私は子供を毒せないほんとの教育、美しい社會がほしい。私達の大切な子供のために。

▽

『先生！この虫何といふ虫！』

『何處で生れましたの？』

『この羽なんでこんな美しい色してゐますの』

『先生！どうして雲が動きますの』

『先生！鳥はどうしてとびますの』

『なんで鳥でないとこべませんの』

幼稚園での生活中、園外保育の途すがら、おそらくは子供の一日の生活のあらゆる時間に於て、子供は目に映じ耳にひゞき、皮膚に觸れるすべての事物に對して、恐ろしい程の不思議を持つてゐる。

子供達のわかるだけの事は教へてやり、わからぬ程の事は、

『やがておわかりになるでせう。』

と解けぬ謎として、子供達の心に大切に殘しておく様にして居るけれども、
曰く『何』

曰く『何』

その不思議はよくこれ程にと思ふ程に生れて來る。これでこそ、西も東も辨へなかつた私達が、體と共に心をも今日の様に伸すことが出來たのだ。一字をも知らなかつた自分が、先づどうやら生活し得る程度にまでなつたのである。しかし人間の偉さには限りがない。これだけすればよいといふ限度もない。

求めて求めて、尙求め止まぬ子供達の様に、私達も永遠に、久遠に、求め〳〵ての生活をせねばならぬ筈、それにこれだけすれば先づ日常生活に不自由はないと安價な滿足をすればこそ、私達のすべての芽はあまりに早く成長をやめるのではあるまいか。

特に、伸び様とする若草のいたいけな芽を、上手にすこやかに、伸して行かねばならぬ園守としての私達は、求めてやまぬこの子供心を、失はぬ人間であらねばならぬ。

と、いつも子供達に教へられる。


（御本人としては御遠慮になりましたのに都合により此の欄に掲載することにゝました段は特にお斷り申しておきます。　編輯子）

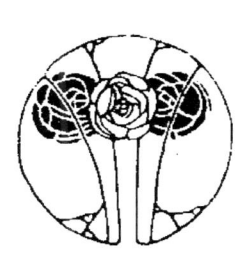

大會記事

第三十七回關西聯合保育會情況

第三十七回關西聯合保育會は昭和五年十月十七日（神嘗祭）午前九時より大阪市保育會主催の下に大阪市立本田尋常高等小學校に於て左の通り開催、京都市、大阪市、神戸市、名古屋市、吉備の各市保育會々員其の他各關係者並に傍聽者等約千五百名出席者ありて頗る盛會であつた。

（會の進行順序）

一、一同着席

一、國歌合唱

一、開會ノ辭　（大阪市保育會長）

一、祝　辭　（大阪府知事、大阪市長）

一、會務報告

一、議　事

協　議　題

1、左記事項ヲ其ノ筋ニ建議スルノ件

一、恩給法第九十九條第二項ヲ削除セラレタキ事

二、市町村立幼稚園保母年功加奉ノ制ヲ新ニ設ケラレタキ事

三、幼稚園令施行規則第十六條但書ヲ左ノ通リ改メラレタキ事

『但月俸額ニ付テハ園長及保姆ハ本科正教員ニ準ス』

2、關西聯合保育會規約一部改正ニ關スル件

一、規約第二條中『幼稚園教育』トアルヲ『幼兒教育』ト改正スルノ件

二、規約第五條中『二名宛』トアルヲ『二名以上』ト改正スルノ件

三、規約第七條中『六箇月前』トアルヲ『三箇月前』ト改正スルノ件

談　話　題

1、保姆ノ修養法ニ就キ承リタシ　（京都市保育會提出）

2、幼稚園ニ於ケル唱歌及ビ遊戲ノ程度並ニ實際ニ就キ承リタシ　（大阪市保育會提出）

一、研究發表

1、幼兒の興味方向と本能的傾向との關係　（名古屋市保育會提出）

2、我園經營の一端　（吉備保育會提出）

3、幼稚園兒童の色彩感情に就て　（神戸市保育會提出）

一、遊戲交換

1、ひよこ　2、ライオン　（神戸市保育會提出）

1、お祭　（大阪市保育會提出）
1、螢の學校　2、雀　（吉備保育會提出）
1、チユーリツプ兵隊　2、スポーツダンス　（名古屋市保育會提出）
1、お馬　2、人形　（京都市保育會提出）

一、閉會ノ辭　（大阪市保育會長）

會の狀況左の如し　（進行順序に依り記す）

出席者一同の國歌合唱を終り大阪市保育會幹事長、岡篤郎氏の閉會の辭あり次いで大阪府知事、大阪市長より左の祝詞があつた。

祝辭

大阪府知事　柴田善三郎氏

茲ニ大阪市保育會主催第三十七回關西聯合保育大會ヲ開催セラルヽニ方リ聊カ所懐ヲ述フルハ欣幸トスル所ナリ。惟フニ近時世運ノ發展ニ伴レ學術並ニ保健衛生ノ研究頓ニ整ヒ百般ノ施設之ト共ニ愈々至善ヲ盡サルヽニ至ル而シテ將來ノ社會ヲ形成スル幼兒ノ保育ニ關シテハ留意サルヽコト多シト雖モ未ダ必スシモ一般社會ノ關心スルコト厚シトイフヘカラス之本會カ本日論議スヘキ諸般ノ問題ヲ持ツ所以ナリト謂フヘシ。冀クハ幼兒ノ心身ノ健全ナル發達ト善良ナル性情ヲ涵養シ有爲ノ國民ヲ養成スルコトヲ期スルタメニ各位ノ平素ノ研究ヲ披瀝シ大イニ所懐ヲ陳ヘテ保育ニ關スル問題ヲ討究シ以テ此ノ重要ナル國家的對策ニ應ヘラレンコトヲ一言述ヘテ祝辭トス。

祝辭

大阪市長　關　一氏

本日茲ニ關西聯合保育會第三十七回ヲ開催セラルヽニ際シ一言所見ヲ述ヘルコトハ私ノ最モ光榮トスル所デアリマス。本會ハ創設以來實ニ三十數年ノ間專ラ保育事業ノ改善ノタメニ努力セラレ我ガ國保育ノ振興ニ貢献セラレタ功績ハ洵ニ感謝ニ堪ヘナイ所デアリマス。

惟フニ幼稚園ニ於ケル保育ハ幼兒心身ノ健全ナル發達ニ留意シ圓滿ナル性情ヲ涵養スルト共ニ進ンデ家庭教育ヲ補フコトヲ以テ本旨ト致シマスガ特ニ都市ニ於ケル幼兒ノ保育ハ保健衛生ヲ重ンジ專ラ體力ノ增進向上ニ努メ以テ教養ノ完璧ヲ期スベキデアルハ言フヲ俟タヌコトデアリマス。

今ヤ我ガ國幼稚園教育ハ時勢ノ進運ニ伴ヒ漸次進歩シ制度ノ設定ト共ニ其ノ內容ノ充實ヲ示シテ居マスガ併シ之ヲ學校教育ノ施設ニ比較スレバ尙未ダ甚シキ遜色ノアルコトハ國民教育上頗ル遺憾ナコトデアリマス。加フルニ近時幼兒保護教養ノ問題ノ提唱ハ大ニ識者ノ注意ヲ喚起致シマシテ將來都市ノ幼兒保育問題ハ更ニ其ノ意義ノ重要ヲ加ヘマスト共ニ斯教育關係者ノ責務モ亦一段ノ重キヲ加フルノ狀勢デアリマス。

此ノ時ニ當リ本會ハ茲ニ聯合保育會ヲ開催シ多年ノ研鑽ヲ

傾ケ審議攻究ヲ重ネラルヽハ相互ニ稗益スルコトハ勿論惹イテ一般國民ニ對シ斯教育ノ振興ニ對スル熱誠ト理解トヲ喚起スルノ功果ガ尠クナイコトヲ信ジマス。

冀クハ會同セラレタル各位ハ終始一貫協力一致セラレ本會開催ノ目的ヲ達成セラレムコトヲ希ミマス。

●會務報告

神戸市保育會　安井八十二氏

第三十六回關西聯合保育會に就いては特に申上ぐべき事項もありませんが市町村立幼稚園保姆待遇に關する建議案實現の促進運動狀況を報告致します。

本建議に關する實行運動に就ては昨年の大會に附帶事項として提出され滿場一致にて可決し實行委員を設け何等かの具體的運動に着手する事となりました。そこで早速神戸市に聯合役員會を開き各市保育會から一名以上の委員を選出致し其の人達に上京を依賴し運動を開始することゝ致しました。

先づ十二月下旬上京の豫定にて神戸市が日程等を立案しましたが此の問題はたゞに關西保育關係者のみの問題でなく廣く全國保育者に係る問題でありますから全國に檄を飛ばす事と致しました。斯くて上京の準備全く成つたと思はれる頃政界は不安定になり議會の解散を見るかも知れぬと云ふ時機であつたので上京を見合し本年三月廿五日にいよ〳〵各市の委員が上京することゝなつたのであります。委員諸氏は東京神田一ツ橋帝國教育會館に集合し直に文部省に出頭、それ〳〵之に關係ある上司の方に面會して、趣旨を述べました。普通學務局長以外の人々は何れも委員の申立を尤もとされ殊に文部大臣は委員の者へ『不合理の待遇であるならば考慮して見る』と仰せられました。

尚三月廿八、廿九日の兩日には文部大臣夫人を訪問して建議の件につき委細お願ひ申し其の他色々と力を盡して運動をしたのであります。さうして後事を帝國教育會にお願ひ申し且つ此の際全國幼兒教育者大會を開催していただく樣依賴の上委員達は引きあげたのであります。簡單ながら之を以て促進運動の報告と致します。

右の祝辭と會務報告を終つて直に議事の進行に移つた。（議長は大阪市保育會幹事長岡篤郎氏）

●協議題

1、左記事項ヲ其ノ筋ニ建議スルノ件

一、恩給法第九十九條第二項ヲ削除セラレタキ事

二、市町村立幼稚園保姆年功加俸ノ制ヲ新ニ設ケラレタキ事

三、幼稚園令施行規則第十六條但書ヲ左ノ通リ改メラレタキ事

「但月俸額ニ付テハ園長及保姆ハ本科正教員ニ準ズ」

（説　明）

大阪市保育會幹事　長野　隆義氏

本案は我が保育界の齊しく要望する處でありまして、數年來本會に提議を重ね來つた問題であります。殊に本年は只今の報告の如く、實行委員を舉げて文部當局に促進運動をした次第で、今更本問題の説明を要しないことゝ思ひます。

唯茲に考慮せねばならぬことは、時節柄待遇問題を建議するのは如何かといふ點でありますが、我々は單に物質を要求するものではありません。精神的向上を目指して當然の事を叫ぶのみであります。幼稚園令が發布せられて、既に五ケ年を經過しまして、漸く幼兒教育が世に重んぜられる樣になりましたのに未だ本案の實施せられない事は、幼兒教育振興上實に遺憾とする所であります。

願はくば滿場の御賛成を乞ふ次第であります。

京都市保育會山岡爲氏本題に就きましては只今神戸市から御報告もありました通り着々運動せられつゝありますけれど猶未だ實現の時機が到らぬのであります。然し本題は其の實現を見るまで終始一貫して變らない事が大會の精神であり又全國保育者の精神であると信じます。故に滿場一致を以て可決し大阪市に後事を御依賴したいと存じます。

（拍手）

議長　此の建議案は再三建議せられたものを重ねて建議しようと云ふのでありますから質問も御異議も無いと思ひますが之で即決致しまして宜しう御座いますか。（拍手）御異議ないやうでありますから滿場一致で可決と致します。次に第二の協議題に移ります。

2、關西聯合保育會規約一部改正ニ關スル件

一、規約第二條中『幼稚園教育』トアルヲ『幼兒教育』ト改正スルノ件

二、規約第五條中『二名宛』トアルヲ『二名以上』ト改正スルノ件

三、規約第七條中『六箇月前』トアルヲ三箇月前』ト改正スルノ件

第一項ハ本會ノ目的ニ關スル條項デアリマスガ、限定サレタ『幼稚園教育』ト云フ語ヲ『幼兒教育』トシテ範圍ヲ廣メタニ過ギマセン。

第二項ハ役員會ニ於ケル役員ノ數デアリマスガ、從來ハ各會二名宛ニ限ラレテアツタノヲ二名以上任意トシタノデス。

其ノ理由ハ各會ノ會員數ニ大小アリ、主催地ハ多數出席

ノ必要アル等ノ爲融通ノキク様ニシタノデス。精神的ノ會デアルカラ議事ヲ多數決デ極メル様ナ事モナカラウシ、實際ノ運用ヲ便利ニシタニ止マリマセン

第三項ハ本會開催ニツキ當番市ヨリ各會ニ研究問題通知ノ期間ヲ定メタモノデスガ、『六ケ月前』ハ余リニ早ク實行困難ニ付『三ケ月』前ニ縮メ勵行ニ努メルト云フコトニナツタノデス。

以上役員會デ協定シタ事ヲ御承認ヲ乞フ次第デス。

議長　只今の御説明に就き御質問が御座いませんか、もしない様でしたら直ちに意見發表にうつります。

京都市保育會　池野藤太郎氏

改正する事に贊成致します

議長　贊成の御意見が出て居りますが御異議御座いませんか、一同拍手

議長　滿場一致で可決致しましたから改正する事に致します協議は之で終りましたから次に談話題にうつります

● 談話題

一、保姆の修養法に就き承りたし（京都市保育會提出）

（説明）

京都市保育會　岩井つた氏

保姆の修養法は一時的のものでなく一生涯を通じての修養でなければなりません。私は之を德育、智育、體育の三つに分ける事が出來ると思ひます。德育の修養は他の二つの修養に比して眞に至難なるものがあります。故に京都市の意のあるところは此の德育に關する修養を承りたいので御座います。現在京都市の修養法の具體的事實は大様左の通りで御座います。

1、御陵墓の巡拜　既に天皇陵五十四、親王陵其の他二十四を巡拜して居ります。

2、古今偉人の史蹟探究

3、社會施設の見學　之に就ては大阪市を見學致しました

智的方面の修養としては京都市はそれ〴〵專門の大家に接する機會に惠まれて居りますが、幼兒衛生に關する研究を先として繼續致し一面又遊戲の創作にも志して居ります。然し尚進んで皆様にお教へを願ひたいと存じます。

神戸市保育會　富中ふさ氏

私共の修養法と申しますと第一に精神修養は勿論のこと教育修養方面の講習會、講演會に缺かさず出席する事が必要で御座います例へば兵庫縣の様に保姆が保育上の聯絡統一を圖る保育會等が御座いますれば斯様な會に出席研究する事が必要で御座います。又多方面に亘つて書籍を繙く事も必要で園内にあつても書籍をお互が輪讀する様に致したいと存じます。又保姆お互が反省する事等數へますと多々あります。然し

保姆の修養法と申しますものは肉體を苦しめたり机上で讀書に耽つたりして出來上るものでなく彼の神の如き純眞な幼兒に依つて其の修養を高められ生れ出るもので此處に幼兒の心理を研究する事が必要と存じます。三つ子の魂百までと云ふ事があります。未だ理性の發達しない幼兒ですから常識や判斷力にも乏しい幼兒は只管保姆の模範に見習ふものでありますから、保姆なるものは一擧一動は皆之幼兒教養の手段である譯です。それ故保姆は偏僻な感情に支配せられず眞情のこもつた精神を以て親切、叮嚀にして事物に處する事や宗教心を培養して道德觀念を養ふなどは最も必要と存じます。やがては此の精神が幼兒に祖先崇拜の念や生物の愛撫心を植えつける事と確信致します。

されば私達の修養法の總ては日常生活を純化して幼兒を導かうと欲する理想に近い生活を營まなければなりません。擧動も淑やかで而も敏活であり上品な風采で清楚で質素でなくてはなりません。何處迄も新進の氣象に富み發展的である事であります。要するに保姆の修養法は限りなき愛の下に正しい智識の下に健全な身體を出來得る限り活用して言語に擧動に嗜好に風采に公平にして而も明るい氣分の生活を營む樣勉める事こそ保姆たるものゝ修養の第一義であると思ひます。

名古屋市保育會　**北山　なほ氏**

幼兒教育者としての修養を道德的修養、智的修養、身體的修養の三つに分けてその説明と方法に就て話さして頂きます。

一、道德的修養と其の方法

保姆の具ふべき諸德はあまり澤山で枚擧にいとまが無い位ですが、敬愛、同情、威信、公平、明快、誠實、熱心、忍耐等は最も必要なものと信じます。

方法

1、愛情は保姆の幼兒に對する至情であります。けれどもそれに溺れる事なく貴い人の子であると云ふ事を忘れてはならないと思ひます。

2、同情は思ひやりの心であつて保姆は幼兒の個性、境遇と云ふものをよく知つてゐてこそ始めて直に保育が出來ると思ひます。

3、威信、すでに慈母の愛と同情とがありますから、ここに嚴父の威信を持つて保育の實をあげなければならないと思ひます。

4、公平、澤山の子供を預かつて團體教育をして居るのですから貴賤、貧富、愛情などによつて差別をつけることなく一視同仁で總ての幼兒に對して行くやうに勉めなければならないと思ひます。

5、誠實と熱心は幼兒を感動させる譯で熱誠を以て、接したならば動かないものはないと思ひます。

6、明快、保姆は常に明るく快活な氣持で幼兒に接しなければならないと思ひます。

以上述べました必要條件の修養方法

毎日子供の生活中に入つて遊んでをりますと大切なものが

澤山あります。ですからそれを見逃さないやうにして觀察をし其の日其の日の出來事に對してとつた自分の態度に誤はないかどうか反省して自分の理想とする所まで進んで行かなくてはならないと思ひます。そうするには皆が一堂に會して反省會を開きましたり各自反省錄を書きましたりして反省と實行とを念頭において修養につとめてゐる次第で御座います。

二、智的修養と其の方法

保姆の智的修養の深淺厚薄は直接に幼兒の生活に影響するものだと思ひますから常に修養に勉めなければならないと思ひます。

直接保育の材料に關する學術技藝に就ての知識は勿論のこと幼兒教育に關する一般の知識を持つて居なければならぬと思ひます。又廣く社會の實際問題に注意して豐富なる常識を修養して時勢の進歩に後れないやうに勉めなければならないと思ひます。

方法

1、幼稚園教育に關した良書はどん／＼讀むやうにしてをります

2、幼稚園に關係した良い講習にはどん／＼出て行つて指導を受けるやうにして行かない者には傳講して保姆一同仲善く進んでをります。

3、幼兒の生活を見逃さないやうに觀察して最も大切な幼兒の心理を研究して行きつゝあります。名古屋市では此の度大變御親切な良き指導者を得ましたので保育者一同が力を合せて或一つの大きなものを造らうとして一生懸命にやつてをります。

三、身體的修養と其の方法

中等學校や小學校の先生と違つて子供の居る間は殆ど休む事なく幼兒と一緒に活動しなければならないのですから特にその身心の健康に氣をつけなければならないと思ひます。

方法

1、適當な運動をして常に身心の健康に力めてをります。この事に就ては市全體としては團體的に考へては居りませんが或幼稚園では保育のない日を見つけては保姆一同遠足をやつたりして居ります。

2、各自常に心を快爽に持つて健康の頂にのぼらうと力めてをります。

要するに保姆はその道の總ての事を反省し實行して始めて立派な幼兒教育者となれることゝ存じます。

吉備保育會　行田　敏子氏

私は岡山に於ろ保姆の修養法につきましてお話をして責をふさぎたいと存じます。纒め樣が惡い爲に京都市より御提出の御趣旨に添はぬかもしれませんが何卒御許し下さいませ。

私共はよき人でなければなりません。そして又よき保姆で

なければなりません。それ故人としての修養と保姆としての修養を怠ることは出來ません。この保姆としての修養方面につきまして私は吉備保育會を一つのよき修養機關として考へまして其の内容を話させて頂きます。

先づ一年に總會が春秋の二回岡山市内の何れかの幼稚園で開かれます。時には郡部の幼稚園で開くこともあります。市内で開かれる時の状況を申しますれば、その會場になつた幼稚園に市内、郡部の保姆が大勢集つて幼兒教育に關する協議題、談話題、研究題等に就て色々意見の發表、交換を致します。又有益な講演もうかゞひます。あちこちから集つて來た保姆は久しく會はなかつた姉妹の様に自らの經驗談、失敗談、或は感想など語り合ひ、教へつ教へられつゝ又勵ましつ勵まされつして何かを得て互の修養としてゐます。

郡部で開かれる時は只今申しました事の外に山登、舟遊をして自然の風物に接します。又名所舊跡をたづねるとか特殊なる施設、例へば特殊な學校、工場、病院等見學參觀致しまして市内に於ける總會では又得られないところのものを與へられて居ります。この總會の後で市内の保姆は郡部から集つていらしたかの爲に新しい遊戯を三つ、四つ實演いたしまして歌詞、歌曲の騰寫版刷を配布してをります。

又市内に於きましては隔月に例會が開かれます。會場は十二の幼稚園を順々に廻つて參觀するのですが其の内容は各園から保姆が一人或は二人當番園に出席いたしまして午前中の保育の實際を觀ます。午後は午前中出席しなかつた殘りの保姆全部が集つて學務課長であられる會長が出席されて批評會が開かれいろ／＼意見の交換、發表を致します。かうして私達は保育を實際行ふ者としての修養を致します。

講習會につきまして申します。春、夏、冬の休みに時々吉備保育會主催で講習會が開かれます。期間は三日乃至五日、科目は唱歌、遊戯の外に幼兒教育に關する理論的方面のものでございます。科外と致しまして醫學に關するもの、おとぎ話に關するもの等の活動寫眞の催しもあります。

又保姆の學力補充を目的とする縣主催の講習會が夏季休暇に開かれます。期間は一週間乃至十日で私共市中の保姆は大てい出席致します。會場は女子師範、講師の方は同じく師範の先生、科目は保育、教育、音樂、圖畫、手工、觀察等で私共はかなり長い期間暑さを押しきつて行くこの講習會は非常に緊張したもので此の意味からでもほんとうに修養になるのでございます。

年に一回或は二回市内の保姆が揃つて一日旅行又は一泊旅行を致しまして景色のよい名所舊跡をたづねます。いつも都會にありまして强烈な色彩、雜音の刺戟を受けて仕事の爲に頭をつかつてゐる私共で御座いますから斯うして時々都會を離れて旅をします事は私達の心持を非常に新鮮なものにしま

す。又保姆同志もうちとけて親しみの度もまします。それで私達は體も心も生々として幼兒の前に又歸つて行くのでございます。

次に人としての修養即ち一個人としての保姆の修養につきまして纏めましたものを話させて頂きます。自分一人としての修養はその機會を自分で作つて行かなければなりません。そして前よりも範圍は廣く內容も細かくなつて參りますが簡單に幾つかの項目に分けました。

一、讀書。
二、有益なる講話をきく。
三、一般的智識方面の見聞。
四、自然への接觸。
五、趣味を豊かにたしなむ。
六、家庭に於ける仕事にはげむ。
七、運動及健康に留意

以上でございます。之につきましては現在實行して居ります事も又これからして行きたい事も一緒にしまして說明いたします。

一、讀書につき

女はとかく無駄話で時を費すことが多い。つとめて暇があれば讀書するように心がけ度いと存じます。たゞ幼兒敎育に關する書物ばかりでなく、その外に私たちは、地歷、國文學に關する書物、高尙なる諸及び小說、宗敎的方面の書物、新聞等大いに讀み度いと存じます。縣市の圖書館が非常に私どものために便宜を與へて下さいます。書籍の無料の貸出しと又讀み度いと希望するものを申し出ますれば、ないものは新しく求めて貸していたゞけます。

二、有益なる講話につき

一、成人講座、公民講座

文部省或は縣主催のもとに一定の期間開かれます。日曜日か夜でございます。

一、宗敎的方面の講話につき

キリスト敎か佛敎かその他何か自分の信ずるところの宗敎によつて宗敎的信念をつよくすることにつとめます。聖書研究會、佛敎講座などありまして、聖書の御講義、佛敎聖典の御講義をずつとつゞけて聽きにも參ります。

一、種々なる講演會

思想問題、社會問題、政治問題等色々な方面にわたる講演會が始終あります。私どもは日頃氣をつけてこれをきゝのがさないようにし度いと思ひます。

三、一般的智識方面の見聞

保育に關すること、その他のことに就きまして、分らない處、迷ふことにつきましてはそれ〴〵その道の人と又その道にあらざる人とにかぎらず遠慮なく尋ねたり又見せていたゞいたりする事でございます。『問ふを恥とせず』といふ心もちで行き度いと存じます。

一、種々なる展覧會

一、音樂會

一、社會事象の見聞

殊に自分の住む縣、市、町、におこつたり又行はれたりしますことがらにつき又その時季々々に於ける町の變化等實際にあたり見聞きいたしよく知つて置き度いと思ひます。

一、講習會

幼兒敎育に關する講習以外に、それこそ講習會の洪水といはれるほどあらゆる方面のものが夏あたり開かれます、家事、手藝等に關する講習をうけますことは幼稚園の保姆としても家庭の人としても有益とみとめますゆゑ受講いたします。

一、鳥屋、花屋の參觀

植物園、動物園がありませんから、近所の鳥屋や花屋に行つて栽培、飼育の狀態をみます。

一、興行觀覽

歌舞伎、新劇、歌劇、人形芝居、活動寫眞、能、狂言、見世物等、私どもみまして何か敎へられ、修養にならぬものはありません

四、自然への接觸

山川草木の變化、四季の景色、雨、雪、雲、風等、郊外散策、旅行をする、しないに限らず、その美しい不思議なありがたい現象に心して接しますことはどのくらゐ人間を深め、心のためになりますかしれませぬ。

五、趣味を豊かにたしなむ

人として女として保姆としても趣味の豊かなことはおくゆかしいものでございます。

音樂、繪畫、生花、茶の湯、園藝、手藝等何かその道の上へ或は奥へ向つてつねに精進して行くことはほんとうに修養になるのでございます。

六、家庭に於ける仕事にはげむ

忙しい職に居りますが、家庭に在つては掃除、洗濯、縫もの、料理等家事にはげむ家庭の良き母、よき妻、よき嫁、よき娘でありたいと存じます。

七、運動及健康に留意

一、運動による心の洗濯

これは園としてピンポンとか、テニス等にかぎりませず何か保姆がこぞつて樂しく體をうごかす樣なことをいたしますことは「運動による身體、精神の爽快」とでも申しませうか非常にいゝことだと存じます。

保姆同志の親しさも増し又性格も洗練されて行くのではなからうかと存じます。

一、己の身體をよくする。

自分の健康について注意し、攝生を怠らぬようにすることはこれも又一つの修養であらうと存じます。

この樣にいたし技術の上から又人格の方面からも内容のあ

る充實した人にならうと修養して行き度いと存じます、

あ　やわらかい感化されやすい幼兒にとつて私ども保姆の精神的、身體的のうごきがどれほど深い關係のあるものかよく分つて居ります。私ども保姆は泉、幼兒はそれにうるほされる草の芽、即ちうるほひの教育を理想とする私どもはこうして保姆として又人としての修養をなし、どうかしてしつかりとした人生觀をもち、宗教的信念の堅固な、そして心の計ひを捨てたどこまでもあるがまゝを、あるがまゝに受け入れて行くところの愛の人である様、又自分らの周圍を美しく淨化して行くこころの美しい感情のもち主即ち圓滿な保姆であるより、そしてひいては圓滿な園とするようにし度いもので御座います。

常に進みては省み、省みては進み、不斷の修養を怠らず不言實行の保姆であるようにつとめ度いと存じます。

大阪市保育會　辻　ソノ氏

我大阪市に於て現今實施されつゝある機關は

市保育會施設

年二回の共同研究會（春秋）、春は毎年四月廿一日フレーベル先生の御祭典をかね、先生の偉大な御事業と崇高な御人格を追慕して、有益な研究會、又は講演會の開催、又時々時宜に適切な講習會が開かれ、最近に於ては全市主任保姆を集めて幼兒の健康增進に關する研究發表會を催されました

各區保育會施設（六區）

各區共年中間斷なく保育各項目についての實地研究會、講習會、講話會、見學（各種工場病院、感化院盲啞學校等）、教育視察旅行等を行ひ、講演會講習會等は各區相互通知して利益の交換をして居ります

これ等の施設は吾等保姆にとつては職務上欠ぐべからざる修養の機關であり、又精神的修養の好機會ともなつて居ります。

誠に私達保姆は、常に專心幼兒教育の向上進歩をはかるがために研究努力すべきは申迄もない事で、この尊い職務に沒入し精進して參る內に識らず〱修養されて行くことが多いものだと考へます。

各保育の事項についての研鑽はもとより、日常純眞な子供達と暮して參る內に、又各家庭と接近して參る間には、大に自己を反省し又各方面に向つて如何にして正しく導き得べきかといふ事について痛切に考慮せなければならん事が多く御座います。

私共は社會の一員として如何なる方面に立脚して居りませうとも、人間としての修養をなす事は、何よりも必要な事と存じます。この修養の深い人は自然確固とした正しい自覺が

あり、各自の務に於ても眞劍に、しかも常に感謝の念に充されて眞心から責任を果すべく努力して參られる尊い力を見ることが出來ます。この根源となる强い力は何に依て得られるので御座いませう、これはどうしても人間各自の內にある宗敎心の培養に基かねばならぬ事と存じます。

私共日々この重大な幼兒敎育の任に當つて居ります者は、常に自己を反省し、不斷の修養に依て人格を向上し、高潔な母性愛を以て、先づ其日〳〵の職務に勉勵しより良き保育をいたし度いものだと切望いたして居る次第であります。

京都市保育會　大塚　喜一氏

倉橋敎授が『幼兒にきかせるお話』の五〇五頁に於て

「一體、幼稚園で申しますと、保育といふものが保姆と子供との間に挾まつてあるのではありません。(中略)保姆は自分といふものゝ中で保育をしたいのであります。云ひ換へて申しますならば、あなたは自分の愛する子供をどう育てるかと云ひますのは、あなたは自分がどうならうとするのかといふ事と同じなのであります云々」

と云はれたお言葉は保姆の修養の第一義を云はれたる至言であると思ふ。まことに、眞實なる愛の力は自他の人格を合一せしめる。人生の理想に向つて健實なる步を續けつゝある保姆は、意識して爲す言行よりも、知らず識らずの裡に其人の性格として及ぼさるゝ無意識的な感化によつて、永き月日の間にやわらかな幼兒の心に其性格の中に織り込まれて育ちゆく『人間』への成長をはぐまれるであらう。本題の說明に記されたる『善良なる性情の啓培』の眞趣は實に玆に存する。この見方を根本として以下卑見を述べて見たいと思ふ。

一、內省。　自己の心の動きを自ら省み、舊き辭我を矯正し新しく本我を內より磨き出すことは、人間が人間として生くる上の第一義である。一日の生活を反省すべき時を定むること、反省所感を日記にしるし時の上に刻まれたる自己の動きを觀る事等は、此の方法の適當なるものであらう。保育日記は、單に保育時間中に起つた事を斷片的に記すに止らず、保姆その人の全生活殊に感情の動きを反省し、保育の中に自分が如何に生きて動いてゐるか、又保姆の個人としての生活と幼兒との相互生活とが如何にしつくりと結び付いてゐるかといふ人間敎育の根本義を標準として記すべきである。

二、讀書。　內省の指針は良書に交る事に依つて得らる。小生は保姆の修養に最適の書として『幼稚園雜草』をおすゝめしたい。保姆の道は本書により溫健にしかも切實に敎へられる。殊に『幼兒の敎育者』なる章の初め數頁の如きは、苟くも斯道に志ある者の淚なくして讀む能はざるところ、我國のすべての保姆が之を心讀せられむことを、道の爲めに祈つて止まない。

講習會、講演會等の必要と効果とに就ては玆に更めて云ふ

までもない。

三、相互の研鑽。 道の友が互に心を語り合ふ事は蓋し人生至樂の一であらう。喜憂を共にする同志が相集つて語り合ふ事に依て、今迄一人では解けなかつた疑團も氷解するであらうし、既知の世界の彼方に廣大なる眞實の世界を新しく見出す事もあらう。眞劍なる自己衷心の惱みは思ひ足らざる友の自覺を促し、幼兒の性癖矯正に關する涙ぐましき體驗談は、同じ思ひに沈める友に慰勞と發奮とを與ふるであらう。

又、幼兒教育の本質についての講習會（例へば『幼兒教育原論』又は『保育方法の本義的考察』の如き）が開催せられた後は、聽講員が集つて協會《アソシエーション》を組織し、各地方別に定日に會合して、其講習により示されたる道、それに依て啓發されたる我等の新しき歩みを互に足並揃へて進むべく努むる事は、其講習の効果を徹底せしめむが爲には極めて重要な事と思ふ。されば、今後保育會其他の關係團體の幹部諸賢に於て、折角行はれたる講習を一時的な刺戟に終らしむる事なく、それに依て少くとも其地方の幼兒教育に一段の改善を實現せんが爲めに修養の機會と便宜とを與へられ必要に應じては再度講師を聘して質議應答並に續講を依賴せらるゝならば、斯界の發展に資すること蓋し多大なるべきを信ずる者である。

議長。 談話題の第一は之で打切りまして、大阪市保育會提出の第二問題に移ります。

二、幼稚園に於ける唱歌遊戯の程度並に實際に就きて承りたし。（大阪市保育會提出）

（說　明）　大阪市保育會　**杉　千代氏**

子供は遊ぶ事が仕事であり、歌ふことが生活で御座います、遊ぶこと歌ふことによつて身も心も伸びて行きます。

幼兒は性來唱歌を好むもので大人の歌でも何でもかまはずに眞似て歌ひます、近頃背中に居る小さな子供が、まはらぬ口で『てく／＼おどる』とか『酋長の娘』とかいつて歌つて居るのを聞きます、こんな有樣ですから幼稚園に於きましては幼兒に適する樣に材料の選擇に最も注意せねばなりません。

處が今日幼稚園で使用して居る唱歌は特別に定められて居りませんから、或は、やたらに新奇なものを授けて見たり、或は興味の深い材料と云ふ方面に走つて幼兒の身體的方面に輕視せられて居ると云ふ事をまゝ見受けることがあります。例へば、よほど廣い音域のものを課してみたり或は複雑なる音程を用ひます場合には生理的方面に於て却て害を來すことゝなりませう、歌詞の內容に於きましても子供の生活に、かけ離れて居ると云ふことは面白からぬことゝ思ひます。

一口に申しますと形式内容共に幼兒と云ふ範圍を越えて高まらうといふ傾がある樣に思はれます。

私共は學校側から次のお話を時々聞きます『幼稚園から學校へ進んだ子供は小學校で教へる唱歌を最早知つて居ると不注意で取扱ひが難かしいこ』又幼稚園の修了兒は學校へ行つて見たら幼稚園で習つた歌の復習でつまらないと云つたのを聞いたこともあります。

それで私共は小學校と幼稚園とが別々の程度を、こらないで尋常一年の前が幼稚園であるといふことを充分に注意して、小學校こ幼稚園とよく連絡して小學校の低學年より程度が高くならぬやうに、調子、音域、音程、拍子、及歌詞の内容等によく注意し、尚他日小學校の兒童となつたとき不都合でないやうに、なろべく小學校の材料を避ける樣にしますと、どうも興味があつて、平易で、快活なものでと、理想を舉げますこ、昔からあります『鳩ぽつぽ』とか『汽車』とか云ふ樣に内容形式ともに幼兒に側した材料が誠に少いので御座います。こゝに出題して廣く皆樣にお教へを願ふ次第であります。

次に遊戯は共同遊戯のことで即表情遊戯及律動遊戯を申すので御座います。遊戯も唱歌こ同じく、やゝもすれば程度が高まらうとする傾があります。

大體幼兒時代に於きましては基本筋肉の練習が必要だと聞いて居ります。纎細なる運動やら、微妙なる技術よりも自然の表現が必要でありませう。即身體の各部が都合よく調和的に運動が出來て然も共動作が無理でなく且幼兒の興味を失はぬ程度のものが最適當かと思ひます。唱歌こ共に皆樣方から具體的に御教へ戴きたう存じます。

京都市保育會　江川　すめ氏

幼稚園に於ける唱歌及び遊戯の程度は、幼兒の生活に即したものを標準として、定まるべきものである事は云ふまでもないことですが、近來新しいものが續々と創作されまして、共取捨選擇については、隨分迷はされ、程度如何の問題も必然的に起つて參ります。

美的感情の基礎を作るべき、重大な使命をもつ、この唱歌及び遊戯は、眞に幼兒の唱歌、幼兒の遊戯でなければならない、幼兒の心身に無理のない苦痛のない、眞に子供の喜ぶ子供の心髓に觸れるものでなければならない、決して、保姆の主觀的立場に於て流行に支配されて撰定すべきでなく、同情と誠意を以て幼兒の原始的生活を見つめて、標準程度を定むべきであらうと思ひます。

先づ唱歌については、

幼兒の音樂生活としての基礎を徹底させる事がその使命だと思ひます。極めて單純なリズムこ音程の基礎を與へるの

が、恐らく程度を考へる標準だと思ひます。

歌詞

幼兒の如實な生活から得た、無邪氣で、素朴ひ、原始的で、直觀である子供獨特の詩の世界を唄つたもの、

樂曲

歌の思想氣分をよく表現された曲想を持つもの、即ち歌詞と樂曲とのよく調和されたもの、

高低は容易で簡單な音程である事。

音域は子供に無理の無い程度で、一點ホより二點ホまで位の事。

拍子は2/4 6/8拍子が最よく、それに次ぐに4/4 6/4拍子、3/4拍子は極めて少數。

調子はヘ調を中心に。

曲の長さは八小節より十六小節以内の事。

音程練習としては、

動物の泣き聲などで、遊びつゝ無意識の中に練習させる。

リズム練習としては

樂器に合せて拍手をさせる、

大太鼓、小太鼓、トライアングル、ラッパ、シンバルト、タンボリン等で調子の變化を主とせず拍子を主とした樂隊遊びをさせて音をリズム的に出させる、

發聲について

聲帶を傷附けぬ樣、雜音の混らぬ清らかな子供らしい聲を出させる、模倣性の盛な此時機には、保姆の聲は可成よく影響するから、充分その唱歌を理解し研究して置く必要がある。

遊戲について

唱歌遊戲（表情遊戲）

近來、童謠舞踊或幼兒のおどりとして盛に流行してある狀態で、幼稚園にも續々移植せられて、一般に此種の遊戲が唱歌遊戲の大半を占むる傾向であるが、幼兒の生活に適切なものは到つて少く、歌曲と歌詞との調和せぬもの、その表現法も技巧に過ぎ煩雜に過ぎて、返つて幼兒の心身を阻害するのではないかと疑念を起させるものがあります。

元來幼兒の遊戲は客觀的に見て其良否が決せられるのではなく、幼兒自體が愉快に感じ、而も心身の發達を促進するに價値多い遊戲であるならば、幼兒の遊戲として最も適切なものでありませう。我々日々子供に接して居るものが、幼兒の日常生活から端的に教へられたものを基準にして、其處に教育的考へを網羅し、眞に幼兒の嬉ぶおどりとして、彼等の前に提供してこそ、美的教育の眞價があるのではないでせうか、唱歌遊戲を只の踊りとして望觀的に容觀的に眺めた場合は、或物足りなく餘りに直線的で、そこには藝術的何者をも見出す事が出來ないかも知れないが、幼兒の踊ることによつ

て幼兒の生命が働く事によつて、其處に幼兒の唱歌遊戲こしての生命があり獨立した立場があり、隨つて程度があると思ひます。

此意味に於て當市では研究の一端として、毎月その發表をなし批評會を開いて、これが研究をつゞけて居ります。

此種の遊戲を致させます場合、先唱歌を充分反復練習して、可成確實に節なりリズムなりを呑み込ませてから動作を致させます。

幼兒の生活には唱歌と動作とが同時的に扱はれなければならぬと云ふ人がありますが、唱歌があつて後に動作が作られて居る關係上又は唱歌をも、動作をも子供によく理解させるために、右の樣にして居ります。

律動遊戲、

原始人が最初リズムに依つて自己を表現したと云ひますが、子供の遊んで居ります場合リズミツクに物を叩いたり、意味の分らぬ事を聞き覺えの旋律に移して、リズミツクに體の動作をしたり、リズミツクの運動に快感を覺えて居ります。煩雜にならぬ極簡單なリズミツクの初歩を致させます事は、活動的である爲、非常に身體的にもよく、リズム感を刺激して運動欲を滿足させるよい方法であります。

名古屋市保育會　杉浦喜美子氏

大變結構なる問題を御出し頂きました事を感謝致します。小學校の樣にはつきりとした基準の與へられてゐない幼稚園に於きまして私共保姆が實際保育に當りまして、いつも心にかゝる問題でございます。

名古屋市と致しまして些かの考へを述べさせて頂くに當りまして前もつて御斷り申上げたい事は本問題の唱歌及び遊技とありますのを、時間の關係上、又幼稚園に於きましては或る特殊のものを除く外遊技と唱歌は殆ど之を切離して考へることは無理の樣に思はれます故、こゝでは兩方一所にして之を述べさせて頂きます。私共の先づ第一に望みますことは、この程度なれば先間違ひなからうと思はれます確信ある材料を子供に與へたいことであります。それには市の保育會で以て皆の力によつて精選されました所の細目が欲しいと思ひます。

選擇の標準が各々の保姆の獨斷にのみよつて定められて行くことは天才でない限り、殊に私共未熟者平凡人にとりまして余りに冒險ではないかと考へられます。

はつきりとした根抵もなく講習で習つて來たからとか、何だかいゝ氣持の歌だからとか、自分が好きだからとか、其處此處に流行してゐるからとか、だけの理由で、保姆自身の自已滿足の爲にのみ取入れたのでは、所謂十人よれば十色とやらで、それが申分のないものばかりなれば別と致しまして余

りに無定見では無いかと考へるのであります。現在行はれてゐますものゝ中には少しくむつかしい物が入つてはゐないでせうか。自ら反省の立場に立つてみましてつく〴〵感じる事でございますが、小學校の教材範圍内には出來る限り浸略しない事を望んでゐ乍ら事實は隨分入りこんでゐます。無邪氣なもの、明確なものをモットーにし乍ら悲哀にみちた短旋法のものが入つてゐることを否めません。歌も曲も振りも子供の生活にピッタリとして申分のないものでも音域はどうか、音程はどうかこの子供達にはこの歌曲がどの程度までに歌ひこなせるものかが問題でございます。

それ故に私はどうしても私共未熟者の爲に指針となるべき細目を要望するものであります。然し與へられた細目は之をそれのみ金科玉條と信じて固守すべきものではなくそれはあたかも吾々の行手を照す羅針盤でありたいと望みます。そこで當然新らしい材料を取入れる場合が起つて參ります。新作のものが發表されたとします、それを幼稚園に入れるか否かについては保姆お互同志が眞劍に之に就いて研究し合ひ討議し合ひ、場合によつては專門家の門を叩く迄の熱があつていゝと信じます。そうして確信を得て後初めて之を子供に與へたいと思ひます。

第二に材料はあれもこれもと慾ばらないことでございます。充分氣分の味へる迄になつてこそ價値があるんではないかと思はれます。第三に年長組と年少組と同じ題材を取入れた場合が往々にしてございます。歌曲は之を正確に歌はせる必要がありますが若し振に於て年少組では少しむつかしい箇所があると云ふ場合その時はその點だけをその歌曲を生かす樣なものでより簡單な動作があれば、やりいゝ樣に子供に與へておき順次子供が進むにつれて完成する方法をとりたいと考へます。

歌曲の振りはすべて園内で統一したいと思ひます、幾色もあつては却つて迷はせて頭を疲らせると思ひます、不安を與へると思ひます。

とりとめもなく申上げましてお恥しう存じます。かうした機會に他市の皆樣から樣々な御意見を承ることの出來ますことは、何よりも私どもの喜びでございます。つまらない話を御靜聽頂きました事を終りにのぞみまして一言御禮申上まして失禮させて頂きます。

神戸市保育會　小澤　ヒサ氏

本表は大阪市保育會提出の『幼稚園に於ける唱歌及遊戯の程度竝に實際につき承りたし』談話題に對する實際上の調査であります。

一、調査參加の幼稚園は神戸、兵庫、楠、信成、會下山、兵庫北部、魚崎、御影、兵庫保育所、清風　雲中、西郷、香

盛、遊嬉園、生田川保育所、枝川保育園、昭和、須磨、播陽、明石女子師範附屬、八幡保育所の二十二幼稚園であります。

二、前記各園に於て現今實際に行はれつゝある唱歌遊戯の中三園以上が採用して居らるゝ分を列記したのに過ぎません。

三、唱歌は四年以上學齢迄の幼兒に於ては餘り區別する必要がない樣に思はれます。長の組に教へた唱歌も幼の組の幼兒がきゝ覺えて自然によく歌つて居ることは皆樣も御同感と存じます。これは唱歌の歌詞が幼兒に理解し易いのと作曲の範圍が幼兒の音域に適して居る爲であるかと思はれます。

四、遊戯は容易くて活動量の多いものが歡迎されて居りますが、少しく複雑なものも亦喜んで覺えやうと力めて居るのを見受けますから時々加へる必要があると思ひます。

五、遊戯のみの部は一々記載せず一例として示したにすぎませぬ。

六、作歌作曲者は出來るだけ取調べましたが、不明の分は白欄としておきました。且つ又間違もあることゝ存じますから何卒御訂正御知らせを願上ます。

唱歌の部

式日の部

題目	歌詞ノ一節	書籍又は講習	作曲、作歌並ニ著者
君が代		祝日唱歌	林廣守曲
勅語奉答	あな尊しな大みこと		中村秋香歌
天長節	今日のよき日は	祝日唱歌	黒川眞賴歌
明治節	今日は十一月三日の朝よ		伊澤修二曲歌
同	亞細亞の東日出づる所	學事類纂	堀澤周安
四方拜	年の始のためしとて	祝日唱歌	千家尊福
紀元節	雲にそびゆる	祝日唱歌	伊澤修二曲 高崎正風歌
保育修了式	汽車よ鳩よこと遊びし友よ		御形師範學校 米野氏
同	妹弟こ可愛がり	教育幼稚唱歌集	
同	小さき吾等によき事を		
春が來た	春が來た〱何處に來た	土川氏講習	
蕾	小さい子〱あなたは何をして居ます		
おひな祭	上の段には内裏樣		

同	今年はうれしい三月三日	土川氏講習	
同	緋の幕うつて	教育幼稚唱歌集	園山民平曲
朝の歌	烏はかあ〳〵泣いてゐる		氏原銀子歌
お早う	父様お早う	創作唱歌遊戯	田中銀之助曲 望月クニ歌
御飯の時	御飯の時間になりました	同	同
御歸りの歌	今日のけいこもすみました	幼稚園唱歌遊戯法	
御休みの歌	今日も一日おもしろかつた	創作唱歌遊戯	田中銀之助曲 望月クニ歌
數へ歌	一つとや	同	同
靜かに歌	靜かにするのは	同	同
つぼめて	つぼめてつぼめて開いて		
指の歌	父様〳〵どこでせう		
頭字遊び	頭に〇の字ついた人	創作唱歌遊戯	田中銀之助曲 望月クニ歌
泣くな子よ	泣くな子よ		
上り目下り目	上り目下り目	日本兒童文庫 童謠曲集	
お日様	あがる〳〵お日様あがる	三市聯合保育會 大阪市提出	
時計	柱の時計はボン〳〵〳〵		
ピアノポン〳〵〳〵		大正幼年唱歌	梁田貞曲
お人形	わたしの人形はよい人形	小學唱歌	
かけつこ	一二三走れ走れ	幼年唱歌一	吉丸一昌
動物園	動物園はおもしろい	三市聯合保育會 京都市提出	
犬はワン〳〵	犬はワン〳〵猫はニヤン〳〵	幼稚園	目賀田萬世吾
お客様	ごめん下さい花子さん	唱歌撰集	

遊戯のみの部

題目	書籍又ハ講習	作曲、作歌並ニ著者
海	土川氏講習	
水兵	同	
くろんぼう	同	
たこ	同	
飛行機	同	
農夫	同	
兵隊あそび	同	
五ツの飛び	同	
チルドレンポルカ	同	
リンゴ取り	同	

ジャンケン	同
私の手私の足	同
かいぐり	同
機織	同
おじき	同
縄とび	同
基本歩調練習	同

競争遊戯の部

椅子とり
輪くゞり
ハンカテ取り
まりあそび
其の他各種

唱歌遊戯の部

春の部

題目	歌ノ一節	書籍又ハ講習	作曲、作歌並ニ著者
春の歌	春が來た〳〵	創作唱歌遊戯	田中銀之助曲 望月クニ歌
春よ來い	春よ來い早く來い	土川氏講習	弘田龍太郎曲 相馬御風歌
花摘み	けふはうれしいよい天氣	關西聯合保育會	名古屋市提出
すみれ	すみれすみれがひら〳〵かくれんぼう		
櫻	櫻が咲いた		小松耕輔曲 葛原幽歌
赤い花白い花	赤い花咲いた白い花咲いた	土川氏講習	中山晋平曲 野口雨情歌
チューリップ	赤いお茶碗チューリップ		田中好太郎
チューリップ兵隊	赤いお帽子青い服		中山晋平曲
お花のトンネル	堤のお花は眞盛り	土川氏講習	梁田貞曲 奥野氏歌
開いた〳〵	開いた〳〵何の花が開いた		
雀と蝶々	雀がゐます柳の枝に	創作唱歌遊戯	三市聯合會提出
蜂	あれ〳〵あそこに	同上	田中銀之助曲 望月クニ歌
かなりや	鳴いてる〳〵高いところで	關西聯合保育會	吉備保育會提出
つばめ	電信線に三四羽の	大正幼年唱歌	小松耕輔曲 葛原幽歌
ひばり	ひばりひばりはうたひ	教育幼稚唱歌	
お蠶	きれいな絲や	創作唱歌遊戯	田中銀之助曲 望月クニ歌
牛	緑の草の野の中に	同上	同上

牧場の羊	牧場の柵に春の日に	土川氏講習	中山晋平曲 西條八十歌
小川のめだか	小川のめだかすくはうか		
もしもめだかに	もしもめだかになれるなら	土川氏講習	中山晋平曲 濱田廣介歌
笹の舟	お庭の池の眞中を	同上	近藤義治
靴が鳴る	お手々つないで	童謠唱歌集	弘田龍太郎曲 清水かつら歌
お米	もみを澤山ゑりわけて	創作唱歌遊戯	田中銀之助曲 望月〃歌

夏の部

蟬	夏が來たかと	創作唱歌遊戯	田中銀之助曲 望月〃歌
蟬	涼しい木かげで	教育幼稚唱歌集	
お玉じやくし	お玉杓子に足が出て	創作唱歌遊戯	田中銀之助曲 望月〃歌
蛙	寒い間は地の中に	同	田中銀之助曲 中村源之進歌
蛙の夜まはり	蛙の夜まはり	土川氏講習	中山晋平曲 野口雨情歌
お池の蛙	お池の蛙はくわつ〳〵〳〵〳〵	幼稚園唱歌	
金魚	お池の中に仲よく遊ぶ		
金魚のひるね	赤いべゝ來た可愛い金魚	日本童謠曲集	弘田龍太郎曲 鹿島鳴秋歌
池の鯉	出て來い〳〵	土川氏講習	
水鐵砲	水を澤山汲んで來て	同	
噴水	お池の噴水おもしろい	同	梁田貞曲 葛原幽歌
海水浴	波は靜かによせてひく	創作唱歌遊戯	田中銀之助曲 望月〃歌
帆かけ舟	下手にろをおしや	同	同
大きな波小さい波	大きな波小さい波	幼兒教育	
海の上	走るは汽船か軍艦か	土川氏講習	
お池のピョン太郎さん		京都市子供の家	
かたつむり	でん〳〵虫虫かたつむり	土川氏講習	
鯉幟	大きな黒い親鯉に	土川氏講習	
端午	大きな口に風をのみ	幼稚唱歌集	
螢	螢來い〳〵飛んで來い	土川氏講習	
夕立	ゴロ〳〵なるのはかみなりよ	土川氏講習	

七月七日けうはうれしい七夕祭
三市聯合保育會　大阪市提出

流れ星　暗いみそらに　土川氏講習　中山晉平曲

お星樣　東の空には青い星　土川氏講習　高澤隆曲　増永耕三歌

星よ出よ/\　星よ出よ/\　土川氏講習　梁田貞曲　葛原幽歌

夕やけこやけ　夕やけこやけで日が暮れて　土川氏講習　草川信曲　中村雨紅歌

蝶　あつい/\夏の日に

蟻の行列　かけ聲そろへて勇しく　理想の唱歌遊戯　佐々木英曲

足のあと　こゝは砂濱砂の上　土川氏講習　中山晉平曲　濱田廣介歌

とうせんぼん花　赤い/\ほうせん花　久保氏講習

秋の部

木の實拾ひ　木の實がたくさん落ちてゐる　膳たけ歌　望月クニ

菊あそび　白い大きな菊の花　三市聯合保育會　神戸市提出

木の葉　どこから來たのか　土川氏講習

落ち葉　散るよ/\　同　梁川貞曲

紅葉　紅い紅葉きいろい紅葉　三市聯合保育會　大阪市提出

へちま　お庭のへちまは可愛いゝな

おどれ/\　をどれ/\風吹くまゝに　土川氏講習

かげふみ　黒いかげほしならんだ　永井幸二

どんぐりころ/\　どんぐりころ/\どんぶりこ　三市聯合保育會　大阪市提出

雁　雁々渡れ　小學唱歌　井澤修二曲歌

稻ほの雀　里の藪から土手の藪から　梁田貞曲

お月さんと遊ばう　お月樣とあそばうかくれんぼしてあそばう　土川氏講習　梁田貞曲

月　出た/\月が　土川氏講習

ころがりお月さん　山のお猿が一寸ちよつかい　土川氏講習

月夜の兎　ぽつたん/\やれつけそれつけ　同　高澤隆曲

兎と狸　兎々白兎　子供の唱歌と遊戯

兎のお耳　兎のお耳はなぜ長い　土川氏講習　梁田貞曲　葛原幽歌

兎よ兎　兎よ兎なぜよくはねる　三市聯合保育會　大阪市提出

鈴蟲　鈴蟲/\ちんちろりん

鈴蟲	蟲が兄弟つれの鈴蟲	土川氏講習	
蟲とり	空にはきら／＼お星樣	創作唱歌遊戯	田中銀之助曲 望月クニ歌
秋の蟲	廣い野原の月夜の晩に	同	同

冬の部

お正月	もういくつねるこ	土川氏講習	
お正月	早く來い／＼		
雪だるま	お庭に出來た		
雪の日	白いおはねのまひ散るやうに	創作唱歌遊戯	田中銀之助曲 望月クニ歌
雪の子	雪やこん／＼あられやこん／＼	土川氏講習	梁田貞曲 内海繁太郎歌
雪	雪が散ら／＼降つて來た		
雪あそび	雪は一升		
ちら／＼雪	ちら／＼雪	獨逸民謡	
あられ	こん／＼／＼／＼	土川氏講習	梁田貞曲 葛原幽歌
雪やこん／＼	雪やこん／＼あられやこん／＼	同	
冬	こん／＼雪降れ風も吹け	同	廣田龍太郎曲
大寒小寒	大寒小寒冬の風	同	
寒い時	寒い時には元氣よく	創作唱歌遊戯	田中銀之助曲 望月クニ歌
風と帽子	寒い寒い風が吹く	創作唱歌遊戯	田中銀之助曲 望月クニ歌
お多福三福	おたふくみふくかぜがふいたらよふく		
たこ	たこ／＼あがれ	土川氏講習	萩原英一曲 茂木由子歌
手毬とたこ	こん／＼手毬の音のかず		
兎がり	これからお山へ兎がり		

雜の部

金太郎	まさかりかついで	小學唱歌文部省
足柄山	足柄山の金時は	
牛若丸	京の五條の橋の上	小學唱歌文部省
一寸法師	指にもたりない一寸法師	
大江山	昔丹波の大江山	小學唱歌文部省
桃太郎	桃から生れた桃太郎	同
桃太郎さん	桃太郎さん桃太郎さん／＼	同

雀のお宿　雀のお宿に日がくれりや　島田氏講習　中山晋平曲
舌切雀　雀々お宿はどこじや
こぶとり爺さん　よい爺さんが奥山で　島田氏講習
浦島太郎　昔々浦島は　小學唱歌　文部省
兎ミ亀　もし〳〵亀よ亀さんよ　小學唱歌　文部省
飛行機　あがる〳〵飛行機
飛行機　僕が造つた飛行機の　土川氏講習
飛行機　鳥にも負けない　創作唱歌遊戲　田中銀之助曲　望月クニ歌
飛行機　プロペラの大きな音して　三市聯合保育會　大阪市提出
飛行機　あれ飛行機がとんで來た　土川氏講習　梁田貞曲
飛行船　がわ〳〵〳〵〳〵音立てゝ
電車　チン〳〵電車が動きます　大正幼年唱歌七
汽車　汽車が通る　文部省
汽車　今は山中今は濱　小學唱歌　文部省
電信柱　汽車の窓から向ふを見れば　新作小學童謡第二　太田黒克彦曲　中山晋平歌

お菓子の汽車　ガツタンコツコ〳〵　童謡新曲　高澤降曲　西條八十歌
進水式　お船が出來た進水しませう　創作唱歌遊戲　田中銀之助曲　望月クニ歌
軍艦　どんな風にもちつとも負けず　子供と唱歌遊戲　水谷式夫
時計　父様時計を買ひました　創作唱歌遊戲　田中銀之助曲　望月クニ歌
時計　カチ〳〵〳〵柱の時計　三市聯合保育會
蓄音機　箱の中から聲が出る　土川氏講習
ラヂオ　屋根の上にはアンテナかけて　創作唱歌遊戲　田中銀之助曲　望月クニ歌
撲は軍人大好きよ　僕は軍人大好きよ
日本の兵隊さん　戰に負けない日本の兵隊さん　兵隊さん　瀧廉太郎曲　氏原銀子歌
進軍　トトトトトトタタタテトテトタ　梁田貞曲
進軍ゴツコ　トトトテチテタツタ　土川氏講習　梁田貞曲
兵隊ゴツコ　熊笹ホイサツサ　童謡小曲集第十三　中山晋平曲
樂隊遊び　太郎さん次郎さん皆おいで
戰爭遊び　戰爭ごとしませう　創作唱歌遊戲　田中銀之助曲　望月クニ歌
名乘遊び　もし〳〵どなた　創作唱歌遊戲　田中銀之助曲　望月クニ歌

ボートレース	イザコゲ〳〵	三市聯合保育會	大阪市提出
撲のうた	僕は大層丈夫です	土川氏講習	
ペス〳〵	ペス〳〵こい	三市聯合保育會	京都市提出
猫の子	猫の子小猫		
馬	馬は大さうかしこくて		
お馬	お馬ヒン〳〵パカ〳〵とぶよ		澄宮殿下御歌
馬	お馬ごう〳〵はいどう〳〵		
猫のちゑ	此頃鼠がかしこくて	創作唱歌遊戯	田中銀之助曲 望月クニ歌
お山の猿	お山の猿はまりがすき	童謠曲集	鹿島鳴秋曲 廣田弘太郎歌
親子猿	親さる子さる親子ざる	島田氏講習	
熊をどり	昔し〳〵	表情遊戯	青木茂
鼠の兵隊さん	ねずみの兵隊さん	島田氏講習	
動物園で	象さんお鼻にリボンをつけて	土川氏講習	中山晋平曲 西條八十歌
鸚鵡	鸚鵡さんにお父さんとお母	創作唱歌遊戯	田中銀之助曲 望月クニ歌
雀	雀々今日もまた		
こけつこう	こけつこうこけつこよ〳〵	土川氏講習	中山晋平曲 北原白秋歌
はとぽつぽ	ぽつぽつぽ	小學唱歌	文部省
フクロ	大きな目を持ちながら	創作唱歌遊戯	田中銀之助曲 望月クニ歌
ひよこ	ひよこ〳〵ひよこ	小學唱歌	文部省
宿かへ	兎々(何にてもよし)お宿をかはらふ	創作唱歌遊戯	田中銀之助曲 望月クニ歌
人形遊び	人形うりませう	同	同
子供遊び	誰々さん旗たてゝ	同	同
鬼さんこちら		土川氏講習	
シャボン玉	シャボン玉とんだ	童謠小曲集第十二	中山晋平曲
赤いお靴	小さいお山に登りませう	土川氏講習	
千代紙	赤い千代紙何おりませう	コドモノ國	室崎琴月曲
チョコレートの唄	チョンチョンチョンチョコ〳〵チョコレート	土川氏講習	
チョコレート	ぎん〳〵坊主チヨコレート	土川氏講習	大和田愛羅曲 秋原得子歌
しやぼん玉	フワ〳〵〳〵〳〵シヤボン玉ふきませう	創作唱歌遊戯	田中銀之助曲 池田榮歌
南京玉	どの玉つなご	童謠小曲第四	中山晋平曲 野口雨情歌
ブランコ	ブランコブランコ〳〵	土川氏講習	

お手々をたゝけ	お手々をたゝけみんなで揃つて		
キユーピー／＼	キユーピーさん	島田氏講習	
かくれんぼ	見えた／＼	土川氏講習	M W曲 野口雨情歌
まがりかど	太郎さんがかけて來た	土川氏講習	宝崎琴月曲 倉橋惣三歌
さよなら	お山がくれた野がくれた	土川氏講習	中山晋平曲 西條八十歌
ごもん	いそいでくれば	同	
家造り	こゝのお山を切り開き	創作唱歌遊戯	田中銀之助曲 望月クニ歌
小鳥の學校	こゝは小鳥の學校で	同	同
大きなお日樣	大きなお日樣眞赤いな	土川氏講習	萩原美一曲 茂木由子歌
雨だれぽつりさん	軒端にならんだ	土川氏講習	芝祐泰曲 いづみ歌
ふき上げる	ふき上げる／＼土の下から	同	中山晋平曲
日の丸の旗	白地に赤く	小學唱歌	文部省
相撲	土俵が出來た	幼稚園	日賀田萬世吉
てん／＼てつなぎ	てん／＼てつなぎ	世界音樂全集十一	宮原禎次曲
千代田のお城	千代田のお城の鳩ぽつぽ	世界音樂全集十一	藤井清水曲 野口雨情歌
夕日	銀々ぎら／＼夕日がしづむ	同	宝崎琴月曲
犬	外へ出る時飛んで來て	土川氏講習	文部省
おはよう	東の山にお日樣のぼつて	童謠新曲	葛原幽曲
かけつくら	一二三白勝つやうに	保育會	
郵便屋さん	郵便屋さん／＼	三市聯合保育會	大阪市提出
お山の向ふ	お山に鬼がゐさうな	創作唱歌遊戯	田中銀之助歌 望月クニ曲
其の時々	大きい風の吹く時は	同	同
てまり	くる／＼／＼てまりがまわる	同	同

大阪市保育會　杉　千代氏

皆樣から御懇に御示教頂きまして誠に有り難う御座いました。今後は折角と此頂きました貴重なる資料を參考として、出來る丈け園兒達に適合した者を與へたいと存じます。

大阪市に於きましても、御示教を仰ぐ迄に一應考へを纏めさせて頂くことが必要と存じまして、此表を作りました。固より御用にも立ちますまいけれども、序を以て此處に出させて頂きます。

唱歌遊戯保育要目

（大阪市保育會）

年少兒用

月別	題目	調子	拍子	音域	出所
四月	一、天長節				
	一、君が代	ハ調	4/4	・ニ―ハ	林廣守氏作曲
	一、汽車（汽車が通ろ）	ト調	4/8	・ニ―ト	幼稚園唱歌集蝶々の曲、氏原銈氏作歌
	一、鳩ぽつぽ	ヘ調	4/4	・ニ―ハ	幼稚園唱歌（共益商社書店發行）
	一、結んで	ハ調	2/4	・イ―ハ	創作唱歌と遊戯（保育研究會發行）
	一、開いた	ハ調	2/4	・ニ―ホ	ピアノ小曲信時潔氏作
	一、赤い花（てれ〱おてんとさん）	ヘ調	4/4	・ハ―ニ	子供の唱歌と遊戯、及幼兒の舞踊
	×一、鬼ごと				
	×一、毬拾ひ				
五月	一、金太郎	ヘ調	2/4	・ニ―ハ	幼年唱―初編上巻
	一、ボート	ヘ調	4/4	・ニ―ニ	小學唱歌（霞か雲かの曲）
	一、鯉幟り（大きな黒い）	ト調	2/4	・ニ―ト	幼稚園唱歌（共益商社書店發行）
	一、桃太郎（桃太郎さんのお伴には）	ト調	2/4	・ニ―ニ	右同
	一、雲雀	ヘ調	2/4	・ニ―ハ	三市聯合保育會雜誌第二十五號
	一、舌切雀（雀々お宿はどこか）	ヘ調	2/4	・ニ―ハ	幼稚園唱歌集　スズメの曲
	一、お池の蛙	ト調	2/4	ロ―ニ	幼稚園唱歌（共益商社書店發行）
	一、お池の金魚	ト調	2/4	ロ―ニ	大阪市保育會作（右ノ曲使用）
	◎一、かいぐり				

月	曲名	調	拍子	音域	出典
六月	一、鬼さん	ヘ調	4/4	イ—ハ	土川五郎氏講習
	一、飛行機	イ調	2/4	・ハ—ハ	大正幼年唱歌第一集
	一、朝顔	ヘ調	2/4	・ハ—ニ	大阪市久寶幼稚園作
	一、宿がへ	ニ調	2/4	・ニ—ニ	創作唱歌と遊戯（保育研究會發行）
	一、水鐵砲	ト調	2/4	・ニ—ニ	幼稚園唱歌（共益商社書店發行）
	一、海の上	ヘ調	2/4	・ニ—ハ	幼稚園唱歌（共益商社書店發行）
	一、螢（螢來い〳〵とんで來い）	ニ調	2/4	・ニ—ニ	唱歌幼稚園（開成館發行）
	一、金魚のひるね	ヘ調	2/4	・ニ—ハ	童謠曲譜集お山のお猿（小學新聞社發行）
	×一、トロッコひき				
七月	一、雀の子	變ロ調	4/4	・ホ—ハ	未詳
	一、夕立	ト調	2/4	・ニ—ニ	幼稚園唱歌（共益商社書店發行）
	一、とうせんぼ	ニ調	2/4	・ニ—ニ	律動的表情遊戯の歌曲（北原白秋氏歌弘田龍太郎氏曲）
	一、電車	ヘ調	2/4	・ハ—ハ	大正幼年唱歌第七集
	一、ブランコ	ト調	2/4	ロ—ホ	大正幼年唱歌第二集
	×一、貝拾ひ				
	×一、樂隊				
九月	一、ペス〳〵來イ〳〵	ヘ調	2/4	・ハ—ハ	三市聯合保育會
	一、雁（雁々わたれ）	ヘ調	2/4	ト—ニ	三市聯合保育會雜誌第二十二號
	一、お遊び（長い積木は汽車ですよ）	ニ調	2/4	ロ—ニ	三市聯合保育會第四十八回
	一、兎（兎よく〳〵なぜよく見える）	ハ調	2/4	・ハ—ハ	三市聯合保育會雜誌第二十二號
	一、お月樣（お月樣えらいな）	ヘ調	2/4	・ニ—ハ	幼年唱歌初編中卷
	◎一、りんご取り				

十月

一、明治節	ニ調	2/4	・ニ——ニ	創作唱歌と遊戯（保育研究會發行）
一、おてゝを叩け	ヘ調	2/4	・ニ——ハ	三市聯合保育會雜誌第十七號
一、お馬（お馬どう〳〵はいどう〳〵）	ニ調	2/4	・ニ——ニ	子供の唱歌と遊戯（大倉書店）
一、飛行船	ハ調	2/4	・ハ——ハ	三市聯合保育會雜誌第十七號
一、上ろ〳〵お日様	ハ調	2/4	・ハ——ハ	かはいゝ唱歌二（教育商社）
一、どん栗ころ〳〵	ト調	2/4	・ニ——ニ	幼稚園唱歌（夕立の曲に同じ）
一、秋の庭				
×一、豆嚢送り				

十一月

一、こぶとり	ニ調	2/4	・ホ——ニ	子供の唱歌と遊戯
一、猫の子	ト調	2/4	・ハ——ロ	幼稚園唱歌（共益商社書店發行）
一、キューピーサン	ニ調	2/4	・ハ——ニ	戸倉ハル氏講習會
一、朝（烏はカア〳〵）	ヘ調	2/4	・ニ——ハ	多梅稚氏作曲、氏原鋹氏作歌（鐵道唱歌集）
一、かくれん坊	ハ調	2/4	・ハ——ハ	大正幼年唱歌 一集
一、紅葉	ヘ調	2/4	・ニ——ハ	三市聯合保育會雜誌第三十四號
一、菊と紅葉	ト調	4/4	・ニ——ニ	幼稚園唱歌（共益商社書店發行）（但紅葉の歌は大阪市西區保育會作）
◎一、ジャンケン				

十二月

一、一月一日	ヘ調	4/4	・ハ——ハ	幼稚園唱歌（共益商社書店發行）
一、お正月（もういくつねると）	ヘ調	2/4	・ハ——ハ	未詳
一、餅つき	ヘ調	2/4	・ニ——ヘ	幼稚園唱歌（共益商社書店發行）
一、風車（奴凧）	イ調	2/4	・ハ——ハ	未詳
一、白兎				
◎一、スキップ				

月	曲名	調	拍子	音域	出典
一月	一、紀元節				
	一、みかん賣り	ニ調	2/4	・ニ—ニ	未詳
	一、雪やこんこん	ハ調	2/4	・ハ—ハ	幼稚園唱歌（共益商社書店發行）
	一、だるま（あかいべべきた）	ヘ調	2/4	・ニ—ニ	唱歌幼稚園（開成館發行）
	一、僕は軍人	變ロ調	2/4	・ニ—ニ	創作唱歌と遊戯（保育研究會發行）
	一、お正月になりました	ト調	2/4	・ニ—ニ	幼兒唱歌下氏原氏作歌（花咲翁の曲）
	一、小さい子	ニ調	2/4	・ニ—ニ	幼稚園唱歌
	◎一、お辭儀				
	◎一、出してひつこめて				
二月	一、鶏	ヘ調	2/4	・ハ—ハ	創作唱歌と遊戯（保育研究會發行）
	一、名のり遊び	ヘ調	2/4	・ハ—ヘ	右同
	一、首ふり人形	變ロ調	2/4	・ヘ—ヘ	右同
	一、角力人形	ト調	2/4	・ホ—ニ	小供のくに昭和三年一月號
	一、頭字遊び	ヘ調	2/4	・ニ—ヘ	創作唱歌と遊戯（保育研究會發行）
	×一、椅子取り				
三月	一、未修了兒の歌	ハ調	2/4	・ハ—ホ	教育幼稚園唱歌集（開成館發行）
	一、おひなさま	ト調	2/4	・ニ—ニ	幼年唱歌 初編下卷

年長兒用

月別	題目	調子	拍子	音域	出所
四月	一、天長節				
	一、赤い花白い花	ト調	4/4	・ホ—ニ	野口雨情氏作歌、中山晋平氏作曲
	一、僕のうた	ト調	2/4	・ニ—ニ	遊戯の歌と曲（土川五郎氏）
	一、雲雀はうたひ	ト調	4/4	・ニ—ニ	幼稚園唱歌（共益商社書店發行）
	一、雀と蝶々	ニ調	2/4	・ニ—ニ	三市聯合保育會雜誌第十七號
	一、櫻が咲いた	ヘ調	2/4	・ニ—ハ	大正幼年唱歌 第一集
	一、牛（緑の草の）	ヘ調	2/4	・ハ—ハ	創作唱歌と遊戯（保育研究會發行）
	一、汽車（これから一緒に）	ヘ調	2/4	・ハ—ハ	三市聯合保育會
	一、かなりや	ニ調	2/4	・ニ—ニ	戸倉ハル氏講習會
	◎一、手拍子				
	◎一、つまさきかがと				
	×一、大毬送り				
五月	一、加藤清正	ハ調	2/4	・ハ—ハ	子供の唱歌と遊戯（眞島水谷兩氏作）
	一、大きなお日様	ハ調	4/4	・ニ—ハ	をさなごのうた（教文書院發行）
	一、日本男兒（我等は日本男兒なり）	變ロ調	2/4	・ニ—ハ	出所不明
	一、おかひこ	ト調	2/4	・ニ—ニ	創作唱歌と遊戯（保育研究會發行）
	一、相撲（土俵が出來た）	ヘ調	4/8	・ニ—ホ	唱歌幼稚園（目賀田萬世吉氏作）
	一、桃太郎（桃から生れた）	ハ調	2/4	・ハ—ハ	幼年唱歌初編上卷
	一、端午（大きな口に風をのみ）	ニ調	2/4	・ニ—ニ	教育幼稚唱歌集（大阪開成館發行）
	◎一、兵隊遊び				
	◎一、馬				
	×一、電車遊び				

六月	一、めだか	ニ調	2/4	・ニ—ニ	教育幼稚唱歌集（開成館發行）
	一、螢（ホ・ホ・ホタル來イ〳〵）	ハ調	2/4	・ハ—ハ	幼稚園遊戯（フレーベル館發行）
	一、蟻（あつい〳〵）	ニ調	2/4	・ニ—ニ	教育幼稚唱歌集（開成館發行）
	一、蛙（寒い間は地の中に）	ニ調	2/4	・ホ—ニ	創作唱歌（保育研究會發行）
	一、七夕祭	ハ調	2/4	・ハ—ニ	三市聯合保育會雜誌五十一號
	一、雨（ミル〳〵）	ヘ調	2/4	・ニ—ヘ	右同 二十三號
	一、朝顔	ハ調	4/4	イ—ハ	幼稚園遊戯（フレーベル會發行）
	一、お米	イ調	2/4	・ハ—ハ	創作唱歌と遊戯（保育研育會發行）
	一、噴水	ヘ調	2/4	・ニ—ハ	大正幼年唱歌二集
	◎一、水兵				
	◎一、スケーチング				
	×一、達摩落し				

七月	一、浦島太郎	ヘ調	4/4	・ニ—ハ	子供の唱歌と遊戯（大倉書店發行）
	一、蟬	ハ調	2/4	・ニ—ハ	創作唱歌と遊戯（保育研究會發行）
	一、蜻蛉（トンボ〳〵〳〵）	ト調	2/4	・ホ—ヘ	小學唱歌
	一、星のおどり	ヘ調	4/4	・ニ—ヘ	增井耕三氏作歌、高澤隆氏作曲
	一、笹の舟	ニ調	2/4	・ニ—ニ	日本幼年唱歌
	一、海水浴	ハ調	2/4	・ニ—ハ	創作唱歌と遊戯（保育研究會發行）
	一、軍艦	ト調	2/4	・ニ—ニ	三市聯合保育會雜誌第三十四號
	◎一、チルドレンホルカ				
	×一、輪抜け				

月	曲名	調	拍子	音域	出典
九月	一、お月様遊ぼう	ハ調	$\frac{2}{4}$	・ニ―ヘ	律動的表情遊戯の歌曲
	一、月夜の兎	變ロ調	$\frac{4}{4}$	・ニ―ニ	鳥澤隆氏作曲、修身お伽の歌
	一、雁々（雁々とんで来た）	ハ調	$\frac{4}{4}$	・ニ―ハ	新作幼稚園唱歌
	一、虫の楽隊	ヘ調	$\frac{2}{4}$	・ハ―ハ	三市聯合保育會雜誌第十八號
	一、かち／＼山	ニ調	$\frac{4}{4}$	・ホ―・ニ	子供の唱歌一の巻
	一、かたつむり（お庭の竹に）	ト調	$\frac{2}{4}$	・ニ―ニ	三市聯合保育會雜誌第二十五號
	◎一、月				
	◎一、野球				
	◎一、キユーピーサン				
十月	一、明治節				
	一、日本の兵隊さん（戦にまけない）	ヘ調	$\frac{2}{4}$	・ニ―ハ	創作唱歌と遊戯（保育研究會發行）
	一、親子猿	ニ調	$\frac{2}{4}$	・ニ―ニ	幼兒舞踊（島田豊氏）
	一、星よ出よ／＼	ハ調	$\frac{2}{4}$	・ハ―ニ	表情遊戯の歌と曲（土川五郎氏）
	一、コケツコー（雞ないて夜があけた）	ヘ調	$\frac{2}{4}$	・ニ―ハ	をさなごの歌
	一、コスモス	ハ調	$\frac{2}{4}$	・ハ―ニ	唱歌撰集
	一、籠の虫	變ロ調	$\frac{2}{4}$	・ハ―ホ	教育幼稚唱歌集（開成館發行）
	◎一、菊				
	◎一、農夫				
	×一、バスケツトボール				

十一月	一、お山の鬼	ロ調 ハ・ヘ變	4/8 2/4	・ホ―ハ	創作唱歌と遊戲（保育研究會發行）
	一、をどれ	ニ調	2/4	・ニ―ニ	律動的表情遊戲（倉澤氏作歌・小山氏作曲）
	一、三羽の雀	ヘ調	2/4	・ハ―ハ	ベビー唱歌一卷
	一、まがりかど	ホ變調	2/4	・ホ―ロ	幼兒教育第二十六卷四號
	一、進軍	ヘ調	2/4	・ニ―ハ	大正幼年唱歌第十集
	一、風にはつば	ヘ調	2/4	・ハ―ニ	三市聯合保育會第三十一回
	一、駈くら	ハ調	2/4	・ニ―ハ	をさなごのうた
	◎一、針に糸をつけて				
	◎一、紅葉狩				
	◎一、おいてきぼり				
	×一、俵運び				
十二月	一、一月一日				
	一、冬	ニ調	2/4	・ニ―ニ	幼兒教育二十六卷十號
	一、年の暮	ト調	2/4	・ニ―ニ	教育幼稚唱歌集（開成館發行）
	一、凧（たこ〳〵あがれ）	ヘ調	2/4	・ニ―ハ	をさなごのうた
	一、まひ凧	ニ調	4/4	・ニ―ニ	三市聯合保育會
	一、ヤツチンさん	ヘ調	2/4	・ハ―ニ	右同
	◎一、飛行機				
	◎一、五つのとび				
	◎一、凧				

一月	一、紀元節	ヘ調	$\frac{2}{4}$	・ニ—ハ	幼年唱歌初編中卷
	一、大寒小寒	ハ調	$\frac{4}{4}$	・ハ—ハ	三市聯合保育會雜誌第十七號
	一、雪遊び（雪八一升）	ト調	$\frac{2}{4}$	・ニ—ニ	初等教育・童謠五十曲集（初等教育研究會發行）
	一、花咲爺	ヘ調	$\frac{2}{4}$	・ニ—ハ	大正幼年唱歌八集
	一、あられ	ハ調	$\frac{2}{4}$	・ニ—ハ	三市聯合保育會
	一、てまり（白いからだに着るものは）				
	◎一、仲よし				
	◎一、風船と毬				
	×一、置換競走				
二月	一、梅の花	ニ調	$\frac{2}{4}$	・ニ—ニ	幼年唱歌初編下卷
	一、人形（きれいな櫻の花よりも）	ヘ調	$\frac{2}{4}$	・ニ—ヘ	創作唱歌と遊戯（保育研究會發行）
	一、とんび	ニ調	$\frac{2}{4}$	・ニ—ニ	教育幼稚唱歌集（開成館發行）
	一、雛祭り	ヘ調	$\frac{2}{4}$	・ニ—ヘ	大正幼年唱歌　第九集
	一、木馬	ニ調	$\frac{2}{4}$	・ホ—ロ	初等教育童謠五十曲集（初等教育研究會發行）
	一、春よ來い	イ調	$\frac{2}{4}$	・ハ—ホ	相馬御風詩、弘田龍太郎氏曲
	◎一、まはれまはれ				
	◎一、縄とび				
	◎一、輪遊び				
	◎一、雛燕				
三月	一、修了の歌	變ホ調	$\frac{4}{4}$	・ハ—ロ	教育幼稚唱歌集（開成館發行）
	◎一、ミリタリーマーチ				
	◎一、黒坊				
	◎一、旗體操				

備考　◎印は律動遊戯
　　　×印は競技

午前十一時四十分午前中の行事終了す
議長は零時四十分に午後の部開始の豫定を告ぐ稍時刻おくれて一時十分午後の部研究發表開始さる
大阪市役所岡視學課長代りて議長となる

● 研究發表

幼兒の興味型及び本能活動

名古屋市保育會　大橋　智應氏

一、序　言

我々の毎日携はつて居ります幼兒教育の効果を一歩でも大ならしめ様とすれば其の對象である幼兒其の者の個性の觀察を充分に誤らない様にすると言ふ事が一番大切であると言ふ事は皆様もよく／＼御存じの事であり、又色々の方法を以て其の個性を充分に知つて一人々々の指導を誤らない様にと、きつと努力されて居らるゝ事と存じます。

私達も常にこうした心持ちから何とかして幼兒そのものゝ個性をあらゆる方面に對して出來るだけ精密な觀察を行ひ其の澤山の性能の測定と言ふ事によつて幼兒の個性的特色を明かにし、それに基き個別的指導の理想を具體化しなければならぬ、この意味に於て幼兒の個性を測定する確實な心理學的な方法を標準化することが極めて大切な問題であると言ふ信念の下に幸この方面の專門的研究機關であります。愛知縣兒童研究所の指導を受ける好機を得ました事を機會に其の第一歩として、昨年本大會に報告しました幼兒の言語發達の檢査法の標準化を行つたのでありますが、本年は其の第二歩として、こゝに報告します、幼兒の興味型及び本能活動の檢査及び觀察すべき標準的方法を確立することを企てるここにより其の立案及び結果の處理法等については、愛知縣兒童研究所長石川七五三《シメジ》二先生の專門的御指導を仰ぎ、此の研究が實際的効果は勿論、學問的價値から見ても相當重要な意義あるものと信ずるのであります。

二、興味型檢査の標準化

1、檢査問題の選定

幼兒の興味の方向を如何に分類したればよろしきかは色々議論の有る所で有ますけれど幼兒が其の生命活動の全體を傾けて引つけられ又憧れる所が即ち興味、興味の對照であると言ふ意味におきまして、結極興味の方向は幼兒の生命活動の全體的活動の方向と見てよいと思ひます。言ひ換へれば生命が其の値を認めてその愉快とする感情を差向ける方向が取りもなほさず興味の方向となるものでありますから生活形式から觀た生命活動の諸方向を分類する教育指學の中で最も妥當

だとされてゐるドイツの教育哲學者シュプランガーの六つの生活形式論を此の度の興味型分類の根本觀念とし、それに特に活動的興味を加へた七ツが此の度の興味型の種類となり、その各方向に就きましても成るべく幼兒が日常の生活に於て經驗して居る具體的內容を取り入れることを以て檢査問題選定の根本條件としました。

七つの興味型と申しますと御手許に配付して有ります印刷物中にもあります通り、理論型、經濟型、權力型、審美型、社會型、宗教型、活動型の七つですが、先づ各々の興味型に取り入れる實際の問題を各十五問題宛、合計百五問題考案しまして、名古屋市保育會の會員が各々方向に於ける十五問題の興味の强さを一番から十五番までそれ〴〵しるしを附け、それを全會員の平均順位によりまして各方面に於ける十五番の興味の强さ、最後の値を決定する事にしました其の結果の內適當と思はれる十問題だけ選擇しそれを各方向の一番から順次に採入れそれを第一類、第二類、第三類と皆樣の御手許にある問題の樣に組分けしまして第一類には理論的興味の最も强い問題と他の各方向の興味を起させます、最も强い問題七個だけ採入れて居り第二類には各方向における第二位の强さのもの丶興味が七個合はして居りまして同樣にして第十類は最も興味の程度の低い薄い問題のみがそれ〴〵七つの方向を代表して一個宛合計七個合はして居るわけであります。こうして選拔されました檢査問題が即ち別紙の興味型檢査問題であります。

次に

2、被驗者及び檢査方法

此の度の檢査法の標準化に用ひました被驗者は名古屋市保育會加盟幼稚園の園兒千百餘名で其の委しい事は別表得點代表組員欄に示されてあります。檢査の方法は別紙檢査施行要領に示されてある通りで大體申上げますと各類毎に興味の强さの略々同等な問題が他の六個の興味の方向と必らず一度づゝ比較されますと言ふ最合理的な檢査法を取つたと言ふ事が此の度の研究の方法上の一特色であります。

檢査問題の進み方は別紙興味型檢査票の左側の表にあります前問の番號と後問の番號とによればよいのでありますから其發問の順序を謬る樣な處はありません。

3、結果の處理及其考察

こうして得られました檢査結果を施行要領に示された方法によりまして興味檢査表の得點欄に記入致します、各興味型による一人〳〵の合計得點を計算し次に標準化の過程を辿るのであります。即ち男女別と三ケ月目毎の年齡別との二つの方針に基きまして年齡上からは九つの群團それが姓別上からは又二つの群團に別れますから合計十八團に別れます其の群

園に於て各興味型ごとに其の得點の代表値即ち平均點と標準錯差とを算出しなければならないのであります。この複雑な計算の結果出されました年齢別男女別興味別の得點代表値百二十六個同じく標準差百二十六個は別表に示されて居ます。この得點代表値を一回の修正によつて觀察しやすい發達曲線によつて表はしたものが其のグラフです、これによつて見れば何様な檢査法によつて行はれた幼兒の興味の發達には色々興味ある問題が案示されて居ます、其の詳しい事は時間の都合上申上げ兼ねますが、一ツ、二ツに依つて考察して見ますれば年齢的變化の著しい興味の方向は活動的興味審美的興味であつて前の二者は其の發達の傾向を等しく四才九ケ月前後に於て最も高い所に達し其の後年齢の進むに從つてこれらの興味が減退しこれに反して宗教的興味は年齢にしたがつて次第に增進する傾がある、更に男女の差異によつて考察して見ますと權力的興味、活動的興味は最も著しい特色を示し男子は常に優越を示して居ます。これに反して女子は審美的興味、社會的興味が著しく優越する傾きを示して居ます。

4、標準の確立

右の得點代表値と標準錯差とは各個人の興味の方向による特色を測定します、標準的尺度となるものであつて我々は其の標準に依つて幼兒の個性の重なる方向を測定する第二の尺度を與へられたものであつて其標準尺度の使用法を簡單に説明して見ますと、或幼兒を檢査しその結果七つの方向による合計得點を示し、次に右の標準に照して其の幼兒の優劣の程度をきめるのである、それにはその幼兒の滿年齢に依る代表値と標準錯差との關係から優劣の程度を示し、錯差點數を出さなければなりません。

例へば滿五年六ケ月の男子が理論的興味の合計得點に於て三十八點とすればこの年齢及び代表値及標準錯差は別表の滿五年五ケ月——七ケ月迄と言ふ一欄にあります、三十一點及び五點でありますから、其の子供の得點三十八點から、代表値の三十一點を引きその差の七を標準錯差の五で割り、これを十倍して十四を得これに五〇を加へて六十四點を得ます故に、この六十四點がこの子供の優劣を示す最後の錯差點數であります、之を別表に照し合せますと錯差點數五十五乃至六十四の段階に居るが故に、之の子供は理論的興味は普通の上の段階にゐると言ふ事が明らかにされます、斯様に錯差點數は何時でもその子供の得點から年齢代表値を引き去り、それを年齢の標準錯差で割つたものを十倍しそれに、五十を加へて算出するのであります。

三、本能活動の觀察

時間上詳しい觀察方法を述べます事は出來ませんが大體に恐怖本能と宗教的興味——同情本能と社會的興味——好奇本能と理論的興味と最も關係深く、爭闘本能と權力的興味、差

恥本能と審美的興味、蒐集本能と經濟的興味と多少の關係あることは、明らかに示されてありますが今一つ第二の研究によつて完成しようと思ひます。

四、結　論

色々長く御話申しまして御分りにくい點も澤山御有りの事と存じますが此の度のこの研究に依つて、幼兒の興味の標準尺度を拵へたと言ふ事と本能と興味とは大變關係深く、此の後保育上特に個性觀察と個別的指導の爲めに利用する點が少くないと存じます。

御不審の點は名古屋市保育會宛御問合せ下さいませ。

幼兒の興味型及本能活動の統計的研究

名古屋市保育會

一、序　言
二、興味型檢査法の標準化
　1、檢査問題の選定
　2、被驗者及び檢査方法
　3、結果の整理及び考察
　4、標準の確立
三、本能活動觀察法
　1、條件的觀察（本能檢査法）
　2、自然的觀察
　　イ、家庭の觀察記錄法
　　ロ、保姆の觀察記錄法
　3、結果の綜合
四、興味型及び本能活動の關係
五、結　論

興味型檢査問題（名古屋市保育會昭和五年度研究資料其三）

【第一類】
1、珍しいお話を澤山覺えること
2、お金を澤山頂くこと
3、皆の前で先生にほめられること
4、ピアノやオルガンの音を聞くこと
5、赤ちやんを可愛がつて抱いて上げること
6、毎朝神樣や佛樣を拜むこと
7、汽車に乘ること

〔第二類〕
2、おいしい御馳走を澤山頂くこと
3、かけつこして一等賞になること
4、美しい夕燒けの空をながめること
5、多勢のお友達と仲良く遊ぶこと
6、佛樣にお花を供へること

7、遠足に行くこと
1、動物園へ行つていろ〳〵の動物を見ること

【第 三 類】

3、からだが丈夫だといつてほめられること
4、お月様を眺めること
5、小さな子供が路で轉んで泣いてゐるのを起して上げること
6、お正月に神社にお參りすること
7、自動車に乘ること
1、汽車や汽船の中にあるいろ〳〵の器械を見せてもらふこと
2、立派なお家に住むこと

【第 四 類】

4、ピアノやオルガンを自分でひいてみること
5、雨降りに傘を持たずにぬれてゐる子供を自分の傘に入れて上げること
6、困つた時神様や佛様に助けて下さいとお願すること
7、山に登ること
1、壞れた玩具の電車や自動車を自分で直して見ること
2、貯金を澤山ふやすこと
3、唱歌が上手だといつてほめられること

【第 五 類】

5、人から道を聞かれた時親切に教へて上げること
6、御飯を頂く時神様にお祈りすること
7、水泳ぎをすること
1、新しい文字を澤山教へて頂くこと
2、繪本を澤山買つて頂いてしまつておくこと
3、戰爭ごつこで大將になること
4、きれいな花を見ること

【第 六 類】

6、お宮の前を通る時お辭儀すること
7、まりなげをして遊ぶこと
1、繪本を見ていろ〳〵の鳥の名前を覺えること
2、立派な洋服を澤山買つて頂くこと
3、繩とびをして勝つこと
4、好きな唱歌を歌ふこと
5、水が足らなくてしほれてゐる草花に水をかけてやること

【第 七 類】

7、繩とびをして遊ぶこと
1、海の底にどんな動物がゐるか先生にお尋ねすること
2、どんぐりを澤山拾つてしまつておくこと
3、相撲をとつて勝つこと
4、面白い唱歌を聞くこと
5、電車に乘る時順番に乘ること
6、獨り靜かに神様のことを考へること

【第 八 類】

1、シヤボン水を自分で上手に作つてシヤボン玉を飛ばしてみること

2、鉛筆を他の人より澤山持つてゐること
3、列を作つてお並びする時一番先に立てゝもらふこと
4、粘土細工で自分の好きなものを作ること
5、路に落ちてゐるガラスのかけらを危くない所にのけてやること
6、夕日の沈むのを見て獨りでお祈りすること
7、かけつこすること

【第九類】

2、お菓子を他の人より澤山頂くこと
3、自分のお父さんは偉んだぞといつて皆に威張つてやる事
4、自分の好きな繪をかくこと
5、汗を流しながら重い荷物をひいて通る馬に水を飲ませて上げること
6、神樣や佛樣の繪を見ること
7、ブランコやすべり臺に乘つて遊ぶこと
1、お友達のお話の間違つてゐる所を直して上げること

【第十類】

3、女中を澤山使つて自分のことをやらせること
4、お話を自分で作つてみること
5、道端に落ちて弱つてゐる小鳥を親切にいたはつてやる事
6、お寺で坊さんのお經をきくこと
7、木登りをすること
1、數を澤山數へられるやうになること
2、とんぼを追ひかけてつかまへること

興味型檢査法施行要領

（名古屋市保育會昭和五年度研究資料二）

一、準備

（1）『興味型檢査表』の右表に氏名其他必要事項を豫め記入して準備。（2）興味型檢査問題。（3）鉛筆一人につき二本宛。（4）興味型檢査票左表（兒童の解答記入表）の第一類表を板書しておく。

二、方法

（1）團體檢査法による。不能者だけは特に個人檢査法を行ふ。成るべく机一脚一人宛として着席せしめ隣同志見合ひ話合ふ機會を與へないやうにする。（2）目的指示（皆の好きなことを尋ねるから先生の云ふことをよく聞いてまちがひないやうに書くべきことを話す）。（3）興味型檢査票と鉛筆とを配布する。（4）方法說明－第一類の檢査問題に就いて實際のやり方を說明する。『これから皆さんに二つの好きさうな事をお話して、そのうちのどつちが一番好きかと尋ねますからよく聞いてゐて、自分の好きな方をきめるのです。それでは尋ねますよ『珍しいお話を澤山覺えること』と『お金を澤山頂くこと』とどつちが好きですか。自分の好きな方をちやんと覺えておくのですよ。では先に尋ねた『珍しいお話を澤山覺える』方が好きだと思ふ人手を上げなさい。今手を上げた人は先生が先に尋ねた事の方が好きなのですからこゝの（檢査票左表第一類の表を指す）かういふ所（板書の前問1の欄の後問

2の行を指す）にある二つの四角の中で點々の線の上にかういふ風に○を書入れるのです。（板書して示す）さあ自分で入れてごらんなさい。今手を上げなかつた人は默つてゐるのですよ。』机間巡視。記入法の誤れる者を正す。壇上に戻る。『それでは今度はさつき先生が後から云つた方の『お傘を澤山頂く』方が好きだときめておいた人は手を上げなさい。その人達はこゝ（板書の前問1後問2の間の空欄を指す）の點線の下に四角にかういふ風に○を入れるのです。さあお入れなさい。今手を上げた人だけですよ。』机間巡視。書入れ方を指導。壇上に戻る。『今やつたやうにこれから先生が何時でも二つのことを云つて、そのうちどちらが好きですかと尋ねますから、先生が先に云つた方が後に云つたことより好きだつたらこゝの『板書を示す』上の方の四角に○を入れ若し後に云つた方が好きだつたら下の方に○を入れるのです。若し二つとも同じ位好きでどつちともきめかねる時は、點線の所に×を入れておくのです。ではその次をやりませう。今度はさつき○をつけた所のすぐ右隣り（板書を示す）の下に3と書いてある所の點線の上か下の四角に○を入れるのです。先生がこれからいふことをよく聞いてゐて前に云つたことが好きな人はこゝの（指す）上の四角に○を入れ、後から云つたことの方が好きな人はこゝの下の四角に○を入れるのです。では云ひますよ。『珍しいお話を澤山覺えること』と『皆の前で先生にほめられること』とどつちが好きですか。先に云つた方の『珍しいお話を澤山覺えること』が好きな人は手を上げなさい。その人達はどこへ○を入れたらいゝでせう、上ですか下ですか。（答をきく）さうです、上の方へ入れるのですね。さあお入れなさい。手を上げなかつた人はまだ入れるんぢやありませんよ。』机間巡視。『それでは後から云つた『皆の前で先生にほめられること』の方が好きな人、手を上げなさい。その人達は下の方へ○を入れるのですね。さあお入れなさい。』机間巡視。『どつちも同じやうにすきな人は×を入れなさい。』『この次からは手を上げずにすぐ自分で好きな方に○を入れるのです。小さな4といふ字の書いてある所（板書を示す）の上か下に○を入れるのです。では云ひますよ。『珍しいお話を澤山覺えること』と『ピアノやオルガンの音をきくこと』とどつちが好きですか。先の方の『珍しいお話を澤山覺えること』の方が好きな人は上の方の四角に○を入れなさい。（暫く間をおいて）後の方の『ピアノやオルガンの音をきくこと』の方が好きな人は下の方へ○を入れなさい。

以下同様にして問題（1）を前問とせる場合を後問（7）まで續け次に問題（2）を前問として後問（3）（4）……（7）と比較せしめる。かくて第一類の七個の問題は何れも必ず六個の問題と一度づつ比較されることになる。次に第二類以下同様の手續で行ふ。一回の検査は幼兒には三十分位とし一類完了した所で中止し、殘りの類と次の時間に行ふ。

三、採　點

各類の前問後問別に○の數を計算して検査票右表に記入。次に興味型別に各類の合計點を縦に總計して下方の合計欄の點線の下に記入。この合計點を更に各興味型別の得點代表値及び標準錯差（左表）に照し、興味錯差點數に換算して、各興味方向に於ける優劣の段階（左表）を決定し、以て兒童の個性的特色診断の資料とする。

			得點代表値 男子							標準錯差 男子						
平均年齡	年齡範圍	人員	興味型種別							興味型種別						
			1 理論	2 經濟	3 權力	4 審美	5 社會	6 宗教	7 活動	1 理論	2 經濟	3 權力	4 審美	5 社會	6 宗教	7 活動
年月 4—0	3年 8月 4— 4	23	30	34	27	26	27	27	36	3	4	3	3	5	3	3
4—6	4— 5 4— 7	22	31	30	25	27	29	29	37	3	7	4	3	4	6	4
4—9	4— 8 4—10	27	31	31	26	28	23	28	38	4	4	4	4	5	8	4
5—0	4—11 5— 1	52	31	32	27	29	27	27	37	5	6	5	5	5	7	5
5—3	5— 2 5— 4	43	29	33	23	27	27	29	36	4	6	5	4	5	7	5
5—6	5— 5 5— 7	103	31	31	26	27	30	32	36	5	5	5	5	4	5	5
5—9	5— 8 5—10	103	30	31	27	27	27	30	35	5	5	5	4	5	5	5
6—0	5—11 6— 1	102	30	31	23	26	28	30	34	5	4	5	4	4	5	6
6—3	6— 2 6— 5	94	31	32	27	26	28	30	35	5	5	3	3	3	3	5

			得點代表値 女子							標準錯差 女子						
平均年齡	年齡範圍	人員	興味型種別							興味型種別						
			1 理論	2 經濟	3 權力	4 審美	5 社會	6 宗教	7 活動	1 理論	2 經濟	3 權力	4 審美	5 社會	6 宗教	7 活動
年月 3—7	3年 6月 4— 4	20	31	32	21	23	29	29	35	8	3	4	4	4	3	4
4—6	4— 5 4— 7	17	30	32	25	27	23	29	37	3	6	3	3	3	3	3
4—9	4— 8 4—10	37	31	32	22	29	29	30	36	4	5	4	4	4	4	5
5—0	4—11 5— 1	34	30	27	23	28	29	29	35	3	6	4	4	4	5	4
5—3	5— 2 5— 4	40	29	30	25	29	29	31	35	4	6	5	4	4	4	4
5—6	5— 5 5— 7	86	29	31	21	28	29	30	34	4	5	5	5	4	4	5
5—9	5— 8 5—10	81	29	29	23	23	30	29	33	7	7	6	6	6	7	6
6—0	5—11 6— 1	101	30	31	21	29	31	31	34	4	4	5	4	5	5	5
6—4	6— 2 6— 5	93	30	31	23	29	30	30	34	5	6	5	5	5	6	5

興味段階表

興味段階	最劣	劣	普通下	普通	普通上	優	最優
錯差點數	24以下	25—34	35—44	45—54	55—64	65—74	75以上

No.

興味型検査表

幼稚園　　　　　　　　組

ナマヘ
氏名　　　　　　　　男女

昭和　年　月　日ヨリ　日迄検査｜大正　年　月　日生

満年齢｜　年　ケ月｜家庭職業｜

興味型別	1 理論			2 經濟			3 權力			4 審美			5 社會			6 宗教			7 活動		
問題類別	前好計	後好計	合計	前好計	後好計	合計	前好計	後好計	合計	前好計	後好計	合計	前好計	後好計	合計	前好計	後好計	合計	前好計	後好計	合計
一																					
二																					
三																					
四																					
五																					
六																					
七																					
八																					
九																					
十																					
得點合計																					
錯差點數																					
順位																					

第一類	前問	1						2					3				4			5		6
	前好																					
	後好																					
	後問	2	3	4	5	6	7	3	4	5	6	7	4	5	6	7	5	6	7	6	7	7

第二類	前問	2						3					4				5			6		7
	前好																					
	後好																					
	後問	3	4	5	6	7	1	4	5	6	7	1	5	6	7	1	6	7	1	7	1	1

第三類	前問	3						4					5				6			7		1
	前好																					
	後好																					
	後問	4	5	6	7	1	2	5	6	7	1	2	6	7	1	2	7	1	2	1	2	2

第四類	前問	4						5					6				7			1		2
	前好																					
	後好																					
	後問	5	6	7	1	2	3	6	7	1	2	3	7	1	2	3	1	2	3	2	3	3

第五類	前問	5						6					7				1			2		3
	前好																					
	後好																					
	後問	6	7	1	2	3	4	7	1	2	3	4	1	2	3	4	2	3	4	3	4	4

第六類	前問	6						7					1				2			3		4
	前好																					
	後好																					
	後問	7	1	2	3	4	5	1	2	3	4	5	2	3	4	5	3	4	5	4	5	5

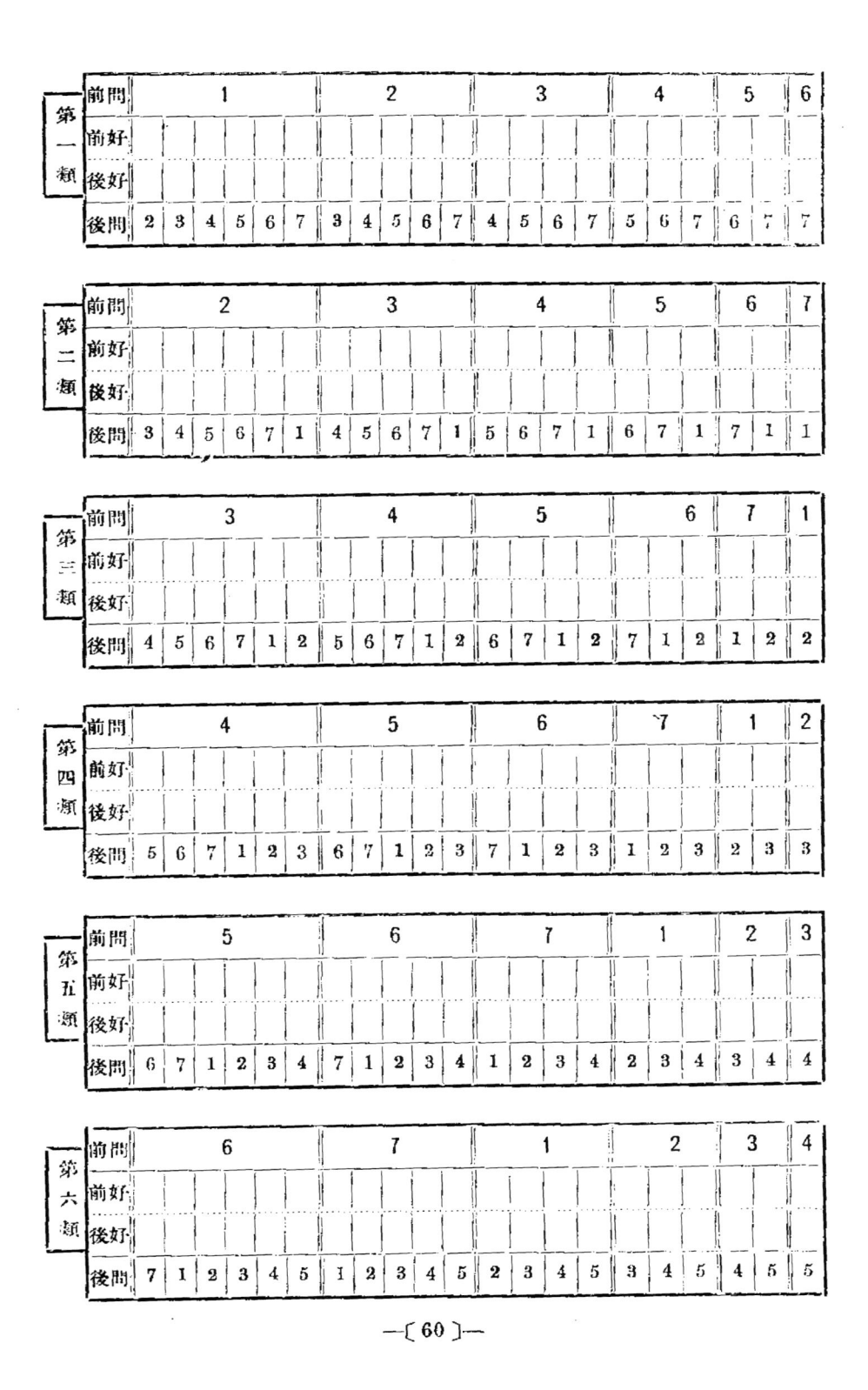

第七類

前間	7						1					2				3			4		5
前好																					
後好																					
後間	1	2	3	4	5	6	2	3	4	5	6	3	4	5	6	4	5	6	5	6	6

第八類

前間	1						2					3				4			5		6
前好																					
後好																					
後間	2	3	4	5	6	7	3	4	5	6	7	4	5	6	7	5	6	7	6	7	7

第九類

前間	2						3					4				5			6		7
前好																					
後好																					
後間	3	4	5	6	7	1	4	5	6	7	1	5	6	7	1	6	7	1	7	1	1

第十類

前間	3						4					5			6				7		1
前好																					
後好																					
後間	4	5	6	7	1	2	5	6	7	1	2	6	7	1	2	7	1	2	1	2	2

謹啓　豫てお預り致して居りますお子樣の教育の爲に、日頃私共だけでは充分觀察致しかねるお子樣の性質に就いて、特に御家庭の御助力を仰ぎ、出來るだけ詳しくお子樣のほんとうの性質を知り、それに基いて最も正しい指導法を考究致したいと存じます。就きましては甚だ御迷惑な御願と存じますけれども日頃御家庭に於て觀察して居られますお子樣の性質に就いて、左に御解答賜りたく伏して御願申上げます。

尚御解答は來る　月　日迄にお子樣に託して、封書にてお届け下さるやう御願ひ申上げます。　拜具

昭和　年　月　日

幼稚園小學校

保護者殿

家庭に於る兒童の性質觀察

記入上の御注意

(1) 御解答はお子樣の教育の爲、すべてありのまゝをお記し下さい。

(2) 第一表兒童の家庭表の『近所』の欄では、御近所が主に住宅のある所でしたら、『住宅』と書いてある字の右に住宅のやうに線を引いていたゞくのです。

(3) 家庭表の『職業』の欄は、なるべく職業の性質がはつきり解りますやうに詳しくお記し下さい。

(4) お子樣の性質に就いて書入れる時には、左の第二表兒童の性質こいふ表の上段の方に澤山並べて印刷してある性質の一つ／＼に就いて、何時頃からその性質の現はれてゐるのにお氣づきになつたか、そしてどんな程度で現はれるかといふことをお考へ下すつて、その現はれ方の程度を、第二表に簡單に說明してあります標準によつて、1點から3點までの點數で書入れていたゞきたいのです。若しその性質が今年も昨年も現はれてゐませんでしたら、第二表の一番下の0として說明してある段に、0と書入れて下さい。

〔記入例〕(1)『雷鳴(かみなり)の音を聞くこを怖がる』といふ性質が、今年になつて始めて現はれ、そして泣くとか叫ぶとか逃げるとかして非常に怖がるといふ場合には、左表に示してあるやうに、『雷鳴』といふ行と『今年始めて現はれたといふ段の中の『3』といふ段とが合つた所に『3』こ書入れるのです。

(2)『飛行機』の音を聞いて怖がるといふことが今年も尚從來通りに殘つてゐて、泣いたり逃げたりはしないけれども、眼つきや顏色をかへて相當怖がるやうであるといふ場合には、『飛行機』の行と、『今年も殘つてゐる』こいふ段の中の『2』の段と會つた所に左表の例のやうに『2』と

書入れるのです。
(3)『自動車のラッパ』の音を聞いて怖がることが、今年も昨年もなかつたといふ場合には、『自動車のラッパ』といふ行と、一番下の『今年も昨年もない』といふ段の『怖がらぬ』とある段と會つた所に、『0』と書入れるのです。
(4)『音を聞いて怖がること』が第二表に書いてあることの他に、お氣づきのことがありましたら、一行だけ空けてある所にそれを書入れて點數をつけて下さい。例へば屋根裏の鼠の音を聞いて少し怖がる様子が昨年まであつたといふ時には、左の例のやうに、空いた所に『屋根裏の鼠』と書入れ、その行と、『昨年まであつた』といふ段の中の『少し怖がる方』といふ段と會つた所に『1』と書入れるのです。
(5)圖の『集めたがるもの』の所に『木の實(　)』と『木の葉(　)』といふのがありますが、この(　)中に集める木の實や木の葉の名前を書入れていたゞくのです。例へばどんぐりを集める時には、『木の實(どんぐり)』と入れておくのです

(記入例)

怖がる(I)

音を聞いて怖がる ／ 怖がり方↓	今年始めて現れた 3 泣叫ぶ逃げる非常に怖がる	今年始めて現れた 2 顔色變り相當怖がる	今年始めて現れた 1 少し怖がる方	今年も殘つてゐる 3 泣叫ぶ逃げる非常に怖がる	今年も殘つてゐる 2 顔色變り相當怖がる	今年も殘つてゐる 1 少し怖がる方	昨年まであつた 3 泣き叫ぶ逃げる非常に怖がる	昨年まであつた 2 顔色變り相當怖がる	昨年まであつた 1 少し怖がる方	今年も昨年もない 0 怖がらぬ
雷鳴(かみなり)	3									
飛行機					2					
自動車のラッパ										0
太鼓(タイコ)										
屋根裏の鼠									1	
小計										
總計										

—〔63〕—

（第一表　兒童の家庭）

住所	名古屋市　區　町字	近所：住宅、商店、工場、飲食店、農家
年齢	父　歳 / 母　歳	
職業	父 / 母	
趣味	父 / 母 / 祖父母	
兄弟	兄　人、姉　人、弟　人、妹　人	
兒童が三歳から今迄に會つた家族の不幸（死）	回	

（第二表　兒童の性質）

第　回
No.

氏名	
男　女	
大正　年　月生	満　才　ヶ月
幼稚園學校	年　組

怖がるところ（I）			音を聞いて怖がる				見て怖がる		
怖がり方↓			雷鳴（かみなり）	飛行機	自動車のラッパ	太鼓（たいこ）	暗い所	もえてゐる火	影法師（かげぼうし）
今年始めて現れた	3	泣く叫ぶ逃げる非常に怖がる							
	2	顔色變り相當怖がる							
	1	少し怖がる方							
今年も殘つてゐる	3	泣く叫ぶ逃げる非常に怖がる							
	2	顔色變り相當怖がる							
	1	少し怖がる方							
昨年まであつた	3	泣き叫ぶ逃げる非常に怖がる							
	2	顔色變り相當怖がる							
	1	少し怖がる方							
今年も昨年もない	0	怖がらぬ							
		小計							
		總計							

怒《おこ》ること (I)

		怒《おこ》り方↓	ねだる菓子を與へない時	遊んでる玩具を取上げた時	見てゐる繪本を取上げた時	遊びに出ることをとめた時	ねだる本を買つてやらぬ時	競爭に負けた時	友達にいぢめられた時	親にしかられた時	友達に馬鹿にされた時	誰かに足をふまれた時
今年始めて現れた	3	打つ ける 引かく 非常に怒る										
	2	泣く 叫ぶ もがく 相當怒る										
	1	顔色變り少し怒る方										
今年も殘つてゐる	3	打つ ける 引かく 非常に怒る										
	2	泣く 叫ぶ もがく 相當怖る										
	1	顔色變り少し怖る方										
昨年まであつた	3	打つ ける 引かく 非常に怒る										
	2	泣く 叫ぶ もがく 相當怒る										
	1	顔色變り少し怒る方										
今年も昨年もない	0	怒らない										
		小計										
		總計										

	見知らぬ人	犬	蛇	乗つて怖がる：すべり臺	乗つて怖がる：ブランコ	乗つて怖がる：電車	乗つて怖がる：舟	怪物（ばけもの）の話を聞く	
今年始めて現れた 3									
2									
1									
今年も殘つてゐる 3									
2									
1									
昨年まであつた 3									
2									
1									
今年も昨年もない 0									
小計									
總計									

欲《ほ》しがるもの ・ 集めたがるもの (Ⅲ)

欲《ほ》しがり方↓	菓子	玩具（おもちや）	新しい下駄や靴（くつ）	新しい着物や洋服	繪本（ゑほん）	お金	
泣く もがく 非常に欲しがる							
執念深く相當欲しがる							
少し欲がる方							
泣く もがく 非常に欲しがる							
執念深く相當欲しがる							
少し欲がる方							
泣く もがく 非常に欲しがる							
執念深く相當欲しがる							
少し欲がる方							
欲しがらぬ							

集め方↓	木の實（ ）	木の葉（ ）	せみ、とんぼ	小石	貝殼（かひがら）	布切れ	色紙	小箱（タバコの空箱その他）	ラムネ瓶のガラス玉	エハガキ	雜誌の口繪	切手	電車汽車の切符（きつぷ）	古い貨幣	
澤山集めて分頒する															
競爭で相當澤山集める															
當もなく唯集める															
澤山集めて分頒する															
競爭で相當澤山集める															
當もなく唯集める															
澤山集めて分頒する															
競爭で相當澤山集める															
當もなく唯集める															
集めない															

試みたがるところ・聞きたがるところ（圖）

試《こゝろ》み方↓	玩具（おもちや）をこはす	まいた種子（たね）をほり出す	つゝんである物をあけてみる	ひきだしをあけてかきまわす	人のいやがる物を食べてみる	タバコをすつてみる	とんぼの尾や羽を切つてみ
しかられてもきかず非常に熱心							
しかられるとよすが相當熱心							
時々やつて見る方							
しかられてもきかず非常に熱心							
しかられるとよすが相當熱心							
時々やつて見る方							
しかられてもきかず非常に熱心							
しかられるとよすが相當熱心							
時々やつて見る方							
やらない							

聞き方↓	かみなり様はどんな物か	太陽はどうして光るか	風はどうして吹くか	時計はどうして動くか	電車はどうして走るか	私はどこから生れて來たか	死んだ人はどこへ行くか	神様（佛様）はどんな方か
どこまでもしつこく聞きたがる								
一度答へてやればそれで滿足								
答へてやらなくも平氣								
どこまでもしつこく聞きたがる								
一度答へてやればそれで滿足								
答へてやらなくも平氣								
どこまでもしつこく聞きたがる								
一度答へてやればそれで滿足								
答へてやらなくも平氣								
聞かない								

同《どう》情《じよう》し方↓	他の子供が泣いてるのを見て
自分も泣いて非常に同情	
相手をなぐさめ相當同情	
少し同情する方	
自分も泣いて非常に同情	
相手をなぐさめ相當同情	
少し同情する方	
自分も泣いて非常に同情	
相手をなぐさめ相當同情	
少し同情する方	
同情せぬ	

	好《この》む程《てい》度《ど》↓	非常に好む	相當好む	少し好む	非常に好む	相當好む	少し好む	非常に好む	相當好む	少し好む	好まぬ
（Ⅴ）同情するところ・人と交はるところ	犬がけがをしたのを見て										
	人形の手や足が折れたのを見て										
	おもちやがこわれたのを見て										
	かわいそうなこじきを見て										
	不具（かたわの人を見て）										
	初對面の人に話しかけること										
	知つてゐる大人と話す事										
	友達と話すこと										
	兄弟と話すこと										
	友達の所へ出かけて行つて遊ぶ										
	友達に來てもらつて遊ぶ										
	多勢の人と一所に食事する										
	友達を澤山作ること										
	友達に手紙や贈物をおくる										
（Ⅵ）	遊び仲間の大將になる事										
	人の前でから元氣を出すこと										
	人にほめられること										
	玩具の勳章をつけること										
	負けおしみをいふこと										
（Ⅶ）	男の子と遊ぶこと										
	女の子と遊ぶこと										
	男の子をいぢめること										
	女の子をいぢめること										
	指をしやぶること										

耳穴をほじつてもらふ事									
鼻穴をほじるこミ									
父と一所に歩いたり話すこと									
母と一所に歩いたり話すこと									
みなりをかざること(おしやれ)									

我國經營の一端

吉備保育會　岩田　艶子氏

一、序　言

幼稚園の經營に當り、その內的要求ミ、外的要求、即

幼兒は、私共に何を、要求してゐるか、

社會は、何を、幼稚園へ要求してゐるか、

と云ふ兩方面を、その目標として常に考慮し、其處に保育の實際を當てはめてゆかなければならぬことは勿論である。言ひ換へれば內的要求とは即ち個々の幼兒、及一般幼兒期の發達に伴ふ幼兒の要求と云ふことを、而して外的要求とは、各家庭の要求をはじめ、地方的な鄕士ミしての要求或は、現今の社會狀態より見て、一般社會の要求するものは何か、國家は幼稚園に對して如何なる要求をして居るか、ミ云ふことを指して云はうとするのであつて、我々はこの要求をどう滿たしてゆかうかと考へ、之に最善の方法を以てしやうとすることが經營上の苦心であり、我々の使命とするところである。

此樣な心持によつて生活してゆかうと云ふ私の幼稚園では、幼稚園を抽象的な保育のための保育ミ云ふ現象を打破した。換言すれば、特殊な幼稚園氣分による緊張を强要奬勵したくない、所謂家庭社會、幼稚園の圓滿なる生活をさせ樣との心遣ひを忘れてはならないのである。

以下この精神による二三の、實行項目を記して見たいと思ふ。

二、經營の一端

(一)　幼兒の個性と環境の理解

まことの愛は眞にその幼兒を理解することに依つて起るミか、殊に私の幼稚園の樣に多くの幼兒を保育しなければならぬ所では、幾らかの犧牲を拂つてもこの事實を明かにして留かなければならないと考へ次の樣な實行方法を用ひたのである。

その第一方法は幼兒の入園と同時に保護者から報告を受ける所の、幼兒環境調査票である。

幼児環境調査表

年度

幼児					住所			家族			
氏名	生年月日	呼ビ名	本人ノ性格	略歴	本籍	現住所	電話番号	父ノ名前	母ノ名前	同胞ノ数	同居家族
								年齢	同		
嬰児期ノ營養法	既往症	遺傳性及感官障害	持病又ハ罹リ易イ病名		通園距離	通園時ノオ友達	道中危險ナル所	本人トノ續柄			

希望				
職業	父		勤先	
	母			
	他			
宗教			疊數	
趣味	父		其他	
	母			

希望の欄は今少し廣くとり、我が子を幼稚園へ入れるに當つて特にその身體上精神上其他注意してもらいたいと思ふ所を記入す。

第二の方法は、家庭訪問、であつて、話材の要點とするところは

1、入園前後の變化
2、健康上の問題（疾病、食物、着衣、運動）
3、性質について
4、知的活動狀態
5、歸宅後のお友達
6、宗教方面の雜談
7、幼稚園への希望
8、家庭への希望　（この家庭訪問は五月乃至九月とす）

第三の方法は、科學的檢査方法によるもので入園後隨時行ふのである。

1、身體檢査
2、智能檢査　久保博士智能檢査法、グッドエナフ女史描畫ニヨル智能檢査法、併用
3、感官機能檢査
4、異常幼兒特別檢査

第四の方法は、家庭觀察によるもので調査の結果による觀察記原作の方不明で左の項目中には相當の時日を經ねば理解の困難なものもある。

1、生活狀態（家風、經濟狀態）
2、信仰生活の深度
3、教育方針
4、兩親のその子供に對する態度
5、家族のその子供に對する態度
6、その子供の生活態度
7、家庭内に於ける特殊な感化とその原因
8、近隣の狀態と其影響

第五案の方法は日常の生活記錄である。生活記錄は以上各方面の調査、檢査、觀察、等を一まとめに記入し之に加へて日々の幼稚園生活中、保姆の研究、反省に資す可きもの又發達變化等の狀態をも成る可く詳細に記入する樣に、小册子の形式にして常に携へてゐる。

この外園兒住所地圖を作成して一覽に便利なる方法等を講じてゐる。

以上は、大體計畫による個性と環境との理解方法であるが、尙母姉の方々と御交際を重ねる事に依り園内家庭兩方面の生活狀態に就いて、御相談出來ることは、その子供にとつて幸なことである。

（二）家庭と幼稚園とが育兒愛の發露としての相互補助の關係を結ぶこと

幼稚園に於て一日溫めても家庭に於て十日冷すと云ふ塩梅では教育價値は永遠に孵化成長し得ないわけであるとは、どこかで聞いた言葉であるが場合によつては家庭でも同樣な不自然さにお困りのこともあるかと思ふ。やはり幼稚園と家庭とはあたかも車の兩輪の如く相たづさへてゆき度いものである。

兎角保姆は理性愛のみに陷り易く夫に引かへ母性愛のうちには、多分の本能愛、衝動的な自然愛に充たされてゐること勿論で、どちらにかたよることも眞の愛でないことは明かであり、又反面夫々の缺いなくてはならぬ愛である。この二つの愛の混合融和した眞の教育愛、眞の母性愛の發露としての相互補助の關係を結ぶことが出來得るならばこは常に望むでゐたことであつたが遂に前年度より相當に地方としては難かしく考へられて居た母之會組織の實現をいたしたのである。

この母之會組織によつて形式を捨てた溫かな交り、總括的な交渉を少くし成る可く個別的に交り而して育兒愛の發露としての助け合ひによつて缺陷多き私の幼稚園こ家庭この充實をはかり、保育上に幾分なりとも、よりよき效果を得たいと考へてゐるのである。

母之會は（倉敷幼稚園双葉會）規約を作り豫定事業としては大要左記の樣な方法により、有閑階級の母姉の方々へは奉仕的に、會の事務分掌を願ひ、多忙なる母姉の方々のためには種々便宜を計りお互の向上と親睦とのためにつくしたいこ

考へてゐる。

事業概要

一、總會　春秋二回

二、講演會

三、會誌發行　六月、九月、十二月、三月（三月は特に學校聯絡上の記事を中心とす）

四、懇談會　毎月幼兒誕生祝の後其の母姉のみの集りにてなす

五、參觀日　保育參觀

六、招待日　遊戲會、運動會、陳列會、展覽會、其他雛祭、端午祭等年中行事の催しの日

七、其他本會として必要とみとめたる事項

以上の内、幼兒、母姉、保姆相互の親しみを持つ最も樂しみとするものは誕生幼兒を中心とする懇談會である

お誕生祝の日

明日はいよ〳〵〇月れの〇〇さんたちのお誕生祝ひをすると云ふことを話すと、幼兒はわけもなく、手を打つてよろこぶ、特にお誕生日に當つた幼兒はお母樣まで一緒に祝つて戴けると云ふのでそのよろこびは格別である。年長の幼兒は夫々當日の催しに就いて考へ來る。保姆はその幼兒、母姉のための、花束作り・案内狀差出し、會食獻立等の準備を急ぐ。

扨ていよ〳〵當日になると誕生幼兒は一室に會し共に健やかなる今日の成長を祝し、一同がお祝して下さるよろこびを話し、お祝の席に臨む。樂しい催の數々に茶菓をすませ、一般幼兒の歸宅後、幼兒・母姉、保姆、共に食卓を圍み、手製の赤飯に舌つゞみ打ちつゝ余興懇談に時を移して後解散、或は季節の良い時には、お晝飯を携へ郊外に半日の清遊を樂むこともある。此日幼兒のよろこびもさることながら、お母樣たちのおよろこびには一層感慨深いものがある。嚴格な御家庭には紋附羽織で早くからお出で下さる。御多忙な御家には仕事着のまゝ『早く來てやりませうと思ひましてな一寸ひと働きして今漸つと片附きましたから』と駈けつけて下さる。ほんとに有難い。又病臥數年この日我が子の祝ひ日のため病後はじめて外出した、と云つて來られたお母樣もあつた。

一同をお玄關へ見送る時思はず感謝の涙が浮びます。斯うして懇談會は、一年に一通りのお母樣方としんみりおはなしをすることが出來ます。

行屆かぬ乍も月に一回のこの催しは、眞心からの人間交渉として幼稚園の尊い使命の一であると信じて止まないのである。

眞の教育者は保育室の背後には家庭の有ことを、そして一人の幼兒をさとす時にはその兒の母の教育を忘れては否ないと云ふ書中の言葉を思ひ出して、夫れ程の徹底は現狀に於て

望むでも叶はぬ事乍ら種々の場合に事よせて、幼稚園の骨折を愛兒教育の背景に持つてゐて戴き度いと願ふのである。

家庭に續いて忘れる事の出來ないのは學校とのつながりである。其一々の事實に就いて今茲に記すことは省き度いのであるが、幼稚園と小學校との關係に就いては今更ら云々す可き問題でなく、橋渡しでもなく、つながりでもなく、繼續であつて低學年教育者と保姆とは、其教育的基礎の建設の任にある意味からして、共通の根據にあつて、協力せねばならぬのである。只夫れが時と場所と程度とによつて異るのみであると云ふ考へを以て、決して形式の聯絡をのみ要求してはならない、相互の間に親しみのある交りを續け樣と努力して居る。

（三）　生活を主體とする保育要目の作成とその實行

近來教育實際家が、學習の生活化、遊戯的學習法、等と兒童の學習生活を遊びの善導として取入れるため色々な研究され、遊びの善導は教育の眞である。と云ふことを主張し、遊びと云ふ言葉に對する世の誤解を取去らんとして居らるるのに比べて、幼稚園での遊の生活は、自他共に是認し過ぎて、しば／＼忘れられ樣としてゐる傾向さへ視はれる樣である。

生活を主體とすると云ふことは極めて平凡な、舊來幼稚園で行はれてゐる、家庭生活の延長としての幼稚園保育の生活化であること勿論で、隨つて保育要目の作成はどこまでも、生活に立脚し、鄕土化し、家庭化したものを主材として取入れ樣としてゐるのである。例へば本年九月の生活主材は

九　月

神社參拜	九月の花壇作り
早朝散歩	園内動物飼育
間　食	虫捕り
夏休中のお話會	創立記念祝ひ
身體檢査	九月のお誕生會
撒水遊び	競馬遊び
雜草遊び	朝顔作り
夏休中蒐集品展覧會	

十月の生活主材は

神社參拜	雜魚捕り
衣更へ	潮干狩り
お月見遊び	芋狩り
十月のお誕生會	お祭り遊び
田園巡り	運動會見物
山登り	運動會遊び
秋草蒐集	十月の花壇作り
木の實拾ひ	園内動物飼育
木の葉遊び	貯金カード遊び

等先づ此の程度のもので、まことに平凡で抽象的なあらはし方ですが之を保育の實際へとり入れ日々幼兒の生活の上

に、模作活動、描畫活動、として現はれ、構成的活動の上にも或は創造的表現、音樂的表現によりても、充分活動の充實と、成長とを期したいと思ふのである。

以上の遂行に當り、最も幸福なる點は、限りなき大自然の恩惠であり、不幸なる點は幼兒數過多による保育の不徹底である。園外には田圃あり、小川あり、大砂原あり、堤あり、森あり、林あり、それ等の大自然は四季とりどりの裝を飾り幼兒を待ち受けて居る。

そこには明るみのある氣分を以て、實際に即した保育をなし得ると云ふ以外に、自然界に於ける生長の不審、自然現象の不思議、之等に對する朦朧とした感じは、神秘さ敬虔との精神を養ふべき宗教心の萌芽として、一層意義深い役目を持つものであるから、一定した宗教々育の强みを持たない私の幼稚園としては、當然のよろこびなのである。

私共はどこまでも惠まれたる、大自然の力を借り、過多數のため幸少なき幼兒を抱擁してゆかなければならない決心である。

三、結語

以上書き記した事は、只經營の一端に過ぎないのであつて幼稚園へ對する、幼兒及社會の要求を滿たすためには、各方面へ充分な、考慮を必要とすることは、言を待たないのである。

この大小廣狹、多岐多樣に亘る要求の一々を充分に果し得る事は容易でない。而し乍、その目標に向つて一歩一歩近づけてゆくと云ふことは決して困難なる仕事ではないと考へて居る。

即其實行は、保姆相互の隔意なき向上への精進さ、犧牲的奉仕の精神によつてなし得ることゝ思ふ。『進みつゝあるものゝみが人を教ふる權利あり』『完全は死物なり』と保姆相互は融合一體となつてお互の向上のために、自己開拓、自己教育、自己深化の不斷の修養を怠らない樣にと願つてゐる。佛陀の言葉の中に『はげみの中に樂しみを、放逸の中に怖れを見出すところの修業者は、もはや退轉することは決してない、彼は既に精神的自由にほど近くゐる』と示されてゐる如く、まことの幼兒愛の上に築かれた行爲は苦しみを超越した法悦を感ずるものである。犧牲的奉仕の精神は單に幼兒の上だけでない何れの仕事の上にも同樣である。

教育を以て天職なりさ解釋する時代は最早過ぎ去つたかも知れないが少なくも社會奉仕的觀念から見て教育を一つの職業さ考へるならば、その職分を全うするためにはあくまで犧牲的な奮闘努力を惜しますはげみ度いと思ふのである。

（昭和五年十月記）（完）

幼兒の色彩感情に就いて

神戸市保育會　山崎　サダ氏

一、緒　言

本調査は幼稚園幼兒の研究に成るべく實驗心理學的方法を取入れて行かうと企圖した一つの實驗であります。調査の目的は兒童の色彩に對する好惡を見るにありますが、それと同時に調査の方法そのものゝ檢討をも目的としました。それ故引いては今後他の事項の調査方法の參考にもなれば幸ひであります。

二、調査方法

イ、此の調査は昭和五年五月中旬より九月末までに亘つて、神戸市、神戸幼稚園及び楠幼稚園の園兒全部に對して行ひました。

ロ、調査に用ひた色彩は色紙ですが、色紙の質を神戸幼稚園と楠幼稚園とで故意に別種の物を用ひました。即ち神戸幼稚園は獨逸チムメルマン製の物、楠幼稚園は米國ブラッドレー製の物であります。

然して實驗手續は兩幼稚園共全く同一にしました。

ハ、實驗方法

（一）六色同時提示法

圖の様な位置に各色を配置し一人宛呼入れて最初に最も好きなものを指さしめ、それを掩ひ次に殘りの中で最も好きなものを言はせ順次他の紙で掩ふて好きな順位を定める。

青	橙	緑
黄	紫	赤

神戸幼稚園にては、臺紙白色各色紙一・五吋四角間隔三吋

楠幼稚園にては、臺紙灰色各色紙二吋四角間隔三吋

（二）一對比較法（寫眞參照）

灰色の地の上に赤、橙、黄、緑、青、紫に二色宛對にして十五對を、特に製作した暗箱（マツダ晝色光六〇ワットを一尺の距離に入れる）の中に順次電燈に照らされて出て來る様にしそれを覗かせて二つの内一つ宛好きな方を言はせる。

（三）スペクトラム順各色同時提示法

チムメルマン紙にては白灰黑を除き十五色、ブラッドレー紙にては飽和色系列十八色を灰色の臺紙の上に赤より紫への順に竝べる。各色縱三吋横一・五吋間隔約四分の一吋、臺紙は灰色、各色位置を全體の三分の一宛右にずらせてＡ・Ｂ・Ｃの三組を作り一人宛呼び入れて順に三組についてその系列中最も好ましいものを指させる。

三、結　果

一、第一の方法に依る好悪平均順位

A、チムメルマン色紙に依る調査（神戸幼稚園）

			赤	橙	黄	緑	青	紫	人数
六歳	男	平均順位	3.20	4.04	2.92	3.93	3.67	3.27	89
		平均錯差	±1.46	±1.42	±1.59	±1.43	±1.45	±1.39	
	女	平均順位	3.18	3.63	2.68	4.09	3.92	3.50	98
		平均錯差	±1.47	±1.43	±1.39	±1.27	±1.41	±1.46	
	合	平均順位	3.19	3.85	2.80	4.00	3.76	3.38	
五歳	男	平均順位	2.82	4.29	3.46	4.43	3.68	2.32	23
		平均錯差	±1.59	±0.93	±1.63	±1.32	±1.34	±0.91	
	女	平均順位	3.20	2.96	3.24	4.36	3.96	3.28	25
		平均錯差	±1.36	±1.41	±1.65	±1.20	±1.73	±1.11	
	合	平均順位	3.00	3.66	3.36	4.39	3.81	2.79	

好キナ順位

	I	II	III	IV	V	VI
六歳男	黄	赤	紫	青	緑	橙
六歳女	黄	赤	紫	橙	青	緑
五歳男	紫	赤	黄	青	橙	緑
五歳女	橙	赤	黄	紫	青	緑

B、ブラッドレー色紙に依る調査（楠幼稚園）

			赤	橙	黄	緑	青	紫	人数
六歳	男	平均順位	3.60	3.43	3.24	3.79	3.49	3.47	52
		平均錯差	±1.53	±1.21	±1.57	±1.45	±1.55	±1.64	
	女	平均順位	3.37	2.60	2.85	4.09	4.28	3.63	78
		平均錯差	±1.39	±1.28	±1.40	±1.19	±1.59	±1.26	
	合	平均順位	3.49	3.02	3.05	3.94	3.89	3.55	
五歳	男	平均順位	2.79	3.86	3.11	4.61	3.71	2.93	28
		平均錯差	±1.50	±1.25	±1.00	±1.45	±1.56	±1.29	
	女	平均順位	2.25	2.50	3.85	4.25	4.75	3.40	20
		平均錯差	±1.23	±1.60	±1.45	±1.38	±1.03	±1.24	
	合	平均順位	2.52	3.18	3.48	4.43	4.23	3.17	

好キナ順位

	I	II	III	IV	V	VI
六歳男	黄	橙	紫	青	赤	緑
六歳女	橙	黄	赤	紫	緑	青
五歳男	赤	紫	黄	青	橙	緑
五歳女	赤	橙	紫	黄	緑	青

二、第二の方法に依る選擇度數平均

A、チムメルマン色紙に依る調査（神戸幼稚園）

			赤	橙	黄	緑	青	紫	人數	好キナ順位 I	II	III	IIII	V	VI
六歳	男	平均度數	2.12	2.34	2.72	2.44	2.87	2.58	90	青	黄	紫	緑	橙	赤
		平均錯差	±0.92	±1.12	±1.00	±1.21	±0.86	±0.96							
	女	平均度數	2.32	2.44	2.60	2.21	2.75	2.67	77	青	紫	黄	橙	赤	緑
		平均錯差	±0.93	±1.00	±1.00	±0.86	±1.11	±0.84							
	合	平均度數	2.22	2.39	2.66	2.33	2.81	2.63							
五歳	男	平均度數	2.22	2.62	2.72	2.09	2.94	2.38	32	青	黄	橙	紫	赤	緑
		平均錯差	±1.12	±0.83	±1.13	±0.87	±1.08	±1.01							
	女	平均度數	2.28	2.50	2.82	2.11	2.93	2.36	23	青	黄	橙	紫	赤	緑
		平均錯差	±0.83	±0.93	±1.20	±0.92	±0.95	±0.91							
	合	平均度數	2.25	2.56	2.77	2.10	2.94	2.37							

B、ブラツドレー色紙に依る調査（楠幼稚園）

			赤	橙	黄	緑	青	紫	人數	好キナ順位 I	II	III	IIII	V	VI
六歳	男	平均度數	1.93	2.46	2.77	2.56	2.88	2.40	94	青	黄	緑	橙	紫	赤
		平均錯差	±1.01	±0.93	±0.95	±1.00	±0.90	±0.83							
	女	平均度數	2.65	2.62	2.67	2.31	2.47	2.30	81	黄	赤	橙	青	緑	紫
		平均錯差	±1.17	±1.13	±0.92	±1.11	±1.08	±1.07							
	合	平均度數	2.29	2.54	2.72	2.44	2.68	2.35							
五歳	男	平均度數	2.31	2.83	2.86	1.97	2.97	2.07	29	青	黄	橙	赤	紫	緑
		平均錯差	±0.70	±0.75	±0.79	±0.80	±0.80	±0.65							
	女	平均度數	2.73	2.31	2.54	2.69	2.15	2.58	26	赤	緑	紫	黄	橙	青
		平均錯差	±0.88	±0.94	±0.92	±0.89	±0.84	±0.82							
	合	平均度數	2.52	2.57	2.70	2.33	2.56	2.33							

三、第三の方法に依る選擇度數分布

A、チムメルマン色紙に依る調査（神戸幼稚園）

チムメルマン色番號		1	2	3	4	5	6	7	8	9	10	11	12	13	14	15	?	人員	回數
色名稱(便宜上)		牡丹	赤	橙赤	緋	橙	黄橙	橙黄	緑黄	黄緑	淡緑	青緑	緑青	青	群青	紫			
六歳 男	撰擇度數%	5.0	6.6	2.5	6.2	6.9	8.6	6.9	9.3	3.6	3.6	5.0	4.3	5.0	17.2	9.7	0.7	93	279
六歳 女	撰擇度數%	10.8	9.1	5.8	10.1	9.5	6.2	3.3	3.7	3.8	4.5	3.3	4.5	5.8	10.5	8.2	0	81	243
五歳 男	撰擇度數%	9	3	1	9	3	7	7	2	6	3	8	3	12	14	11		33	99
五歳 女	撰擇度數%	22	9.9	1.2	4.9	7.4	8.6	4.9	3.7	2.5	3.7	1.2	0	3.7	16	9.9		27	81

順位	一	二	三	四	五	六	七	八	九	十	十一	十二	十三	十四	十五
六歳 男	群青	紫	緑黄	黄橙		橙赤 橙黄		緋		牡丹 青緑 青		緑青	黄緑 淡緑		橙赤
六歳 女	牡丹	群青	緋	橙	赤	紫	黄橙	橙赤 青		淡緑 緑青		緑黄	橙黄 黄緑 青緑		
五歳 男	群青	青	紫	牡丹 緋		青緑	黄橙 橙黄		黄緑	赤、橙 淡緑 緑青				緑黄	橙赤
五歳 女	牡丹	群青	赤 紫		黄橙	橙	緋 橙黄		緑黄 淡緑 青			黄緑	橙赤 青緑		緑青

B、ブラッドレー色紙に依る調査（楠幼稚園）

色番號(便宜上)	1	2	3	4	5	6	7	8	9	10	11	12	13	14	15	16	17	13	人員	回數
ブラッドレー色名稱	V.R 紫赤	R 赤	O.R 橙赤	R.O 赤橙	O 橙	Y.O 黄橙	O.Y 橙黄	Y 黄	G.Y 緑黄	Y.G 黄緑	G 緑	B.G 青緑	G.B 緑青	B 青	V.B 紫青	B.V 青紫	V 紫	R.V 赤紫		

六歳（男	撰擇度數%	3.2	7.4	6.0	3.2	5.6	3.2	5.3	9.1	3.2	4.6	11.6	6.3	3.5	12.7	4.2	2.8	3.2	4.2	95	285
六歳（女	撰擇度數%	3.8	6.0	15	3.4	13.7	3.4	3.8	11.1	0.9	2.1	8.6	6.4	2.6	7.3	0.4	2.1	2.1	7.3	78	234
五歳（男	撰擇度數%	0	12.6	5.8	2.3	4.6	5.8	8.1	10.4	3.4	2.3	6.9	8.1	3.4	12.6	1.7	4.6	3.4	4.6	29	87
五歳（女	撰擇度數%	2.2	7.8	11.1	4.4	13.3	4.4	0	7.8	2.2	2.2	11.1	4.4	1.1	3.3	2.2	3.3	4.4	14.5	30	90

順位	六歳 男	六歳 女	五歳 男	五歳 女
一	青、	橙赤、	赤、青	赤紫、
二	緑、	橙、		橙、
三	黄、	黄、	黄	橙赤、緑
四	赤、青緑、橙赤、	緑、	橙黄、青緑	
五		青、赤紫		赤、黄
六			緑	
七	橙、橙黄、黄緑、	青緑、	橙赤、黄橙	
八		赤、		赤橙、青緑、黄橙、紫
九		紫赤、橙黄		
十	紫青、赤紫		橙、青紫、赤紫	
十一		赤橙、黄橙		
十二	緑青		緑黄、緑青、紫	青、赤紫
十三		緑青		
十四	紫赤、緑黄、赤橙、紫、黄橙			紫赤、黄緑、緑黄、紫青
十五		黄緑、青紫、紫	赤橙、黄緑	
十六				
十七		緑黄、紫青	紫青、紫赤	緑青、橙黄
十八	青紫			

四、總　括

以上の結果と實驗中の觀察とから言へば

一、調査方法としては第一よりも第二の方が正確で且つ兒童の興味を引いた。從つて結果も第二の方法によるものゝ方が信頼性が高い。第三の方法は標準色と間色との好惡を見且つ第一第二の方法に依る結果を吟味する點に於て是非必要な實驗であつた。

二、色彩感情に關しては幼兒は未だ六つの標準色に對して充分に好惡を區別し得る程には發達して居ない。然し標準色と間色とに對してはその間に明瞭に色彩感情の分化してゐるのを知る事が出來る。即ち幼兒は間色よりも標準色を好む。

三、次に標準色だけに就て分化しない乍らも大體の傾向を言へば、男子は青黄を好み赤はそれ程でもなく、女子は赤黄を好むと同時に（群青）青をも好むものである。然し綠色

は男女共割合に親しまれない色で橙色紫色は場合に依つて左右される色である。

一、閉會の辭

議事係長野氏より引續き遊戯交換に遷る事になるが場所の都合上繰り上げ閉會の御挨拶を申す事に致しますと述べられたる後議長大阪市岡視學課長、會長に代りて閉會の辭を述べらる。

本年は時宛も教育勅語渙發四十週年にあたり誠に意義深く且つ又各地共種々なる催にて御多忙と信じます殊に大阪は大阪灣にて行はせらるゝ觀艦式に何かと忙しく準備不行屆勝ち滿場の皆さんに御迷惑かけたることを深くお詫び致します。立錐の餘地なきまでの集會者實に壹千餘、然も熱心なる其研究振り殊に今朝來の研究發表並に實際問題或は理論に研究討議せらるゝは誠に喜ばしいと同時に心强い感があります。

この大會は實に關西保育會の研究機關でなくて全國保育界の中心と信じます。これから交換される遊戯も共意味に於て確に有意義と信じよろこぶ次第であります。斯く盛會裡に終りますこと皆樣と御同慶であります。

遊戯交換

進行順序書に記載した通りの遊戯交換が行はれ神戸市大阪市は園兒に依て、他は會員に依つて實演せられた。

歌曲並に動作の說明書は開會當日各提出保育會相互の間に於て相當數の配付交換が行はれて居るから此處には記載する事を省略する。

散　會

以上の行程を了して午后四時二十分散會した。

第三十八回關西聯合保育會情況

第三十八回關西聯合保育會は昭和六年十月十七、十八の兩日に亘り、名古屋市に於て開催せられたのであるが、今回は同時に第五回全國幼稚園關係者大會として行はれ、別に其方の記事として印行されたから、玆には概略の記事に止めて置くこととする。

第一日（十月十七日）

會場は名古屋市公會四階ホールである。

一、君が代。（一同起立合唱）

二、勅語奉讀。（名古屋市保育會長、大岩勇夫氏）

三、開會の辭。（名古屋市保育會副會長、藤岡兵一氏）

四、祝辭、（田中文部大臣、香坂愛知縣知事、大岩名古屋市長、尚他に大分縣保育會より祝電があつた。）

五、議長選擧

議長選擧に入り、大岩勇夫氏（名古屋市長）滿場一致を以て議長に推擧され、議長となる。

六、經過報告

1、第四回全國幼稚園關係者大會の經過報告、（片岡定四郎君）

2、本會の準備經過につき報告、（神長楢君）

3、第三十七回關西聯合保育會經過の報告（稻葉俊治君）

七、議事

文部省諮問案

幼稚園保姆養成ニ關シ改善スベキ事項如何。

文部省督學官龍山義亮氏より説明、次いで松山政治君、加地彌一君、重田定治君等より質問があつて、長野隆義君、望月くに君、早川喜四郎君、岡政君、松山政治君、眞澄超倫君等の意見發表があつて委員附託となる。

本案は第二日に於て左の如く委員より報告があつた。

答申案

一、保姆養成機關ノ修養年限ハ小學校本科正教員ト同等トシ高等女學校卒業後二ケ年以上トスルコト

二、保姆養成科ノ課程ハ左ノ案ヲ適當ト認ム

學科課程

修身、（人倫道德ノ要旨）

教育、（教育學、教育史、心理學、兒童心理、教授法、管理法）

保育、（教育原理、保育ノ實際方法、個性調査法）

社會事業概説、

生理衞生、（幼兒ノ生理及衞生、育兒法、看護法）

理科、（自然研究、動物飼育、植物栽培）

文學、（兒童文學、談話）

圖畫、

手工、

音樂、（唱歌、樂器使用）

體操、（體操、遊戲、競技）

實習、（幼稚園ニ於ケル實地保育）

一、女子師範學校ニ保姆養成科ヲ設クルコト

一、師範學校ノ課程中保育法ニ關スル教育ヲ一層充實セシムルコト

一、師範學校ニ附屬幼稚園ヲ設クルコト

一、高等師範學校及大學ニ幼兒教育研究科ヲ設置スルコト

右ノ他、保姆檢査ニ關シ

一、幼稚園令施行規則第十條第一項第二號中「一年以上」ヲ四年以上ト改ムルコト

委員長、長野隆義

委　員、新庄よし子　和田實

松山政治　金谷マス

望月クニ　安井八十二
早川眞四郎　岩井つた
鈴木俊介　岡　藏
市川たま　エヌボーマン

委員案の通り可決確定

第一號議案

保姆ノ資格向上並ニ待遇改善ニ關シ左記事項ヲ其ノ筋ニ建議スルコト

(一) 幼稚園保姆ノ教養程度ヲ小學校本科正教員ト同等以上タラシムルコト

(二) 幼稚園長及保姆ヲ視學等ニ任用スルノ途ヲ開クコト

(三) 幼稚園長及保姆ノ若干數ヲ奏任待遇トナスノ途ヲ開クコト

(四) 幼稚園保姆ノ月俸額ヲ本科正教員ニ準ゼシムルコト

(五) 幼稚園長及保姆ニ對シ年功加俸ヲ給スルコト

(六) 恩給法第九十八條第二項ヲ削除セラレタキコト

（名古屋市保育會提出）

市川たま君說明の後、二三の質問あり、意見發表があつて委員附託となつた。第二日に於て委員より發表があつた。

答申案

保姆ノ資格向上並ニ待遇改善ニ關シ左記事項ヲ其ノ筋ニ建議スルコト。

建議書

別紙事項ハ幼兒教育上洵ニ緊要ノ事ト認メマスカラ特別ノ御詮議ヲ以テ、一日モ早ク御實施下サル樣然ルベク御取扱ヒ相成度、第五回全國幼稚園關係者大會（出席者九百名）ノ決議ニ基キ、右建議イタシマス。

昭和六年十月十七日

第五回全國幼稚園關係者大會代表
名古屋市保育會長　大岩勇夫

文部大臣　田中隆三殿

決議事項

一、幼稚園保姆ノ教育程度ヲ小學校本科正教員ト同等以上タラシムルコト。

二、幼稚園長及保姆ヲ視學等ニ任用スルノ途ヲ開クコト

三、幼稚園長及保姆ノ若干數ヲ奏任待遇ト爲スノ途ヲ開クコト。

四、幼稚園保姆ノ月俸額ヲ本科正教員ニ準ゼシムルコト。

五、恩給法第九十九條第二項ヲ削除セラレタキコト。

委員長　稻葉俊治　土坂元三
委員　内匠ちゑ　浦野みち
小幡常藏　鹽路玉枝
青木彦次

大平タカ　大島せき

讀會省略、委員長報告通り可決確定

第二號議案

幼稚園ノ普及發達ニ關シ左記事項ヲ知事ニ請願スルコト

（一）幼稚園並ニ託兒所ノ普及及ビ增設ヲ圖ラレタキコト

（二）保姆養成講習ノ期間ヲ延長シ二ケ年トセラレタキコト

（三）保姆檢定試驗ノ規定ヲ改正シ其程度ヲ小學校本科正敎員ト同等以上トセラレタキコト（吉備保育會提出）

國富友次郎君説明、委員附託となる。第二日に於て仁木正一君より委員會の結果を報告し可決確定。

第五號議案

小學校ト幼稚園ト家庭トノ聯絡ニ付テノ具體的方案如何。（東華幼稚園提出）

土屋まさ君より説明、二三の意見發表の後委員附託となる。第二日に於ける委員の答申案は左の通り

答申案

（一）小學校トノ聯絡ニ就テ

（イ）、小學校當事者ニ對シテ幼稚園ノ本質ニ就テ充分ノ理解ヲ求ムル方法ヲ講ズルコト

（假ヘバ文書又ハ會合ナドニテ）

（ロ）、幼稚園三ケ年ヲ加ヘテ小學校九ケ年間ト見ルコト不可能ニアラズ、モシ斯ク見ル時ハ一貫セル系統ニ依テ教育案ヲ立ツベキハ正當ナリ、依テ將來コノ教育案ト更ニ法令上ヨリモ聯絡セシムル方法ヲ取ルベキ必要アリト認ム。

（ハ）、適宜ノ時期ニ必ズ關係小學校長及低學年擔任教師ト懇談會ヲ開催スルコト。

（ニ）、幼稚園ヨリ保育考査書ヲ修了者ニ與ヘテ小學校ヘ入學ノ際當事者ノ參考ニ供セシムルコト

（ホ）、出來得ル限リ在園中ニ施サレタル保育ノ進度ヲ慮リ適當ナル教育ヲ小學校ニ於テ實施サレルコト。

（ヘ）、小學校ニ於ケル教育懇談會並ニ研究會ニハ幼稚園當事者ヲモ招待サルベキコト。

（ト）、低學年ノ教育ハ幼稚園ノ保育樣式ヲ充分ニ加味セラルベキコト

（チ）、小學校低學年ニ就テ更ニ幼稚園當事者ニ於テモ研究調査スベキコト。

（リ）、幼姆園修了者ガ小學校入學後如何ナル狀況ニ變化シ行クモ常ニ注意ヲ拂フコト。

（ヌ）、特殊兒童ニ就テハ特ニ小學校ヘ其旨通知スルコト。

（ル）、圖畫、手工、遊戯等ノ幼稚園要目ト小學校ニ課スルソ

レト充分打合ヲ爲スコト。
(ヲ)、幼稚園修了兒、大多數ガ入學スル學校ノ運動會、學藝會等ニ園兒ヲ參加又ハ參觀セシメ園、催物等ノ時モナルベク低學年ヲ招待參加セシムルコト。
(ワ)、事情ノ許ス限リ小學校一年級教員ハ幼稚園教育ヲ實際經驗セシ者ヲ採用サルベキコト。

(二) 家庭トノ聯絡ニ就テ

(イ)、家庭ヨリ幼稚園ヲ參觀セラル、ヤウ奬勵スルコト
(ロ)、通信簿及書狀其ノ他印刷物ヲ利用シテ聯絡ヲ計ルコト
(ハ)、入園前又ハ當初ニ於テ幼兒ノ心身ノ發育狀況及ビ個性環境等ヲ充分ニ調査スルコト。
(ニ)、母ノ會及ビ保護者會ヲ設ケテ聯絡ヲ計ルコト
(1)、育兒座談會ノ開催
(2)、特別集合及ビ特別行事ノ利用
(3)、兒童教育ニ關スル指導及ビ研究ニ特ニ骨折ルコト
(ホ)、家庭訪問ヲ一層適切有効ナラシムルコト。
(ヘ)、家庭教育並ニ育兒ニ關スル良書ノ推薦及紹介
(ト)、パンフレツト及機關雜誌等ニヨリテ幼稚園要目ニ關スル事項及玩具繪本等ノ研究ヲ發表シ且其ノ標準ヲ示スコト。

委員長 高崎能樹
委員 大河原學 佐々木貞
小川初枝 小林宗作
富中房 岩田艷子
大河内智香 大山てい

一二質問ノ後、委員長報告通リ可決。

第七號議案

保育項目運用上留意スベキ事項如何 (東華幼稚園提出)

平田華藏君說明。久留島武彥君の質問に次いで、清水桔梗君、三戸花子君、君塚通子君等の意見發表の後、委員附託となる。其の答申案は左の通り。

答申案

一、組ノ編成、保護者ノ理解アルモトニ成ル可ク心身ノ發達程度ニ依リ編成スルコト。
二、保姆ノ研究、保姆ハ項目ノ運用上一般ニ注意スベキ事項ヲ知悉シ、又保育細目ニ精通熟達スベキハ勿論、尚一歩進ンデ各保姆ニ適當ナル項目ヲ分擔セシメ、特別ニ精細ナル研究ヲ常ニ怠ラヌコト。
三、保育細目ノ選定
(1)、幼兒ノ生活ヲ基礎トスルコト
(2)、園所在地及園ノ主義方針ニ依リ考慮スルコト
(3)、幼兒ノ生活行事季節ニ依リ多少按排スルコト

（4）、各項目ヲ普遍的ニ配當スルコト

四、項目取扱上

（1）、項目ニトラハレズ綜合的取扱ヲナスコト

（2）、項目相互ノ連絡ヲトルコト

（3）、保育ノ實際ニ當リテハ時ニ其組ノ全幼兒ヲシテ同一項目ノ下ニ保育スルモ、又特ニ分團的取扱ヲ行フコト

五、設備ニツイテ、

（1）、項目ノ實施ニ必要ナル器械器具ヲ完備スルコト

（2）、經濟ノ許ス限リ幼兒ノ要求ニ應ジ之ニ滿足ヲ與ヘ得ル様、材料ノ設備ヲナスコト

委員長　土川五郎

委　員　平田華藏　清水桔梗

　　　　小林シツ　君塚道子

　　　　三戸花子　野田規代

　　　　中澤いゝ　土川田鶴

委員長報告通り、可決。

第八號議案

幼稚園ニ於ケル談話ノ基本的態度如何。（京都市保育會提出）

南至玄君說明久留島武彦君、平田華藏君等より再三の質問があつて、佐々てつ君、大道てる君、小池長君、久留島武彦君、平田華藏君、磯部宇之助君等より各種の意見發表があつて、是亦委員附託となつた。其の結果は第二日に於て左の通りである。

答申案

本題ノ要點ハ基本教育トシテノ特質ヲ徹底セシメンガ爲ニハ、幼稚園ノ御話ニ於テ如何ナル態度ヲトルベキカ、

一、原理保育――基本教育

A、未分化ノ教育――幼ナ心ヘノ御話ノ構成要素。（直感的、體驗的、秩序的、律動的）

B、生活ニ依ル教育――個人對話其ノ他ノ人間交渉トオハナシ。

コノ人間性、オハナシノ兩方面ノ幼兒ノ要求ヲ一體トシテ滿シ有ク所ニ基本的人間陶冶ガ出來ル。

二、幼兒ノ心理ノ理解

時期。

A、滿一歳――三歳頃、（幼稚園ニ來ルマデ搖籃期―コトバノハジメ）

B、滿三歳――五歳頃、（年少組）韻律愛好期――現實ノ事物ニ對スル人格的交渉時期。

C、滿五歳――九歳頃（年長組）、想像馳騁時期――現實以上ノ子供ノ假象ノ世界。

三、保姆ノ態度、同ジ話題ヲ一回毎ニ進展セル、「オハナシ」

トシテ洗練シテ行クコト、出來ルダケ幼兒向ノヤサシイ話材ヲ選ンデオ話スルコト、ソノヤサシイオ話ニ共感共鳴センガ爲ニ幼兒ノ世界消息ニ通ジルヤウ努メルコト

A、幼兒心理ノ研究

B、子供トノ相互生活、（幼稚園ノ朝ノ個人的對話）

四、保姆ノ人生ノ基調トシテノオハナシ

保姆トシテ幼兒ノ心ト通ジタ程喜バシイ事ハナイ、幼兒童ノ心ノ波動ニ共感シ自分モ子供モワスレテ只、「オハナシ」ト言フ一光景ノ中ニ浸入シ得タ體驗ヲ持ツテ居ル人（ソノ深淺ノ度ハ色々アラウガ）相集ツテ相互ニ斯ノ道ニ就テ語リ合フ事ニ依ツテ、最モ眞實ナル體驗的實質的研究ガ出來ル。

コ、二年間サウシタ研究ヲ續ケタ成果ヲ明年ノ關西聯合保育會ニ於テ發表セラレム事ヲ望ム。

委員長　大塚喜一

委員　望月いと　大道てる

奥村與三郎　佐々てつ

佐倉シゲ　津田縫子

野澤保千代　小島賢道

小池長　岩井榮之助

委員長の報告通り、可決確定。

右を以て議事を終り、午後には大阪帝國大學醫學部講師、醫學博士竹村一氏の、『幼稚園に於ける健康教育』と題する講演があつた。

夕方には大岩名古屋市長の招宴があり、餘興として中京名物西川舞踊が演ぜられ、一同は恍惚として優雅な藝術美にひたるのであつた。大岩市長の挨拶に對し、大阪市役所教務課長生田五郎氏一同を代表して挨拶された。

第二日（十月十八日）

一、開會。

二、議事。

第三號議案

幼稚園記念日創設ニ關スル件（吉備保育會提出）

園富友次郎君說明、一二質問のあつた後、滿場一致を以て可決。

第四號議案

幼稚園幼兒ノ園外保育ノ場合乘車賃金ヲ小兒ノ半額トセラレンコトヲ其ノ筋ニ建議スルコト（大阪市保育會提出）

岩井きみ君說明、滿場一致可決。

第六號議案

家庭教育振興ノ為、各幼稚園ニ於テ實行セラレツヽアル情況並ニ將來ノ計畫ヲ承リタシ。（吉備保育會提出）

高原寅君說明、松山政治君、井内繁君、等の意見發表があつたが、時間がないので箕島カネ君、若見ちよ君、等の意見は書類提出といふことにして本案の對議を打ち切り次に進む。

第十號議案

幼兒ノ營養增進施設ニ就テ承リタシ（大阪市保育會提出）

粟屋宗一君説明、宇田川令三君の意見發表があつたが以下時間が足りないので、他は文書を以て意見を提出することとなつた。

以上を以て議題全部の附議を終了した。（但し第九、第十一、第十二號議案は提案者より撤回となつた。）

是より前日委員附託となつた文部省諸問案を始め、第一、第二、第五、第七、第八議案につき、夫れ〳〵委員長より委員會の經過報告があり、何れも可決確定した。（其の内容は前述の通り）次に研究發表に入る。

三、研究發表

幼兒に適切と思はるゝ唱歌の材料
大阪市立船場幼稚園　金谷マス子

幼兒の心情陶治についての經驗
大阪市立大寶幼稚園　笠井しげの

保育資料としての自然恩物の研究
神戸市立神戸幼稚園　松永とき

點數式幼兒知能檢查法の實驗的結果
摩耶幼稚園　前田貞五郎

紙製作の新研究
私立靜岡櫻花幼稚園　林成子

自然恩物について
大阪自然幼稚園　幸田花枝

自然恩物の手技創作
箕面自然幼稚園　森垣操　外二名

右を以て研究發表全部を終り、午后一時四十分より東京女子高等師範學校教授、倉橋惣三氏の、「幼稚園の新使命」と題する有益なる講演があつた。

右講演は二時半を以て終り、ついで大岩市長の閉會の辭があり、大阪市役所教務課長生田五郎氏は一同を代表して挨拶をなし、二時四十分、無事終了を告げたのである。

尚、會員中の希望者は名古屋城の拜観及び日本ラインの清遊等を試みた。

因に、本大會への出席者の總數及び地方別は左の通りである。

東京府、三二。神奈川縣、二。千葉縣、二、埼玉縣、一。奈良縣、九。滋賀縣、九。岐阜縣、八。長野縣、四。山梨縣、一。富山縣、八。福井縣、一九。栃木縣、一一。福島縣、六。大阪府、一八三。兵庫縣、一一〇。和歌山縣、一三。廣島縣、八。山口縣、三。宮城縣、一。香川縣、三。德島縣、五。大分縣、一。京都府、一〇五。岡山縣、六六。靜岡縣、三七。三重縣、二六。長崎縣、一。熊本縣、三。愛知縣、二〇二。計八七五名

研究發表

園兒の個性觀察に就いて

京都市豊園幼稚園　君塚通子

一、幼兒の個性を最もよく理解するものは、其の親でありますが、實際は我が子可愛さに、その短所を見逃し或は短所も長所に見てしまふ場合があります。そこで親としては最も冷靜に、公平に、忠實に、人情を超越して、批判解剖して個性を看破する賢明さを有たねばならぬと思ひます。

又幼兒の個性は家庭のみに限らず、交友間の自由な生活の内に露骨に表現せしめてゐると思はれますから、幼稚園はその個性表現の適所であります。其の表現により各兒の個性を觀察することは保姆の一職責であります。

家庭、交友間、其他の場合に於ける表現を基として各兒の眞の個性を認め、之に相應する教育を施すことが我々保育者の使命でなければなりませぬ。

當園に於ける從來の個性觀察は簡單であり、保護者との連絡上不充分な點がありました。そこで前掲のこゝに留意して、昨昭和六年四月新入園兒を迎へると共に次の樣な方法を實施致しました。未だ一ケ年になりませんが、好結果が見られる自負心を以て行つて居ります。

二、申し上げる迄もなく幼時の個性は種々混交して表はれる氣質を冷靜に比判解剖して初めて其の中に特別際立つて表れる氣質でありまして、調査に當つて之を簡單な或る纏つた吶葉で表はす事は極めて困難であります、そこで性質、態度、交友、趣味、言葉、境遇、身體、長所、短所等種々の方面に就いて平易な言葉でその調査材料を揭げてみましたが、勿論之で充分といふ譯ではなく又或る項目は只方面を換へて言ひ表はしたといふ樣な項目もあります。

個性観察表

京都市豊園幼稚園　・　組

（記入注意）
一、相當する特性の下欄に○を記すこと
一、幼稚園は赤色インクにて記入のこと

特性	入園前（入園式當日記入ノ事）	第一回（夏休ニ記入ノ事）	第二回（冬休ニ記入ノ事）	第三回（修了式ニ記入ノ事）
陽氣な子供				
ふさぎがちな子供				
無頓着な子供			○	
心配しすぎの子供				
感じ易い子供				
不注意な子供				
親切な子供				
不親切な子供				
素直な子供			○	
剛情な子供				
同情心のある子供				
同情心のない子供				
氣強い子供		△ ○	△ ○	
氣弱い子供				
あつさりした子供			○	
しつつこい子供			△	
大膽な子供	△	△ ○	△	
臆病な子供				
永つゞきする子供		△	△ ○	
氣がちりやすい子供				
注意深い子供		○	○	
不注意な子供				
激情な子供				
冷靜な子供				
氣がつく子供		○	○	

特性	入園前（入園式當日記入ノ事）	第一回（夏休ニ記入ノ事）	第二回（冬休ニ記入ノ事）	第三回（修了式ニ記入ノ事）
盗癖のある子供				
蒐集癖のある子供				
貪慾な子供				
好奇心のある子供				
空想する癖のある子供				
落着いてる子供				
あわて易い子供				
なまける子供				
何でもよくする子供				
器用な子供				
不器用な子供				
熱中する子供	△	△	△ ○	
うわつらな子供				
はしつこい子供				
のろい子供				
すぐする子供		△	○	
不精な子供				
出しやばりの子供				
ひつこみの子供				
不遠慮な子供				
遠慮ふかい子供				
進取的な子供			○	
保守的な子供				
騷がしい子供			△	
靜かな子供				

ぼんやりな子供				
氣永な子供				
氣みじかな子供	△ ○			
ませてゐる子供				
幼稚な子供				
孤立的な子供				
協同的な子供		○	○	
快活な子供		○		
因循な子供				
無邪氣な子供	△	○	△ ○	
高慢な子供				
虚榮心の強き子供				
はづかしがりの子供				
おつとりした子供		○		
怒り易い子供	△	△ ○	△ ○	
うそつきの子供				
それみ心のある子供				
其他				
食物の好き嫌ひの有無	近來好キ嫌出來タリ	多少アリ	同上	
間食の多い少い	多イ	中	中	
金錢遣ひの有無及其額	ナシ	ナシ	ナシ	
罹り易い病氣の有無	腸、齒、	同上	同上	

叮嚀な子供				
そゝつかしい子供				
物の仕末をよくする子供				
物の不仕末な子供				
上品な子供				
野卑な子供				
粗暴な子供				
亂暴な子供				
不規律な子供				
馬鹿げた事をする子供				
陰險なことをする子供				
嫉りがましい子供				
物をこわしすきな子供				
おしやべりの子供				
だまりやの子供				
統制力のある子供				
人望のある子供				
其他				
朝寢か、早起きか	朝寢	同上	同上	
夜ふかしか、早寢か	中	中	中	
主として世話をするのは誰か	母	母	母	

三、個性調査の實際に就きましては、園と保護者との連絡を取るために、新入園兒保護者會を入園式以前に開催して、保育上家庭と園との連絡が重要であること、又前揭の個性觀察表其の記入方法及趣意書等を實例に就いて詳細に説明して、兩者相互の連絡をとり、園兒個性觀察の正浩を期するやう努めて居ります。

又觀察表記入の方法は、最初の保護者會に觀察表を配布し、家庭に於ける個性を（入園前の欄に）別表の例の樣に記入して入園式迄に提出せしめ、次は夏休み直前に於て園内生活中の保姆の觀察した個性を第一回欄の下方に記入して家庭に渡し、夏休み中の家庭に於ける狀態を同欄の上方に記入して休暇終了直後園に提出する。順次第二回欄及第三回欄も同樣な記入法にして、第三回欄のものは修了當時に於ける個性とされるのであります。此の表は全部園に於て保存いたします。

此の表によりまして、保姆は、園兒の個性を成るべく多くの表現の中から捕へることに努め、成るべく冷靜に批判解剖して、各兒の個性として正浩なものを把握するに勉める外、第一學期又は二學期、三學期の保護者懇談會其の他の機會に於ける資料に供して園兒の向上を企圖いたして居ります。

四、實施以來未だ一年になつて居りませぬが現在までの狀況によりますと、入園當初に於て、各兒の個性の大要を知悉することが出來、保育上便することが多く、助長補短の實を擧げられる樣に思はれます。只遺憾に思ひますのは、保護者の中に、其の趣旨及び記入法が理解されぬためか不明瞭な記入等あります、又一保護者の如きは此の表をば學校の成績表の如く誤解して居りました。いづれも眞の個性觀察に不便を感じますが、是等は趣旨の徹底に努力さへすれば漸次除去されると思ひます。

五、從來行つて居た個性觀察に比較してみますと、多少保姆の手數を要するところもありますが、觀察の範圍も廣く、大體各兒の個性を知得し、保育の好資料を提供されて、之に即した教育が遂行出來ます。

今後一層保護者との連絡をはかり趣旨の徹底、記入法の理解等に努むると共に、擔任保姆の眞面目なる保育と相俟つて、より一層其の實を擧げられると信じて居ります。

幼兒教育に於ける自由遊戲の新生面

京都府女子師範學校附屬幼稚園
貝　利　枝

一、幼兒教育に於ける自由遊戲の地位の重視

幼稚園教育に於てその教育的構造姿態が彼等の遊戲に基調

さるべきは自明である。而して幼稚園に於ける遊戯活動は、之が教育的對象にある時次の二面の存在として思惟する事が出來る。その一は

(1)、保育者が意圖的に計畫し、設定的に所與指導さるべき遊戯活動であり。その二は

(2)、幼兒自らの內部的欲求による自然の發露たる自己撰擇乃至は自己決定による遊戯即ち自由遊戯である。即ち前者の

A 保育者意圖的所與及び指導になる唱歌遊戯・律動遊戯等の遊戯生活

B 保育者の意圖的所與たる手技の生活

C 保育者の意圖的指導による描畫の生活

D 保育者の意圖的指導による唱謠生活

E 保育者の設定的觀察事象の提示による觀察の生活

F 保育者の談話材及び機會の計畫的所與による談話生活

の如くその主體はあくまで保育者の計畫的、意圖的陶冶材によれるものたるに對し後者は幼兒の內部より湧出する自然的欲求によつて表出されたる自發的、自然的なるそれである。

換言すれば、前者の保育者の意圖に準據せる受動的なる遊戯活動なるに對し、後者は幼兒自らの決定による遊戯活動即ち自由遊戯である。

兩者の交渉を從來の幼稚園教育に於て之を概觀するに、自由遊戯をその一小部位たらしめたる幼稚園教育の全的構造姿態は保育者の意圖的、設定的、遊戯生活材の所與及び之が補導そのものたるの觀があつた。その遊戯、唱歌、觀察、談話及び手技等は、彼等の興味を示す諸々の活動として、現今の幼稚園教育內容の主部をなすものであるが、彼等の之に對する內部的欲求に適應したる教育的方途は從來に於ては、その至上のものと雖も、これが計畫的なる保育者の所與のものに關する補導の外には出てないものゝ如くである。

惟ふに幼稚園に於ける自由遊戯はその家庭に於けるものと異り他の多くの幼兒の集團裡に營まるゝの重大なる特質を有するものにして、幼兒はその集團にありて各々その自發的なる內部の欲求に從つて或は獨自の遊戯を生活し或は有爲的なる集團組織に於ける一員としてその自らなる遊戯を生活するものである。集團に於ける自由遊戯の各々はこゝに於て互に相呼應し、交渉し、感應し、此處に保育の意圖的、計畫的、保育營爲に企圖し能はざる幾多の緊要なる被陶冶性を具現する。

之即ち從來叙上の如く全的教育構造姿態の一部位としてその教育的認識のさゝやかなりし自由遊戯を別表に示せる如くその主要部位に於て重視し、幼兒教育本來の眞使命の上に之が新生面を强唱せんとする所以である。

二、幼兒教育に於ける主體としての自由遊戯觀

叙上に於て我々は幼兒教育上自由遊戯の重視さるべきを強唱したのであるが、更に教育的陶冶價値の上に之が遊戯觀を深究し、茲に自由遊戯の新生面を强唱せる所以を明かにしたいと考へる。即ち幼稚園に於ける自由遊戯は

(1)、幼兒の內部的諸性能の萌芽の最も自然にして而も普遍的なる啓培助長

を企圖することを得るものである。茲に云ふところの自由遊戯の謂は、幼稚園に於ける集團としてのそれであることは叙上の如くである。而も集團として形を有しながら、その各々は內部的要求による自然の發露として營まれるところの自由なる遊戯活動そのものを意味する。而してそれが範圍は頗る廣汎なるものにして、その多樣なる遊戯活動は次表に概觀し得る如く多方面の被陶冶性を具備するものである。我々はかくの如き多樣なる遊戯內容を對象とし、否是をより豐富なる生活內容として充實擴深することにより、幼兒がその內部に具有する諸々の自己表現・創造・觀察・思考等の諸性能の萌芽を最も自然的に而も普遍的に啓培助長するを得るのである。

(2)、幼兒の發達段階に適應したる個別的陶冶の企圖

而してその陶冶に於ては幼兒の發達段階に適應したる個別的陶冶を企圖することが出來る。惟ふに幼兒教育の本義に立脚したる之が眞使命の遂行は、現實、その各々の幼兒に即したる個別的陶冶に於て之を完ふする事ができる。斯は汎き教育營爲の上の要諦でなければならないが殊に幼稚園教育に於ては、之が施行に頗る自由なる立場を有するが故に、我々は之が陶冶に於ては被陶冶性の上に考へらるべき必要の原理を認め、積極的なる保育態度を持し之が啓培暢達の實を舉げなければならない。而して叙上に關しては、自由遊戯に於て最も多くの機會とよき方途をみ出すとができる。換言せば我々は幼稚園に於ける自由遊戯に於て、幼兒の發展に緊要なる自己表現の理想的機會の存するを認めると同時に、その個別的陶冶に最もよき多くの機會の存する事が認められるのである。

次に我々は自由遊戯に於て

(3)、歡喜の生活裡に於ける幼兒生活內容の豐潤なる啓培

を企圖するを得ることが考へられる。幼兒の生活姿態は常に歡喜と自由をたゝへる活動そのものである。これ幼兒の生活は遊戯そのものであり、遊戯は彼等が限りなき發展の萌芽として、內部に藏する諸々の慾求が自ら採れる、行動なるが故である。蓋し稚き被教育者に關與する教育作用は、一切の義務と强制より離脱したる歡喜の世界に於けるそれでなければならない。而して自由遊戯を基調とする被保育者への保育作用は、彼等の歡喜と自由を逸失せしむることなき唯一のものである。更に歡喜裡に於て企圖するを得る生活內容の豐潤なる充實擴深は、保育者の設定せる受動的所與のものゝ到底及ばざるところである。實に自由遊戯は歡喜裡に於ける

幼兒生活伸展への唯一の方途なりといふことができる。

更に自由遊戯に於ては

四、社會的生活態度の礎地的啓培

を企圖することが考へられる。「嬰兒の初めの世界は母である。而して兒童は最初より社會的存在である。」との言の如く、我々は人類に於ける初歩的社會性は、その生を享くる最初より具有するものなることを窮知する。而してよき社會人への發展を目指す人の敎育は、亦その始めの陶冶に於てはこれが萌芽としての啓培を必要とすることは自明である。

而して幼稚園期に於てはその生得的群居の衝動により、概して旺盛なる集團形成を營むものである（研究調査物參照）而して幼稚園に於ける自由遊戯は、叙上の如く、その集團裡に於て營まるゝの特質を有するが故にその獨自的自由遊戯なると共同的自由遊戯なるとを問はず、之が社會的環境乃至は接觸によりて諸々の社會的生活態度への萌芽を啓培することができる。即ち玆に云ふところの諸々の社會的生活態度への啓發は、

A、社會的道德性の啓培及び初歩的涵養
a、正義と讓歩
b、正道と公平
c、親愛と互助
d、他人の權利の尊重
B、團體的行動並びに社會的協力の訓練
C、社會性の體認
D、社會性に必要なる主義の認識
E、自他の服從、統一力の養成

の如き內容を有するものゝ謂である。玆に於て、その始め孤立的な遊戯活動を行へる幼兒も漸次集團の一員として統制されその交友生活へ導かれ行くものであつて、次第に社會意識の萌芽は啓發擴充され、漸次社會生活にみる諸相とこれに處する社會的道德性を體認し行くものである。（別紙研究調査物參照）更に我々は社會生活態度への礎地的啓培と共に幼稚園に於ける集團の間に營まれることを前提として考察される自由遊戯に於て、

(5)、自爲的、進取的行動への助成

(6)、集團內に於ける他の幼兒との接觸及び切磋琢磨による性情の陶冶並びに知的啓培等をも企圖することを得るものである。更に自由遊戯に於ては、

(7)、全身四肢感官の自由なる活動と調和的なる發達

を企圖することが認められる。遊戲の根源たる成熟本能は常にその活動に動力を供し旺んにその運動的反應を促すものである。即ち幼兒の遊戲活動は、その内部的要求と、この固有の動力による身體活動そのものに外ならぬものである。かくして彼等は、つかの間も靜止することなく驅り、登り、伸び、飛び、跳ねるが如き全身全我の活動は繼續されて行くのである。實に幼兒が營む自由なる遊戲生活のすべては、生々潑溂たる身體活動そのものである。こゝに於て稚き諸筋は發達し諸々の内臓機關の健全なる營爲は促進され、健康にして強靱なる耐久力と抵抗力は增進せられ、健全なる發育を企圖することを得るのである。而してこの身體活動は内部の要求と叙上の固有の動力とにより極めて自然的に行はれるが故に身體各部の均齊なる發育を促進することを得るのである

五、幼兒教育の新途

前項に於て、自由遊戲の保育體系に於ける位置を明かにし之が重要視さるべきを強調したのであるが之が實際的態度に於て

自由遊戲を主體とせる保育は時間的に如何なる限度に於て幼兒の之が受理を可能とするか、の問題に逢着する。之に關し我々は別紙の如き調査を行ひ

(1)、幼稚園に於ける自由遊戲は、その連日ならざる限り（幼兒は終日幼稚園に於ける）之を生活するも彼等の活動は何等支障を來すものに非ざること

(2)、彼等が自然的要求の發露として自ら求むる終日の自由遊戲は保育者のよき暗示的示唆と補導によりて顯著なる活躍を示すものなること

の結論を得たのである。即ち我々は幼兒の生活に於ける内部的欲求の自然的發露として、彼等が追求する自由と自己活動による滿足とは幼兒教育に於て最も重視すべきところであるが、之が爲にはそのよき指導を條件とするものであり、幼兒教育の新途に於て之が保育體系並びにその設備に關し愼深なる研究を要望せるに想到しなければならぬ。

我々は玆に幼兒教育に於ける自由遊戲の新生面を提唱し、以て幼兒教育の眞使命を達せんとするものであるが、これが爲にはその實際的經過に徵し克明に之を批判し、檢討し、改新し以て幼兒教育理想の彼岸への到達を希念して止まないものである。

（完）

京都市保育會

總集會

幼稚園に於ける幼児の

遊戯生活	陶冶事項	生活内容
遊戯（自由遊戯） ——[illegible]基く自然的なる自由遊戯（自發的） ——遊戯、唱歌、觀察、[illegible]、[illegible]、手技の自發的綜合活動	遊戯及遊技 A全身四肢感官の自由なる活動と調和的なる發達 B本能活動の滿足及び醇化 Cリズミカルな活動による自己表現の滿足助長 D快活剛毅協同親愛等の性情陶冶 E自爲的進取的行動への助長 F團體的行動社會的協力の訓練 唱謠の遊戯生活 A[illegible] B平易なる歌曲の唱謠 C快活純美なる心情の陶冶 D平易單純なる歌曲或は音曲に對する鑑賞能力の啓培 E樂隊用器具使用による音樂的興味の涵養 觀察的遊戯生活 A自然界並びに人事界に於ける諸事象の確認及び同經驗の擴充整理 B諸々の事象に對する觀察注意思考想像等の心的活動の啓培 C萬象に對する親愛の情の涵養 談話の生活	野外遊 砂場遊 遊具による自由遊 唐物による自由製作遊 劇的模擬遊戯 無爲的獨自遊戯 [illegible] 自由なる唱謠の生活 [illegible]なる觀察の生活 自由なる談話の生活 自由なる描畫の生活 律動遊戯 唱歌遊戯 表情遊戯 團體的競戯

ける幼児の
遊戯生活

	手技	圖畫	談話	観察	唱歌	遊技	
作戯 — 保育者意圖的計畫による設定遊戯（受動的）							
	積木 自然恩物並びに諸他の材料による簡易なる作業	自由畫（記憶畫、思想畫、想像畫）塗繪	童話 自然界の物語 歴史談 庶物談 自由談 生活談 話方聴方	家庭園内及び郷土に於ける自然界及び人事現象	童謡 幼稚園唱歌	團體的競戯	

C萬象に對する親愛の情の涵養

談話の生活

A簡單なる他人の言語の了解
B簡單なる自己思想發表の修練
C言語の習得練習
D正しき發音
E幼兒生活の整理及び暗示
F文字的趣味萌芽の啓培
G平易なる環象事物に關する初步的智識の了解
H單純な想像生活充足及び助長

描畫の生活

A描畫本能活躍の充足及助長
B視覺及び上肢運動感
C描書による自己表現
D審美創造想像等の諸能力萌芽の啓培
E簡單なる描畫手法の修練

手技の生活

A諸感官殊に服手の正確なる練習
B美的表現創造能力の啓培
C觀察工夫及び注意力の練磨
D共同勞作勤勞體驗等の道德的陶冶
E製作的表現慾の充足及び助長

幼稚園期に於ける幼児の生活（廣義の遊戯生活）

- 自然及文化に親しむ生活
  - 春の花園、お花見、種蒔き、春の野あそび
    夏の郊外、夏の海、川遊び、砂遊び、秋の
    山遊び、お月見、秋の野遊び、其他
  - 京阪電車、桃山驛、新京阪、奈良電、私等
    の町、練兵場の飛行機、其他
  - 摘草、花びら拾ひ、落葉拾ひ、ぎんなん拾
    ひ、どんぐり拾ひ、其の他
  - めだかすくひ、螢とり、蟬とり、蜻蛉とり
    ばつたとり、稲子とり、其他
- 遊ぶ事それ自身を目的とする遊戯
  - マヽゴトアソビ、イクサゴツコ、オミセヤ
    ゴツコ、オモチヤゴツコ、オサトウヤサン
    ゴツコ、オクワシヤサンゴツコ、ハナヤザ
    ンゴツコ、ヤホヤサンゴツコ、オイモヤサ
    ンゴツコ、ガクカウゴツコ、ヨウチエンゴ
    ツコ、キシヤゴツコ、デンシヤゴツコ、オ
    キヤクサマアソビ、ユウビンゴツコ、人形
    アソビ、其他
  - オカグラアソビ、オヒナマツリ、オセック
    アソビ、其他
  - お化ごつこ、けだものごつこ、王様ごつこ
    其他
  - 縄とび、鬼ごつこ、おうと鬼、手つなぎ鬼

- 生活（廣義の遊戯生活）
  - 自由遊戯
    - 狭義の遊戯生活
      - 競走を主目的とする遊戯
        - 縄とび、鬼ごつこ、あうと鬼、手つなぎ鬼かくれんぼ、すじふみ、うづまき遊び、でんしん鬼、かげふみ、石けり、スキップ、ブランコ遊び、スベリッコ、三輪車遊び、スケート遊び、楽隊遊び、凧揚げ、まりつき、風船とばし、羽根つき、こままはし、紙てつぽう、砂あそび、其他
        - 積木あそび、しやぼん玉つくり、細工遊び其他
        - 繪本遊び、寫生ごつこ、數字ならべ、勉強ごつこ、考物ごつこ、其他
        - 走りつこ、お相撲とり、だるま送り、綱引旗とり競走、マラソンごつこ、ステツプごつこ、其他
        - 輪抜遊び、かるたとり、双六遊び、おけじき、射的、にらみつこ、ひつぱりつこ、だまりつこ、場所とり遊び
      - 無意的遊戯
        - ひなたぼつこ、ふざけつこ、其他
    - 唱謡及描畫の生活
    - お噺の生活
      - 聴くこと
      - 話すこと

自由遊戯の時間的經過狀況

	繼續時間		遊戯狀況
	9時		登　　園
午	分 3—4 分	分間 2	シーソーによる個人遊戯
	4—5	1	他幼兒遊戯傍觀
	5—30	25	積木による電車軌道製作
	30—32	2	スベリツコ
	32—40	8	漠然たる個人遊戯
	40—48	8	お醫者様ごつこ
	48—49	1	シーソーによる電車ごつこ
	49—2	13	再びお醫者様ごつこ(病人)
	10時 2—3	1	スベリツコ
	3—13	10	お醫者様ごつこ
	13—30	17	積木による汽車軌道—汽車の運轉
	30—36	6	スベリツコ、他幼兒遊戯傍觀
	36—46	10	ハシリツコ—リレーレース

自由遊戯の時間的經過狀況

	繼續時間		遊戯狀況
	8時25分		登　　園
午	分 30—45 分	分間 6	ケンケン遊び
	45—50	5	鬼ごつこ
	50—55	5	他幼兒の遊戯を傍觀
	55—57	2	板書(チンチンデンシヤ)の讀み
	50—9時	3	他幼兒の遊戯傍觀
	9時—7	7	ケンケン遊び
	7—17	17	唱歌遊戯
	17—35	18	スキツプ、唱歌遊戯(庭に出でゝ)
	35—40	5	ハシリツコ
	40—47	7	野球ごつこ
	47—53	6	黑板に於て自由描畫
	53—55	2	上　　厠
	55—10	15	再び自由描畫

前	46—47	1	ス　キ　ツ　プ
	47—50	3	玄關に於ける日向ぼつこ
	50—51	1	お人形室に於ける個人遊戯
	51—52	1	ス　ベ　リ　ツ　コ
	52—53	1	他幼兒の製作せる積木の家に於ける集團遊戯
	53—57	4	ス　ベ　リ　ツ　コ
	57—58	1	上　　　　厠
	58—5	7	積木の家に於ける集團遊戯
	11時 5—11	6	マヽゴトアソビのおこしらへ
	11—35	24	マヽゴトアソビ(オ父サン)
晝			食
午	12時 45—2	18	黒板に於ける自由描畵(軍艦、花)
	1時 2—4	2	ブランコアソビ
	4—20	16	砂　あ　そ　び
後	1時20分		歸　園　準　備
備考	調査幼兒　滿六歳　O.M男幼兒 調査の場所　遊戯室　園　庭 調査時間　(純遊戯時間)　2時58分間		

前	10時 10—15	5	窓より外景眺望
	15—37	12	お　話　ご　つ　こ
	37—52	15	ピアノに合はせてスキツプゴツコ
	52—13	21	菊ノオ花見ゴツコ
	11時 13—22	9	廻轉椅子に於けるお遊び
	22—34	12	落　葉　拾　ひ
晝			食
午	12時 45—4	20	落　葉　拾　ひ
	1時 4—18	14	砂遊び(前拾ひたる落葉を用ひて)
	18—25	7	ケンケン遊び
後			
備考	調査幼兒　滿六歳　T,M女幼兒 調査の場所　遊戯室　園　庭 調査時間　(純遊戯時間)　3時36分間		

昭和五年十一月十五日午後一時より平安女學院に於て左記の通り開催す。竹上副會長の挨拶次に庶務會計の報告議事評議員二名選擧。講演和田彌三郎氏外國と日本の氣候の相違濕度の比較建築物及衛生設備につき。岩井京都幼稚園長幼兒の繪畫に表はるゝ男女の性質に就て。保良せき女史子供と營養に就いて有益に拜聽し豫定の餘興を終り盛會裡に閉會す

1、開會辭
2、國歌合唱
3、會長挨拶
4、會務報告
5、議　事
6、講　演　講師　醫學博士　和田彌三郎氏
京都幼稚園長　岩井榮之助氏
大毎社會課　保良　せき氏
7、園兒の發表
イ、繪かき方
ロ、談　話
ハ、唱　歌
ニ、遊　戯
8、閉會の辭

一、幹事會及主任會
毎月一回開催。但關西聯合保育會及全國保育會臨時大會の爲數回臨時集會す。

一、評議員會　二回

一、遊戯研究會
各園に於て研究實施の遊戯を發表し全保姆共に練習す。

四月	片ゑくぼ。さくら	翔鸞園
同	御門	城巽園
六月	てんてんてつなぎ	小川園
同	一だんとび	神泉園
七月	お馬	常葉園
同	お馬	日彰園
九月	汽車	豊園
同	うさ〳〵うさぎ	生祥園
十一月	三ケ月さま	龍谷園
同	雀	嵯峨園

一、研究會
唱歌遊戯　談話
觀　察　手技　各部研究中

一、講　演

五月	お話	松見先生
六月	情緒及人形芝居	倉橋先生
七月	人形芝居實演	村田先生
七月	史跡に就て	岩井先生

九月　唱歌に就て　ヘイン先生
一月　精神科學と共運動に就て　樽崎先生
同　洋行談　草葉先生

一、講習
二月　遊戯　野本先生
三月　リトミツク　小林先生
五月　自然科學に就て　濱田先生
九月　手工　久門先生

一、見學
五月
六月　郷土史跡
七月　鉾

一、出張
十月　關西聯合保育會大阪へ
十一月　全國幼稚園大會東京へ

一、講師派遣
八月　京都府託兒事業協會主催
保育講習會へ保姆三名派遣す

一、パンフレツト發行
一幼兒の保健に就て

一、現在役員
會長　森田　茂氏
副會長　竹上藤次郎氏
幹事　土阪元三氏　早川喜四郎氏　上柳平三氏　內藤丈夫氏
岩井ツタ氏　鹽崎多眞氏　岡本アイ氏
評議員　岩內誠一氏　岩井榮之助氏　井上諦悟氏　磯部字之助氏
稻畑とみ氏　稻垣あい氏　奥村與三郎氏　大澤秀氏　大森保平氏　和田彌三郎氏　河村秀雄氏　加地彌一氏　田村作太郎氏　田中泰輔氏　辻田與三氏　中島友三郎氏
村田確郎氏　前田甚志氏　後藤龍太郎氏　網野俊左衛門氏　澤田稔氏　北原元七氏　南至玄氏　志賀又市氏　藤波大闘氏　牛島隆則氏　井關尊二氏　池田正太郎氏

神戸市保育會（昭和五年度）

一、會合
1、總會
五月三十一日午後二時より楠幼稚園に於て左記の順序により開催す。會衆百三十名。
一、末正會長の挨拶
一、國歌合唱
一、庶務及會計報告
一、役員改選
一、講演
時代の趨勢と幼兒教育の一方面　御影師範學校　三浦　喜雄氏

2、役員會

幹事會　十三回　評議員會　一回

二、講習會

1、聲樂講習會

講　師　縣立第一高等女學校　田中銀之助氏

前年來より毎週一回火曜日を定日として開催す。

三、講演會

講　師　御影師範學校　三浦　喜雄氏

『家庭教育と幼稚園教育』の題下に楠幼稚園に於て、十一月十七日午後二時より開催す。盛會なりき。

四、研究會

九月十八日午後二時よりを初會として數回會合して、『唱歌こ遊戯』に就て會員相互の間に研究調査の會合を催せり。

五、現在役員

會　長　末正久左衛門氏

副會長　横尾繁六氏

幹　事　富中ふさ氏、内匠ちゑ氏、安井八十二氏、山崎ときの氏

小林まさゑ氏、目良德藏氏、平戸八重氏、鹽見瀧江氏

望月クニ氏、末澤隆次氏

名古屋市保育會（昭和五年度）

一、會合

1、總會昭和五年五月三日午後一時半より松若幼稚園に於て左記順序により開催す。

一、開會

一、君が代合唱

一、開會の辭

一、會長の挨拶

一、顧問推薦

一、庶務會計報告

一、規則改正

一、講演

英國のナーセリースクールに就て

講　師　名古屋市教務課長　神長　橋氏

一、會員意見發表、

1、新學期に於ける所感　市立第二幼稚園

2、新入園兒の取扱について　市立第三幼稚園

3、觀察の方案　私立皇風幼稚園

4、手技製作の發展　私立松若幼稚園

5、破壞性幼兒の取扱について　私立緊盤信誠幼稚園

6、新學期に於ける手技の取扱　私立本派幼稚園

一、園遊會

一、閉會の辭

一、閉會

2、幹事會　十三回

3、親睦會　一回

二、講演會

1、子供の取扱方、お話の仕方、

講師　東京早蕨幼稚園長　久留島武彦氏

2、尋一學級經營案について

愛知縣女子師範附屬小學校訓導　脇田　鋭一氏

三、講習會

前年に引續き一年間の豫定を以て第二、第四の土曜日を定日として開催す。

講師　愛知縣兒童研究所長　石川七五三二氏

四、其他の事業

1、幼兒の本能及興味型につき調査をなす

2、愛知縣保育會總會へ全會員出席す

3、關西聯合保育會へ會員二十名出席す

4、第一幼稚園長市川たま氏汎太平洋會議傍聽のため「ハワイ」へ出張につき送別會を開く

5、同歸朝歡迎會をなす

6、全國幼稚園關係者大會準備委員を定め大會に關する事務打合せのため委員會を開く事七回

7、名古屋母の會主催にて市公會堂にて開催されたる東久邇宮妃殿下歡迎會席上に於て一部園兒の遊戲を御台覽に供す

8、東京帝國教育會主催の全國保育大會へ會員五名出席す

9、談話研究會談話の實地保育をなすこと二回

指導者　東京早蕨幼稚園長　久留島武彦氏

同　名古屋市雲龍幼稚園長　小池　長氏

五、現在役員

一、會長　名古屋市長　大岩　勇夫氏

一、副會長　名古屋市教育部長　黒金　泰信氏

一、幹事　名古屋市視學　松橋　恭彦氏

加藤志やう氏（幹事長）

眞木奈良菊氏（庶務係）

片野　ひで氏（會計係）

北山ナホ氏、市川たま氏、大島せき氏水野榮氏、奥田鶴亀氏、淸水なほ氏、沼波稜氏、藤川志げ氏山中たみ氏、田中とめ氏、内藤しさ氏、尾崎美智子氏、小池長氏、大橋智應氏、三品せい氏、山田ます氏、

以上

吉備保育會（昭和五年度）

一、總集會

昭和五年五月三日午後一時より岡山縣女子師範學校附屬幼稚園に於て開會せり。出席會員百四拾餘名擧行事項左の如し。

一、着席
一、國歌合唱
一、報　告　昭和四年度庶務及會計
　　關西聯合保育會建議案の經過。
一、研究發表　さゝいノ研究　會員　笹尾　淺子君
　　幼兒の生活の中から　同　行田　敏子君
一、談話
入園當初に於ける幼兒の躾方につき具體的方法承りたし。　岡山市　石井幼稚園提出
一、講演　岡山縣女子師範學校長　菅原　信治君
一、新遊戲實演
　積木の城。春。象。

二、植物研究旅行會

昭和五年十一月二日（日曜日）秋晴の一日を利用して、縣下吉備郡豪溪地方に向ひ植物研究と觀光と親和とを兼ねたる旅行會を催せり。參加會員八拾餘名、大森講師熱心に指導說明せられ、日の傾くを忘れて山峽に淸遊せり。

三、講習會

昭和五年七月廿六日、廿七日の兩日岡山縣女子師範學校に於て遊戲及音樂講習會を開催せり。受講會員壹百參拾餘名炎暑を犯して習練を續けたり。

四、役員會

幹事會　十五回
評議員會　四回
全役員會　三回

昭和五年九月幹事會に於て明春五月を期し中國、四國九州幼兒教育研究大會を主催するの議を決し部署を定めて準備に着手することゝなり。絕えず少數役員の會議を續行したり。

五、大會出席員

昭和五年十一月東京帝國教育會館に於て全國保育大會を開催に方り本會幹事岡政子、折井彌留枝、高原寅子の三氏代表出席したり。

大阪市保育會（昭和五年度）

一、昭和五年四月十三日
東區久寶幼稚園に於て關西聯合保育會役員會を開催し、幼稚園保姆待遇改善建議に關する諸般の件並に關西聯合保育會規約一部改正の件等に就き協議す。
一、同四月十四日
北區菅南幼稚園に於て評議員會を開催し昭和四年度庶務報告、昭和四年度決算、昭和五年度豫算に關する件を附議し散會後引續き開催の幹事會に於て第六十七回春季總集會開

催に關する諸般の件協議す。
一、同四月二十一日
南區金甌小學校に於てフレーベル祭を兼ね第六十七回春季總集會を開催す。
一、同五月十九日
浪速區榮幼稚園に於て幹事會を開催し本會主催第三十七回關西聯合保育會提出問題の件、關西聯合保育會雜誌印刷の件並に『子供の喜ぶお話』出版に關する件等に就き協議す。
一、同七月十七日
此花區第一上福島小學校に於て幹事會を開催し關西聯合保育會雜誌編纂に關する諸般の件並に關西聯合保育會各市提出問題選定に就き協議す。
一、同九月五日
南區金甌幼稚園に於て幹事會を開催し第六十八回秋季總集會開催に關する件並に第三十七回關西聯合保育會提出問題の件等に就き協議す。
一、同九月二十七日
浪速區難波元町小學校に於て第六十八回秋季總集會を開催す。
一、同十月十日
西區堀江幼稚園に於て幹事會を開催し第三十七回關西聯合保育會開催に關する諸般の件に就き協議す。
一、同十月十日
第五十三號關西聯合保育會雜誌を發行す。
一、同十月十三日
此花區下福島幼稚園に於て評議員會を開催し第三十七回關西聯合保育會開催に關する件を附議し散會後引續き同會關係の係員相寄り事務打合をなす。
一、同十月十七日
西區本田小學校に於て本會主催第三十七回關西聯合保育會を開催す。
一、同十一月六日
東區船場幼稚園に於て幹事會を開催し全國保育大會提出問題に關し意見、研究發表者の選定並に大會經費の負擔額等に就き協議す。
一、同十一月十日
東區集英小學校に於て關西聯合保育會役員會を開催し全國保育大會經費負擔額並に各市提出問題等に關し協議す。
一、同十一月十七日
北區中ノ島幼稚園に於て全國保育大會出席者打合會を開催し同大會提出問題の分擔其の他に就き打合をなす。
一、同十一月二十一日
市町村立幼稚園保姆待遇改善に關し昭和五年十一月二十三日付關西聯合保育會を代表して建議す。

一、同十一月二十二、二十三日
帝國教育會主催を以て開催の全國保育大會に本會より二十一名出席す。
一、同十一月二十七日
昭和五年十月六日辭任せられたる前幹事長齋藤藤吉氏に感謝狀並に記念品を贈呈す。

以　上

役員名簿（昭和五年度）

會長　大阪市長　關　一
副會長　教育部長　細川義方
幹事長　第一教務課長　生田五郎
幹事
北大江幼稚園長　長野隆義　本田幼稚園長　稻葉俊治
女子師範學校附屬幼稚園　清水桔梗　堀川幼稚園長　和田孫三郎
瀧川幼稚園　秋房タツ　安治川幼稚園　浦上悅
西九條幼稚園長　森下喜之助　西野田幼稚園　久我とし
集英幼稚園長　阪本豊策　船場幼稚園　金谷マス
北大江幼稚園　箕島カネ　靱幼稚園長　吉木幸三郎
江戸堀幼稚園長　仁木正一　日吉幼稚園　若井きみ
松島幼稚園　牛島トメヨ　精華幼稚園長　江田定吉
南區　金甌幼稚園保姆　沼田輝子
浪花區　櫻川幼稚園長　重田定吉
同　敷津幼稚園長　榮木利道
大阪府女子師範學校附屬幼稚園保姆　清水桔梗
評議員
北區　堀川幼稚園保姆　渡よしの
同　櫻宮辯天保育所長　田淵利一郎
同　安治川幼稚園保姆　浦上悅
此花區　蘆分幼稚園長　藤本貞二
同　西野田幼稚園長　板谷堅治
同　西九條上通二丁目　中澤爾治郎
東區　汎愛幼稚園保姆　大西ハナ
同　浪華幼稚園保姆　廣瀨せい
同　愛珠幼稚園長　稻葉梅
西區　靱幼稚園長　中山勘太郎
同　高臺幼稚園保姆　保田たか
同　松島幼稚園保姆　牛島トメヨ
南區　金甌幼稚園長　大塚三次郎
同　道仁幼稚園長　稻垣國三郎

同　久左衛門町　伊藤　佐助
浪花區　難波元町幼稚園保姆　圓城寺靜子
同　榮幼稚園長　栗谷　宗一
同　同　保姆　米山　えん
ノ諸氏以上

大阪市東區保育會（昭和五年度）

一、總會　一回
六月十七日　於船場幼稚園
一、新年會　一回
一月十日　於愛珠幼稚園
一、研究會　八回
九月十二日　於愛珠園、唱歌及遊戯ノ程度ニツキ研究
九月十三日　於船場園、前日ニ同ジ
九月十九日　於船場園、唱歌ノ材料選擇ニ付研究
十月八日　於船場園、遊戯ノ程度ニ付キ研究
十月九日　於愛珠園、律動遊戯其他ニ付研究
十月廿九日　於船場園唱歌遊戯ノ要目ニツキ研究
十一月四日　於船場園前ニ同ジ
十二月九日　於汎愛園會員ノ視察出張等ノ報告並ニ意見發表
一、評議員會　二回
六月十九日　於東區役所、昭和四年度歳入出決算並ニ同五年度歳入出豫算ニ付協議
六月十二日　於東區役所、東區保育會事業ニツキテ協議
一、講演會　一回
六月下旬、於集英校、講師福來友吉先生演題　心靈學
一、講習會
十月中旬於愛珠園　講師久保富次郎氏遊戯實演指導
其他會員各自遊戯、粘土、木工、心理學等講習會ニ出席
一、見學　二回
十二月廿日　島田硝子製造所
二月七日　造幣局
一、幹事會　五回
六月六日　於愛珠園、昭和四年度歳入出決算及五年度豫算ニ付協議
七月十日　於船場園、昭和五年度豫定事業ニ付協議
十月卅一日　於船場園、全國保育大會出席方ニツキ協議
十二月廿四日　於船場園、新年總會ニ關スル件ニツキ協議
一月八日　於愛珠園、新年總會ニ關シ協議
一、主任會　五回
七月三日　於愛珠園、關西聯合保育大會提出問題ニツキ協議
九月八日　於愛珠園、講習會開催ノ件ニ付協議
十一月十一日　於北大江園、全國保育大會ニ付協議
十二月九日　於汎愛園、新年總會ニ關スル件ニツキ協議

二月九日　於船場園、講習會開催ノ件ニツキ協議

一、視察

十一月中旬　山口岡山縣地方　久寶園一名

十一月中旬　九州地方　中大江園一名

二月　東京市　船場、銅座園二名

一、出張

十一月廿一日　全國保育大會ニ出席並ニ東京地方保育狀況ノ視察

五園　五名　以上

大阪市西區保育會（昭和五年度）

一、昭和五年五月十日　本會書記更迭ニ付キ同事務引繼ヲ行ヒタリ。

一、同五月十二日　理事會ヲ開會シ、昭和五年度豫算案及昭和四年度決算書ノ作製並ニ總集會開催ニ關スル打合セヲナシ尚前任書記藤部秀夫氏ニ袴地料贈呈ノ件ヲ議決シタリ。

一、同六月五日　常議員會ヲ開會シ、昭和五年度豫算ヲ議決シ、同四年度決算ヲ承認シタリ。

一、同六月五日　總集會ヲ開催シ、會務並ニ會計ノ報告役員改選ヲ行ヒ併セテ講演會ヲ開催シタリ。

一、同六月十二日　理事會ヲ開會シ、新舊理事ノ事務引繼ヲ行ヒ且ツ見學ニ關スル打合ヲ爲シタリ。

一、同七月五日　西六小學校ニ於テ急救療法ニ關スル講習會ヲ開催シタリ。

一、同十月五日　京都市外八瀬、大原、寂光院方面ニ見學旅行ヲナシタリ。

一、同十月九日、同十四日、同十六日ノ三日間大阪醫科大學講師竹村一氏ヲ聘シ堀江小學校ニ於テ幼稚園保育ニ對スル衛生上ノ希望ト題スル講習會ヲ開催シタリ。

一、同十一月一日　木津川尻國際飛行場ヲ見學シタリ。

一、同十一月二十二日同二十三日ノ兩日東京帝國教育會館ニ開催ノ全國保育大會ニ本會員四名ヲ出張セシメタリ

一、同十二月十五日　理事會ヲ開會シ昭和五年度事業費豫算ニ關スル打合セヲナシタリ。

一、昭和六年一月十日、十一日、十二日ノ三日間東京帝國大學教授楢崎淺太郎氏ヲ聘シ靱小學校ニ於テ歐米學界ノ近狀ト幼兒教育ト題スル講習會ヲ開催シタリ。

大阪市南區保育會（昭和五年度）

一、總會ヲ開キシコト　一回　昭和五年六月三日　於道仁校

一、評議員會ヲ開キシコト　一回　同　五月十五日　於南區役所

一、理事會ヲ開キシコト　一回　同　五月十五日　於同　右

一、功勞者表彰調査委員會ヲ開キシコト　一回　同　五月二十一日　於同　右

一、常議員會ヲ開キシコト十回

同四月十七日　於道仁園
同五月十五日　於南區役所
同六月九日　於道仁園
同七月三日　於蔗池園
同九月十二日　於精華園
同九月十九日　於大寶園
同九月二十六日　於精華園
同十月二十七日　於精華園
昭和五年十一月十五日　於桃園園
昭和六年二月七日　於金甌園

一、研究會ヲ開キシコト　五回

昭和五年七月三日　於蔗池園
同九月十九日　於大寶園
同九月二十六日　於精華園
同十一月十五日　於桃園園
昭和六年二月七日　於金甌園

一、講習會ヲ開キシコト　一回　昭和五年九月十七日ヨリ同二十日マデ　於精華園

初等教育上ニ於ケル觀察及自發性の原理
講師　奈良女高師教授　小川正行氏

一、幼兒デーヲ開催セシコト

一回　昭和五年十一月十八日　於河内藤井寺教材園

一、保育狀況視察セシコト十三回

一、見學

二回　同十月十二日　於神戸港
昭和六年二月八日　於六甲郊外學園

一、講演會ヲ開キシコト一回　同二月八日於六甲郊外學園（臨地）

一、關西聯合保育會へ出席　昭和五年十月十七日　於大阪市

一、全國保育大會へ出席　同十一月二十日　於東京市

一、研究報告第四號發行　一回　同十一月二十九日

大阪市北區保育會（昭和五年度）

一、本年度末ニ於ケル本會々員數左ノ如シ。

種別	推薦又ハ入會者	退會者	現在員
名譽會員	—	—	三
終身會員	二〇	—	二二六
特別會員	二六八	三〇三	四九九
通常會員	七四九	七五一	一、〇七一
合計	一、〇三七	一、〇五四	一、七九九

一、同上本會役員數左ノ如シ。

會長　一名
副會長　一名
收入役　一名
理事　八名

幹事　八名
評議員　二十六名
本會選出大阪市保育會幹事　二名
同會評議員　三名

一、四月十六日　中之島幼稚園ニ於テ保育研究會ヲ開催セリ。

一、四月二十四日　菅南幼稚園ニ於テ遊戯研究會ヲ開催シタリ。

一、四月二十五日　北區役所ニ於テ幹事會並ニ評議員會ヲ開會シ會則中改正ノ件外三件ヲ審議シタル上本年度歳入出豫算案ヲ可決シタリ。

一、五月二十四日　堂島尋常小學校ニ於テ定期總會ヲ開會シ本會々則中改正ノ件ヲ議決、其他昭和四年度會務並同年度歳入出決算及同五年度歳入出豫算ノ各報告ヲ是認議事終了後稲葉導意師ノ講演ニ次テ當園兒ノ遊戯ヲ催シ旭堂南陵ノ講談ハ事項ノ爲中止シ午後四時閉會シタリ出席會員等約三百五十名

一、五月二十六日　櫻宮露天保育所主任保姆尾崎温氏ニ本會幹事ヲ囑託シタリ。

一、六月二十一日　菅南幼稚園ニ於テ保育研究會ヲ開催シタリ。

一、六月二十七日　北區役所ニ於テ評議員會ヲ開會シ理事七名ノ互選並ニ區内幼稚園主任保姆ニ對シ滿鮮地方視察及之カ經費支出方ノ件ヲ附議シタリ。

一、七月二十四日　關西聯合保育會ノ件ニ關シ中之島幼稚園ニ幹事協議會ヲ開催シタリ。

一、七月三十一日　幼稚園主任保姆ノ一行七名滿鮮地方視察ノ爲メ午後七時三十分大阪驛ヲ出發シタリ。

一、八月十五日　右一行無事行程ヲ終ヘ本日歸阪シタリ。

一、八月二十日　本市保育會費昭和五年度負擔金五十圓ヲ本日同會ヘ納付シタリ。

一、九月八日　菅南幼稚園ニ於テ保育研究會ヲ開催シタリ。

一、九月二十三日　西天滿幼稚園ニ於テ遊戯研究會ヲ開催シタリ。

一、九月三十日　副會長田淵利一郎氏ヨリ辭職届書ヲ受理シタリ。

一、十月九日　中之島幼稚園ニ於テ遊戯研究會ヲ開催セリ。

一、十月二十三日　北區役所ニ於テ理事會並幹事會ヲ開會シ臨時總會ノ開會其ノ他幼稚園聯合大會及臨地講演會ノ事業實施ニ付協議シ併セテ前副會長ノ辭任報告ト之ニ關スル記念品料贈與方ヲ議定シタリ。

一、十月二十五日　前副會長田淵利一郎氏ヘ感謝狀並記念品料一封ヲ贈呈シタリ。

一、同日　幼稚園聯合大會施行地ニ於ル諸準備ノ爲メ幹事一

同出張實地踏査ヲナシタリ。

一、十一月一日　北區役所ニ於テ幹事會ヲ開會シ右踏査ノ結果ニ付更ニ實施方法ヲ協議シタリ。

一、十一月二日　三重縣下臨地講演會ヲ開催參加職員等五十六名。

一、十一月十一日　幼稚園聯合大會ニ併セ本會臨時總會ヲ本日和歌山市ニ開催シ前副會長田淵利一郎氏ノ辭任報告ニ次テ其ノ後任者並ニ評議員一名ノ補闕選擧ヲ行ヒ副會長ニ堀川幼稚園長和田孫三郎氏ヲ評議員ニ櫻宮露天保育所長植岡信夫氏ヲ推薦シタル處滿場異議ナキヲ以テ當選者ト決定各園所定ノ位置ニ着キテ休憩、晝食後解散天氣清朗ニシテ盛會ナリキ參加人員千六百四十四人。

一、十一月二十日　中之島幼稚園ニ於テ遊戲研究會ヲ開催セリ。

一、十一月二十二日 二十三日　東京市在帝國教育會館ニ於テ全國聯合保育大會開催ニ付本會ヨリ左記兩氏ヲ選拔シ之ニ參加セシメタリ。

　安治川幼稚園長　矢野哲一郎
　堀川幼稚園保姆　渡　よしの

一、十二月三日　關西聯合保育會雜誌第五十三號二十六部ヲ購入シ之ヲ各園へ配分シタリ。

一、十二月六日　中之島幼稚園ニ於テ幼兒保健簡易榮養料理講習會ヲ開催シタリ。

一、十二月七日　安治川幼稚園ニ於テ割烹實習會開催。

一、十二月九日　菅南幼稚園ニ於テ全國聯合保育會情況報告會ヲ開催シタリ。

一、昭和六年一月二十二日　中之島幼稚園ニ於テ遊戲研究會開催

一、一月二十八日　堀川幼稚園ニ於テ通俗講話會開催。

一、二月　四日　西天滿幼稚園ニ於テ遊戲研究會開催。

一、三月　二日　櫻宮露天保育所ニ於テ通俗講話會開催。

一、三月二十八日　北區役所ニ於テ理事會、幹事會並評議員會ヲ開會シ昭和六年度歳入出豫算案ヲ議定シタル上總會開會ニ關スル協議ヲナシタリ。

大阪市浪速區保育會（昭和五年度）

一、春季總會ヲ開キシコト　一回
一、自然觀察講習會ヲ開設セシコト　一回
一、營養講演會ヲ開催セシコト　五回
一、常集會ヲ開會セシコト　二回
一、第五回合同遊戲會ヲ開催セシコト　一回
一、職員保育狀況視察ヲ囑託セシモノ　三名
一、全國幼稚園大會へ委員出席囑託　二名
一、職員研究會ヲ開キシコト　六回

一、職員見學旅行セシコト　二回
一、營養カレンダー發行セシコト　一回
一、浪速ノ園發行セシコト　一回
一、保育功勞者ヲ表彰セシモノ　五名
一、役員會幷ニ委員會ヲ開會セシコト　十六回
一、現在會員數　特別會員　六八名
　正會員　八五五名

大阪市此花區保育會（昭和五年度）

一、集會

一、定時總會　昭和五年五月十三日北港潮湯ニ於テ總會ヲ開催シ昭和五年度歳入出豫算並昭和四年度會計報告及會務報告ヲナス

二、運動會　昭和五年十月二十七日阪堺沿線住の江公園ニ於テ此花區各幼稚園聯合運動會ヲ開催シタリ

三、役員會　幹事會　八回　評議員會　一回

一、見學旅行其ノ他

一、昭和五年六月廿二日　和歌山方面ヘ見學旅行ス參加者會長幹事並各幼稚園保姆等三十名

二、昭和五年十月十七日　大阪市本田尋常高等小學校ニ於テ開催ノ第廿七回關西聯合保育會ヘ本會幹事並幼稚園長保姆等卅六名出席

三、昭和五年十月二十二日二十三日東京市帝國教育會館ニ於テ開催ノ全國保育大會ヘ西九條幼稚園主席保姆宮はま子氏出席

一、役員異動

昭和五年五月十七日本會長小林壽夫氏大阪市會書記長ニ轉任ニ付本職後任トシテ就任セリ

昭和五年五月三十一日評議員新屋敷ヨシノ氏轉任ニ付昭和六年三月三十一日評議員長野隆義氏同小原照惠氏同森本ヨシヱ氏同大河原琴氏ハ何レモ轉任又ハ退職ノ爲評議員ヲ退任シタリ

一、會員

昭和六年三月末現在　名譽會員二名　終身會員一九名　特別會員三二六名　通常會員五五八名

一、役員氏名（昭和四年十一月改選　評議員中〇印ハ幹事）「×欠員」

會長　和田相也　〇評議員（下福島）×森本ヨシヱ
副會長　×桑田利太郎　同　上田トミ
常務幹事　和田元治郎　同　松岡宅兵衛
收入役　長尾久助　同　平田松三郎
〇評議員（神子田）×長野隆義　〇同（蘆分）藤本貞二
〇同　×小原照惠　〇同　×大河原琴
同　岡崎萬壽亀　同　川上務
同　小田仙太郎　同　山田龜太郎
同　遠藤忠五郎　同　渡部親造
〇評議員（下福島）三輪忠雄　〇評議員（西野田）板谷堅治

○評議員（西野田）久我　とし　○評議員（四貫島）×新屋敷ヨシノ
同　西　安野　同　中西　ふさ
同　中野間トヲ　同　中尾　輝子
同　佐藤　芳子
○同（西九條）森下喜之助　市保育會役員
○同　富　はま子　評議員　板谷　堅治
同　×栗本　鈴　同　藤本　貞二
同　中澤積治郎　同　中澤積治郎
同　奥野德太郎　幹事　×長野　隆義
○同（四貫島）國生　駒路　同　×森本ヨシエ

京都府幼稚園に於ける一發表

左の發表は京都府幼稚園大會に際し、京都府女子師範附屬幼稚園の發案せられたる大要である。

第一　當局に對する要求

一、幼稚園教育の普及進展を圖ること

府下の幼稚園數及び收容園兒數を見るに極めて少數然も或特殊階級の子弟にのみ限られたる觀あり。抑々幼稚園は一般家庭教育の補助を以て其の本來の使命とする。故に府下幼稚園教育に於ては普及を第一とし、然る後保育の內容改善を計るべきである。其の方案として

1、幼稚園の設立を容易にし増設を圖られたきこと。
2、現在の託兒所の地位及び內容の向上を圖られたきこと。

二、指導機關を確立すること

惟ふに小學校及び中等學校の教育に於ては夙に專任視學又は視學委員等設置せらるゝも獨り幼稚園教育に對しては未だ之を設置せられるを聞かず、今や幼兒教育の普及發達の機運起り幼兒教育の重大なるを痛感するのこの時幼兒教育の振興發展上特に專任指導機關を確立することは目下の急務と信ず。其の方案として

1、視學中に特に幼稚園掛を設けられたきこと。
2、幼兒教育の權威者による直接指導を行はれたきこと。

三、保姆養成機關を特設すること

就學以前の保育が人間の基礎的教育こして重要なるは今更言ふまでもなく、特に府下幼稚園の普及伸展を期するためには、先づ實力ある保姆を養成することを緊要事こする。この意味に於て、保姆養成機關の充實を圖られんことを特に望む。而して養成所は高等女學校卒業生を二ケ年間收容することを以て本體とせられたし。

四、幼稚園保姆の地位向上並に待遇を改善すること

幼稚園に於ける保姆の任務は今更喋々するまでもなく、幼兒教育の任務たるや重且大其の職責は小學校教育に比し何等の差異をも認めることは出來ない。且幼稚園令施行規則

第十一條に規定されたる如く、其の資格は明かに小學校本科正教員と同等以上の內容を有するのである。又都市の幼稚園に於ける保姆の資格の實情より見るも、小學校正教員の資格を有するもの漸次增加する傾向である。是等の事情を考慮して宜しく保姆の地位を向上し、待遇を正教員と同樣に取扱ふことの必要を認むのである。

第二　幼稚園當事者の經營上特に留意すべき事項

一、幼稚園の社會的使命を自覺して經營に當ること
府下の現狀を見るに、社會生活は日々複雜を加へ一家の事情は必ずしも子女の教養に專念することを得ざるもの多し。宜しく社會生活の實情に鑑み幼稚園の社會政策的使命―幼稚園教育の民衆化―を自覺して家庭に代り幼兒教育本來の使命を完結すべきである。其の方案として

1、保育時間の延長
2、園外幼兒の保育―幼兒教育の社會化
3、日曜幼稚園の特設

二、設備標準を確立すること
幼稚園が眞の教育的効果を擧げんとせば、必ず幼稚園特有の諸設備を要す。府下の現狀に鑑み幼稚園を普及せんとせば、先づ設備の最低標準を定め之が充實を圖り、然る後第二次の標準を定め、設備の充實向上を圖るべきである。

三、幼稚園をして幼兒相談所たるの實質を備ふること
幼稚園教育本來の使命は正しき教育的見地に立つ家庭教育の補助機關なることは言を俟たない。されば保育者はよく其の眞義を理解し幼兒教育に於ける適確なる知識と豐かなる體驗を得て、家庭及び進んで社會民衆のよき指導者となり、且幼稚園をして良き教育相談所たらしむるの實質を具備するが肝要である。

四、幼稚園の園醫及び專屬看護婦を採用すること
幼兒は心身の未發達期に在り其の周到なる養護は保育に於ける重要部面でなければならぬ。故に幼稚園に於ける園醫及び專屬看護婦の採用に關しては小學校に於けるそれより愼重なるべきである。然れども之が實施に關し經濟的事情其他により不可能なる時は保育者自ら幼兒保健の實績を擧ぐるの識見と技量とを獲得することに努めねばならぬ。

第三　保育上特に留意すべき事項

一、家庭の實情に即した保育をなすこと
家庭から幼稚園へ―即ち幼稚園は家庭生活の連續であり、幼稚園教育は家庭より出發すべきものである。其の園兒の

家庭生活を知らずしては、家庭に即したる保育はなし得られない。即ち凡ての幼兒を幼稚園にて立案したる一般的の計畫によりて、形式的に指導すべきでなく家庭の實情を知悉し、家庭に即し幼兒に適應したる幼稚園生活をなさしむべきである。

二、幼兒の全生活を保育の對象として特に自由遊戯を重視すること

幼兒の生活は悉く遊戯である。幼兒生活即遊び、遊び即幼兒生活である。されば此處に幼兒の生活價値を認め、其の生活をして進展充實させ目的生活へと導かねばならぬ。保育は保育項目に限られるものでない。保育項目は保育の一小部分に過ぎないのである。

幼稚園に於ては一日に於ける全生活に教育的意味を見出し指導する全日保育でなければならぬ。遊ぶ時、食事の時、登園の時、歸る時、凡てが保育の對象でなければならぬ。從來の幼稚園教育に於ては、此の點が閑却されてゐたのではなかつたか。爲めにゆつたりとしたのんびりさもなく子供こしての純眞さも活力も失はれたのである。されば保育に際しては幼兒の朝の登園の際の新鮮潑剌たる心の動きを捉へて幼兒の自然性に副ひ、知らず〳〵の裡に眞劍な生活態度に導き入れるところに、保姆の大切な働きがあり、殊更に教へるのでもなければ更に單なる放任でもない所に幼稚園保育の積極的價値が發揮されるのである。其の方案として

1、自由遊戯の尊重

2、園外保育實施

三、保健衞生に特に留意すると

發育の道程にある、幼兒期に於て幼兒の發達段階に適應して健全な心身の發展を圖ることこそ幼兒の重大なる任務である。特に現今都市の幼兒の健康狀態は統計上に於ても甚だ戰慄すべき結果を示してゐるのである。此の點に鑑み、幼稚園に於て大いに保健衞生を重んじ、設備を完全にすると共に之に關することは、極めて緊要なる事である。

四、小學校との聯絡を考慮すること

從來は幼稚園と小學校との聯絡充分ならず、故に兩者相互に意見と要求とを交換し、具體的直接的の聯絡を圖る必要がある

五、方法上の問題

1、幼兒の實生活に即したる保育細目を定むること

幼兒の具體的全體的生活を基調とし、生活の中に保育事項を見出し、生活題材による保育を重んじ、項目別の保育を避け、綜合的、合項目的の取扱ひを重視せねばならぬ。

2、交友生活による性情の陶冶を圖ること

多人數との交友によつて生活する事は幼稚園生活の一特徴である。然も幼兒の完全なる性格は、交友生活を通じ

て最もよく陶冶され且陶冶の機會を多く與へられる。交友生活を通じて自然の內に長所を伸し短所を矯正することは性情の重要方法であり、保育の重心點でなければならぬ。我々は與へる教訓や躾よりも、幼兒の生活其れ自身の內に性情陶冶の領域を見出すべきである。

雜錄

京都市養正託兒所の概況

所在地、上京區田中馬場町。

創設年月日、大正九年十一月二日。

地域、東西二町半、南北一町半。

戶數、五〇〇餘。

人口、二五〇〇人餘。

職業、大部分土方、手傳、靑物行商、履物修繕、靴工等なり。

收容兒の年齡、滿三才より學齡迄の幼兒。

幼兒數一九二。（昭和六年五月現在）

滿三才	男	二七名	女	二九名
滿四才	男	二二名	女	四三名
滿五才	男	三八名	女	三三名
	計	八七名	計	一〇五名

組分　六組　同年令づゝ二組

職員數　保姆長一、保姆五、見習一、使丁夫婦、囑託醫一、町內相談役　七　夜、家事見習所講師　二

保育時間　午前九時より點燈時迄
但し日の長短にて始業一時間の差あり。

保育方針
人類の眞理による母性愛を以つて幼兒に接觸し長く家庭なはなるゝ缺點を補ひ以つてすべての人世社會の福祉增進の基礎を養はんと努力するものなり。

日々の生活

1、貯金受取と洗面、整容‖（早出當番八時出勤 幼兒登所順に）

2、九時三十分より遊戲場へ朝禮のお集り一同ラヂオ體操

3、三分間靜止（此間ピアノで低く 讃佛歌を奏す）

4、神棚拜禮（天照大神、菅原道眞公）
和氣淸麿公‖遊戲場に奉從す
保育修了兒遠足には每年參拜せしむ

5、皇室に御拜（日本國中のお父様、お母様、と申して）

6、我家の父母（お父さん、お母さん、若し亡き者はお佛さまになられよく聞いてなられると申して）

7、保姆に指揚（一人一人に名を呼びて禮をなす）

8、長幼共に唱歌をうたふ（群集の愉悅）

9、共に動作遊戲二つ三つ

後一同遊戯場步行
10、一室に一同集る（疊の室）座せしめてお勅語、明治天皇の御肖
像に禮をなす
桃山御陵遙拜
11、北野天神様の御神像に禮
12、楠公母子の畫に禮
13、明治天皇の日めくり御製を保姆奉讀
14、お伽噺など約二十分間
15、各保育室に入り其の日の課目による
16、食事の順備（清潔法等）
17、食事

午後

18、郊外又は組別共同遊戯
19、午後の間食＝三時
20、四時三十分迄＝灑掃其他の手當
21、四時三十分＝五時迄出席兒全體トラホーム治療（治療濟みの
者より歸宅せしむ）
トラホームは府大眼科部長看護婦二名事務員二名にて子供を中
心として町内全般の治療（水曜日を除く毎日）
幼兒貯金取扱總額＝八二〇三、圓四五錢
子供を中心としての仕事
1、婦人會組織
イ、家庭教育の講話
ロ、宗教講話
ハ、家事講習（炊事、手技、衛生）
ニ、伊勢參宮
ホ、御陵、神社、佛閣に參拜
ヘ、社會事業施設の見學
ト、全國模範村の視察（愛知縣、靜岡縣）
京阪神の社會施設など
チ、軍隊生活見學
リ、水源地見學（入浴等に水を粗末にせぬため）
ヌ、牛乳配給（三本十錢にて）
ル、貯金＝取扱額七〇〇〇圓餘
ヲ、敬老會一年二回
ワ、映畫會（教育的）一年五回
2、少年倶樂部組織（婦人會）
イ、月に一回市、河村先生、小學校の先生赤十字社よりの三人
にて訓練を受く
（但し高等科は月二回）
ロ、年に二回海濱、山などへ遠足
3、處女會組織（婦人會）
イ、市社會課河村先生、府社會課今西先生のお二人にて訓練を
受く
ロ、處女會員は托兒所に併置の家事見習所生徒が主なるものな
り
見習所は講師二名

希望及び計畫中の事項

1、義務教育を終りたるもの、職業指導及就學について、
2、育英資金を募ること
3、乳兒哺育所創設のこと
4、内外の融和を計ること
5、婦女子の力にて融和貫徹につとめること

大阪市保育會主催 保育座談會の記

昭和七年二月二十二日午后二時より、大阪市保育會主催の下に、朝日ビル四階特別室に於て、保育に關する座談會が開かれた。

當日の話題は左の八題であつた。

一、新らしく入園する幼兒に就て
二、幼稚園から學校へ這入るコドモに就て
三、大都市に於ける幼兒の體育衛生、
四、都會の騒音(交通等)と幼兒との關係
五、社會事象が幼兒の生活に及ばす影響
六、保育會に於ける音樂遊戯等の傾向
七、活動寫眞及ラヂオと幼兒
八、幼兒愛護の施設

次に當日の出席者は左の諸氏であつた。

(來　賓　席)
一矢野　雄氏(醫　博)　二森川　正雄氏(奈良女高師)
三清水　賞氏(大　阪　女師)　四小林宗作氏(東京成城學園)
五高森ふじ子氏(ランバス女學院)六保良せき子氏(訪問婦協會)
七高田コスエ氏(關西聯合婦人會)八足立　勘氏(B・K)

(幼稚園保姆)
九牛島トメヨ氏(花　園)　一〇華岡　文子氏(堀　江)
一一笠井しげの氏(大　寶)　一二增田シズエ氏(道　仁)
一三浦上　悦氏(安　治　川)　一四金谷　マス氏(船　場)
一五赤羽　吉子氏(集　英)　一六大河原　琴氏(　榮　)

(市役所教育部)
一七生田　五郎氏(教　育　部長)　一八岡　篤郎氏(教　務　課長)
一九野中　吉光氏(視　學)　二〇藤江　勘二氏(視　學)
二一家原　毅男氏(衛　生　視學)

(校　園　長)
二二稻葉　俊治氏(本　田)　二三長野　隆義氏(北　大　江)
二四粟屋　宗一氏(　榮　)　二五阪本　豊策氏(集　英)

(大阪朝日新聞社側)
二六石田　雄二氏(學　藝　部)　二七小倉　敬一氏(學　藝　部)
二八濱田　光雄氏(社會事業團)　二九辻村　又男氏(計　畫　部)
三〇高尾　亮雄氏(計　畫　部)

當日は右の通り、東京からの出席もあり、來賓、大阪市幼稚園保姆、大阪市教育部、校長園長、各專門家、大阪朝日新聞社側を合せて約三十名、頗る盛況を呈した。殊に中心話題となつたものは、社會事象が幼兒の生活に及ぼす影響、活動寫眞及ラヂオと幼兒等で　卓を圍んで、懇談論議し、點燈後和氣藹々の裡に閉會した。大阪市保育會としては始めての試みであつたが、成功裡に終り洵に有意義な催しであつた。

京都市幼稚園一覧

（保育會加入のもの）

園幼	創立年月	所在地名電話番號		園長	保姆
乾隆	明治三十二年五月	寺ノ内千本東入	西八五	上柳平三	中西タミ
翔鸞	同三十四年五月	五辻七本松西	西八六	中島友三郎	岡本靜子
待賢	同二十一年七月	猪熊丸太町角	西九四	内藤丈夫	田中スエ
京極	同二十一年四月	上京塔之段藪ノ下町	上九五九	村田確郎	新宮捌子
小川	同二十四年四月	小川元誓願寺上ル	西三〇七八	前田甚志	浦川タミ
城巽	同二十四年四月	油小路御池上ル	本四二八〇	北原元七	塩崎多眞
柳池	同二十七年四月	柳馬場御池	本四二六〇	網野俊左衛門	西川千代
日彰	同二十三年七月	高倉六角下ル	本二九〇四	土阪元三	岡本アイ
生祥	同二十二年四月	富小路六角南入	本一四〇六	澤田稔	江川壽梅子
豊園	同二十一年九月	佛先寺高倉西入	下三二〇三	志賀又市	君塚通子
開智	同二十一年四月	御幸町佛光寺下ル	下一九六一	磯部宇之助	鍋島嘉術
楊梅	明治二十一年二月	鍵屋町新町西入	下二二二〇	奥村與三郎	坂本田鶴
西院	昭和五年四月	西院花田四番地ノ二	本八三三	加地彌一	奥田ヒサノ
深草	同五年四月	伏見深草西出町	伏見一四六六	池田正次郎	渡邊なつ
伏見板橋	明治二十九年二月	伏見區下板屋町	(呼)伏二五九	辻田與三	兒玉シツカ
伏見南濱	同二十九年二月	伏見區丹後町		井關尊二	中西礒江
女師附屬幼稚園	同四十一年四月	伏見區中之町二三八		越川彌榮	八木千代子
常葉	明治三十四年五月	烏丸七條西入	下一〇一四	藤波大圓	藤波和
平安	大正四年四月	室町下立賣下ル	西三三〇	早川喜四郎	藤本睦子
京都	大正六年一月	今熊野北日吉町	祇三〇二五	岩井榮之助	岩井ツタ
平安保育園	大正八年十月 同十二年六月	第一岡崎最勝寺町 第二佛光寺新町西入下溝町八	北二三二三	田中泰輔	大野きく代

桃靈	大正十二年十二月	伏見桃山御鑑下	伏八三七	松本雪城	島田富美子
嵯峨	大正十四年十一月	嵯峨天龍寺嵯峨驛西	嵯峨二五四	藤本賢祐	林友子
同胞	大正十三年六月			安田忠吉	安田かめ
龍谷	昭和三年二月	東中筋御前通下ル	下七四四二	南至玄	上野ます枝
下總	同三年四月	小山下總町	西四三〇八	井上諦悟	藤谷積
神泉	同三年四月	御池通大宮西入	西四七六六	島越道眼	中川定子
洛陽	同四年四月	西ノ京春日町	西五七七五	土屋せい	吉田ゆか
錦林	同四年七月	吉田下阿達町	上八六七	辻本光楠	市瀬千代子
衣笠	同四年九月	大將軍一條町		島越道眼	小林初子
永觀堂	同五年九月	永觀堂境内	上二四二五	牛島隆則	鶴田しづゑ
市設託兒所 三條	大正八年十二月	三條大橋東三丁目下長光町		河村秀雄	関田とし
養正	同九年十一月	田中馬場町		同	中村直子
崇仁	同	東七條下ノ町		同	若林てる
樂只	同十年五月	鷹野北町		同	小笠原さだ
錦林	同十三年五月	鹿ケ谷高岸町		同	石井綾瀬
王生	同	三條千本西入四丁目下合町		同	鈴木茂
昭和保育園	昭和三年四月	猪町七條下ル	祇九一	現在未定	濱根喜代

神戸市幼稚園一覽

（保育會加入のもの）

園名	創立年月日	所在地名	電話番號	園長氏名	首席保姆氏名
神戸市立神戸幼稚園	明治二〇、一二、一	神戸市神戸區北長狹通六	元町二五三八	望月クニ	田中スエ
同 兵庫幼稚園	同 二〇、六、一	同 湊西區永澤町三	湊川四七七五	鹽見タキエ	渡邊春野
同 楠幼稚園	同 四五、六、一	同 湊東區楠町五	元町二六四	山崎ときの	坂本アキ
同 清風幼稚園	大正一二、四、一	同 同 楠町八	元町二二九	末澤隆次	横山よしみ

神戸市立西野幼稚園	大正一二、四、二七	神戸市林田區三番町三	湊川 一三〇	西脇太郎右衛門	田中よう
同 西郷幼稚園	同 九、四、	同 灘區大石二	御影四五〇	太田澄江	和田よね
同 西灘幼稚園	昭和三、五、一六	同 灘區味泥	御影五三七〇	欠員	前田なみ子
同 生田川保育所	大正一二、五、一	同 葺合區南本町		安彦竹野	塚本きよ
同 兵庫保育所	同 一三、一、一六	同 湊西區東出町二		富松ハマ	品川やす
戰役記念芦原保育所	明治三八、二、一	同 同 芦原通六	兵庫二四一二	上野雛	植田みさを
同 八幡保育所	同 三七、六、二七	同 葺合區磯上通五	葺合 七三八	川村シン	星合納
同 楠保育所		同 湊東區楠町八			
同 水笠保育所		同 林田區水笠通三			
私立末正幼稚園	同 四一、六、六	同 林田區御藏通八七	湊川 一三八	安井八十二	北村ヒデ
私立平安幼稚園	同 四四、六、二五	同 湊西區須佐野通一	兵庫 八八九	高嶋シマ	尾田きぬ
私立信成幼稚園	同 四〇、五、一	同 同 西出町	兵庫二三二五	日野道子	板野三枝
私立兵庫北部幼稚園	同 四四、一二、五	同 同 水木通五		忍海こう	高橋よし
私立常盤幼稚園	大正元、五、一	同 神戸區元町三	三宮五三五四	佐々木信子	谷生よしゑ
私立雲中幼稚園	同 一〇、一一、一〇	同 葺合區熊内町四		阿江宏	吉田トメ
私立城口幼稚園	同 三、四、一	同 神戸區山本通三		那須龍淵	飛彈ハル
鐘紡兵庫幼稚園	明治三八、三、	同 林田區和田宮通六		松本ツルコ	山本都喜
野田香盛幼稚園	大正九、四、	同 同 海運町四	須磨 一九八	笹山壽代	毛塚富貴子
私立昭和幼稚園	昭和三、一二、四	同 同 腕塚町六	兵庫 一二九	川野錦水	
須磨浦幼稚園	大正七、一、一〇	同 須磨區千守町二	須磨 三四九	治部藤與門	池澤りせ
須磨幼稚園	同 一五、五、一	同 同 行幸町二丁目	須磨 五六四	富中房子	作井明子
會下山幼稚園	昭和三、九、六	同 湊西區會下山町一		梶原きく	
東須磨愛兒園	同 四、一〇、一五	同 須磨區長池町	須磨 三五七	佐久間定七	佐久間由理
町立御影幼稚園	明治三一、四、一	兵庫縣武庫郡御影町狹間	御影二八八六	平戸ヤエ	中嶋梅
甲南幼稚園	同 四四、九、一〇	同 同 住吉村	御影二五五一	堤恒也	岡本シゲ

西宮市立幼稚園	大正五、一一、一	同	西宮市濱脇町	八三五	紅野太郎	江川ぬい
村立精道幼稚園	明治四四、一〇、一	同	武庫郡芦屋	芦屋二八一〇	小林まさゑ	太田幸子
私立枝川保育園	大正一三、四、	同	同 鳴尾村		石關越夫	
私立共學幼稚園	昭和三、六、一	同	同 本山村岡本	御影四五〇〇	太田恒子	姫田繁子
今津町立今津幼稚園	同 四、四、一〇	同	同 今津町		北内久幸	林末
今津二葉幼稚園	大正一一、四、五	同	同 今津町高潮		小泉澄	吉田こう
私立垂水幼稚園	同 一二、九、二	同	明石郡垂水町西垂水		西海秀三	三宅キミ
明石市立播陽幼稚園	同 一一、四、一	同	明石市大明石町	明石八三〇	内匠ちゑ	三輪きみ
明石女子師範學校附屬幼稚園	明治三七、一〇、一	同	明石市山下町	明石八二七	及川平治	玉田みつ
三木町立幼稚園	大正一一、四、一一	同	美嚢郡三木町	三木一六九	溝上瀧之助	坂田りつ
町立北條幼稚園	同 三、五、五	同	加西郡北條町	北條六二	正木榮治郎	平井稲子
飾磨町立幼稚園	大正一四、六、二	同	飾磨郡飾磨町	飾磨二四〇	深井三二	村田トモ
私立繪島幼稚園	昭和四、四、一三	同	津名郡岩屋町		東よれ	粟屋敏子
私立別府幼稚園	明治四三、九、	同	加古郡別府町		多木ゆき	上野めぐむ
山崎幼稚園	大正一〇、六、八	同	宍粟郡山崎町	山崎一一〇	原しげ	宿口キク
私立船場幼稚園	同 一五、一二、	同	姫路市小姓町		佐々木示数	三木ちよ
豐岡第一幼稚園	明治三三、五、	同	城崎郡豐岡町			
同 第二幼稚園	大正一三、三、	同	上			
私立摩耶幼稚園	昭和三、七、	神戸市	灘區畑原			
魚崎幼稚園	大正七、四、一	兵庫縣	武庫郡魚崎町	御影五五一二	義則嘉	小倉操
住吉幼稚園	同 一二、四、一	同	同 住吉村		豐島すゑ	赤井文子
住吉遊喜園	同 七、九、	同	同 塚後		長塚政子	
群華幼稚園	同 一三、一一、一	同	同 御影町群家	御影四七一五	吉田履一郎	佐野小春

名古屋市幼稚園一覽

（保育會加入のもの）

園名	創立年月日	所在地名及電話番號		園長氏名	首席保姆氏名
縣立 女師附屬	大正一四、二、二五	西區北押切町	西 一〇〇四	楠品 次	淺野壽美子
市立 第一	明治三五、三、一	東區久屋町一ノ四	東 九〇一	加藤カツ	渡邊トミヱ
同 第二	大正二、一〇、一	中區南伊勢町二	中 二九	加藤志やう	高橋テル
同 第三	同 四、一、四	西區伏見町一	本 二八〇	大島せき	仲藤義子
私立 柳城	明治三二、	東區白壁町二ノ五	東 三〇九〇	エヌボーマン	松原しも
同 熱田	同 三九、三、二六	南區田中町一〇一	南 五三五	奥田惠澄	奥田鶴龜
同 皇風	同 〇、五、四	中區御器所町		朝倉尙絅	林俊子
同 松若	大正六、一〇、二三	中區南武平町	中 三二一四	木津無庵	沼波馥
同 堅磐信誠	明治四〇、六、	南區熱田玉ノ井一〇五		エム、ホーウヰリヤムス	藤川志げ
同 櫻菊	大正一四、四、二〇	東區大曾根町	東 三三〇二	小林庸吉	山中たみ
私立 慈友會	昭和二、三、一七	東區筒井町‥	東 三八四五	椎尾辨匡	眞木奈良菊
同 瑞穗	同 三、一、	南區龜城町四		エヌボーキンス	田中とめ
同 御東	同 三、一〇、五	中區下茶屋町	南 一三	竹中茂丸	內藤しさ
同 本派	同 三、四、二	中區門前町	南 二八	廣橋了以	片野ひで
同 月見	同 四、四、	東區千種町池下		杉浦鍊一	吉田みち子
同 雲龍	同 五、四、一〇	中區東田町二ノ一五	東 三六一七	小池長	山田たづ子
同 ちくさ	同 五、四、一四	東區千種元古井		山田素泰	大橋智應
同 稚兒ノ園	同 五、四、一	南區熱田東町金山		三品せい	

岡山市幼稚園一覽

（昭和七年一月三十一日現在）

園名	創立年月	所在地名及電話番號		園長氏名	首席保姆氏名
縣立女、師附屬幼稚園	明治七年五月	西中山下	二二〇二	校長 菅原信治	岡 政

市立 内山下幼稚園	大正八年九月	内山下	一九七五	高原寅	
同 深紙幼稚園	明治二十年四月	東田町	一〇一一	折井彌留枝	
同 弘西幼稚園	同上	弓之町	一〇二六	馬場千代乃	
同 清輝幼稚園	同上	新道	一一三九	從野靜江	
同 旭東幼稚園	同上	花畑	三八三三	佐々てつ	
同 出石幼稚園	大正三年四月	下石井	一四五四	今井田綾子	
同 伊島幼稚園	大正十一年四月	上伊福	二〇七九	三戸花子	
同 石井幼稚園	昭和二年三月	巖井	二〇八〇	小松多賀	
同 鹿田幼稚園	昭和二年三月	大供	二〇八一	長崎末野	
同 御野幼稚園	昭和三年三月	北方	二〇八二	竹林始女	
同 南方幼稚園	昭和二年二月	南方	二二八〇	西岡千代子	
同 三勳幼稚園	昭和二年三月	門田屋敷	二二八一	長江眞一	井上鶴江
同 宇野幼稚園	大正十三年六月	原尾島		藏本恒之	鈴木靜子
私立 博愛會幼稚園	明治廿九年十月	花畑	一二一八	ミセスオールツ	
同 二葉幼稚園	大正八年五月	東田町		ミセスチュアート	
私 聖園マリヤ園	昭和六年十一月	弓之町	三三四六	聖園テレリア	

大阪幼稚園一覽

（大阪市立のもの）　（昭和七年六月現在）

園名	創立年月日	所在地名及電話番號		園長氏名	首席保姆氏名
瀧川幼稚園	昭和四、六、二一	北區天滿橋筋二丁目	堀川 八二二	澤藤循吉	秋房タツ
菅南幼稚園	明治十七、一一、一五	北區菅原町	北 六〇二〇	山根敦美	中江德
堀川幼稚園	明治二六、四、	北區此花町二丁目	堀川 八四	尾崎行藏	渡よしの
西天滿幼稚園	大正一四、一〇、一	北區木幡町	北 一九〇	椋本辰治郎	中島茂子
堂島幼稚園	明治一七、九、五	北區堂島濱通二丁目	福島 五一〇	濱中與四郎	中森豊子

中ノ島幼稚園	明治二〇、四、	北區常安町三二	土佐堀八〇五	小畑三郎	缺
上福島神子田幼稚園	大正一四、一〇、一	此花區上福島四丁目	土佐堀七二六一	藤原圭二	堀タネ
下福島幼稚園	明治四一、九、二六	此花區下福島二丁目	福島一四	薛一孝	合田とし子
芦分幼稚園	昭和二、四、	此花區下福島五丁目	土佐堀五〇二	藤本貞二	市原包
西野田幼稚園	昭和四、一、一六	此花區江成町	土佐堀四二三五	板谷堅治	久我トシ
西九條幼稚園	大正一四、一一、五	此花區西野下町一五	土佐堀四三〇〇	森下喜之助	宮はま子
四貫島幼稚園	昭和四、一一、二二	此花區四貫島白島町	土佐堀六五八七	桑田利太郎	國生駒路
銅座幼稚園	昭和三、一一、二六	東區内久寶寺町二丁目	東三三一一	久米忠七	杉千代
中大江幼稚園	明治一八、一一、七	東區北新町二丁目	東三二九〇	田中熊市	米山エン
北大江幼稚園	明治一九、三、二二	東區島町二丁目	東五五	長野除義	缺
集英幼稚園	明治一八、一一、一四	東區今橋一丁目	本局四〇〇三	坂本豊策	赤羽吉子
汎愛幼稚園	明治一九、七、一	東區安土町一丁目	本町六八〇	武本議吉	大西ハナ
浪華幼稚園	明治一九、九、四	東區南久太郎町一丁目	船場七二	吉田源三郎	廣瀬セイ
久寶幼稚園	明治二一、四、二六	東區北久寶寺町三丁目	船場一九二八	川原喜作	藤本ツギ
船場幼稚園	明治一八、九、三	東區備後町三丁目	本町一〇〇七	田淵利一郎	坪井ハル
愛珠幼稚園	明治一三、六、一	東區今橋三丁目	本局七七七	大浦倉之助	辻久榮
東江幼稚園	明治二六、四、	西區江戸堀下通二丁目	土佐堀七七〇	佐藤壽夫	鈴木よし
江戸堀幼稚園	明治二六、四、一	西區江戸堀下通四丁目	土佐堀二一二〇	仁木正一	三宅キクノ
靱幼稚園	明治二六、四、一	西區靱下通二丁目	土佐堀八〇一	吉木幸三郎	西尾カツ
明治幼稚園	明治二六、四、一	西區阿波座一番丁	新町六七〇	竹田菊五郎	菅野タキ
廣教幼稚園	明治二六、四、一	西區薩摩堀北之丁	新町六五	武田晴夫	奥まき
西六幼稚園	明治二六、四、一	西區新町南通三丁	新町五六	今西貞良	中村道子
堀江幼稚園	明治二六、四、一	西區北堀江御池通三丁目	新町四四四	利田孫三郎	華岡文子
高臺幼稚園	明治一九、四、六	西區南堀江下通二丁目	櫻川八五	野本仁平	保田たか
日吉幼稚園	明治二六、四、一	西區南堀江上通五丁目	櫻川七七	田村騂	若井きみ

花園幼稚園	明治二四、六、八	西區花園町	西 六四〇	永井久胤	牛島トメヨ
本田幼稚園	明治二六、四、一	西區本田三番丁	西 九五	稻葉俊治	櫛本チヨ
安治川幼稚園	明治十九、五、六	港區安治川通一丁目	西 三八八〇	奧田八治郎	浦上悦
九條第一幼稚園	昭和五、一二、五	港區九條通二丁目七三	西 三六五八	三橋節	松本キクヱ
泉尾第一幼稚園	昭和五、四、一	港區南泉尾町三丁目	櫻川 八一	山内源藏	土屋キヨ
大生幼稚園	昭和五、七、一	天王寺區椎寺町	天王寺 八〇三	松井外次	
小宮幼稚園	昭和五、九、五	天王寺區小宮町	南 二〇六二	眞先香苗	城村富美子
日東幼稚園	昭和六、六、一八	天王寺區北日東町	戎 四〇〇〇	向畦地榮太郎	沼田和
桃園幼稚園	明治二六、四、一	南區東賑町	東 二三〇〇	矢野靜一郎	川崎禮以
金甌幼稚園	明治一九、一、七	南區瓦屋町三番丁	南 六一〇〇	大塚三次郎	沼田輝子
渥美幼稚園	大正一三、四、六	南區鰻町通一丁目	船場 三一八九	毛利德太郎	東シマヱ
芦池幼稚園	明治一九、一、七	南區安寺橋通三丁目	船場 三〇	石川爲藏	友清フミ
御津幼稚園	明治二二、一〇、三一	南區三ッ寺町三五	南 六〇〇三	大道てる	杉本花子
大寶幼稚園	明治一九、一一、九	南區大寶寺町中六丁	南 五〇〇五	原谷四郎一	笠井しげの
道仁幼稚園	明治二一、三、五	南區鰻谷東ノ町二	南 一三九〇	稻垣國三郎	桝田シヅヱ
高津幼稚園	昭和五、一一、四	南區高津三番丁	南 五七〇〇	大倉柾次郎	佐野靜香
精華幼稚園	明治三〇、二、一七	南區難波新地五番丁	戎 三〇四〇	江田定吉	缺
難波元町幼稚園	明治二六、一〇、一	浪速區元町一丁目	戎 二六	瀧川米造	圓城寺靜子
難波櫻川幼稚園	大正一五、六、一五	浪速區櫻川二丁目	櫻川 七	重田定治	宮田ます
敷津幼稚園	大正一四、七、一	浪速區敷津町三丁目	戎 五二	牧野安太郎	田畑ツウ
惠美幼稚園	昭和五、一〇、一	浪速區貝柄町三〇	戎 一五三〇	萬年孝成	宮武滿佐惠
榮幼稚園	大正一三、七、一	浪速區榮町五丁目	櫻川 九三	栗屋宗一	大河原琴
傳法幼稚園	昭和二、六、一	西淀川區傳法町	土佐堀 一一六	鶴崎清史	桑原ユウ
貫江田幼稚園	昭和六、七、二	西淀川區浦江本通二丁目	土佐堀 五一〇〇	上田宏猷	三好トミヱ
千船幼稚園	大正一三、六、二	西淀川區佃町一〇七	土佐堀 三〇一四	井田清次郎	五味延子

—〔123〕—

姫島幼稚園	昭和三、三、五	西淀川區姫島町 土佐堀三六四〇	高岸庄太郎	福山タキヱ
鯰江幼稚園	大正一四、三、二八	東成區蒲生町 鯰江三二〇	酒井彦三郎	大久保なか
住吉幼稚園	大正一三、三、二	住吉區住吉町 住吉二一二九	森勝治	藤岡多美
粉濱幼稚園	大正一三、四、	西成區粉濱本町二丁目 住吉二〇六八	後藤今朝馬	隅阿久理
玉出幼稚園	昭和三、四、一〇	西成區辰己通一丁目 天下茶屋二〇四六	將積房次郎	三田村キク

（大阪市立以外のものにして公立のもの）

園名	創立年月日	所在地名及電話番號	園長氏名	首席保姆氏名
大阪府女子師範學校附屬幼稚園	明治三三、四、	住吉區平野流町 天王寺四九〇	清水寛	清水桔梗
堺第一幼稚園	明治三五、四、七	堺市甲斐町東一丁 堺一〇九一	水川喜代	竹内タマ
堺第二幼稚園		堺市錦之町西一丁 堺一〇九三		肥塚チカ
堺第三幼稚園	昭和三、九、一〇	堺市南旅籠東三丁 堺二七三八	大上小鶴	高森千壽龜
翁橋幼稚園	昭和五、五、一七	堺市北翁橋一丁目五 堺二七七八	櫻井鱗子	伊藤德
向陽幼稚園		堺市向陽町一一七	藤井安次郎	中谷如月
茨木幼稚園	明治二五、二、一	大阪府三島郡茨木町 茨木六八	門秀五郎	梅園ヒサ
池田幼稚園	大正一四、五、一〇	豊能郡池田町三星 池田二六五	渡邊由太郎	大平トシ
佐野幼稚園	明治四三、五、二	泉南郡佐野町 佐野一〇五	根來忠雄	浮穴ミチヨ
貝塚幼稚園	明治三八、四、	貝塚町北 貝塚一七三	重田龜吉	新田しう
高石幼稚園	大正一五、五、一	泉北郡高石町南 濱寺六六	奥野高次	松井正枝
大津幼稚園	大正一二、四、一二	泉北郡大津町	星野善隨	野村きむ
富田林小學校附屬幼稚園	大正三、一〇、一	南河內郡富田林町 富田林三	松山善清	高橋イトヱ
八尾幼稚園	大正一四、七、一	中河內郡八尾町 八尾五九	北尾磯治	中村喜代子
九個荘幼稚園	昭和四、七、一〇	北河內郡九個荘村	中東眞治	船越ナヲ

（私立のもの）

園名	創立年月日	所在地名及電話番號	設立者名・財・法	校長、園長、所長其他管理者
私立清水谷幼稚園	明治四二、六、四	東區清水谷西之町三〇　東 三三二八	本田宗太郎	川崎利治
玉造幼稚園	同 四二、九、三	東區左官町	園長	ジョアンバプチスタ カスタニエ
神恩幼稚園	同 四三、八、九	港區泉尾中通り二ノ三	フローレンス イエルフマヤ	カソリン シャート　代理ミス ハーベシード
私立天王寺幼稚園	大正二、二、二〇	天王寺區大道三丁目四八	ウヰリヤム セウエルスキン	ローズ アムブルスター
福音教會幼稚園	同 二、五、一	港區四條通二ノ一五	フローレンス イエルツマヤ	キヅサン シヤーマ　代理事務林近
開花幼稚園	同 二、一〇、七	西成區田端通一丁目一八	W J フルトン	エエス スルトヤ
私立常磐幼稚園	同 五、一、一八	住吉區天王寺町一九六六	園長	石谷もよ
私立九條幼稚園	同 五、二、一五	港區九條南通三丁目二五五　西 一〇二	三好賢照	桑原眞瑞
私立天下茶屋幼稚園	同 五、七、四	住吉區天下茶屋三丁目四五　天下茶屋二五一九	園長	服部駒藏
私立二葉幼稚園	同 六、五、二六	天王寺區堂ヶ芝町九三	園長	木村重遠
私立愛染幼稚園	同 六、九、二二	天王寺區北日東町四一　戎 二六四〇	大原孫三郎	富岡エニ
私立帝塚山學院幼稚園	大正七、四、一四	住吉區住吉町一〇二五　住吉三四〇　戎三九九	財・法 帝塚山學院	庄野貞一
みのり子供園	同 九、六、二八	西成區長橋通一丁目一	和田達源	和田達源
天王寺東門幼稚園	同 九、八、三	天王寺區勝山通一丁目	園長	朝倉義
私立平野幼稚園	同 九、一二、一〇	住吉區平野宮町滿願寺內	前橋清緣	小林大巖
三光幼稚園	同 一〇、三、二八	港區大正通五丁目六七　櫻川四〇三九	室谷祐善	室谷ヒサ
濱寺幼稚園	同 一〇、三、二九	泉北郡高石町字羽衣八九一濱寺婦人會館內(假校舍)	本山彦一	代理 石神八重
愛光幼稚園	同 一〇、六、三	豐能郡豐中町南瀨木八三	釘宮辰生	釘宮スガ
ランバス女學院附屬幼稚園	同 一一、二、二三	天王寺區石ヶ辻町　南 一四七五	セーテイ マイヤス	マーガレット エム・クツク
私立ヒジリ幼稚園	同 一二、四、六	東淀川區三國本町五八　三國 一三二	園長	安達哲
私立美農里幼稚園	同 一三、三、二四	住吉區山之內町二四七金林寺內	園長	杉崎大愚
睦美幼稚園	同 一四、三、二三	住吉區阪南町西三丁目	園長	杉本タツ

私立汎愛幼稚園	同一四、四、一四	東成區林寺町二二九	南九七〇	財•法大阪汎愛扶植會	藤本松太郎
私立八幡屋會幼稚園	同一四、六、四	港區八幡屋龜町一ノ二二四		德田幸太郎外二名	事務取扱 濱岡昌榮
淀川善隣館幼稚園	大正一四、一二、一九	東淀川區本庄町中通二丁目	北五〇〇四	園長	アリス、エリシパス、ケーリ
私立守口幼稚園	同一五、三、二五	北河内郡守口町字土居四〇八	守口七〇	山内竹三郎	小谷フサ
私立堺幼稚園	同一五、五、三	堺市東ノ町一丁四〇	堺三一五四	園長	岡村善太郎
私立枚方幼稚園	同一五、一〇、一三	北河内郡枚方町大字三矢三六八		小澤加補	岡本幸子
私立濱寺双葉幼稚園	同一五、一一、一八	泉北郡濱寺町大字下九八三	濱寺三三二四	橋本喜作外四名	菊地侃二
私立常磐會幼稚園	昭和二、七、二	住吉區平野流町二六二	平野三三三〇	女子師範常磐會長	能勢賴俊
私立六ノ花幼稚園	同二、一六、六	港區抱月町三ノ二九	西九六	市岡高女同窓六ノ花會	井上一
私立昭和幼稚園	同三、二、一七	港區泉尾松ノ町二ノ一八		大井伊助	
私立文ノ里幼稚園	同三、三、二六	住吉區天王寺町三二六一		園長	谷口義一
タチバナ幼稚園	同三、六、二三	中河内郡布施町大字大平寺五三		高見智靜	釋能郁
城南第一幼稚園	同三、六、三〇	東區森之宮町六四三	東三一二三	大矢寧明	
櫻花幼稚園	同四、三、二六	豐能郡豐中町大字櫻塚一四一		坂田金龍	
私立鳳幼稚園	同四、四、五	泉北郡鳳町大鳥五五七		富岡キヌ子	山野ヒサ
花田口幼稚園	同四、五、一三	堺市花田口町二〇		ジヨアン、バプチスタ、カスタニエ	
私立九個莊幼稚園	同四、七、一〇	北河内郡九個莊村高柳一七八		九個莊教育會長	
大阪自然幼稚園	同四、七、一五	中河内郡矢田村矢田	船場八一二	園長	橋結良一
南浦江幼稚園	同四、一〇、一一	西淀川區浦江本通二ノ九	土三四二九	淺井貫一	
大宮幼稚園	同四、一一、一四	東成區大宮町六ノ三三		園長	小泉重信
聖愛幼稚園	同五、三、	住吉區丸山通一ノ五〇		エチ、エチ、ロゲナー	
惠我ノ莊幼稚園	同五、三、	南河内郡高鷲村字西川		仲村文司	

幼稚園教育參考圖書

保育理論に關するもの

（書　名）	（著者名）	（定價）
フレーベル人の教育	（小原　國芳）	二、〇〇〇
教育者としてのフレーベル研究	（後藤　眞造）	二、〇〇〇
幼稚園雜草	（倉橋　惣三）	二、五〇〇
歐米の幼稚園及低學年教育の實際	（堀　七藏）	二、五〇〇
保姆用教育學	（森川　正雄）	二、八〇〇
幼稚園の理論及實際	（同　）	三、〇〇〇
幼稚園の經營	（同　）	二、五〇〇
幼稚園、託兒所育兒法	（同　）	二、〇〇〇
幼稚園實際的保育學	（木下　一雄）	三、〇〇〇
入學前の教養	（米國教育省編）	一、七〇〇
ペスタロッチー全集6 1 1	（玉川學園發行）	各二、〇〇〇
兒童教育の原理と其方法	（蒼瓜惠三郎）	三、七〇〇
兒童學原論兒童の身體及精神	（關　寛之）	四、八〇〇
兒童心理學精義	（上野　陽一）	五、三〇〇
モンテッソーリ教育の詳解及批判	（河野　清丸）	四、五〇〇
心理學講話	（松本亦太郎）	三、五〇〇
兒童神性論	（フレーベル著 長田　新譯）	一、六〇〇
ナーサリースクール保育學校實際研究	（青木誠四郎）	、八〇〇
教育の本質觀	（小西　重直）	一、二〇〇
勞作教育	（同　）	一、五〇〇
エミール	（ルッソオ）	一、八〇〇
幼稚園小學校保育要目	（萬國幼稚園協會著）	一、五〇〇
教育哲學概論	（ジョンデューイー著 帆足理一郎譯）	
文化史	（原始時代論）（眞野　常雄）	二、八〇〇
郷土教育の實際的研究		

談話

幼兒に聞かせる話	（日本幼稚園協會）	三、八〇〇
幼兒の樂しむ話	（同　）	二、八〇〇
子供の好きな話	（大阪市幼稚園共同研究會編）	
幼き人へのお話	（同　）	二、五〇〇
子供の喜ぶお話	（同　）	一、八〇〇
幼稚園ばなし一、二	（長尾　豐）	一、八〇〇
イソップ物語	（楠山　正雄）	二、八〇〇
グリムお伽噺	（中島孤島譯）	二、八〇〇
續グリムお伽噺	（同　）	二、八〇〇
アンデルセン物語	（長田幹彦譯）	二、八〇〇
大アラビヤンナイト	（杉谷代水譯）	二、八〇〇
トルストイ童話集	（水谷まさる）	二、八〇〇
お話の理論と實際	（水田　みつ）	
新お伽百話	（巖谷　小波）	三、九〇〇
世界お伽噺1 1 9	（同　）	各二、二〇〇
未明童話集	（小川　未明）	各三、〇〇〇
ギリシヤ神話	（中島　孤島）	二、〇〇〇
日本童話寶玉集上下	（楠山　正雄）	各二、八〇〇
實演お話集第六卷（幼稚園）	（東京高等師範學校 大塚講話會）	二、〇〇〇

世界童話集
お母様童話集
祝祭日のお話集（長尾 豊）

唱歌及遊戯、

大正幼年唱歌（小松耕輔 梁田貞 葛原𦱳）二、五〇
幼稚園唱歌集（東區保育會）三、〇〇
律動遊戯1集（土川五郎）二、五〇
同（同）一、五〇
律動的表情遊戯1、2、3（土川五郎）各、八〇
同 4集（同）、六〇
同 5、6、7（同）各一、〇〇
創作唱歌と遊戯（望月クニ）三、五〇
唱歌遊戯（戸倉ハル）一、四〇
童謠唱歌名曲全集一、

手技

手工科新教材及集成（紙細工編）岡山秀吉 三、八〇
同（粘土）同 四、五〇
同（簡易木工）同 三、八〇
玩具手工と圖畫 藤五代策 二、三〇
色テープ細工の理論と實際 佐藤平太郎 三、八〇
手工 大阪市共同研究會編 四、〇〇
自然物おもちや 勝眞規子 一、〇〇
手工教授の實際的新主義 山田義郎 二、三〇
小學手工全集 一卷 琢玉會同人 、五〇
創作自在手工教育 清水 隆
手工學習原論と新設備 横井曹一

圖畫

自由教育に於ける圖畫指導の實際 若林楢二郎 一、八〇
畫家の兒童畫觀 大竹拙三 二、三〇
黒板略畫 萬 富三 三、〇〇
子供の繪の觀方と育て方 楢崎淺太郎 上阪雅之助 三、五〇
クレヨン畫指導法 山形 寛 三、〇〇
泰西名畫
命ある野の草花
Daowinq Models Album No1—16 By Rnof Edward Renedl 一六、〇〇
クレヨン畫 横井曹一 一、五〇

衛生

救急療法と應急手段 富永哲夫 二、五〇
育兒及小兒病講和 長尾美和 一、六〇
學童保健 三田谷 啓 五、〇〇
歐米體育の新傾向 佐々木 等 二、六〇
家庭醫學
榮養料理の仕方 村井政善
實際的看護の秘決 築田多吉 二、二〇

其の他

母の爲の教育學 上下 小原國芳
教師と父母の兩教育（原名蟻の書）村上瑚磨雄

關西聯合保育會規約

（昭和三年一月二十八日改正）

第一條　本會ハ關西聯合保育會ト稱ス

第二條　本會ハ幼稚園教育ニ關スル各般ノ事項ヲ研究シ幼稚園教育ノ普及進展ヲ期スルヲ以テ目的トス

第三條　本會ハ關西各地ニ於ケル保育會又ハ之ニ類スル團體ノ聯合ヲ以テ組織ス

第四條　本會ハ毎年一回京、阪、神三市ニ於テ交番ニ之ヲ開ク但シ時宜ニ依リ京阪神以外ノ保育會所在地ニ於テモ之ヲ開クコトアルベシ

第五條　必要ニ應ジ各會二名宛役員ヲ出シテ聯合保育會役員會ヲ開ク

但シ其ノ場所期日等ハ其ノ都度協議ノ上之ヲ定ム

第六條　聯合保育會ヲ代表セル文書ニハ當番市ノ會長（會長ヲ置カサル市ニアリテハ主任役員）署名捺印ス

但シ建議書ニ關スル署名方法ハ其ノ都度協議決定ス

第七條　會場會日及開會ノ順序等ハ當番市ニ於テ之ヲ定メ研究題ハ六箇月前協議題ハ三十日前會場其ノ他ハ十日前ニ之ヲ他ノ會ニ通知スルモノトス

第八條　會議ノ議長及會務ノ整理ハ當番市ノ役員之ヲ擔當ス

第九條　聯合會開會ニツキテノ費用ハ當番市ノ負擔トス

第十條　本會ノ目的ヲ達センカタメニ毎年一回雜誌ヲ發行ス之ヲ關西聯合保育會雜誌ト稱ス

第十一條　雜誌ハ實費ヲ以テ會員ニ需要ノ部數ヲ配布ス

第十二條　本會ニ必要ナル内規ハ役員會ニ於テ之ヲ定ム

内　規

1、規約第三條ニ依ル本會加入ノ保育團體ハ京都市保育會、大阪市保育會、神戸市保育會、名古屋市保育會、吉備保育會ノ五トス

2、新ニ本會ニ加入セントスル團體ハ役員會ノ承認ヲ得タル後本會ノ決議ヲ經ルモノトス

3、聯合各會ハ聯合會ニ於テ決議セシ調査事項ニ對シ責任ヲ有スヘキコト

4、各會役員ノ交代分擔ノ變更ハ其ノ都度聯合各會ニ通告スルコト

5、會務ニ關スル往復書類ハ當該會名ヲ以テ庶務擔當ノ役員ニ向ケ發送スルコト

6、雜誌編纂印刷等ハ當分大阪市保育會之ヲ擔當ス

（會名改稱年月日　昭和二年十一月二十三日
規約改正年月日　昭和三年一月二十八日）

大阪市保育會々則（昭和三年十月三十一日改正）

第一章　目的

第一條　本會ハ保育ニ關スル事項ヲ研究調査シ其ノ發達上進ヲ圖ルヲ以テ目的トス

第二章　名稱及事務所

第二條　本會ハ大阪市保育會ト稱シ事務所ヲ大阪市役所教育部內ニ置ク

第三章　組織及會員

第三條　本會ハ左ノ各區保育會ノ聯合ヨリ成リ各區保育會員ハ當然本會ノ會員トス

一、大阪市北區保育會
二、大阪市此花區保育會
三、大阪市東區保育會
四、大阪市西區保育會
五、大阪市南區保育會
六、大阪市浪速區保育會

第四條　大阪市保育事業ニ功勞アリ若ハ本會ニ裨益ヲ與フル者ヲ本會名譽會員トス
名譽會員ハ本會役員會ノ決議ニ依リ之ヲ推薦スルモノトス

第五條　本會ノ事業ニ贊同シ會費年額金壹圓ヲ納ムル者ヲ本會贊成會員トス

第六條　贊成會員タラントスル者ハ會長ニ入會ヲ屆出テ每年五月末日迄ニ當該年度會費ヲ納ムルモノトス

第七條　贊成會員中途退會スルモ既納會費ハ之ヲ返還セズ
贊成會員ハ本會ノ刊行スル雜誌ノ無料配布ヲ受クルモノトス

第四章　事業

第八條　本會ハ第一條ノ目的ヲ達スル爲左ノ事業ヲ行フ
但シ他ノ保育會ト聯絡スルコトアルベシ

一、保育ニ關スル諸問題ノ研究調査
一、保育ニ關スル講習會、講演會等ノ開催
一、保育ニ關スル視察
一、雜誌ノ刊行
一、其ノ他役員會ニ於テ必要ト認ムル事業

第五章　役員

第九條　本會ニ左ノ役員ヲ置ク

會長　一名
副會長　一名
幹事長　一名
幹事　若干名
評議員　若干名

第十條　會長ニハ大阪市長ヲ推戴シ副會長ニハ大阪市教育部

長ヲ推擧ス
第十一條　幹事長ハ大阪市學事關係者ヨリ會長之ヲ指名ス
第十二條　幹事一名ハ會長ノ指名トシ其ノ他ハ各區保育會ヨリ二名宛ヲ選出ス其ノ任期ハ區選出幹事ハ其ノ區保育會ノ任期ニ依リ會長指名幹事ハ貳箇年トス
第十三條　評議員ハ各區保育會々員中ヨリ三名宛ヲ選出シ其ノ任期ヲ貳箇年トス
但シ會長ハ必要ニ應シ評議員若干名ヲ囑託スルコトアルヘシ
第十四條　幹事評議員ニ缺員ヲ生シタルトキハ臨時之ヲ補充スルモノトス補缺ニカカル者ハ其ノ前任者ノ任期ヲ繼クモノトス
第十五條　役員ノ任務ヲ定ムルコト左ノ如シ
一、會長ハ本會ヲ代表シ會務ヲ整理シ議事アルトキハ議長トナル
一、副會長ハ會長ヲ輔佐シ會長事故アルトキハ其ノ職務ヲ代理ス
一、幹事長ハ會長副會長ヲ輔佐シ會長副會長事故アルトキハ會長ノ事務ヲ代理ス
一、幹事ハ會務ヲ分掌ス
一、評議員ハ本會ノ重要ナル事項ノ協議ニ參與ス
第十六條　幹事評議員ハ任期滿了スルモ後任者決定スルマデ其ノ職務ヲ行フモノトス

第六章　集　會

第十七條　本會ハ毎年春季及秋季ノ總集會ヲ開ク
但シ必要ニ應シ臨時總集會ヲ開クコトアルヘシ
第十八條　總集會ニ提出スヘキ事項ハ會長之ヲ定ム
第十九條　幹事會評議員會及其ノ他ノ諸會合ハ必要ニ應シ隨時之ヲ開ク
第二十條　議事ハ出席者ノ過半數ヲ以テ之ヲ決シ可否同數ナルトキハ議長ノ決スル所ニ依ル

第七章　會　計

第二十一條　本會ノ經費ハ左ニ掲クルモノヲ以テ之ヲ支辨ス
一、各區保育會ノ負擔金
一、贊成會員會費
一、補助金寄附金
一、其ノ他ノ雜收入
第二十二條　本會聯合ノ各區保育會ハ本會ノ經費負擔金トシテ毎年金五拾圓ヲ納ムルモノトス
第二十三條　本會ニ於テ毎年一回刊行ノ雜誌ハ實費ヲ以テ各會員ニ配布ス
第二十四條　本會ノ會計年度ハ毎年四月一日ニ始マリ翌年三月三十一日ニ終ル
第二十五條　本會ノ豫算及決算ハ評議員會ノ認定ヲ經ルモノ

トス

第二十六條　本會ノ豫算決算及庶務ニ關シテハ每年春季總集會ニ報告スルモノトス

第八章　附　則

第二十七條　本會則ノ變更ハ總集會ノ決議ヲ經ルモノトス

第二十八條　本會則施行ニ心要ナル細則ハ會長別ニ之ヲ定ム

以　上

編輯後記

◇私ども七人の者が本誌の編輯員といふ重い役目を仰せ付かりましたが、皆、此の方面には不慣の者ばかりで、世上の御期待にそふやうな仕事の出來なかつたことを申譯なく存じます。

◇とにかく着手しましたのは、極寒の一月の頃でしたが、原稿が思ふやうに集らず、彼是する間に學年末が來る。學年始が來る、それに體裁も前とは少しかへましたので、あれやこれやでおくれ〳〵て、とう〳〵極暑の候までかゝりました。重ね〴〵申譯なく存じます。

◇學年末、學年始の忙しい中から、特に原稿を送つて下さつた方々、並に五市の關係者の方々の御努に對しましては厚く御禮を申上げます。表紙は前とはかへよといふ皆樣の御希望によりまして、思ひきつてかへることにしました、意匠していたゞいた伯村先生に厚く感謝いたします。

◇尚、所々に工夫をこらしても見ましたが、何分、不慣れの者の多忙の中でしたことで思ふやうにならず、又、誤植等もあらうことをおそれて居ります。不出來ではありますが、印刷者重政氏が商賣氣をはなれてやつて下さつたことは蔭ながら感謝して居ります。

◇次號は今少し機敏に、且手際よくしたいと念願して居ります。本號のおくれた爲めに數々の御迷惑をかけましたことについては幾重にも御宥恕を願ひます。

（稲垣、木山、菅野、中島、円城寺、森、増田）

昭和七年七月二十五日印刷
昭和七年七月二十八日發行　【非賣品】

關西聯合保育會
大阪市此花區中江町三〇

印刷人　重　政　重　職
大阪市此花區中江町三〇

印刷所　第　一　印　刷　所
電話福島五九六番

乳菓バーレル

タル型の
滋養菓子

御家庭に
一日も缺かされぬ
タルのお菓子

四季御常用を奨む

タル型美術罐入
大樽　御家庭常備用
中樽　四季の御贈答用
小樽　おみやげ用

おみやげ樽
二個詰と三個詰
特に御好評

（各百貨店・菓子舗・食料品店にあり）

發賣元
タル星社製菓部
大阪市北區末幡町

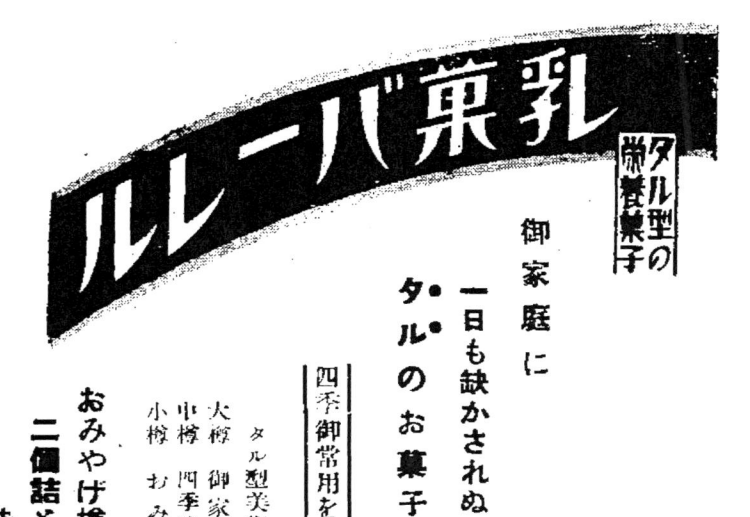

ハッピーストーブの特徴

當所は明治二十五年の創業に係り大阪市に於ける唯一の燃焼器具専門工場としての歴史を有しております

當所製ハッピーストーヴは從來のストーヴより次の如き特長を持っております

一、鑄鐵の品質が純良強堅な事
一、構造合理的にして放熱力偉大な事
一、無煙、無臭、悪瓦斯發生せず衛生的な事
一、温度調節が簡易にして適確な事

ハッピーストーブの御使用に依り
常春の和やかさが得られます

全國諸官廳會社
各種學校・幼稚園
納入

特許ハッピーストーブ
有煙炭用1000號型
無煙炭用 200號型
特許リーダーストーブ

製造發賣元

白神鑄造所

本店　大阪市浪速區西圓手町一〇一一番地
電話櫻川四七三・六二四・六五一番
支店　大阪市西成區南海玉出驛前

保育用品店

クロサキ

定價表御申越次第送り升

工場

木工　西區阿波座三番町
同　港區小林町
鐵工　西區奥美町
紙工　西區阿波座四番町四
同　北區[illegible]屋町

大阪市　西區阿波座四番町一番地

但シ市電岡崎橋停留所南詰東ノ辻南ヘ

黒崎信太郎商店

〒　電話　新町(53)二〇七五番
振替　口座大阪五一九二九番

解説執筆者

湯川嘉津美（ゆかわ・かつみ）

一九五八年生まれ。上智大学総合人間科学部教育学科教授、博士（教育学）

主な編著書等　『日本幼稚園成立史の研究』（風間書房、二〇〇一年）、『論集 現代日本の教育史3 幼児教育・障害児教育』（共編著、日本図書センター、二〇一三年）、『復刻版「保育」戦後編Ⅰ・Ⅱ』全35巻（解説、同、二〇一四－一六年）、『近代日本幼児教育基本文献集』全24巻（監修、同、二〇一七－一九年）ほか。

幼児教育資料アーカイブ1
関西連合保育会雑誌　第1巻
第51号～第54号／昭和3年8月～7年7月

解説　湯川嘉津美

2019年7月25日　初版第一刷発行

発行者　小林淳子
発行所　不二出版　株式会社
〒112-0005
東京都文京区水道2-10-10
電話　03（5981）6704
http://www.fujishuppan.co.jp
組版／昴印刷　印刷／富士リプロ　製本／青木製本
乱丁・落丁はお取り替えいたします。

全2巻セット　揃定価（揃本体36,000円＋税）
ISBN978-4-8350-8311-7
第1巻　ISBN978-4-8350-8312-4
2019 Printed in Japan